島嶼学
NISSOLOGY

by Kakazu Hiroshi

嘉数　啓 著

古今書院
Kokon-Shoin Publishers, Tokyo 2019

目 次

プロローグ　　　　　　　　　　　　　　　　　　　　　　　　　　*1*

第1章　島とは何か―島の定義・方法論・分類―　　　　　　　*14*

　　1　島嶼の定義　　　　　　　　　　　　　　　　　　　　　*16*

　　2　島嶼学方法論―超学的アプローチ　　　　　　　　　　　*21*

　　3　島嶼の分類　　　　　　　　　　　　　　　　　　　　　*27*

第2章　島嶼社会経済の特性と可能性　　　　　　　　　　　　*49*

　　1　島の両義性　　　　　　　　　　　　　　　　　　　　　*49*

　　2　経済発展の可能性からみた島嶼の特性　　　　　　　　　*51*

　　3　小さいことはよいことだ（Small is beautiful）　　　　*70*

第3章　島嶼型サステイナビリティモデルを求めて　　　　　　*75*

　　1　島嶼における生存部門の役割　　　　　　　　　　　　　*75*

　　2　生存経済から貿易主導市場経済への移行プロセス　　　　*78*

　　3　資源輸出型経済の脆弱性　　　　　　　　　　　　　　　*83*

　　4　持続可能な発展へのアプローチ　　　　　　　　　　　　*85*

　　5　複合連携型（島嶼資源活用型）発展戦略　　　　　　　　*93*

第4章　「島嶼型」グリーンテクノロジー　　　　　　　　　　*97*

　　1　「島嶼型」技術とは何か　　　　　　　　　　　　　　　*97*

　　2　「沖縄型」グリーンテクノロジーの概要　　　　　　　　*101*

　　3　ハワイと連携した沖縄型島嶼技術・ノウハウの海外移転　*131*

第5章　島嶼社会経済のネットワーク　　　　　　　　　　　　*136*

　　1　島嶼間ネットワークとは何か　　　　　　　　　　　　　*136*

　　2　ネットワーク集積度　　　　　　　　　　　　　　　　　*137*

　　3　沖縄におけるネットワークの実例と構想　　　　　　　　*149*

4	奄美・沖縄の島々連携軸—「島の道」ネットワークの構築	159
5	台湾・沖縄・上海・香港自由貿易圏構想（TOSH-GT）	166

第6章　島嶼における文化と観光—バリ島と竹富島の事例を中心に— 173

1	はじめに	173
2	文化の両義性と島嶼文化	174
3	沖縄のチャンプルー文化	180
4	島嶼における文化と観光	190
5	結び：島嶼の持続可能観光に向けて	203

第7章　国境の島をめぐる領土紛争と解決策　205
　　　　—尖閣諸島および南シナ海諸島を中心に—

1	国境とは何か	205
2	世界の島嶼国・地域での主要な国境紛争	208
3	尖閣諸島をめぐる国境紛争	216
4	南シナ海諸島をめぐる国境紛争	222
5	国境の島をめぐる紛争解決事例	229
6	結び	232

第8章　島嶼の政治経済学—島嶼経済自立への挑戦— 236

1	グローバリゼーションと島嶼経済	236
2	島嶼地域の脱植民地化と国際関係	239
3	相互依存と経済自立への苦闘	250
4	島嶼経済の自立的発展を求めて—沖縄を中心に—	256

エピローグ	296
注および参考文献	300
索引	322

プロローグ

　島嶼学（*Nissology*）という名称が学会でデビューしたのは、1994 年に沖縄で旗揚げされた「国際島嶼学会（ISISA：International Small Islands Studies Association）」であった。沖縄大会で学会の憲章が採択され、島嶼に関する初の国際学会がスタートした。その意味で沖縄は「島嶼学」の「発祥の地」といっても過言ではない。ISISA 設立の発端となったのは、1986 年にカナダのバンクーバー島で開催された第 1 回「世界島嶼会議（Islands of the World）」であった。この会議はオーストラリアのタスマニア島（1989 年）、バハマ島（1992 年）、沖縄島（1994 年）へと引き継がれ、第 4 回の沖縄島会議から ISISA へと進化した。ISISA はその後、モーリシャス諸島、スカイ島、プリンスエドワード島、金門島、ハワイのマウイ島、チェジュ島、デンマークのボーンホルム島、英領バージン諸島、膨湖諸島、ギリシャのレスボス島、オーストラリアのカンガルー島、オランダのテルスヘリング島で開催され、2020 年にはカナダのニューファンドランド島で開催される予定である。沖縄での開催テーマは「島：自立への挑戦—島嶼地域の地球的ネットワーク化に向けて—」であったが、その後の開催テーマの大半は「島の持続可能性（Island Sustainability）」に関するものである。

　ISISA の創設に刺激を受けて、1998 年に日本島嶼学会（JSIS）が発足した。JSIS は世界初の島に関する国内学会となったが、2018 年に創立 20 周年を迎えた。2000 年には日本学術会議協力学術研究団体に登録され、日本でも島嶼学が独立した学術研究分野として「市民権」を得るに至った。

　日本では戦前から島に関する研究が盛んで、1933 年には比嘉春潮・柳田国男を編者とする『嶋』（後に「島」に改変）と称する雑誌第一号が社誠社から出版されている。島嶼（島）の研究者には地理学者、民俗学者、文化人類学者、生態学者が多いが、最近は「国境に位置する島」をめぐっての国際紛争や島周辺の漁業・海底資源をめぐる紛争も激化していることもあって、地形学者、地政学者、海洋法学者などの関心も高まってきている。「島嶼」とは、もともと

小さい島々という意味があるが、本著では日本の「離島」に相当する島々に焦点を当てている。何しろまだ新しい学問分野であるため、世間にはなじみが薄く、学問としての方法論も確立しているとは言い難い。

本書は日本島嶼学会の機関誌『島嶼研究』に9回にわたって連載した私の論考にもとづいている。第1回〜5回までの連載論文は、わかりやすく書き直して『島嶼学への誘い─沖縄からみる「島」の社会経済』（岩波書店 2017年）にまとめて出版したが、はからずも「第45回伊波普猷賞」を受賞した。本書は岩波本の続編で、本格的な「島嶼学」の入門書をめざしたが、未熟さは否めない。なお、私のライフワークである島嶼研究の軌跡については「エピローグ」をご覧いただきたい。本書の概要は以下の通りである。

第1章　島とは何か─島の定義・方法論・分類

島の定義、方法論に加えて、島の「特性」を探りだす種々の分類を試みた。島の定義は国、地域によって異なる。最も引用されている国際連合海洋法条約による島の定義は「自然に形成された陸地であって、水に囲まれ、満潮時においても水面上にあるオーストラリア大陸より小さい陸地」である。むろん島は常に水（海水、淡水）に囲まれている必要はない。この狭義の定義による島の数は世界には数千万あると推定され、地球面積の約7％、人口で約10％、国連加盟国の22％を占めている。島の定義と所属は、国の領土や排他的経済水域（EEZ）を決めるうえできわめて重要である。本書で主にとりあげるのは日本の「離島」に相当する「小島嶼」で、私が調査や会議、共同研究、客員講師などで何度も足を運んだ琉球諸島を含む日本の島々、太平洋、大西洋、インド洋、バルト海、地中海、カリブ海、東シナ海、南シナ海、日本海などに浮かぶ小さな島々である。

島嶼学とは、「島そのものを多面的な視点から"ありのまま"に研究する」学問領域である。アプローチの仕方は多（異）分野の研究者による相互乗り入れ、つまり「異分野融合型」、あるいは「超学的（trans-disciplinary）」にならざるを得ない。島の一部分、たとえば私の専門分野である経済のみを切り取って、「これが島の本質です」というわけにはいかないのだ。島嶼学は超学的アプローチをめざすサステイナビリティ学（sustainability science）の一分野であるといっ

ても過言ではない。サステイナビリティ学の源流は1987年に発表されたブルントランド委員会（WCED）の報告書『*Our Common Future*（人類共通の未来）』に求めることができる。

　ただ、超学的といっても私のような平凡な研究者には荷が重く、異分野の研究成果を自らの専門分野（デシプリン）に取り込み、「分野の共有＝コミュニケーション」を通して、それぞれの専門分野の裾野を豊かに広げ、ユニークに「深化」させていく基本姿勢が求められる。「自然実験」と称して、ぼう大な歴史データを駆使して島々の比較事例研究が注目されており、本書でも統計資料と広範な文献に目を通してみた比較研究に重点を置いている。島嶼研究者は、超学的アプローチに加えて、「ネットワーク型」、「参加型」、「フィールド型」の研究活動をめざすべきではないか。異分野の研究者が集結して、「島嶼」という共通の土俵で議論できるところに島嶼研究及び島嶼学会の最大の特色とメリットがあると思っている。

　本著の表紙にも描かれているように、島嶼は「海洋性（Oceanic）」、狭小性（Smallness）、遠隔性（Remoteness）という共通の島嶼性（Insularity）をイメージすることができる。しかし、島嶼研究者（Nissologists）を悩ますのは、島の「多様性」、「両義性」のなかから島共通の特性をみつけ出すことである。島の分類をあえて試みるのは、学問的にとらえにくい「島とは何か」という初歩的な疑問になんらかの答えをみつけ出すためである。地理学者が得意とする島の形状、地質形態、孤島性、環海性以外に、生態系、歴史文化、言語、経済社会構造、統治形態などによる分類も試みた。

第2章　島嶼社会経済の特性と可能性

　社会経済的視点にもとづいた島の「相対的な特性」を抽出してみた。私は「島育ち（シマンチュ）」で、沖縄の有人離島すべてを一度ならず踏査し、絶海の無人島である沖大東島（ラサ島）への上陸にも挑み、島の特性を内側から抽出してきたが、外側からみるとまったく異なる島の姿が浮かび上がってきても決しておかしくない。近代経済学の巨人、ジョン・メイナード・ケインズは、ものの見方の相違は、イデオロギーの相違というより、対象を内からみるか、外からみるかのちがいだけだと言い切っている。島はそれ自体で一つの小宇宙を

形成しており、「シマンチュ」をインタビューしてみると、意外と島の特性だといわれている「環海性・狭小性・遠隔孤立性・閉鎖性」の意識は薄い。絶海の孤島で、モアイ石像で知られているチリ領「ラパヌイ島（イースター島）」は、沖縄の宮古島サイズの島だが、先住民のポリネシア語で「広大な大地」を意味する。

島嶼の社会経済的特性として、移民（MIgration）、送金（Remittance）、援助（Aid）、官庁（Bureaucracy）の頭文字をとった「MIRAB経済」の呼び名がよく使われてきた。なかでも公的援助受取（ODA）・政府支出依存構造は、島嶼経済の歴史のなかに深く組み込まれてきた。ただ最近は移民とODAへの依存が低下した半面、島の特性を生かした観光産業が拡大しつつある。送金、ODA、ツーリズムの頭文字をとった「ROT経済」がより実態を反映している。

小島嶼地域の最大かつ喫緊の課題は、地球温暖化による海面上昇の悪影響である。とくに自然環境に依存する農水産業と観光産業のダメージは大きい。南太平洋に位置する珊瑚礁の島嶼国、ツバルとキリバス共和国は海面上昇による「水没する島」として、地球温暖化のシンボル的な存在になって久しい。井戸水、タロイモ畑に海水が入り込み、日常生活そのものが成り立たなくなりつつあり、島を離れるいわゆる「気候難民」も増加しつつある。2050年までに国土の大半は消滅するとの報告もある。2020年以降の地球温暖化対策の枠組を議論した「国連気候変動枠組条約締約国会議（COP21）」では、島嶼国が交渉をリードして、「パリ協定（2015年）」が採択された。今世紀後半に温室効果ガスの排出と吸収を均衡させることがうたわれ、すべての国がその削減義務を負うことになったが、削減目標の達成までは義務化されておらず、温暖化の悪影響を目の当たりにして、その実効性がすでに問われている。

「小さいことはよいことだ（small is beautiful）」という言葉が流行ったが、経済社会発展の視点からみると、「島チャビ（孤島＝離島苦）」とも表現されているように、島は自然の脅威はむろんのこと、「国境紛争」や大国の思惑など政治経済的にも外部環境の影響を受けやすく、島の生活を安定的に維持することは容易ではない。しかし、一般の常識に反して、一人当たり所得と島の規模とは関係なく、島の人材および資源活用のあり方によって、多くの場合逆の相関関係が観察されている。

第3章　島嶼型サステイナビリティモデルを求めて

　島嶼の多様性を反映して、島の社会経済の発展段階も多様である。太平洋の島々でも、ソロモン諸島やサモアなどは自給自足的「生存経済」の比重が高く、グローバル経済の直撃を受けているグアム、サイパン、ナウルなどとは対照的である。しかし市場経済が生存経済を飲み込んでいく姿はいまや世界のどの島嶼でもみられる現象である。南太平洋の人々の暮らしは、原初的な生存状態に放置していたほうがはるかによかったかもしれないとする論考もあるが、いまやこのような考えは、太平洋のどの島嶼社会でももはや通用しない。遅れていればいるほど、近代化への渇望はより強くなるといわれているように、どの島でも食料に不自由しない農魚村生活にみきりをつけて、くい口のあてもない島内都心部、あるいは海外の都市へと働き盛りの人々が移動しているのが現状である。島民のほとんどは伝統的な生活スタイルへの回帰を望んでいるわけではなく、また高度なハイテック社会を夢みているわけでもない。このことは、従来、二重構造論で片付けられた生存部門と市場（＝近代化）部門を、前者の切り捨てによってではなく、逆にいかに生存部門を活性化しながら開発計画に組み込んでいくかを問うものである。生存部門が大きければ大きいほど、近代化へのリスクは少なく、逆に島民が望むような形での緩やかな近代化は容易になされる可能性がある。

　勢いを増す市場部門と生存部門との関係をみなおし、これまでの両部門の「相反的発展（トレード・オフ）」から、相互補完的「持続可能な発展」にどう進化させるかの筋道を示した。財政移転や移民送金、資源輸出などの島外所得への過度の依存は、生存部門の切り捨てにつながって島の自立基盤を弱め、経済社会の崩壊を早めている事例を紹介する。その崩壊途上の顕著な例が、燐鉱石という再生不可能な輸出資源の開発に特化したナウル共和国のケースである。ナウルと類似したケースは、多くの小島嶼地域で観察されている。

　生存部門の維持・活性化は、とくに孤島のミニ島嶼経済を崩壊から救う最後のより処となる。そのキーワードが「循環・複合型社会システム」の構築を可能にする「最低安全性基準アプローチ（SMS）」と「移輸入置替型アプローチ」である。海外の島嶼地域の多くは、温暖化はむろんのこと、人口増と極度の資源制約と単一輸出商品への市場原理を超えた過度な特化により自然破壊と貧困

6

化が同時に進行している。SMS アプローチの核心は、島の生活に必要な最低限のカロリーを島の資源を活用して賄うとするわかりやすい概念にもとづいている。「移輸入品置替型アプローチ」は、たとえば、輸入コカコーラ、コメ、魚缶詰等によって急速に置き替えられつつある伝統的なココヤシジュース、タロイモ、ブレッド・フルーツ、鮮魚などのみなおし、再活性化である。これらのアプローチを担保する社会経済的システムのあり方についても考察した。

「島産島消」、あるいは「島産外消」を促進し、結果として島から外貨が逃げにくくなり、貿易収支の赤字も解消する「循環型経済」への突破口を開くには、島の生産・消費システムを「複合的」、「循環的」、「ユイマール的」に組み替える必要がある。「複合的」とは、必要な生活物資の大半を島で生産すべく、島民が複数の技術をもち、複数の異なった職場を共有することである。これは現代の「分業論」の逆をいく発想だが、これが島の資源と労働力をフルに活用し、小規模経済を効率化する実行可能な代案だと思っている。むろん、これらのアプローチはすべての島嶼に有効であるとはかぎらない。市場経済を前提にした、島嶼経済の持続可能性を担保する方策を理論実証的に証明する課題に挑戦した。

第4章 「島嶼型」グリーンテクノロジー

前章で展開した伝統的な生存部門の活性化による持続可能な「循環・複合型社会システム」を担保する、島のサイズと環境に適合した「島嶼型グリーンテクノロジー」について論じた。

グリーンテクノロジーとは、応用生産技術のなかでも地球環境に優しい一連の技術体系のことで、再生可能エネルギーから無農薬農業、ゼロエミッション、資源・製品再利用、地場資源の活用、技術管理、消費の仕方に至るまで広範囲に及ぶパラダイムシフトの技術体系のことである。1970 年代に F. シューマッハによって提案された「中間技術」、つまり「人間の顔をした技術」ともいえる。これまでも地球温暖化や環境汚染の影響を受けやすく、大型技術の応用が困難な島嶼社会において、小規模グリーンテクノロジー・イノベーション思想が島嶼経済の持続可能性との関連で議論されてきた。その成功例として、スウェーデンのゴットランド島、デンマークのロラン島、ハワイ諸島、沖縄諸島などが

ある。

　ここでのキーワードは、「島産島消」、「島産外消」と島民の「ワークコラバレーション＝結マール」である。多くの小島嶼地域では、活用しうる伝統的な食料資源が豊富にありながら、輸移入物資に過度に依存し、所得と雇用の流出を招いているだけでなく、食生活のバランスを欠き、生活習慣病の肥満・糖尿病患者が増大している。とくに前章で詳述した島の資源と技術で生産可能な「移輸入品置換型」技術と、島の食料・インフラなどのライフラインを確保する「最低安全基準」を満たす技術のあり方を探った。

　モデルケースとして、島嶼生物資源の活用、循環利用から、水、エネルギーに至る種々の島嶼技術を開発・応用してきた、私が長年にわたり調査してきた沖縄での具体例をとりあげる。また、ハワイと連携してとくに南太平洋島嶼地域などへの移転の可能性についても論じた。南太平洋の島嶼国からみるかぎり、沖縄、ハワイは観光業を含む島嶼型技術の宝庫である。三年に一回日本の主催で開催される「太平洋・島サミット（PALM）」がこれまで沖縄県で 3 回開催された。「PALM-3」では、「沖縄イニシアティブ」が採択され、持続可能な開発、人材育成分野での沖縄が日本唯一の島嶼県の特色を生かした国際貢献の役割がうたわれた。PALM の提言を受けて、「沖縄 21 世紀ビジョン基本計画」においても、「アジア太平洋地域の島嶼地域が直面している開発課題の解決に貢献する」と明記されている。

　むろん沖縄からの技術移転といっても、単純ではない。これまでも、ODAによる島嶼地域への技術移転は、種々の「誤れる具体化の誤謬」を犯してきた。つまり、文化、価値観、社会経済発展段階の異なるところに、先進地域で成功している技術がそのまま応用可能だとする単線的思考の誤りである。持続可能技術の相互移転とは、植物に例えると、異なる土壌への外来品種の「移植」にほかならない。どのような条件を満たせば持続可能な発展のための島嶼型技術の移転が成功するかも考察した。

第5章　島嶼社会経済のネットワーク

　ネットワークをある目的をもった「ヒト、モノ、カネ、エネルギー、情報、交通、生活インフラを相互につなぐ人為的なしくみ」と定義し、主に小規模島嶼地域

8

におけるネットワーク化の実態とグローバルネットワークモデル、その経済社会へのインパクトと島嶼間ネットワークワークの未来像を考察した。遠隔孤島の最大の課題は、地理の不利性、つまり「距離の暴虐」をいかに克服するかである。島嶼間ネットワークの理論は、「空間経済学」によって精緻化されてきた。ここでの「空間」とは、これまで経済学者の分析射程に入ってこなかった「地理空間」のことである。地理空間を分析するには、「3つのD」、つまり「集積度（Diversity）＝密度」、「距離（Distance）」、「境界（Division）」がキーワードとなる。集積度の要因分析を通して、島嶼のネットワークの現状と課題を浮き彫りにした。ネットワークのなかでも、情報通信技術（ICT）の飛躍的な進展により、島嶼経済のアキレス腱ともいわれてきた「距離の暴虐」、「規模・範囲の不経済性」、「立地の不利性」を克服し、これによって遠隔島嶼地域や過疎地でも産業創造分野などで都市部と同じ土俵に立てる可能性が生まれた。実際にカリブ海に浮かぶバミューダ、ケイマン、バルバドスなどの小島嶼は、ICT技術をフルに活用して、世界トップクラスの一人当たり所得を実現しているのだ。とくにモノの情報化（IoT）技術は、経済規模が小さいことから生ずる多品種、少量生産によるコストの増大要因を克服する可能性がある。むろんその負の側面である情報格差（デジタルデバイド）を広げる可能性も併せもつ特徴がある。情報インフラの整備もさることながら、インフラを活用しうるIT人材育成と島嶼での定着も大きな課題である。

　国際島嶼学会の創設を契機に、島嶼間学術ネットワークの整備が急ピッチでなされてきた。いくつかの学術団体が創設され、各地でサステイナビリティに関する調査研究所が設立された。注目すべきことは、これらの学術団体をネットワーク化する、「グローバル・アイランド・ネットワーク（GIN）」がスタートしたことである。GINのイニシアティブにより、島嶼のグリーン（再生）エネルギー、ゼロエミッション、持続可能観光・農業・技術・教育、生物多様性、気候変動などに関する情報と研究論文を相互に利用可能になった。

　経済社会のネットワーク化が進展するなか、人口減少が加速する奄美群島を含めた琉球列島の未来創造につながるネットワークはどうあるべきかを論じた。島それぞれの持ち味を活かした「島の道」ネットワーク構想を提案した。沖縄の海外移住者が中心になって、1997年にハワイで結成された「世界ウチ

ナーンチュ・ビジネス・アソシエーション（WUB）」は、南太平洋からアフリカに至る５大陸をカバーしたきわめてユニークなグローバルなネットワーク組織である。また、尖閣諸島、南沙諸島などの紛争が長期化する「国境の島々」を連結して平和と同時に豊かさを共有する「成長のトライアングル（GT）」モデルを、沖縄−台湾−上海−香港を視野に入れて論じた。そのフロンティアになるのが日本の最西端に位置する「国」の名前のついた与那国島である。

第６章　島嶼における文化と観光—バリ島と竹富島の事例を中心に—

　島嶼文化は、ハワイでは「サラダボール文化」、カリブ海では「クレオール文化」、南太平洋では「ビーチコンバーズ文化」、イギリスでは「シーファラーズ文化」、沖縄では「チャンプルー文化」などとよばれている。どの概念も主に海上から島から島へと放浪し、あるいは生活の糧を求めて島々に集結した多民族によって「複合的」に形成された文化を意味する。沖縄方言で「ごちゃまぜ」を意味する「チャンプルー文化」は、琉球王国時代に導入された中国・東南アジア文化、薩摩の琉球侵攻及び廃藩置県後に導入された日本（ヤマト）文化、それに戦後の米軍統治時代に導入されたアメリカ文化が沖縄の土着文化と融合して形成されたものである。とくに中国文化の影響は今日まで脈々と受け継がれてきた。那覇の久米村（クニンダ）には、「久米三十六姓」とよばれた多くの中国人が居住していたが、世界各地にあるチャイナタウンはなぜか沖縄では形成されなかった。私は、沖縄のチャンプルー文化が、中国文化を消化し、内部化、あるいは「文化化」したとする仮説を立てている。

　ヤマト文化は言語と教育を通して浸透し、アメリカ文化は米軍基地を通して広まった。むろんチャンプルー文化は沖縄だけの「島嶼文化」ではない。沖縄以上に多様な文化が出会い、衝突、融合、葛藤している地域は島嶼地域にかぎらず、世界のいたるところに存在する。たとえば、カリブ海の「クレオール文化」は、さまざまな人間社会のさまざまな要素の混交現象を意味している。

　観光産業は「島嶼型産業」ともよばれているように、島嶼経済に最も適合した産業形態である。その背景には、他の文化圏と「差別化」できる島独特の複合文化の存在がある。「文化観光」とか「観光文化」とよばれているように、島嶼観光の差別化を可能にしているのは地理的条件に加えて、島嶼特有の歴史

文化である。観光は島の経済を支えているだけでなく、島民の誇りとする伝統文化を島外に発信し、その維持発展に貢献しているとする見方が大半を占める反面、伝統文化を商業目的に活用するのは文化の「真正性」を損なうとする議論も古くからある。

　島嶼における文化観光のモデルケースであるバリ島と竹富島をとりあげ、観光産業の隆盛による文化の変容と持続可能な文化観光のあり方を考察する。司馬遼太郎が「沖縄の心の宝庫」と絶賛している竹富島の伝統文化、とくに600年の歴史をもつといわれている「種子取祭」は、八重山諸島のなかでももっとも観光客を惹きつけている民族芸能である。この祭りを通して、「うつぐみの精神」とよばれている竹富島の共同体が維持され、島のアイデンティティと価値観が共有されている。この祭りはまた、島を離れて生活している「シマンチュ」を呼び戻し、交流を図る役割も担っている。観光客を野放図に受け入れていると、島の受容能力（キャリング・キャパシティ）を超え、深刻な環境破壊、文化遺産の劣化、水不足、物価の高騰などにより、島民の生活苦を招く恐れがある。竹富島では、観光開発賛成派と反対派が幾度も争ってきたが、竹富島の文化と原風景を守る「竹富島憲章」が原点になり、憲章にマッチしない観光開発に歯止めをかけてきた。

第7章　国境の島をめぐる領土紛争と解決策─尖閣諸島および南シナ海諸島を中心に─

　人類の歴史からすると、南極大陸を除く世界の陸地が主権国家によって分割され、地図上で表現された「国境線」が引かれるようになるのは、大航海時代を経て、植民地争奪戦が終息するここ一世紀半程度の出来事である。本章では国境の歴史的、国際法的変遷を考察し、島をめぐる国境紛争（インド洋、地中海、南太平洋、ペルシャ湾、大西洋・カリブ海、日本海、北太平洋・オホーツク海、東シナ海、シンガポール海峡、南シナ海）の事例を紹介し、島嶼国境紛争を成功裏に解決したいくつかの事例も分析した。

　国境紛争で世界の耳目を集めている沖縄県の尖閣諸島と南シナ海について詳述し、紛争の解決策も提示した。島をめぐる領有権争いのほとんどが列強による植民地政策か、戦争による占領政策、または一方的な軍事力を背景にした実行支配の産物である。竹島、尖閣諸島紛争は、日本の軍国主義の結果として日

本が領有権を主張していると韓国と中国はみなしており、侵略された側の「憎しみの記憶」が、外交交渉上も絶えずよびさまされてくる。過去の軍国主義、植民地主義を清算しないかぎり、歴史問題は必ずつきまとい、堂々めぐりの応酬が果てしなく続くと思ってよい。

　島嶼にかぎらず、領土紛争の解決への王道は、当事者の信頼関係の造成と平和構築に向けた対話である。南シナ海における中国の軍事、経済力を背景にした島々の占有は、新しいタイプの領土問題を提起している。フィリピンは中国の強権的な実行支配に対して、国連海洋法条約にもとづいてオランダ・ハーグの常設仲裁裁判所に提訴し、全面勝訴した。仲裁裁判所は、中国の南シナ海での主権と排他的経済水域（EEZ）の設定を全面的に否定すると同時に、中国が主張してきた歴史的な権利と海域の埋め立てによる軍事拠点化を「一方的で国際法違反」と断じた。自国中心主義の歴史的な権利より、国際社会での新しい紛争の枠組みである海洋法条約が優先されるとの判断である。予想された通り、中国は仲裁結果（判決）には従わないと明言した。これまで発表された主要文献にもとづいて、解決に向けた私なりの提言も行った。本章は現地調査を踏まえて、国際誌に発表した論文にもとづいている。

第8章　島嶼の政治経済学—島嶼経済自立への挑戦—

　前述の「ミラブ経済」の提唱者も指摘しているように、島嶼経済は内的要因より外的要因の影響を受けやすく、政府の経済政策、とくに「経済外交」の役割がマーケット以上に重要であることはまちがいない。ここに政治経済学的分析手法が要請されるゆえんである。大航海時代の幕開けは、島嶼地域にとって悲劇の始まりであると同時に、市場経済への参入による機会の創出でもあった。市場経済といっても、当初はイギリスに始まる重商主義政策にもとづく一方的な資源収奪的取引であった。太平洋やカリブ海では、鉱物資源、砂糖、コーヒーなどの農産物資源がアフリカやインドなどからの奴隷あるいは移民労働力の導入で行われ、今日まで続く政治経済・文化の二重構造の基層部分を形成した。列強による植民地化の時代は島嶼によっては今日まで形を変えて続いており、政治経済構造の形成を超えて、文化・生活様式、教育・思考様式まで劇的に変えた。主要島嶼国における政治経済関係モデルを構築して、島々と旧宗主

国との政治経済関係を分析した。市場の変動よりも政治の変化に左右されやすい島嶼社会経済の苦渋に満ちた持続的発展への歩みをたどった。

第二次世界大戦後、多くの島嶼地域が「多国間植民地」のくびきから独立し、自らの運命を自ら決定する自決権を得た。1990年には、国際連合に加盟する小島嶼国37か国と地域が参加して、地球温暖化ガスの削減、海洋資源の保全、海洋の平和的利用、漂着ゴミ問題などの解決に向けた共通の政治的意図をもった「小島嶼国連合（AOSIS）」が結成された。しかし多くの島嶼国は、自立経済の確立をめざしながらもその意図に反して、旧宗主国などへの経済依存度は高まってきている。島嶼国・地域が得意とする政治・外交依存型の（外向き）開発政策は、政治・経済の自立化の基盤を逆に切り崩してきたともいえる。

日本唯一の島嶼県である沖縄でも、経済自立論が華々しく展開されてきた。沖縄はかつて独立王国を維持し、海外貿易で栄えたという歴史的事実以外に、世界の小島嶼独立国家と比較しても面積、人口規模、一人当たり所得などで上位クラスに位置する。米国の施政権下にあった沖縄が1972年に、日本へ返還されてかから約半世紀の歳月が流れ、現在「沖縄振興特別措置法」にもとづいた、第5期目（2013年〜2022年）後半の振興計画が実施されている。振興計画の基本目標は日本本土との種々の「格差是正」と「自立経済の確立」であった。過去半世紀近くの振興計画のパフォーマンスと目標達成度を数量的に評価した。計画の基本指標である人口は、復帰時の97万人から2017年には144万人へと増加し、計画目標をたえず上回った。しかし、人口減少に歯止めをかけるとうたった「離島振興計画」は、八重山地区の一部を除いては成功したとは言い難い。道路、港湾、空港、水資源開発などのハードインフラ面での格差是正は目標をクリアした。しかし、県民の豊かさを示す一人当たり所得は復帰時の42万円（全国の58％）から2016年度には210万円（全国の72％）まで向上したものの、ここ数年は停滞しており、全国最下位クラスに留まっている。最大の目標であった経済自立度は、復帰時の5割強から7割前後まで向上したあと、進展はない。これは「中進国の罠」同様、沖縄が種々の国主導の優遇策の呪縛に絡めとられて、「振興策の罠」にはまっているとみてよい。この罠からいかに脱出するかの知恵が問われている。

振興策で最も成功したのは、民間活力を引き出した観光産業である。観光客

数では島嶼観光の先進地域であるハワイを超えつつあるが、経済へのインパクトはハワイの半分程度である。観光産業の量的拡大は、竹富島でも観察されたように、島の受容能力（キャリング・キャパシティ）の視点からも限界に達しつつある。沖縄振興策の新たな課題として浮かび上がってきているのが「貧困格差」と「教育格差」である。沖縄の貧困率は全国平均の倍を記録し、ここ数年で全国以上に悪化している。とくに子どもの貧困率は貧困世帯への所得再分配後でも全国の約倍になっている。貧困率と関連する大学進学率も全国より16ポイントも低く、復帰時の2ポイントの格差から大幅に拡大しているのだ。

　沖縄県は他府県がうらやむ人口増加を続けており、この人口ボーナスを生かして、グローバルアジアを視野に入れた新たな振興策を策定する必要がある。その際には、これまで惰性的に延長してきた種々の「沖縄特別措置」を抜本的にみなおし、米軍基地の「本土並み」負担を前提に、自助努力の思想をその根本に据える大胆なパラダイムシフトを断行すべきではないか。われわれ県民のもつしたたかな「啓発的楽観主義」に立ち返るとき、悲観は無用である。

第1章　島とは何か
―島の定義・方法論・分類―

　1994 年に、沖縄で第一回「国際島嶼学会（The International Small Island Studies Association：ISISA）」が開催された際に、ニューサウスウエルズ大学のグラント・マコール（Grant McCall）教授から、「島嶼学＝島をありのままに研究する（the study of islands on their own term）」学問分野として、ニッソロジー（nissology）が提案され、学会用語として定着している（McCall 1994；嘉数 1994 年）。"nisi" は古代ギリシャ語の「島嶼」、"logy" は論理＝学問を意味している。"nisi" の複数形は "nesia"（ネシア）で、ミクロネシア Micronesia ＝（小さい島々）、ポリネシア Polynesia ＝（多くの島々）、メラネシア Melanesia ＝（黒い島々）は南太平洋の島嶼地域を分類する標準的な手法になっている。世界最大の島嶼国、インドネシア（Indonesia）の語源は「インド＋諸島」であり、ヤポネシア（Japoneisa）は、「日本＋諸島」の造語である。もっとも nissology という用語を最初に使ったのは、フランスの水路地形学者であるクリスチャン・ディパラエテールである（Deparaetere 1991）。この国際島嶼学会から 4 年後の 1998 年に設立された日本島嶼学会年報の表紙にも「Nissology ＝島嶼学」が使用されている。

　イスロマニア（islomania）とは、孤島にいるだけで無上の喜び、ファンタジーを実感する精神症状を意味するが、その「病歴」は「アトランティス」を夢みた古代ギリシャのプラトンにまで遡ることができる（Clarke 2011）。島は今日まで、多くの人々にとって現実とはかけ離れた「パラダイス＝桃源郷」、「フロンティア＝冒険と未知との遭遇」であると同時に、近づき難い「辺境＝孤島」、「流刑地＝終末」などでイメージされてきた。島は多くの場合、学問の対象というより文学作品、ファンタジー、旅行雑誌のなかで語られてきた。島がトータルとして学問の対象になり、国際的な島嶼専門誌が出版されるようになったのは最近のことである。日本や韓国で島嶼学会が創設され、両学会とも国の「学術会議協力学術研究団体」として正式に登録され、島嶼が新たな研究分野とし

て、「市民権」を得るに至っている。

　マコールの定義からも推察されるように、島嶼学の特徴は、島嶼の「特性」と密接に関わっている。島の「特性」については次章で詳述するが、地理学的な視点からみた島の特性は、「海洋性＝環海性」、「遠隔性＝孤立・拡散性」、「狭小性＝分断性」に要約できる。これらの三つの特性が相互に重複して「島嶼」の実体的なイメージが浮かび上がってくる。これらの構造的特性に加えて、歴史（植民地的遺産）、文化（混合＝チャンプルー）、民族（複合＝多様性）、政治経済（土着、移民、依存、植民地、規模・範囲の不経済）などの一般的特性を挙げることができる。むろんこれらの特性は、地理・歴史・文化、政治、生活様式においても「相対的」なものであり、それぞれの島嶼は、とてつもなく「多様な顔」をしているという基本認識が必要である（竹内2008年）。そのため、名前を含む島嶼のイメージには常に「両義性＝プラスとマイナス」がまとわりつく。400余の有人島を抱える日本列島をとっても、皆既日食で話題になった「悪石島」があり、その隣に「宝島」がある（長嶋ほか編著2009年）。

　竹島＝（独島）、尖閣列島、北方四島、南沙諸島などの国境に位置する「国境紛争の島」があり、生物多様性の「宝庫」で、屋久島のような「世界遺産の島」、さらには人間の住めない無数の「無人島」がある。無人島も沖縄の前島のように、ある日突然「有人島」になったりする島もある。また、海底火山によって、ある日突然「新島」が出現し、消滅したりもする。

写真1-1　西之島新島の誕生の様子
（1973年海上保安庁提供）

小笠原諸島の「西之島新島（0.25km^2）」は、1973年に誕生した比較的新しい島で、「新島ブーム」の先駆けとなった。2013年12月、この西之島付近で新たな島の誕生が話題になった。「国土地理院」によると、1年後には島は標高110m、面積で約190倍に拡大し、写真の「西之島新島」とつながって、現在も拡大し続けている。

1 島嶼の定義

　「島（island）」を研究テーマにしていると答えると、決まって「島とは何か」という難問に答える羽目になる。「京都学」とか、「沖縄学」があるように、「島」を研究する以上、島の定義は不可欠である。「島」という字を辞書で検索してみると、「周囲が水で囲まれている小陸地」とある。「水」というのは、「海水」と「淡水」を含んでいる。島というとすぐ海洋を思いうかべるが、北アメリカのヒューロン湖のなかにあるマニトゥーリン島（Manitoulin Island）は、沖縄県より大きな島である。「神の島」とよばれている琵琶湖の「沖島（有人島）」も淡水湖の島である。チャオプラヤ川（メナム川）の中州には素焼きとお菓子の島として知られている「クレット島（ko kret）」がある。「島」は常に「水」に囲まれている必要はない。フランス西海岸、サン・マロ湾上に浮かぶモンサンミシェル島は、世界遺産の同名の修道院で成り立っているが、潮の干満差が激しく、満潮時には海に浮かび、干潮時には大陸とつながる。このような「島」は世界に数多く存在する。日本で島が最も多い長崎県の壱岐島近くに無人の「前小島」があるが、そこに干潮のときだけ参道が姿を現すパワースポットの小島神社がある。地元の人たちは「壱岐のモンサンミシェル」とよんで、静かな観光スポットになっている。

　島の定義は国、地域によっても異なる。最もわかりやすく、機能的な定義は「人が住み、最低一頭の羊を養える牧場がある」とするスコットランドの定義である（King 1993：9）。

　地理学上では、「大陸より小さい陸地」が島と定義される。世界には6大陸があり、一番小さいオーストラリア大陸（760万 km²）より小さい陸地が島ということになる。この定義にしたがって、面積の大きい順に10島を並べると表 1-1 の通りとなる。

表 1-1　面積の大きい 10 位までの世界の「島」、2012 年

国名	面積 (万 km²)
グリーンランド（デンマーク）	218
ニューギニア（インドネシア、パプアニューギニア）	81
ボルネオ（インドネシア、マレーシア、ブルネイ）	76
マダガスカル	59
スマトラ（インドネシア）	52
バッフィン島（カナダ）	48
本州（日本）	23
グレートブリテン島（英国）	23
スラウェシ島（インドネシア）	19
サウスアイランド（ニュージーランド）	15

（日本外務省基礎データより作成）

第1章　島とは何か —島の定義・方法論・分類—　　　17

しかし、われわれの常識からすれば、これらの島はとても「小陸地」とは言い難い。ちなみに、2012年10月時点で、国連に加盟している193か国のうち、「島嶼国」を面積の小さい順に10島並べると表1-2の通りである。

「島」の定義で最も頻繁に使われているのは、「海の憲法」とよばれている「国際連合海洋法条約」第121条に規定されている以下の3つの条件を満たす陸地である。

表1-2　面積の小さい10位までの
国連加盟「小島嶼国」、2012年

国名	面積（km²）	人口（万人）	面積でほぼ同じ日本の島
ナウル	21	1.0	伊平屋島
ツバル	26	1.0	与那国島
マーシャル諸島共和国	180	6.2	利尻島
セントクリストファー・ネイビス	262	5.2	徳之島
モルディブ諸島	298	31.9	西表島
マルタ	316	41.0	福江島
セントビンセント・グレナディーン諸島	389	10.9	福江島＋久米島
アンティグア・バーブーダ	442	8.9	種子島
パラオ	488	2.0	屋久島
セントルシア	616	17.4	淡路島

（日本外務省基礎データなどより作成）

(1) 周囲が水に囲まれ、自然に形成された陸地であること。 したがって、かつての長崎の「出島」のような「人工島」は島ではない。

(2) 満潮時に水没しないこと。 つまり、満潮時に水没する「低潮高地（暗礁）」は島ではない。

(3) 人間の居住又は独自の経済的生活を維持できる陸地であること。 満潮時に水没しない「岩」は、この条件を満たさないかぎり島ではなく、「領海」は設定できるが、独自の「EEZや大陸棚」は設定できない。

(1) と (2) は島の狭義の定義で多くの国の定義と一致する。(3) を含めると広義の定義となり、後述するように国際司法裁判所の判断に従うことになる。

この島の定義はきわめて重要である。なぜなら、島が「国の領土」、つまり国家の主権（統治権）が及ぶ空間領域となるだけでなく、領土から12海里（22.2km）離れた海域を「領海」とすることが同条約2条で規定されているからだ。さらに領土から200海里（370km）離れた海域を「排他的経済水域＝EEZ」、つまりその国の「大陸棚」としており、海洋資源を採取する独占権を有するのみならず、領海上空を国外機が無断で飛行することも禁じられている（詳しくはTanaka 2012）。海洋国家日本にとって有難いことには、大陸棚では200海里を超えた部分でも陸続きが証明できれば、海底資源の開発にかぎり、権利

が認められている。各種海域区分を日本、中国、台湾間で、それぞれが「領有権」を主張して争っている尖閣諸島を例にとって示すと図1-1の通りとなる。

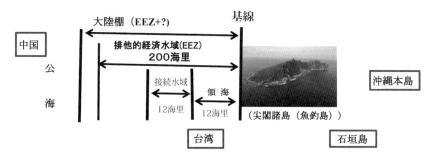

図1-1　魚釣島を「基線」とした日本の領海と排他的経済水域（EEZ）（著者原図）

　第7章で詳述するように、尖閣諸島は石垣島と台湾から約170km、中国から約330kmに位置し、総面積がわずか5.53 km^{2}の5つの無人島と岩礁で構成されている。そのなかで最も大きな島が魚釣島（3.81 km^2）で、尖閣諸島のなかで、最も中国本土に近い島である。魚釣島の最西端を「基線」にすると、そこから領海、接続水域、EEZ及び大陸棚は図1-1の通りとなる。尖閣列島がどの国に所属するかによって、領海面積は大きく異なる。とくにこの地域が石油や天然ガスなどの海底資源の宝庫となると、領有権争いも勢い激しくなる。中国、日本とも国連海洋法条約を批准しているが、中国は中国大陸から尖閣諸島まで伸びる「大陸棚」を根拠に領有権を主張している。

　国連海洋法条約で「島」である条件の一つに、「満潮時に水没しないこと」が挙げられている。「満潮時」とは、観測場所が年間を通しての満潮を観察した結果、もうこれ以上海水が上がってこないであろうと考えられる海面の高さ「略最高高潮面」を指している。海図に記載される島は、この定義にもとづいている。海図には、潮汐の干満によって水面上に時々顔を出す岩（干出岩）、水面すれすれの岩（洗岩）、いつも水面下に没している岩（暗岩）の3種類も記載されている。中国とベトナムが領有権をめぐって紛争が続いている南沙諸島（Spratly Islands）の「スビ礁（Subi Reef）」は満潮時に水没する「干出岩」

に相当し、国連海洋法条約で定義する島ではない。中国はこの岩礁を埋め立てて人工島を造成し、3,000m 級の滑走路を建設しており、周辺諸国や米国との緊張が高まっている。第 7 章で詳述するように、オランダ・ハーグの常設仲裁裁判所（Permanent Court of Arbitration）は、2016 年 7 月に、中国が実効支配し、領土紛争の渦中にある南シナ海のほとんどの「岩」や「島」を島ではないとの画期的な判断を下した（Kakazu 2016）。

　国連海洋法上の「島」と認知されている日本最南端の環礁、「沖ノ鳥島（環礁全体で 7.8 km^2）」は、「世界最小の島」ともよばれているが、中国、韓国が「島」ではなく、「岩礁」だとして異議申し立てをしていることはよく知られている。確かに満潮時に東小島と北小島は海面上にあるが、地球温暖化による海面上昇で満潮時に水面下に姿を消す可能性があり、政府が消波ブロック設置や護岸工事などで水没を防いでいる。日本政府は、小笠原村に属する日本最東端のマーカス島ともよばれている南鳥島（面積 1.51 km^2）についても水没を防ぐ方法を検討しているが、他の島と排他的経済水域を接していないこの島の EEZ は、43 万 km^2 に及び、日本の国土面積より大きい。東京大学の研究者は、台風のたびに位置や姿を変える竹富町の「バラス島」の形成過程をモデルに、本来の生態系の活動を応用して島の維持をめざしている。

　海洋法の権威、ハワイ大学のジョン・ヴァンダイク教授によると、沖ノ鳥島は国連海洋法条約 121 条第 3 項「人間の居住又は独自の経済的生活を維持できない岩は、排他的経済水域又は大陸棚を有しない」で規定する「岩」であり、EEZ の基点にならないと断定している（New York Times 1988）。日本の国土面積は 38 万 km^2 で世界第 60 位だが、領海と EEZ を含めると、国土の約 12 倍、447 万 km^2 になり、世界第 6 位になる。ちなみに沖縄県を含む日本の「島嶼地域」の EEZ は、国土全体の 6 割強と推計されている（海洋政策研究財団 2008 年：2）。「沖ノ鳥島は東京から約 1700 km、小笠原諸島の父島から約 900 km 離れた日本最南端の島で、東西約 4.5 km、南北約 1.7 km、周囲約 11km のサンゴ礁だ。わが国は沖ノ鳥島の周囲に漁業資源や地下の鉱物資源などを独占できる排他的経済水域 EEZ を設定しており、面積は国土面積（約 38 万 km^2）を上回る約 40 万 km^2 にも及ぶ。その周辺海域は漁業資源ばかりでなく、レアメタル（希少金属）などの存在が期待されている。かろうじて水面に浮かぶ沖ノ鳥島の

写真 1-2　沖ノ鳥島世界最小の島？それとも岩？
（海上保安庁提供）

存在によって、国土の約 6〜8 割に相当する領海 EEZ が広がったことを意味する」。『産経新聞』（2014 年 1 月 4 日朝刊）。

国連海洋法条約の狭義の定義による島は世界にいくつあるのだろうか。地球観測衛星（NOAA）による全地球規模高画質海岸線データベース

表 1-3　世界の規模別島の数、2006 年

島のサイズ	島の数	構成比 (%)	分類
$10^5 km^2 < A < 10^6 km^2$	17	0.0	ギガ
$10^4 km^2 < A < 10^5 km^2$	53	0.0	メガ
$10^3 km^2 < A < 10^4 km^2$	219	0.0	標準
$10^2 km^2 < A < 10^3 km^2$	1,135	0.6	マイクロ
$10 km^2 < A < 10^2 km^2$	4,251	2.4	ナノ
$1 km^2 < A < 10 km^2$	16,359	9.3	ギガ環礁
$0.5 km^2 < A < 1 km^2$	63,324	36.0	メガ環礁
$0.0 km^2 < A < 0.5 km^2$	90,446	51.4	標準環礁
合計	175,804	100.0	

(Christian Depraetere & Arthur L. Dahl "Island Locations and Classification" in Baldacchino ed. 2007 年：61、Table 2 より作成)

（GSHHS = http://www.ngdc.noaa.gov/mgg/shorelines/gshhs.html）によると、2006 年時点で 17 万 5804 の島（面積が 1 ha = 1,000m² 以上）が観測されている（表 1-3）。国連定義にそった 10m² 以上の「岩礁（rock）」も含めると、3 千〜4 千万の島の数があると推計されている（Depraetere & Dahl 2007）。

さて、日本での島の定義はどうか。「離島の自立的発展を促進するための特別時限立法」として、1953 年（昭和 28 年）に成立し、これまで 7 回も延長されてきた「離島振興法」第 2 条に「離島」を国土交通大臣、総務大臣及び農林水産大臣が指定する「島」となっている。ここでの「島」とは、海上保安庁水路部が昭和 61 年に調査した『海上保安の現況（昭和 62 年版）』で定義する「島」と重なり、以下の条件を満たす必要がある。

(1) 周囲が水に囲まれ、周囲が 0.1km 以上のもの、

（2）架橋、海中道路などで本土と一体化した島、埋め立て地を除く、

（3）本土5島（北海道、本州、四国、九州、沖縄本島）を除く島となっている。
上記の定義による日本の離島＝島の総数は2012年現在で6,852あり、その
うち住民登録のある「有人離島」は314（島総数の4.6%）である（詳しくは、（財）
日本離島センター『離島統計年鑑』、加藤庸二『原色 日本島図鑑 2010年』参照）。
しかし、「海上保安庁は、都道府県の島数までは公表しているが、6,852の島
リストは公表していないため、どの島とどの島を足しあわせてその数となった
かは不明」である（古坂2014年：13）。さらに、都道府県の「離島統計」で
は、島の定義を面積が0.01km^{2}以上の島と定義しており、国の定義より面積
が大きく、整合的ではない。たとえば、2014年現在における沖縄県の離島総
数は国の公表数値で363だが、沖縄県の統計では160と半分以下になってい
る。日本政府は、海洋進出を活発化させる中国をにらみ、沖縄県の尖閣諸島を
含む名称のない158の無人島に名前をつけて2014年8月に公表したが、個
別の島々の内訳についても公表する時期にきているのではないか。

　日本の離島振興法によって「指定」され、特別振興の対象になっている有人
離島は現時点で258島である。小笠原諸島、奄美諸島、沖縄の離島は上記の
離島振興法の対象外で、それぞれ別途の特別法で振興策が講じられている。
離島振興法や特別法は、有人島の生活防衛及び振興を目的として制定されてお
り、無人島の指定は想定されていない。しかし平成19年に成立した「海洋基
本法」には、従来無視されてきた外洋の無人島についても「海洋管理のための
離島の保全・管理・利用」などの国策を重視した離島政策がうたわれている（詳
しくは鈴木2013年；中俣2013年参照）。

　ちなみに人文地理学な視点から離島研究の系譜を論じた宮内（2006年）に
よると、日本で「離島」という用語が用いられるようになったのは1950年代
以降のことで、それ以前は「島」、「島嶼」いう用語であった。離島という用語
はおそらく離島振興法の施行に伴って一般化したと思われる。

2　島嶼学方法論—超学的アプローチ

　われわれの研究対象が「島嶼」で、その「特性」や定義が前述の通りであれば、

島嶼の研究・調査手法は「学際的・複合的・価値前提的」あるいは「超学的（trans-disciplinary）」アプローチにならざるを得ない（Deparaetere 2008）。「超学的」研究を提唱したのは、「制度学派」をよばれている北欧経済学の巨人、グンナー・ミュルダール（Myrdal 1969）である。彼は、経済的要素のみに専念する主流派の経済学から逸脱して、政治・歴史・文化的要素も考慮する制度的社会経済学の構築をめざした。

　ミュルダールが提案する超学的アプローチとは、各専門分野（discipline）の融合を意味する。一時期はやった「文理融合型の研究」である。そのためには各分野の研究者が自らの専門分野の枠を超えて、交流するだけでなく、それぞれの専門分野の研究成果を「共有（sharing）」しつつ統合し、分野の枠を超越した知的価値を創造することである。単純化して例示すると図1-2の通りとなる。次章で詳述するように、島嶼は「海洋性」、「狭小性」、「分断性」の複合的な特性である「多様な島嶼性インシュラリティー（insularity）」、つまり島ごとに異なる島嶼性を有していると仮定すると、これらの特性を解明するに

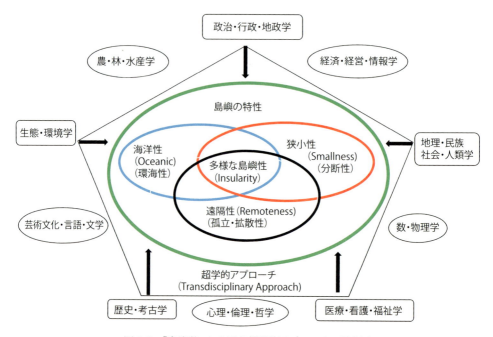

図1-2　「島嶼学」における超学的アプローチの概念図

は、政治、経済、地理、人類学、民俗学、生態、環境、医療、歴史、統計学などの個別の分野、あるいは五角形で示した個別分野の相互乗り入的アプローチではなく、グリーンの太い円で例示した個別分野の「融合的」アプローチである。そのことによって、島の全体像を把握することが可能となる。島ごとに異なる「インシュラリティー」を比較、分析することによって、後述する「島の分類学（taxonomy）」が誕生し、「島とは何か」という初歩的な疑問にある程度答えをみいだせるかもしれないのだ。

　超学的アプローチは、従来の多専門的アプローチ（Multidisciplinary Research）や学際的アプローチ（Interdisciplinary Approach）とも異なる。多専門的アプローチは、医療分野で広く行われている「チームアプローチ」ともよばれ、各々の専門家が並列的にそれぞれの知見を出し合って共同研究や診断・治療を行う方法である。学際的アプローチは、各自の専門知識だけでは手に負えない共通課題に対して、各専門分野の枠を維持しつつアプローチする方法である。国際島嶼学会及び日本島嶼学会もこのアプローチに近い。島嶼学の確立に向けた論考は、専門分野の異なる学術交流によって成立しており、異分野間の相互乗り入れによる超学的、あるいは統合化された共同研究は数少ない。むろん医療・看護、生態系などでの同一分野の共同研究は数多く存在する。生産現場では、「サイマルテニアス・エンジニアリング・アプローチ」と称して、従来のピラミッド型の縦割りの組織ではなく、異なった分野の技術者・実務家を横に繋げる「クロス・ファンクショナル・チーム」を組織して成果を挙げているところが増えてきている（伊藤 2017 年）。これは超技能的なアプローチといえる。

　超学的なアプローチを掲げてネットワーク型研究を推進しているのが 2005 年に創設された「サステイナビリティ学連携研究機構（IR3S）」（https：//ja.wikipedia.org/wiki/）がある。この機構は、「サステイナビリティ学（sustainability science）」の創生をめざして、当時の東京大学総長の小宮山宏が提唱したものである。機構はサステイナビリティ学（持続性学）を構築するために「知の構造化」を行い、地球持続性ビジョンの創出をめざして、いくつかの大学に研究拠点が形成されている（小宮山 2004 年）。機構の略称である「IR3S」は、研究対象として地球システム、社会システム、人間システムの三

24

つのシステム間の相互作用を超学的アプローチで解明し、その成果をサステイナブルな社会構築に向けた知見を社会や個人に提供することを意味している。IR3S は、国際学術雑誌「*Sustainability Science*」を刊行し、「国際サステイナビリティ学会（ISSS）」の創設を主導した。

　サステイナビリティ学の源流は 1987 年に発表されたブルントランド委員会（WCED）の報告書『*Our Common Future*（人類共通の未来）』（WCED 1987; Kakazu 2012）である。この報告書のなかで初めて「持続可能な開発（SD：Sustainable Development」の概念にもとづいて、現在と将来にわたっての開発と環境保全の両立の必要性が提案された。SD の概念はその後、1992 年の「気候変動枠組み条約」が採択された「地球サミット」、1997 年の「京都議定書」、2012 年の「持続可能な開発会議（リオ＋ 20)」、2015 年の「パリ協」（COP21)」と前後して打ち出された「持続可能な開発目標（DSGs：Sustainable Development Goals)」に引き継がれた。DSGs の宣言文には「世界の人々が共同の旅に乗り出すに当たり、誰も置き去りにしないことを誓う」とうたい、193 のすべての国際連合加盟国が文書に署名し、2030 年を目標として国際社会から貧困の撲滅と持続可能な社会の構築に向けた 17 分野の目標と 169 のターゲットを掲げている。「パリ協定」の締結には、地球温暖化で最も影響を受ける「小島嶼開発途上国（SIDs：Small Island Developing States)」の主張が貢献した。後述する SIDs は、国連に加盟する 38 の小島嶼国（国連加盟国の 22％）と北マリアナ連邦、フランス領ポリネシアなどの 14 の地域が加盟し、第 1 回会議は 1994 年のバルバドス（カリブ海）、第 2 回は 2005 年のモーリシャス（アフリカ）、第 3 回は 2014 年のサモア（南太平洋）で開催され、温暖化ガス削減のための緊急行動計画などが決議された。

　小宮山（2004 年）によると、サステイナビリティ学は、気候変動や生物多様性・生態系サービスの劣化など、世界がかかえる複雑で長期的な問題に対して、俯瞰的・統合的アプローチでとりくみ、人間活動と自然環境が調和した持続型社会の構築をめざすための新しい学術体系である。さまざまな要因が複雑に絡み合った地球的問題の解決をみいだすためには、関連する個別分野でこれまで蓄積されてきた膨大な専門的知識を統合し、体系化するための「知識のイノベーション」が求められる。このアプローチはスタンフォード大学生物科学

第1章 島とは何か ―島の定義・方法論・分類― *25*

部環境科学教授のデイリー（Daily 2002）などによって提唱されたものである。デイリーは、人間活動によって破壊されてきた環境に対して、生物多様性とその持続可能な経済的価値をみいだし、「自然資本」という概念を使って、社会経済と生態系の統合的アプローチによる生態系サービスの概念を構築し、生活資源の定量的評価を試みた。

　1994年に創設された国際島嶼学会の主テーマが「島の持続可能性」であったことを考えると、島嶼学は超学的アプローチをめざすサステイナビリティ学の一分野であるといっても過言ではない。

　しかしながら、超学的アプローチといっても実際には行いがたく、各自が異分野の研究成果を自らの専門分野（デシプリン）に取り込み、「分野の共有＝コミュニケーション」を通して、それぞれの研究分野の裾野を豊かに広げ、ユニークに「深化」させていく基本姿勢が求められる。そのようなアプローチをめざしたのが本書だが、成功しているかどうかは読者の判断にお任せしたい。島嶼研究は、超学的アプローチに加えて、「ネットワーク型」、「参加型」、「フィールド型」の研究活動をめざすべきではないか。日本における民俗学の視点からの島嶼研究の先駆者、宮本常一の『民俗学の旅』（1993年）にも、フィールドに根を下ろした「学際的」、「実践的」アプローチの必要性が説得的に提案されている。フィールドにもとづく最近の日本における島嶼研究成果として、中俣均著『渡名喜島』（2014年）、渡久地健『サンゴ礁の人文地理学』（2017年）を挙げておきたい。

　むろん学問的には必ずしもフィールドにこだわる必要はない。柳田國男は一月余り奄美、沖縄に滞在して、南島研究の意義を明らかにし、晩年の『海上の道』（1961年）へと続く端緒となった『海南小記』（1925年）を残しているし、沖縄学の第一人者、外間守善が絶賛する岡本太郎の『沖縄文化論』（1961年）は、岡本が数ヶ月の沖縄滞在を経て書き上げたものである。アメリカの文化人類学者、マーガレット・ミード（Margaret Mead）の『サモアの思春期（*Coming of Age in Samoa*）』（1928年）は、「性差」は生得的なものではなく社会的につくられたものだとするフェミニズム運動のバイブルになったが、孤立した原初的島を研究対象にした社会人類学分野の最もすぐれた作品であるとアメリカ人類学会で評価された。彼女はサモアでの数ヶ月のフィールド調査でこの本を

完成させている。ミードの死後、サモアをフィールドした文化人類学者のデレク・フリーマン（Freeman 1999）は、ミードの著作を「現場に無知」、「非科学的」、「でっち上げ」などと厳しく批判し、時代とともに激変する未開社会における調査手法について一大論争を巻き起こした。

　ミードの師であるルース・ベネデクト（Ruth Benedict）は、日本を一度も訪問することなく、今や比較文化論の古典になっている『菊と刀』（1946年）を著した。ただ、これらの研究者に共通しているのは、ぼう大な文献を読みこなし、そこから研究対象（島）のイメージ（仮説）をふくらまし、論理整合的な推論（演繹）を通して、検証可能な結論を導きだしていることである。人為的にコントロールされた実験室でのくり返し検証が可能な物理学、化学、分子生物学などと異なって、社会科学的方法論で導かれた真理は、時間や空間の関数でもあるでもあると同時に恣意的な要素が入り込む余地もある。

　イギリスの哲学者カール・ポパー（Popper 2005）は、「反証可能性（falsification）」という概念を使って、社会科学における仮説の証明は可能だとした。つまり、仮説（理論）が実際の観察結果と「矛盾」することが証明され定式化されれば、この仮説は「棄却」されるから、科学的方法論は確立されるとした。ポパーによると、「神は存在する」という命題は「反証」のしようがないから、科学的命題にはなりえない。むろん反証できないからといって、宗教が意味をなさないということではない。

　島嶼学は仮説がまちがっていれば、新しい仮説を立て、観察やデータ、聞き取り調査などを通して繰り返し検証することが可能である。むろん、ある仮説が反証可能性をもつかどうかを判定することはむずかしい。ここで詳述しないが、ポパー流の科学哲学思想に対して、パラダイム（paradigm）という用語を用いてポパーの方法論に真向から反論したのがトーマス・クーンの『科学革命の構造（*The Structure of Science Revolution*）』（Kuhn 1962）である。彼のポパー批判の核心は、仮説が現象（データ）によって実証されないのは日常茶飯事であって、既存の科学的手法で実証された理論（法則）が時空を超えて真実である保証はなく、人類が直面する問題を解決するとはかぎらない。人文社会科学の「科学性」をめぐっては種々の論争がくり返されてきた（詳しくは、村上1989年；金森2015年；嘉数2019年参照）。

最近、カリブ海や太平洋の島々を事例にした「自然実験」が注目を集めている。その先駆者であるダイアモンド・ロビンソン（Diamond and Robinson eds. 2010）によると、「現実の世界を観察、描写、説明する際に、従来よりも大きな枠組みのなかで作業をすすめていく必要がある。……歴史的関連の学問では、自然実験あるいは比較研究法とよばれる方法がしばしば効果を発揮している。このアプローチでは、異なったシステム同士が―できれば統計分析を交えながら量的に―比較される。この場合、システム同士は多くの点で似ているが、一部要因に関してはちがいが顕著で、そのちがいがおよぼす影響が研究対象となる。」（小坂恵理訳：8）。ダイアモンドは、ハイチ（最貧国）とドミニカ共和国（カリブの優等生）の二つの国にわかれているカリブ海のイスパニョーラ島を事例に、なぜ両者の間に貧富の逆転現象が生じたのかについて、詳細で膨大な自然・歴史データの分析を駆使して逆転に至った背景を検証し、「歴史は実験できる」ことを証明している。島嶼学の有力なアプローチであることはまちがいない。この「実験」結果については第8章で触れる。同様な社会科学的実験は、たとえば隣接した宮古島と石垣島でも興味ある学術成果が期待できるのではないか。両島とも後述する自立可能な面積と人口を有している。しかし1955年に宮古島の人口（5万8389人）が石垣島（3万3138人）の倍近くあったのに、2017年には前者の人口が4万8250人に減少したのに対して、後者の人口は4万9522人に増加し、完全に逆転した。その背景には何があったのか。人口規模からして、戦前は宮古島が石垣島より豊かであったことは疑いなく、逆転現象は人口学や経済学だけでは解明できないはずである。

3. 島嶼の分類

島の分類学（taxonomy）というのがある。島の分類には、研究の目的、政策的視点から種々の分類がなされてきた。頻繁に使われる分類手法は、島の「大きさ」、「人口」、すなわち「有人、無人」による分類である。それ以外に島の「形状＝地形」、「海洋別」、「本土との距離」、「生態系」、「統治形態」、「経済自立度」、「文化・民族・歴史・地質形態」などの分類がなされている。以下ではそのデータが利用可能な主な分類を検討する。

(1) 島の「大きさ・形状」による分類

　表1-3でみたように、Depraetere & Dahl（2007）は、島を面積の大きい順に、ギガ（例、マダガスカル）、メガ（アイスランド）、標準（モーリシャス）、ミクロ（バーバドス）、ナノ（ナウル）に分類し、島より小さい環礁（islet）、岩礁（rock）を同様に五つに分類している。島の分類学で著名な Stephen A. Royle（2007）は、島の「形状」を以下の五つに分類している。

　　　　◇ 諸島・地域・列島・群島（archipelago）
　　　　◇ 島嶼群（isles）
　　　　◇ 環礁（atoll）
　　　　◇ 浅瀬礁（reef or key）
　　　　◇ 岩礁・暗礁（rock）

「諸島」、たとえば南西諸島、沖縄諸島は「島嶼群」の集まりで、それが列状に並ぶのを「列島」、たとえば千島列島、宮古列島と分類し、塊状をなすものを「群島」、たとえば奄美群島と分類している。しばしば「島しょ」と表記される島嶼の「嶼」は、もともと「小島」の意味だが、今日ではさまざまなサイズの島の連なりを意味している。環礁（atoll）は、サンゴ礁がリング状につながったもので、満潮時に海面に出ている陸地部分に、人々が暮らしを立てているところもある。こうした環礁島は、ツバル、キリバス、マーシャル、モルディブ、フランス領ポリネシアなど太平洋を中心に世界に500程度存在する。海抜1mの環礁島であるツバルやモルディブは、地球温暖化による海面上昇によって、島が水没しつつある国土消滅の危機に直面している。

　浅瀬礁（reef）とは、沖ノ鳥島や、フィリピンと中国が領有権を主張して争っている南シナ海のスカボロー礁（フィリピン名はパナタグ礁、中国名は黄岩島）のように、水面に露出している「岩礁島」である。環礁島とちがって、無人島である。岩礁・暗礁は、満潮時に水面下に隠れる「岩」で、国連定義上の島ではない。

(2) 海洋別・有人島数別分類

　ジュネーブに本部を置く国連訓練調査研究所（UNITAR＝ユニタール）は、1966年に「島」を「海洋に囲まれた人口100万人以下の小島嶼」と定義し、

第1章 島とは何か ―島の定義・方法論・分類―

表 1-4 海洋別島嶼国・地域分類、1966 年

島嶼国・地域	島の数	有人島数	総面積 (km²)	推定人口 (千人) 1966 年	推定人口 (千人) 最近時	注釈
(a) 大西洋諸島						
バーミューダ諸島	300	20	53	50	66	英国海外領土
カーボベルデ	14	10	4,033	228	501	1975 年ポルトガルから独立
チャネル諸島	16	11	195	115	150	英国王室属領
フォークランド諸島	200	12	11,961	2	3	英国海外領土
ファロー諸島	21	17	1,399	37	48	デンマーク自治領
アイスランド	1	1	103,000	195	323	1918 年デンマークから独立
マン島	1	1	588	50	80	英国王室属領
セントヘレナ島	3	3	314	6	4	英国領
サン・ピェル・ミクロン諸島	8	2	243	5	7	フランス海外領土
サン・トーメ・プリンシペ	2	2	965	59	17	1975 年ポルトガルから独立
計	566	79	122,751	747	1,199	
(b) カリブ海諸島						
アンティグア・バーブーダ	3	2	442	60	68	1981 年英国から独立
バハマ	700	30	11,406	140	342	1973 年英国から独立
バルバドス	1	1	430	245	275	1966 年英国から独立
ケイマン諸島	3	3	259	9	42	英国海外領土
ドミニカ	1	1	751	68	69	1978 年英国から独立
グレナダ	2	2	344	97	104	1974 年英国から独立
グアドループ島	7	7	1,779	319	443	フランス海外領土
マルチニーク島	1	1	1,102	327	407	同上
モントセラト	1	1	98	14	4	英国海外領土
オランダ領アンティグア	6	6	961	210	212	
セントキッツ・ネィビス 1	4	4	357	61	52	1983 年英国から独立
セントルシア	1	1	616	103	172	1979 年英国から独立
セントビンセント 2	6	6	388	90	109	1779 年英国から独立
トリニダード・トバゴ	3	3	5,128	1,000	1,351	1962 年英国から独立
タークス・カイコス諸島	30	6	430	6	37	英国海外領土
英領バージン諸島	40	11	153	9	22	
米領バージン諸島	50	3	344	50	125	
計	859	88	24,988	2,808	3,834	
(c) 地中海諸島						
キプロス	1	1	9,251	603	871	1960 年英国から独立
マルタ	5	3	316	317	409	1964 年英国から独立
	6	4	9,567	920	1,280	
(d) インド洋諸島						
英領インド洋諸島	25	?	74	2	4	
ココス諸島 3	27	3	14	1	1	オーストラリア領土
コモロ	7	4	2,171	225	754	1975 年フランスから独立
クリスマス諸島	1	1	135	3	1	オーストラリア領土
モルディブ諸島	2,000	220	298	101	396	1965 年英国から独立
モーリシャス島	4	4	2,098	780	1,286	1968 年英国から独立
レユニオン島	1	1	2,510	408	846	フランス海外領土
セイシェル	89	4	404	49	81	1976 年英国から独立
計	2,154	237	7,704	1,569	3,369	

(e) 太平洋諸島

米領サモア	7	6	197	27	70	
クック諸島	15	14	234	21	23	1965 年 NZ との自由連合
フィージー	300	100	18,160	478	834	1970 年英国から独立
フランス領ポリネシア	125	100	4,000	90	260	フランス海外領土（共同体）
ギルバート・エリス諸島 4	37	31	886	54	11	1978 年英国から独立
グアム	1	1	549	79	167	1898 年より米国領土（準州）
ナウル	1	1	21	6	10	1968 年豪・NZ・英国から独立
ニューカレドニア	40	5	19,000	93	216	フランス海外領土
ニューヘブリデス	80	30	14,763	70	25	1980 年にバヌアツとして独立
ニウエ	1	1	259	5	2	NZ との自由連合
ノーフォーク諸島	1	1	36	1	2	オストラリア領土
ピトケアン	4	1	5	0.09	0.05	英国海外領土
琉球・小笠原諸島	100	90	2,196	944	1,410	
ソロモン諸島	100	90	29,785	140	539	1978 年英国から独立
インドネシアチモール	4	4	18,990	560	1,133	東チモールは 1999 年に独立
トケラウ	3	3	10	2	1	NZ 領土
トンガ	200	40	699	75	103	1970 年英国から独立
米国信託統治領 5	2,100	96	1,770	94	262	
ワレス・エ・フツナ	25	3	200	8	13	フランス領土
西サモア	8	8	2,842	130	183	1997 年にサモアに国名変更
計	3,152	625	114,602	2,877	5,264	

注：1 セントクリストファー・ネイビスに改名、2 セントビンセント・グレナディーンに改名、3 キーリング諸島ともいう。4 ギルバート島が分離して現在は「ツバル」と改名。5 マリアナ（グアムを除く）諸島、カロリン諸島、マーシャル諸島。

ミクロネシア連邦 (1986 年)、マーシャル諸島（1986 年)、パラオ（1994 年）は米国との「自由連合」として、それぞれ独立。

本表には、1966 年よりの人口増減を見るため、「最近時の人口」を追加掲載してある。

(Rappaport, J., Muteba, E., Therattil, J., Small States and Territories：Status and Problems, New York：Arno Press for the U.N. Institute of Training and Research (UNITAR), 1971、外務省資料より作成)

　世界 96 の島嶼国及び地域を掲げ、そのうち統計的に比較可能な 58 について
データを公表している（表 1-4 には、その後の人口増減をみるために、最近時
の人口も追加掲載した）。海洋別には、太平洋（20 か国―非自治領等も含む）
が最も多く、次いでカリブ海（17 か国）、大西洋（11 か国）、インド洋（8 か
国）、地中海（2 か国）となっている。島の数では太平洋（3152 島、うち有
人島 625）、カリブ海（1425、有人島 88）、インド洋（2154、有人島 237）、
大西洋（566、有人島 79）、地中海（6、有人島 4）となっており、太平洋が
全島嶼国・地域の 43％、有人島で 60％を占めていて、この定義でみるかぎり、
島が最も集中しているのが太平洋地域である。国別の有人島の数ではモルディ
ブが 2,000 を数えて最も多く、アイスランド、キプロスは一つの島で成り立っ

ている。

　陸地面積では、アイスランドの10万km^{2}からピトケアンの5km^{2}まで、人口ではカリブ海のトリニダード・トバゴの100万人から、ピトケアンの92人まであり、このデータからみるかぎり、一口に島嶼国・地域といっても、面積、人口、有人島の数などできわめて多様性に富んでいることがわかる。ちなみに、本表には、調査時点の人口規模で2番目に大きい島嶼地域として、「琉球と小笠原諸島」が掲げられている。2013年時点で人口、有人島の数で変動はあるものの、人口規模で100万人を超して本表の定義から外れる島嶼地域はトリニダード・トバゴと琉球・小笠原諸島のみである。

(3) ショウラインインデックス (shoreline index = SI) による島の分類

　フランスの地質学者F. ドウメン（Doumenge 1983）は、自然地誌学的視点から、海洋性気候の影響をもろに受ける陸地を「大陸」と区別して「島」と定義し、図1-3のように陸地総面積（200km^2）に対する海岸延長（60km）の

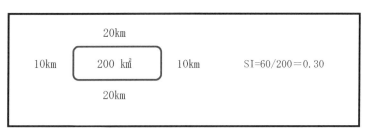

図1-3　ショウアライン・インデックス（SI）の計算式

表1-5　ショウアライン・インデックスによる島の分類

1≦SI	1/10≦SI	1/20≦SI<1/10	1/60≦SI<1/20
真正海洋島	小孤島	大孤島	大陸島
キリバス	ニウエ	フィジー	マダガスカル
ツバル	ナウル	ニューカレドニア	カリマンタン
トケラウ	バーバドス	トリニダード	パプア・ニューギニア
マーシャル	マルタ	ジャマイカ	アイスランド
モルジブ	サモア	キプロス	
バーミューダ	コモロ	バヌアツ	
バハマ	モーリシャス	ソロモン	
ターク	ドミニカ	沖縄本島	

（F. Doumenge 1983年より作成）

比（shoreline index ＝ SI）をとって、SI の大きい順に、「真正海洋島」、「小孤島」、「大孤島」、「大陸島」の四つに分類している。

SI による分類法は、島の面積に加えて「形」が大きく影響する。同じ面積でも海岸線の長い「細長い島」は、「円形の島」に比べて SI 指標は当然大きくなり、その分海洋の影響を受けやすく、より多くの島嶼的特性を備えているといえる。たとえばモルディブ共和国の国土面積（298 km²）は、ナウル共和国（21.1 km²）の 14 倍もあるが、国別で測った SI 指標では逆転している（表 1-5）。表には掲載されないが、細長い種子島（面積 445 km²）の SI 指標は 0.42 で表 1-5 の「小孤島」に属し、面積の大きい屋久島（面積 541 km²）の 0.24 の倍近い。地図上は種子島が屋久島より面積も大きくみえる。ドウメンによると、同じグループに属する島は、資源、動植物の固有種等がきわめて類似しているのみならず、生活文化の多様性の度合いも類似している。

(4) 大陸（主要市場）からの「距離」による分類

国連貿易開発会議（UNCTAD）は 1970 に、「大陸からの距離」による有人島の分類を試みている（表 1-6）。この調査に関するかぎり、大陸から 200 ～ 1,000 km 以内の距離に最も多くの島嶼国が集中している。南太平洋のほとんどの国は、大陸から 1,000 km 以上も離れている。フランス領ポリネシアなどは、世界で最も孤立した島々で成り立っている。表 1-6 には掲載されてないが、英領トリスタン・ダ・クーニャ（Tristan da Cunha：面積 207 km²、人口約 250 人）は、アフリカ大陸のケープタウンからは 2,805 km、南アメリカ大陸のリオデジャネイロからは 3,353 km 離れた南大西洋の絶海の孤島で、ギネスブックには「世界一孤立した有人島」（the most isolated inhabited island in the world）として掲載されている。後述するナポレオン一世の流刑地であるセントヘレナ島も究極の孤立した島である（Royle 2001）。表 1-6 は、人口規模及び一人当たり所得も掲げている。大陸からの距離が離れていれば離れるほど人口規模は小さくなる傾向にあるが、一般の常識とは逆に、一人当たり所得（所得ではかった生活の豊かさ）はむしろ高くなる傾向にある。これらの傾向は今日でも観察されている。島の大きさ（面積と人口）と一人当たり所得との関係については、次章で詳述する。

第 1 章　島とは何か ―島の定義・方法論・分類―

表 1-6　人口、一人当たり所得、大陸市場からの距離による島嶼国の分類、1970 年

人口規模	一人当たり GNP（米ドル）	最も近い大陸からの距離（km²）		
		近	中	遠
大・中規模（100 万人以上）	250 未満	インドネシア L スリランカ L	マダガスカル L ハイチ M	
	250 〜 399		フィリピン L ドミニカ共和国 L パプア・ニューギニア L	
	400 〜 1,000	香港 S シンガポール VS トリニダード・トバゴ M	キューバ L ジャマイカ M	
	1,000 超		プエルトリコ M	
小規模（15-100 万人以下）	250 未満	マカオ VS	チモール M コロモ S カーボヴェルデ M キプロス M	モーリシャス S ソロモン諸島 M フィジー M レユニオン S
	400 〜 1,000		マルタ S バーバドス VS バーレン VS	
	1,000 超		琉球列島 S オランダ領アンチル S バハマ諸島 M	
極小規模（15 万人未満）	250 未満		モルジブ VS セントビンセント VS セントルシア VS グレネダ S ドミニカ VS	西サモア 太平洋信託島嶼地域 S トンガ V S
	250 〜 399		アンギラ VS サン・トーメ S アンティグア VS	ギルバート・エリス VS
	400 〜 1,000		ヴァージン諸島 VS	ニューヘブリデス M 米領サモア V S ブルネイ M 仏領ポリネシア M ニューカレドニア VS グアム VS
	1,000 超			バーミューダ VS

注：面積：　VS ＝極小＝ 1,000km² 未満
　　　　　　 S ＝ 1,000 〜 3,999km²
　　　　　　 M ＝中＝ 4,000 〜 39,000km²
　　　　　　 L ＝大＝ 40,000km² 以上
（UNCTAD 1972 年：5 より作成）

(5) 国際連合環境計画（UNEP）の分類

国際連合環境計画（UNEP）のダール（Dahl 1991）博士が編集した『島嶼総覧（*Island Directory：Basic environmental and geographic information on the significant islands of the world*）』は、「世界環境保全モニタリングセンター（WCMC）」からのデータの提供を受けて、世界の約 2,000 の海洋有人島について、島の地形、島嶼の海洋別面積、人口、大陸との距離、地理的特性、生態系などについて島ごとの詳細なデータを提供している。地形による分類例を以下に記す。

◇ 環礁（Atolls）：ムルロア（フランス海外領）、タラワ（キリバス）、マジュロ（マーシャル連邦）

◇ 低地島（Low islands）：マルタ島、アロアエ島、ホロ島（フィリピン）

◇ 隆起サンゴ礁（Raised coral islands）：クリスマス島、グアム、ナウル

「隆起サンゴ礁島」は、刺胞動物門花虫綱などに属する造礁サンゴ（主成分は石灰岩）の骨格などが積み上がった「裾礁」が隆起して形成された地形である。宮古島や石垣島などがそのよい例である。沖縄の先島諸島は裾礁形成後に隆起したため、サンゴ礁段丘や隆起サンゴ礁とよばれる特異な地形がよく発達している。サンゴ礁にもとづく島にはさまざまなバリエーションがある。サイパン島やグアム島を含むマリアナ諸島や小笠原諸島はプレート境界に位置する火山島とサンゴ礁が複合した裾礁の段階にある。南太平洋に位置するメラネシアやポリネシアでは、堡礁や環礁の段階に達している。東部ミクロネシアに位置するマーシャル諸島共和国の国土は 30 個弱の環礁だけから成る。

◇ 大陸島（Continental islands）：チェジュ島、スカイ島（イギリス）、ニューギニア、台湾、カリマンタン島

「大陸島」とは、大陸棚に存在する島で、海進、沈下などの原因により大陸と切り離されることで孤立した陸地である。地質構造や陸上の地形に大陸との類似がみられる。日本列島のように、大陸島は大陸側に並んで形成される例が多い。その配置が弧状になることが多いため、「弧状列島」、あるいは「島弧（island arc）」とよばれている。サンゴ礁のみからなる陸島もある。たとえばオーストラリア大陸東岸北部に約 2,000 km にわたって伸びるグレート・バリア・

リーフは大陸棚に位置する700個前後の島で発達した堡礁である。

◇ 火山島（Volcanic islands）：石垣島、サイパン、オアフ島

火山噴火によって形成された島が「火山島」である。そのうち、大陸棚ではなく、海洋底から直接海面に達している島を「洋島」という。火山島はホットスポット（地球のマントル付近から上部マントルに向かって定常的に熱い物質が上昇している場所）上に多く位置する。たとえばハワイ諸島は、約7,000万年にわたって、同一のホットスポットが多サンゴ礁により形成された島である。日本の島々についての同様な分類は、辻村・山口（1935年：43）によってなされている。「非火山島に属する洋島はきわめて稀であって、千島列島で水晶諸島、琉球列島の薩南諸島、それと甑列島を数えるに過ぎない。是に反し陸島はほとんど非火山島であって、僅かに瀬戸内火山脈に當たる島嶼が例外を成すのみである。」（原文のまま引用）。

(6) 固有種（生物多様性）による分類

固有種による島嶼の分類は貴重で珍しい。UNEPによると、「島嶼地域は、人間による開発、破壊行為に対してぜい弱な固有の動植物（fauna and flora）群に恵まれている。われわれは島嶼社会の自然環境への適応について模索してきたが、かぎられた島嶼資源で、持続可能な発展（sustainable development）をどう達成するかという難問に直面している。島嶼は地球規模の変化に対して最もぜい弱で悪影響を受けやすい地理的特性を有しているという認識が必要である。」（Dahl 1991：1）。

ここでは総固有種（植物＋蝶＋両生類＋爬虫類＋鳥＋哺乳類）が100種を上回る島嶼についてリストした（表1-7）。マダガスカルを筆頭に、島嶼地域は生物多様性の「宝庫」といえる。後述するUNESCO世界自然遺産に指定された島の数がそれを物語っている。

(7) 文化遺産による分類

島嶼地域は、大陸から「隔離」され、生物多様性に恵まれた独自の進化を遂げ、独特の「島嶼文化」を形成したこともあって、貴重な動植物及び文化遺産

36

表 1-7　総固有種 100 を上回る島嶼国・地域、1990 年

	植物	蝶	両生類	爬虫類	鳥	哺乳類	総固有種
マダガスカル	8,000	0	0	364	0	0	8,364
ニューギニア	6,000	367	0	220	195	8	6,790
キューバ	3,224	0	0	124	23	16	3,387
ニューカレドニア	2,474	10	153	23	20	0	2,680
ジャマイカ	912	17	17	44	26	4	1,020
モーリシャス	300	0	0	5	9	0	314
プエルトリコ	234	0	0	33	12	0	279
マディラ（ポルトガル）	131	0	96	1	2	0	230
ラパ（フランス領ポリネシア）	100	0	98	0	2	0	200
レユニオン（フランス）	176	0	0	0	0	0	176
サオトメ	108	0	0	3	14	4	129
ロード・ホウ（オーストラリア）	70	0	50	2	5	0	127
トリニダード	100	0	0	0	0	0	100

(Dahl 1991 年より作成)

　の宝庫であると同時に、人類の過酷な運命と歴史を物語る閉ざされた小陸地で
もある。これらの遺産の多くがユネスコ世界遺産に登録されている（*UNESCO
World Heritage List* 及び「NHK 世界遺産への招待状」参照）。そのいくつかを
紹介しよう。

　最もポピュラーな世界遺産として、「ゾウガメの島」を意味するエクアドル
領のガラパゴス諸島（Galapagos Islands）、「モアイ像」で有名なチリ領イー
スター島（Easter island）の「ラパ・ヌイ国立公園」、ギリシャ中世都市の
ロードス島（Rhodes Island）、ミノア文明発祥のクレタ島（Crete Island）、後
述するナポレオン流刑の孤島セントヘレナ島（Saint Helena Island）、世界で
最も観光客を惹きつけるハワイ島「キラウェア火山」。ミクロネシアポンペ
イ島（Pohnpei Island）の「ナン・マドール遺跡」、パラオコロール島（Koror
Island）の「ロックアイランド群」、インドネシアコモド島（Komodo Island）
の「コモドドラゴン」の生息地、インド洋の「ガラパゴス」とよばれているオー
ストラリア領クリスマス島（Christmas Island）の「アカガニの大移動」など
がある。

　上記以外に、バルト海の世界遺産の島として、後述する特別自治制度で島嶼
地域のモデルとなっているフィンランドのオーランド島（Aland Island）、「生
きたエストニア文化博物館」とよばれているリガ湾に浮かぶキフヌ島（Kihnu
island）は、スカートや伝統芸能で世界中の女性をひきつけている。デンマー

クには、童謡作家、ハンス・クリスチャン・アンデルセンの故郷で、シェークスピアの「ハムレット」の舞台にもなったフュン島（Fyn Island）などがある。

地中海の世界遺産として、ナポレオンの生地として知られているコルシカ島（Corsica Island）があり、ナポリ湾に浮かぶカリブ島（Isola di Capri）の「青の洞窟」、「地中海のヘソ」とよばれているマルタ島（Malta 共和国：面積は長崎県の福江島に匹敵）には、紀元前 3600 年代の巨石神殿・城壁都市など、三つの世界遺産がある。

カリブ海に浮かぶ世界遺産の島として、セントクリストファー島（Saint Kitts Island）の「ブリムストーン・ヒル要塞」、小説「宝島」の舞台で知られているコスタリカのココ島（Coco Island）、別名ココス島（Cocos Island）の動植物の「宝庫」がある。

大西洋では、ブラジルのペルナンブーコ州に属するフェルナンド・デ・ノローニャ諸島（Fernando de Noronha Islands）の「ロカスの環礁保護区」、ポルトガル領アゾレス諸島に属するピコ島（Ilha do Pico）の「ブドウ畑文化の景観」、バミューダ島（Bermuda Island）の古都「セント - ジョージと関連要塞群」が世界遺産に登録されており、南極に近いイギリス領ゴフ島（Gough Island）は、地球で最も汚染されてない「海鳥サンクチュアリ」として、おそらく最も小さい（95 km²）世界遺産の島である。南大西洋のセネガル共和国沖約 3 km に浮かぶゴレ島（Island of Gorée）は、15 〜 19 世紀にかけて、奴隷貿易の拠点として栄え、1978 年に人類の負の世界遺産として登録された。ケープタウンの沖合約 12 km に浮かぶ「ロベン島（Robben Island）も負の世界遺産である。この島は「監獄島」ともよばれ、南アフリカ共和国初の黒人大統領となったネルソン・マンデラが 18 年間にわたって収監されていた。過酷なアパルトヘイト（人種隔離政策）を象徴する旧刑務所跡の博物館には、「全人種の融和を推し進め、自由への希望を育んだ島」と刻まれている。「監獄島」といえば、アフリカ大陸西岸より 2,800 km も離れている「絶海の孤島」、英領セントヘレナ島（Saint Helena）がある。この島は初代フランス皇帝ナポレオン（1769-1821 年）が幽閉され、島で死去したことで最も知られた世界遺産の一つとなっている。ナポレオンは幽閉されながらも多くの中国人召使を使い、豪奢な生活をしていたことが最近になってわかってきている。セントヘレナを中心とした

世界の「監獄島」については、Royle（2001）が詳しい。

　オセアニア・太平洋の世界遺産の島として、オーストラリア領ロード・ハウ島（Lord Howe Island）群の「海水による侵食で作られた島」、世界で最も大きな「砂島」であるフレーザー島（Fraser Island）の「グレート・サンディ国立公園」、無人島の「マッコーリー島（Macquarie Island）」、「海鳥の楽園」であるニュージーランドの亜南極諸島（Subantarctic Islands）、世界最大の珊瑚の島であるソロモン諸島の「東レンネル島（East Rennell Island）」などがある。美しい珊瑚の島とは対照的にマーシャル諸島の「ビキニ環礁（Bikini Atoll）」は、放射能に汚染された「核実験の島」として、「負の世界遺産」に登録されている。

　アジアの世界遺産の島としては、チェジュ島（Jeju Island）の「火山島と溶岩洞窟群」、「竜の口から吐き出した宝石」といわれているベトナムハロン湾の島々（Ha Long Bay Islands）、バリ島（Bali Island）の「水利システム（スバック）」、フィリピンパラワン島（Palawan island）の「トゥバタハ岩礁海中公園」、ブルボン種コーヒーの原産地として知られ、インド洋に浮かぶフランス領土レユニオン島（Reunion Island）などがある。むろん日本の島嶼地域にも、屋久島、小笠原諸島、琉球王国のグスク及び関連遺産群、長崎県の「端島（別名「軍艦島」）」の炭坑を含む明治日本の産業革命遺産、「神宿る島」宗像・沖ノ島と関連遺産群、五島列島の島々を含む長崎と天草地方の潜伏キリシタン関連遺産が世界文化遺産に登録されている。端島炭坑跡を世界文化遺産に含めることに韓国側は猛反発した。韓国で製作された「軍艦島」の映画では、強制連行された韓国人炭坑労働者の酷さと、島からの命がけの脱出シーン、慰安婦などが描かれている。

(8) 言語・地名による分類

　言語による島々の分類は、言語学者、言語地理学者によって古くからなされてきた。ダーウィンとともに「進化論」を唱えたイギリスの博物学者ウォレスの著書 *The Malay Archipelago*（1869）は、その古典的例である。『ウィキペディア』辞書によると、「言語島」とは、「ある言語や方言が広い地域にわたって使われていて、その内部のごく狭い範囲に限って他の言語を用いる地域が、海中の島のような状態で存在するもの」と定義されている。「琉球語」は、疑いもなく「日本語族」の「仲間」だが、口頭では、隣接した宮古と八重山でも互い

第1章　島とは何か ─島の定義・方法論・分類─　　*39*

に通じ合わないほどのちがいがある。ましては両者とも沖縄本島の話し言葉とはまったく異なっている（平山輝男編（『全国方言辞典』1982年-1983年参照）。私が最も影響を受けた島嶼研究者、小玉（1985年）によると、「ありがとう」について以下のじつに多彩な表現がある。

　沖縄本島では「にふぇ」、宮古島では「たんでぃがたんでぃ」、多良間島では「しぃでぃがふぅ」、石垣島では「にふあぃ」、小浜島では「みはい」、波照間島では「にーぱい」、与那国島では「ふがらさ」、という具合である。ほかにも、「にぺー」、「にへー」、「ぶらーらさ」、「ぶっからさ」、「しぃでぃがぶぅ」、「ゆがっちゅ」などである。後述するように、サンゴ礁地形の呼び名は同じ島でも異なる（渡久地2017年）。

　島の地名による分類も島嶼学者の興味の的である。「サンタ・マリーナ *Santa Marina*　この地名をもつ土地だけを世界地図の上に点で示した図面があったとしよう。白地図の上に落とされた点の固有の密度と特異な地理的偏差の絵柄に、誰でもきっと目をうばわれるにちがいない。規範的な世界地図のみなれた大陸と島々の構図を突き破って、一つの地名が描き出す未知の群島がそこに出現するからである。」（今福2008年：391）「サンタ・マリーナ」の名前をもつ島、地名はスペイン、ポルトガルが植民地化・支配した海域のいたるところに存在する。

　田辺悟の『島』（2015年）には、興味ある島名の分類が掲載されている。これによると、世界で最も長い島名はエーゲ海に浮かぶ「アイオスエフストラチオス島（Ayos Evstratios Island）」で、日本では沖縄県の名護市に属する「屋部阿且地島」である。最も短いのは山口県の「い島」、和歌山県の「う島」、香川県の「家島」などである。他にも動植物名、数字、標高差で分類した日本の島々を列挙してある。ロイル（Royle 2001）は、イギリスの島々で地名の語尾に「ey」と「ay」をもっているのを53リストしているが、これはデンマーク語の「島」という言葉だと紹介している。

　沖縄県には「奥武島」が6ヶ所にあり、小玉（1985年：27-50）の論考に「奥武島考」がある。小玉の推論によると、「奥武島」に共通しているのは、主島に隣接した「聖地＝墓地」の島である。「聖地」、あるは「神島」とよばれている小島も数多くある。沖縄本島南部沖合に浮かぶ「久高島」は、琉球開闢の祖、

「アマミキヨ」が天から舞い降りて国づくりをはじめた島として知られている。

　日本最古の歴史書といわれている『古事記』や『日本書記』に「国生み神話」が記されている。これらの伝承によると、イザナギノミコト（男神）とイザナミノミコト（女神）が天の浮橋を渡って地に降り、最初に作り出した島が「オノゴロ島」である（中西 2013 年）。兵庫県淡路島の南西に浮かぶ沼島には、実際に自凝島神社があり、この沼島が「オノゴロ島」であるとする伝承がある。沼島には国生みの際に建てた「オノゴロ島」のシンボルといわれている「上立神岩」がある。ついでながら、与那国島にも観光名所になっている「立神岩」があり、その周辺には謎の「古代海底遺跡」が眠っている。著名な海洋地質学者、木村政昭（2006 年）によると、人類が誕生したとされる幻の「ムー大陸」の痕跡の可能性がある。であるとすれば、「立神岩」は神殿への表門か。

　宮古島の北 4 km 沖に位置する「大神島」は、島全体が「神が宿る」とする聖地になっており、観光客の立ち入りを禁じている場所が多い。大神島のすぐ西隣に宮古島と橋でつながった「池間島」があり、独自の文化をもつ「池間民族」の発祥の地だが、古来「神島」として知られている（伊良波 2004 年）。三重県伊勢湾口に位置する周囲 3.9 km の「神島」は、「神の支配する島」と信じられ、島の八代神社には古墳時代からの「神宝」が秘蔵されている。この島は、三島由紀夫のベストセラー小説『潮騒』（1954 年）の舞台にもなったことで一躍有名になった。三島の小説は、詩人サッポーの生誕地であるエーゲ海の「レスボス島（Lesvos）」を舞台に書かれた古代恋愛物語「ダフニスとクロエ」をモデルとしている。ついでながら、女性同性愛者を意味する「レスビアン（Lesbian）」は、「レスボス島」の名前に由来する。レスボス島はバカンス客に人気が高いギリシャの観光地だが、今やシリアなどからの難民の上陸地として注目を集めている。前述したフランスの「モンサンミシェル島」、長崎県の「前小島」、玄界灘に浮かぶ「沖の島」も「神の宿る」パワースポットである。

(9) サンゴ礁地形の呼び名による民俗学的分類

　サンゴ礁地形の呼び名（民族分類）に関する貴重な研究も蓄積されている。とくに渡久地（2017 年）の研究は、サンゴ礁漁場にかかわる民俗分類と民俗

第 1 章　島とは何か —島の定義・方法論・分類—　　*41*

表 1-8　サンゴ礁地形の島嶼地域別民俗学的呼び名の分類

島名（集落名、村名など）	海岸	礁池（浅礁湖）	礁嶺	礁斜面
奄美大島（大棚）	ハマ / ヒジャ	イノー	クィシィ	
徳之島（徳和瀬）	ハマ	イノナ	ヒシ	ヒシヌクシ
与論島	ハマ	イノウ	ピシパナ	パー
伊平屋島（島尻）	ハマ	イノー	メーシー	メーシーヌシチャ / ハンタ
沖縄本島（奥）	パマ	イノー	ピシ	ピシプハ
———（備瀬）	パマ	イノー	ピシ	パー
———（読谷村）	パーマ	イノウ	ヒシ	サガイ
———（恩納村）	ハマ	イノー	ヒシ	ヒシヌクシ
久高島	ハマ	イノー	ピシ	ピシヌフシ
粟国島	ハマ	イノー	フカピシ	フカウミ
池間島	ヒダ	イナー	ヒシ	ヒシヌフカ
伊良部島（佐良浜）	ピダ	イナウ	ピシノハナ	
石垣島（宮良）		ピーウチ	ピー	ピーヌフカ
鳩間島	パマ	イノー	ピー	ピーヌクシ
西表島（西部）	パマナ / ピダ	イノー	ピー	トゥー

（渡久地健 2017 年.『サンゴ礁の人文地理学　奄美・沖縄、生きられる海と描かれた自然』古今書院、表 10-1, 236-237 頁より作成。詳しくは本著参照）

語彙を沖縄、奄美の島々の「海の生活者（漁師）」を丹念に聞き取り調査した資料にもとづく労作である（表 1-8）。私は少年時代を本部半島のパマ（浜）とよばれている海岸に最も近い場所で過ごした。とくに終戦直後のパマ、イノー（礁池）、ピシ（礁嶺）は私たちの生活の大半を占める生活および活動の舞台だった。波打ち際では足を砂地もぐらせ、蛤（ハマグリ）を捕獲して食材にし、みわたすかぎり広がる遠浅のイノーではサザエ、ウニ、ナマコ、アーサ、モズク、タコ、ミーバイ（ハタハタ）などの食材に恵まれ、外洋の「防波堤」にもなっているピシを越えると、手漕ぎ船団を組んでスクガラス（アイゴの稚魚）やトビウオ漁に従事した。浜辺はまた、レクリエーションの場でもあり、台風でかやぶき校舎が吹き飛ばされると、今日でいう「臨海学校」にもなった。サンゴ礁の海は私たちに恵みをもたらしたと同時に、命を落とす危険な場所でもあった。熟練の漁師でも潮の満ち引きを見失ってイノーで孤立、船の座礁などで命の危険にさらされるケースもあった。島のイメージをかきたてるサンゴの海は、次章で詳述する「島の両義性」の可視的具体例でもある。

(10) 人口・産業構造による分類

　それぞれの島嶼地域は、果たして本土地域と比較して特徴的な人口・産業構

42

造を形成しているのであろうか。「クラスター分析」ツールを使って、日本の259の島を対象にしてこの課題に挑んだすぐれた研究成果がある（須山2010年：9-24）。クラスター分析とは、よくマーケティング戦略に活用される分析手法で、構造的に類似した属性値をもつクラスター（グループ）を集めて分類することで、共通の活動パターンをみつけ出そうとするものである。ここでは、変数として扱われる島嶼の属性（16サンプルデータ）から七つの「因子」を抽出し、クラスター分析を通して島嶼地域を類型化している。結果は表1-9の通りである。

表1-9 クラスター分析による日本における島嶼群の産業活動類型、1995 ～ 1996 年

類型	例示	島嶼数
生業的漁業島嶼群	五島列島、瀬戸内海の島々	63
自立的漁業島嶼群	玄界灘、日本海側の島々	62
小規模中心地・製造業立地島嶼群	佐渡、奄美大島、種子島	60
農業特化島嶼群	南西諸島、五島列島、天草諸島	38
公共事業依存島嶼群	伊豆・小笠原諸島、トカラ列島	16
観光化島嶼群	慶良間諸島、八重山諸島	13
鉱業特化島嶼群	瀬戸内海西部、長崎県の島々	5

(須山聡 2003 年より作成)

　世界の島々同様、日本の島嶼地域もそれぞれの島の特性に沿った多様で複合的な経済活動で生活を支えていることがわかる。比較的小さい島嶼群は漁業を中心に生業的農業が主体で、佐渡や奄美大島などのやや規模の大きい島嶼群は島の特産物に特化した製造業活動が比較的盛んである。予想に反して、公共事業と観光活動に特化した島嶼群は以外と少なく、全体の６％の前後である。この調査結果は、次章で展開する「島産島消」を主体とした循環・複合型の島嶼経済再構築への可能性を示唆している。

（11）島嶼振興策的視点からの分類

　沖縄には2018年1月時点で、離島振興策の対象となる有人島が37島ある。多い順に八重山及び中南部圏域（12島）、宮古圏域（8島）、北部圏域（5島）となっており、約 1,000 km²（沖縄県土の44％）の陸地に 13 万人（同 9％）が暮らしている。面積では西表島の 289.61km² から大神島の 0.24 km² まで、人口では石垣島の 4 万 9270 人から前島の 2 人に至るまで、多種多様である。

第1章　島とは何か ―島の定義・方法論・分類―　　43

資源や人口が大きく異なるだけでなく、島の成り立ちや生活文化、本島との
距離、人口の流動、所得・雇用、振興ニーズなどでも大きな落差がある。たと
えば第8章で詳述するように、過去5年で人口が6％も増加した石垣島もあれ
ば、9％も減少した伊是名島がある。農業振興で一人当たり所得が県内トップ
の南北大東島がある一方、最低クラスの伊平屋島もある。国境の島もあれば、
生活のライフラインである水資源に事欠く島々もある。しがってどの島にも応
用できる振興モデルは存在しない。島を本島との距離、人口、自立度などの指
標で類型化し、それぞれの島に適合した振興策を探る試みもなされてきた。表
1-10 はこのような試みの一つである。

表 1-10　島嶼振興策の視点からの島の分類

中核・拠点型 （拠の島）	圏域の拠点となる島。交通拠点 都市的な中核施設有する島	宮古島、石垣島、久米島（孤立・拠点型）
近距離・自立型 （近の島）	拠点となる島に近接し、自立性を 有する島	伊江島、津堅島、久高島、座間味島、阿嘉島 伊良部島、竹富島、西表島、小浜島、黒島
孤立・自立型 （遠の島）	拠点と距離があるが、自立性を 有する島	伊平屋島、伊是名島、粟国島、渡名喜島、南 北大東島、多良間島、波照間島、与那国島
近接・付属型 （接の島）	他の島に近接し、その島に生活維 持機能の多くを依存する島	野甫島、水納島（北部）、慶留間島、池間島 大神島、来間島、下地島、鳩間島
極小型 （微の島）	人口10人以下の島で、コミュニ ティ維持が困難な島	前島、奥武島、オーハ島、水納島（宮古） 由布島、嘉弥真島、新城島（上、下）

（株式会社国建 2011 年より作成）

（12）統治形態による分類

　表 1-11 の代表例でみるように、小島嶼国・地域は、古代ローマ時代から「強国」
による二重、三重の植民地化、複雑な統治制度が導入され、今日でもその遺産
が継続している（詳しくは Baldacchino 2013）。国際法上、「国家」として認
められるには三つの要素が要求される。すなわち一定の領域（領土、領水、領空）
を有し、そこに「国民」が恒久的に属し、領域及び国民に対して、排他的な「主
権」の行使が行われていることである。これらの三条件を満たす島嶼国家を「完
全独立国」とすると、パラオ、マーシャル、ミクロネシア連邦は、アメリカ
を施政権者とする国連信託統治地域（trusteeship）から、1980 ～ 90 年代に
独立して国連加盟国になったが、国防と一部外交権は自由連合盟約（Compact
of Free Association、通称「コンパクト」）にもとづいて米国が有しており、完

44

表 1-11　小島嶼国・地域の統治形態の例

独立国		コモンウエルス	準州	宗主国の海外領土	
完全	自由連合			属領	自治領
サモア	パラオ（米）	プエルトリコ（米）	米国領サモア（米）	英国ヴァージン諸島	フォークランド（英）
トンガ	マーシャル諸島（米）	北マリアナ諸島（米）	グアム（米）	オランダ領アンティル	グリーンランド（デンマーク）
フィジー	ミクロネシア連邦（米）			フランス領ポリネシア	フェロー諸島(デンマーク)
ナウル	クック諸島(ニュージーランド)			マン島（英）	オーランド諸島（フィンランド）
マルタ	ニウエ(ニュージーランド)			ケイマン諸島（英）	アゾレス諸島(ポルトガル)
モルディブ				マルチニーク（仏）	トケラウ(ニュージーランド)

（外務省及びウィキペディア資料より作成）

　全独立国家とはいえない。なお、植民地制度の遺産である「信託地域」は、パラオの独立（1994年）を最後に消滅した。ニュージーランドと自由連合協定を締結しているクック諸島、ニウエは、島民がニュージーランド国籍（市民権）をもつため、独自の「国民」をもたず、独立国家としての条件を満たしてないといえる。

　1898年の「米西戦争」の結果、スペインが撤退し、スペイン領のプエルトリコ、グアム島を含むマリアナ諸島、フィリピンなどを含む島々は2千万ドルの有償でスペインから米国に割譲され、この地域での米国統治が始まった。プエルトリコと北マリアナ諸島（サイパン、テニアン、ロタ）は、いずれも米国の「コモンウェルス（commonwealth）」である。「コモンウェルス」とは、「共通財（善）」の意味だが、「共和国」、「連邦」、「自治」など多義的な統治形態に使用されてきた。ちなみに、マサチューセッツ州の正式名称は「Commonwealth of Massachusetts」である。プエルトリコ、北マリアナ諸島は独自の憲法をもち、内政自治権を行使できるものの、独立国でも米国の州でもなく、米国の「特別自治領（自治連邦区）」である（詳しくは嘉数1983年；Stayman 2009）。

　プエルトリコは、1951年に米国の市民権をもつ「プエルトリカン」の住民投票（referendum）によって、現在の統治機構が確定し、今日に至っている。その間、「特別自治」、「州昇格」、「独立」を問う住民投票がこれまで4回も実施された。最近時の2017年6月に実施された住民投票では、州昇格支持派

が97％を占めたが、昇格反対派野党による投票ボイコットの呼びかけもあり、投票率は23％に留まった。投票結果に法的拘束力はないものの、プエルトリコ特別自治政府は高い支持率を背景に州昇格をめざして合衆国政府と交渉する狙いである。しかし、米国政府や議会内に州昇格を認める雰囲気はなく、交渉は難航すると思われる。私が現地調査を実施していた1980年代は、米国政府も州昇格には積極的であったが、当時はプエルトリコ内で「コモンウェルス（特別自治政府）派」が「州昇格派」を上回っていた。最近になって州昇格派が大半を占めるようになった背景については第8章で詳述する。

　米国の「準州」である米領サモアやグアムもアメリカの「自治領」である。コモンウェルスも準州も連邦税を払う義務はなく、米国議会に議決権のない代表を送り込むことはできるが、大統領を選ぶ投票権はない。しかし両者とも「内政自治」が認められ、統治形態には大差はないが、準州がより米国との政治統合がすすんだ形態であるといえる。グアムでは今日でも「現状維持」支持者が住民の大半を占め、州昇格支持者は2割程度、独立支持者は5％前後である。むろん、現状を「米国の植民地」と糾弾し、脱植民地化（decolonization）を求める声は根強くあるが、主に経済的理由で独立の選択は難しく、またチャモロ系民族のアイデンティティ喪失につながる州昇格の選択も当分困難である（嘉数2013年）。

　英国ヴァージン諸島、オランダ領アンティル、フランス領ポリネシアなどの旧宗主国の「海外領土」もある。このなかには、フォークランドのように、領土紛争で戦火を交えた島もある。これらの海外領土は、広い意味での「植民地」または「保護領」といえる。島民選択による理想的な非武装中立の「自治の島」としてよく話題になるのが、バルト海に浮かぶフィンランド領のオーランド諸島（Aland）である。オーランドは言語をはじめスウェーデン文化を継承しているが、幾多の国境紛争を経て、オーランドの憲法である「自治法」が国際連盟の裁定によって制定され、フィンランド政府も勝手に口出しできない自治権を獲得している（石渡1992年；長谷川2002年参照）。この特別自治権をフィンランドやスウェーデン政府などを説得して承認へと導いたのが、当時国際連盟の事務次長であった新渡戸稲造であったことは余り知られていない。第7章で詳述するように、「オーランドモデル」は島の国境紛争を解決する一つの

知恵を提供している。

　沖縄同様、新たな米軍基地の建設をめぐって世界の関心を集めてきたのがグリーンランドである。日本の国土の 5.7 倍もあるデンマーク領のグリーンランド（現地語で「人の島」）は、面積で世界最大の島であると同時に、人口密度で世界一低い島でもある。デンマークによる数世紀にわたる植民地の後、1979 年に高度な自治権をもつグリーンランド自治政府（ホーム・ルール）がスタートした。同時に同じデンマーク領のフェロー諸島（Faroe Islands）も自治政府が発足した。高度な自治権を獲得したとはいえ、グリーンランドはスコットランド同様、島民による完全自治、つまり独立への意欲は根強く、住民投票にもとづくいっそうの自治権拡大が論議されてきた。とくに 1950 年代初頭にソ連に対する抑止力として、グリーンランド北西部に建設が開始されたチューレ米空軍基地（Thule Air Base）をめぐってのグリーンランド自治政府とデンマーク政府との攻防は、世界的な注目を集めた。なぜなら、通常外交と防衛は中央政府の「核心的」な権限で、自治政府には与えられてないからだ。しかしグリーンランド自治政府は、住民に多大な影響を与えている米軍基地の有り様についてもデンマーク政府と並んで米国と交渉する権限を要求し、厳しい交渉の末、2004 年には画期的な「イガリク協定（Igaliku Agreement）」を母国政府との間で締結し、最終決定権はデンマーク政府が握っているものの、国防を含む「対外自治」の行使に道を開いた（詳しくは高橋 2013 年参照）。

　グリーンランドの米軍基地をめぐる問題は、日本の辺境に位置する沖縄県の米軍基地問題を考える上でもみのがせない視点を提供している。グリーンランドの米軍基地建設は沖縄同様、強制的な軍用地の接収、住民の強制移転で始まった。デンマーク最高裁は、50 年後の 2003 年に強制移転は違法行為であったとする判決を下した。「イガリク協定」によって、グリーンランド住民の同意なしに、冷戦終結後新たに浮上した米軍ミサイル防衛基地の建設はほぼ不可能になった。グリーンランドでは 1968 年に 4 発の水素爆弾を搭載したアメリカ空軍の B-52 爆撃機が墜落し、核爆発はなかったものの、核弾頭の破裂・飛散により放射能汚染をひきおこした事故は今日まで生々しく住民の記憶に焼きついている。沖縄でも 1959 年に石川市の宮森小学校にジェット戦闘機が墜落炎上し、小学生 11 人を含む 17 人が犠牲になるという大惨事があった。2016

第 1 章　島とは何か —島の定義・方法論・分類—　　　　　　47

年 3 月現在、全国の米軍基地施設の 74％が沖縄に集中しており、新たな基地建設は許さないというのが沖縄県民の総意だが、日本政府は県民の頭越しに新基地の建設を強行しつつある。デンマークでは、国及び国際法の基本的前提を構成する「道徳的権限（moral authority）」を重視し、国の専管領域である国防についても地域住民の意向を最大限尊重するという北欧民主主義の成熟度を世界に示した。世界一危険だといわれている普天間基地の北部辺野古地域への強行移転に伴う沖縄県と日本政府との攻防は世界が注目しており、「衆人監視」のもとで日本の民主主義の成熟度が試されているといえる。

（12）小島嶼国連合（AOSIS ＝ Alliance of Small Island States）

　島の分類とは若干趣を異にするが、共通の政治的意図をもった島の集まりとして小島嶼国連合（AOSIS：Alliance of Small Island States）に触れおく必要がある。AOSIS は、国際連合に加盟する「小島嶼開発途上国（SIDs：Small Island Developing States）」38 か国（国連加盟国の 5 分の 1）を含む 43 の国と地域が参加して 1990 年に発足した組織である（表 1-12）。とくに、地球温暖化によって甚大な被害が予想される小島嶼や沿海部の低地を共有する太平

表 1-12　小島嶼国連合（AOSIS）、2015 年

国連加盟メンバー				非国連加盟メンバー
大洋州	カリブ海	アフリカ・インド洋	アジア	ニウエ
キリバス	アンティグア・バーブーダ	ギニアビサウ	モルディブ	クック諸島
サモア	キューバ	コモロ	シンガポール	英国ヴァージン諸島
ソロモン諸島	ジャマイカ	サントメ・プリンシペ	東チモール	アンギラ
ツバル	セントクリストファー・ネービス	セーシェル共和国	バーレーン	北マリアナ諸島
トンガ	セントビンセント	モーリシャス		フランスポリネシア
ナウル	セントルシア	カーボヴェルデ		モントセラト
バヌアツ	ドミニカ国	ガイアナ		アルバ
パプアニューギニア	ドミニカ共和国			
パラオ	トリニダード・トバゴ			オブザーバー
フィジー	ハイチ			米国領サモア
マーシャル諸島	バハマ			グアム
ミクロネシア連邦	バルバドス			プエルトリコ
	ベリーズ			オランダ領アンティル
	グレナダ			米領ヴァージン諸島
	スリナム			

（UN Office of the Representative for Small Island Developing States (SIDS)HP 資料より作成）

洋、インド洋、大西洋上の国・地域から構成されている。そのなかには国土で最も標高が高い場所でも海抜2mしかない低地国もある。これらの国々は気候変動のインパクト、とりわけ海面上昇など地球温暖化の影響を最も受けやすく、なかには国家としての存亡の危機に直面している国もある。そのため温暖化対策強化を最も強く訴えており、国際交渉の場では先進工業国が責任を負うべき二酸化炭素排出量の削減と森林伐採の中止を含む早期対策と適応措置への支援を要求している。私も参加したAOSISバルバドス会議（1994年）では、脆弱な生態系の保全や人的資源の開発を目的とした行動計画（BPOA）が採択された。

　かぎられた資料にもとづいて雑駁な「島の分類学」を試みた。上記分類以外に、島々で使われた民具や道具などを分類、比較し、それらの遺物の伝播過程や進化を探る試みもなされている。たとえば、エモリー（Emory 1959）などによるハワイ島で発掘された5,000本余の釣針（fishhooks）を分類してその編年図を作成した貴重な研究もある。私がいずれとりくみたい課題として、経済史家が得意とする島の発展段階による分類、資源賦存による分類などがあるがある。島の資源賦存と開発については多くの実証分析がなされており、後述する。

第2章　島嶼社会経済の特性と可能性

1　島の両義性

　トーマス・モアは、『ユートピア（*Utopia*）』（1516）で、どこにも存在しない（nowhere）理想の「新しい島」を描こうとした。シェークスピアの『テンペスト（*The tempest*）』（1611）も、イギリスの果てに位置する孤島、バミューダ島をモデルにして一種のユートピア物語を描写したといわれている。カール・マルクスを始め、経済学者がよく引用するダニエル・デフォーの『ロビンソン漂流記』（1719）は、無人島に漂着し、独力で生活を切り開いていくロビンソン・クルーソーの物語だが、マックス・ウエーバーが『プロテスタンティズムの倫理と資本主義の精神』（1905）で論じたように、混沌とした人類社会の到達すべき一つのモデル像を提示している。これらの著作で、島は原初文明の始まりであると同時に、未来創造の原型にもなっている。

　19世紀後半にロバート・ルイス・スティーヴンソン（Robert Louis Stevenson）によって子ども向けに書かれた『宝島（*Treasure Island*）』（1883）は、島に関する、おそらく世界初のベストセラー冒険小説である。これに続く、1960年代のイギリスの人気テレビ番組「*The Beachcombers*（島々を放浪しながら探し物する人種）」で一躍ビーチ漂流者（島フェッチ）が話題になった。フィジーには「ビーチコマー島（Beachcomber Island）」がある。日本では、同じく1960年代に、ニューカレドニアのウベア島を舞台にした、森村桂の旅行記『天国にいちばん近い島』（1966年）がベストセラーになり、その後映画化もされて、島の楽園的なイメージをふくらませた。

　架空のイメージではなく、島々を旅し、島の暮らしやすさをアピールする旅行記もある（斎藤2008年）。島尾敏雄の「ヤポネシア論」（岡本1990年）や「辺境の逆転論」（嘉数1995年）も島々が放つ新たな可能性を示唆しているともいえる。民俗学的には、柳田国男の『海上の道』（1961年）などが広く読まれ、

自由でロマンに満ち満ちた古代の「海の旅人（seafarers）」を連想するきっか
けとなった。これらの「物語」を通して、島々は現在のインターネットのよう
に、「外に開かれた」、どこからでも、いつでも、どこにでも「つながる」広大
な海のネットワークで結びついたオープンな未来創造型の経済社会であるとの
イメージが形成された。

　しかしその反面、島での実際の生活苦と孤立性を反映して、「島ちゃび（痛
み）」、「離島苦」、「シマンチュ」、または「島嶼シンドローム」で表現されてい
るように、外界から隔絶した辺境的、伝統的、閉鎖的な社会経済のイメージも
同時に連想されてきた。岡谷公二の『島の精神誌』（1981 年:7）によると、「実
際、島を旅していていつも感じるのは、島の孤立ということだ。島は、この孤
立という状態から逃れることができない。それは、島の暮らしの一切を支配し、
島の人々の行為と心理に濃い影を落としている。孤立は、島にとって不治の病
いである。」

　孤島苦については、宮本常一『宮本常一著作集 4：日本の離島、第 1 集』（1969
年）、小玉任人『島痛み：沖縄の離島に生きる』（1985 年）、谷川健一『孤島
文化論』（1972 年）、三木健『沖縄・西表炭坑史』（1996 年）などの多くの文
献によって実証的に描写されている。新川明は名著『新南島風土記』（2005 年）
において、八重山諸島における過酷な非収奪「流刑」の歴史、孤島の生活苦を
活写すると同時に、なぜ豊かな島唄文化がこれらの孤島で花咲いたかを考察し
ている。同じ八重山諸島でも、本島から離れるにつれて「孤島苦」はいっそう
厳しくなる。日本の最南端の有人島である波照間島は、琉球王府時代には政治
犯の流刑地で、過酷な人頭税に苦しめられた。第二次世界大戦中は軍部の命令
でマラリアの蔓延する西表島に根こそぎ強制疎開を強いられ、ほぼ全住民がマ
ラリアに罹患した（宮良 2004 年、竹富町史編集委員会編「波照間島」2018
年参照）。イスロマニアに近い池澤夏樹（2005 年：264）は、「島は一本の汀
線によって海や外界としきられているのではない。年輪状のいくつもの輪に
よって、等高線で描かれた地図の山のように、幾重にも隔てられているのだ」と、
島々の多様で重層的なありようについての深い洞察を行っている。

　島のイメージは、この相反する「両義性」を反映しており、いずれの見方も
正しいといえる。この二つの見方が並存し、葛藤を繰り返してきたのが多くの

島の共通の特質である。この両義性ゆえに、島は近代文明の中心部から離れた「辺境」として意識されると同時に、新しい文明を生み出す「フロンティア」しての役割も期待されてきた。このフロンティアを求めて、南太平洋の人々は、小さなカヌーで何万 km も旅をした。2007 年 1 月に沖縄の糸満に寄港して話題になった「ホクレア号（ハワイ語で"幸せの星（Hokule'a）"」は、羅針盤もなかった時代に、風と海流、海鳥、星を頼りに航海し、ハワイアンの祖先、古代ポリネシア民族の勇気と英知のシンボルになっている。

島嶼経済社会の特質を「一般化」することは困難であり、また目的によっては危険でさえある。「島嶼経済」に、たとえば前述のように、「海洋に囲まれた人口 100 万人以下の経済」という測定可能な定義を与えたところで、便宜的にはともかくとして、実質的にはほとんど意味をもたない。さらに、人口 100 万人の島嶼国と 1 万人足らずの「超ミニ国家」とでは経済社会のありようは大きく異なるはずである。また大陸の一部で「陸の孤島」とよばれているブータン王国、サンマリノ共和国、モナコ公国等のミニ国家と小島嶼国との相違もそれほどでもないかもしれない。

2　経済発展の可能性からみた島嶼の特性

島社会の特質については、すでに多くの文献がある（詳しくは、United Nations Economic and Social Council：UNECOSOC 1975；嘉数 1986 年；Kakazu 1994；Royle 2001 参照）。一般化の限界を承知のうえで、経済社会的視点から、あえて主要特質を抽出すると図 2-1 の通りとなる。

（1）資源の狭小性

島嶼経済の一大特質は天然及び人的資源の賦存量及び種類が著しくかぎられているため、当然ながら経済活動そのものが多様性を欠き、第一次産業に依拠した自給自足的経済に甘んずるか、1〜2 の島特有の輸出資源に「特化」するか、あるいは観光やオフショア・ビジネスなどの島の特性を活かしたサービス産業に特化して外貨を稼ぐかである。資源及び市場の狭小性が高い輸送コストを伴うとき、C.P. キンドルバーガー（1968 年：8）のいう「経済の転換能力」

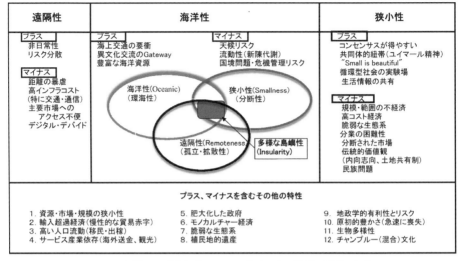

図 2-1　経済発展論的視点からみた島嶼の主要特性（嘉数原図）

は著しく制約を受けることになる。人口 100 万人以下の島で、自力で工業化に成功した国はほとんどみあたらない。後述するように、ほとんどの島嶼国は産業発展のエンジンともいうべき製造業を欠き、一次と三次産業に偏重した構造となっている。むろん、ハワイやカリブ海に浮かぶケイマン諸島、バミューダ諸島のように、サービスを「輸出」して、世界トップクラスの生活水準を謳歌している島々もあり、工業の欠如が必ずしも経済停滞・後進性を意味するものではない。

(2) 市場の狭小性

アダム＝スミスは『国富論』（1776 年）のなかで、経済発展の速度は分業の進展によって決定されるが、分業はまた市場の大きさによって規定されるとしている。市場の大きさを何でもって測定するかについては種々の議論があるが、一応「人口×所得水準」と考えてよい。とくに生産技術が遅れた経済発展の初期段階では、国土面積（資源）と人口規模が市場の大きさと発展速度を決定する最も重要な要素である。このことは人口大国である中国とインドがいち早く発展し、世界文明の発祥の地になったことでも実証されている。むろん両

大国はその後、技術革新を伴わない量的発展の限界に直面した。小島嶼国は島内市場が狭小ゆえに、分業による経済活動の「深化」と「多様化」が進展せず、経済発展へのオプションもかぎられたものになっている。かぎられた資源に対する人口圧力の増大と、人々の生活を豊かにしたいとする「期待増大革命」は、必然的にこれらの島嶼国をして外界に大きく開放せしめることになる。

　近代経済学の「父」A. マーシャルは、『産業貿易論』(Marshall 1919) において、島嶼国の貿易依存度が高いのは単に生産資源の制約によるだけでなく、面積に比して海外と接触しうるフロンティア部分が大きいからだと説明している。経済の開放度、あるいは貿易依存度（国内総生産（GDP）対する輸入額）は、経済規模が小さければ小さいほどその比率は高まる傾向にある。後述するように、生産コストがその規模に大きく左右される工業製品の輸入依存度（輸入 / GDP）はとくに高く、島嶼経済は「輸入依存型」経済といえる。これは経済規模が小さければ小さいほど、輸入によって打撃を受ける業種が少なく、市場開放政策がとりやすいのと同時に、以下でみるように、ODA や海外送金の受取などの海外からの資金流入により、輸入を手当（ファイナンス）する手段があることが背景にある。

(3) 規模の不経済性

　「規模の不経済性（diseconomies of scale）」はおそらく島嶼経済発展論のなかで最も議論されてきたテーマの一つである（Kuznets 1960；Kakazu 1994；Kakazu 2012a 参照）。「生産規模が小さくなればなるほど生産物単位当たりの生産コストは高くなる」というのが規模の不経済性の含意だが、それは生産活動のみならず投資、消費、交通、輸送、教育、研究開発、行政サービス等あらゆる分野で観察されている。とくに市場が狭小であるばかりでなく、国内市場そのものが無数の島々よって分断され、しかも主要市場から隔絶している遠隔小島嶼地域では、規模の不経済性だけでもあらゆる経済的優位性を打ち消して余りがあろう。

　しかしながら、規模の不経済性に関する実証的分析はきわめて乏しい。データはやや古いが、規模の不経済性に関する典型的な例として、参考までに沖縄における島嶼地域別発電コストを比較した（図 2-2）。1kW/ 時の本島の電力

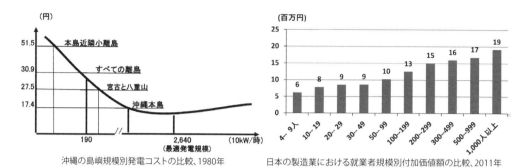

図 2-2　規模の経済の例示（電力と製造業）
（電力は沖縄電力資料、製造業は『日本統計年鑑』（2014 年）より作成）

コストを 100 とすると、宮古・八重山 158、離島全体 178、周辺ミニ離島は本島のじつに 3 倍近くの 297 となっている。発電には規模の大小にかかわらず、発電機、送電線などの一定の設備が必要であり、規模による単位当たりの発電コストの差は、常識的にも理解できる。しかし発電規模を際限もなく拡大すれば、単位コストも際限なく低下することはあり得ない。それぞれの需要量に応じた「最適発電規模」があるはずである。この最適規模を超過すると単位コストとは逆に上昇すると考えられる。図 2-2 の発電規模と発電コストとの関係はイギリスのシルバーストンによって定説化されたため、「シルバーストン曲線」とよばれ、自動車産業で古くから観察されている経験法則である（Silberstone & Maxcy 1959 参照）。南太平洋島嶼国でも、比較的規模の大きいフィジーのキロワット／時当たりの産業用電気料金は、ニュージーランドのじつに 5 倍強になっている（Chaudhari 1995）。

　発電コストを反映して島ごとに電気料金に差をつけているハワイと異なって、沖縄では島ごとの格差はなく、「料金プール制」によって全島一律の料金体系になっており、離島の高発電コストを県民が等しく分担している。当然、離島の発電収支は大幅な赤字である。発電規模に加えて、離島発電が高コストであるもう一つの大きな理由の一つに、広範囲に小規模離島が散在しているため、本土のように共同の送電線を利用して電力の融通がきかないことが挙げられる。これはおそらくどの島嶼地域でも同様であろう。ただ近年は、第 4 章で

詳述する風力、太陽光、バイオマスなどの自然エネルギーの普及、スマートグリッド、AI（人口頭脳）などの技術革新により、島のサイズに適した多様な「エネルギー源ミックス」の開発も急ピッチで進展している。

　発電コストのように、規模が小さければ小さいほど単位発電コストは高くなるが、これは規模が大きくなればなるほど「規模の経済性」、つまり単位当たりの生産性は、最適規模までは高くなることを意味する。図2-2の右側は、日本の製造業における規模別就業者一人当たり名目付加価値生産性を示している。就業者9人以下の零細企業の生産性は、100〜299人規模の約半分で、1,000人以上規模のじつに3分の1程度である。これは「量産効果」として古くから自動車産業などで盛んに議論されてきたが、製造業にかぎらず各種のインフラ整備、農業、サービス業、行政などの分野でも妥当する概念である。むろん量産効果のみを求めると小島嶼の経済は成り立たない。後述するように、量産になじまない島オンリーの高付加価値生産物およびサービスの開発、小規模のメリットを活かした「脱規模」の産業・生活体系の再構築が求められる。

(4) 輸入超過経済（慢性的な貿易赤字）

　容易に想像されることであるが、島嶼経済は二、三の商品を移輸出し、おおよそあらゆる商品を移輸入している。その結果は慢性的な商品貿易収支の赤字である。人口100万人以下のアジア開発銀行（ADB）加盟島嶼国のすべてが貿易収支（サービス貿易を除く）の赤字を記録し、しかも経済成長に伴って赤字幅は拡大してきている（嘉数2017年）。超ミニ経済であるミクロネシア連邦（FSM）、パラオ、キリバスの赤字額はGDPのじつに4割以上を占めている。資源輸出国であるソロモン諸島は赤字幅が小さく、貿易収支はほぼ均衡している（表2-1）。

　貿易収支からみるかぎり、沖縄は典型的な島嶼経済といえる。むろん、貿易収支の赤字は、経済発展段階とも密接な関係があり、経済大国といえども発展の初期段階と成熟段階では貿易収支が赤字になる傾向がある。日本の貿易収支も戦後暫くは赤字を記録し、過去半世紀近くは世界がうらやむ黒字国だったが、経済の成熟に伴って最近は円高による輸出の減少と石油価格などの高騰で赤字国に転落している。しかしこれはおそらく一時的な現象であり、島嶼経済のよ

56

表2-1　ROT 経済―南太平洋島嶼国のケース―、2016 年（対名目 GDP、%）

	海外送金	ODA	観光受取	ROT	貿易収支
フィジー	3.0	1.3	8.9	13.2	-22.7
ソロモン諸島	1.6	25.9	4.3	31.8	-2.5
サモア	11.2	10.1	12.1	33.4	-34.1
バヌアツ	3.0	12.9	28.8	44.8	-24.2
トンガ	20.0	13.3	8.0	41.3	-38.0
ミクロネシア連邦	6.4	39.2	6.8	52.5	-40.6
パラオ	0.7	4.6	44.1	49.4	-47.7
キリバス	6.8	28.1	1.3	36.2	-53.7

（アジア開発銀行、Key Indicatores, 2017 より作成）
注：ソロモン諸島については 2013 年の数値.

うに慢性的な貿易、あるいは経常収支（貿易収支＋所得収支）の赤字は、海外からの継続的な借金か海外援助などで経済が維持されていることを意味し、借金返済ができなければ経済は破綻することになる。

(5) ROT 経済

　しからば島嶼経済は、拡大する貿易赤字をいかに精算（ファイナンス）しているのか。経済によって若干のちがいはあるが、赤字補填の主要財源は海外送金の受取（Remittance）、政府開発援助（ODA）あるいは中央政府からの財政移転受取、観光収入(Tourism)である。私はこれを英語の頭文字をとって、「ROT 経済」と名付けている。データの利用可能な、アジア開発銀行（ADB）加盟の南太平洋島嶼国についてその実態をみると、ソロモン諸島、バヌアツ、トンガ、パラオでは、ROT が貿易赤字を埋めて余りがある（表2-1）。海外送金に最も依存しているのがトンガで、ODA 依存が最も高いのがミクロネシア連邦（FSM）である。パラオは GDP の 44％を観光受取が占めており、同じミクロネシア地域にある FSM とは対照的である。温暖化による海面上昇で最も影響を受けているキリバス経済は、対外収支からみても最も深刻である。

　ROT 依存経済といっても、その構造は変化してきている。海外送金受取、ODA が減少または停滞するなかで、ほとんどの島嶼国は観光産業に活路をみいだしつつある。後述するように、観光は自然と歴史文化を「売り物」にすることから、どの島嶼経済でも比較優位性はある。いい例が南太平洋で最も早く独立したサモアである。サモアの貿易赤字は継続して上昇傾向にあるが、それ以上に観光受取が上昇し、いまや送金受取、ODA を上回っている。

(6) 高い人口流動（移民・出稼ぎ）

　移民あるいは出稼ぎによる島への送金は、島嶼経済にかぎらず、フィリピンなどのとくに若年労働力の豊富な発展途上国においても広くみられる現象であるが、低所得島嶼経済ではこれが顕著に現れる。トンガ、バミューダ諸島、ハイチなどでは、GDPのじつに20％強が海外送金の受取である。トンガは隣のニュージーランドへの移民・出稼ぎが古くから常態化しているという背景がある。英国の海外領土であるバミューダ諸島は英国やEUへの移民が多いが、カリブ海の最貧国であるハイチは国境を接するドミニカ共和国、米国、カナダ、ブラジルなどへの移民が大半を占めている。米国と「連合協定（コンパクト）」を締結しているパラオ、ミクロネシア連邦、マーシャル共和国から米国領への移民・出稼ぎも増加傾向にある。

　小島嶼は（出）移民・出稼ぎ地域であると同時に、（入）移民・出稼ぎ地域でもある。一人当たり所得が世界トップクラスのバージン諸島、マン島の半分強の人口が非居住者の移民・出稼ぎが占めている（図2-3）。米領のグアム、サモア、北マリアナ連邦などは、一人当たり所得が周辺の島嶼国より格段に高いため、周辺のより貧しい島嶼国やフィリピンなどから多くの移民・出稼ぎ人口が流入している。

　戦前の貧しい沖縄から、日本統治領のこれらのミクロネシア地域に多くの出稼ぎ労働者が押し出されるように出帆して、故郷に送金して貿易赤字の大半を

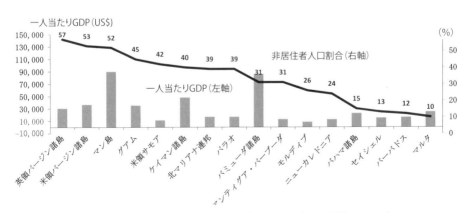

図2-3　島嶼国・地域の非居住者人口割合と一人当たり所得、2015年

まかなっていたのと同様な姿が、今日の貧しい太平洋島国でも観察される（嘉数 1983 年：14）。

　比較的所得の低い島嶼地域から高い地域への移民・出稼ぎ労働者の流出は、たんに外貨を稼ぎ、貿易赤字の改善に役立っているだけではなく、小島嶼経済の人口圧力を和らげ、失業率を下げるクッションの役割も果たしている。戦前の沖縄のように、移民流出の多い島嶼地域は、人口の自然増を社会減で相殺して、人口の定常状態を維持している。むろん、多くの調査が指摘しているように、人口流出はどの地域でも経済の担い手である若年層でしかも比較的学歴の高い層に偏っており、島の活性化に必要な人材・頭脳流出の側面も否定できない（Kakazu 2012）。若年人口の島外流出による急速な人口構成の「高齢化」は、とくに日本の離島の共通の課題でもある。人口流出によって、生活インフラのみならず、医療、教育、環境保全、地場産業なども維持できない離島が増加しつつある。また、よく指摘されていることだが、基幹技術者が一人欠けただけで、島の発電、インフラ維持などに支障をきたすこともある。

(7) 高いサービス産業依存

　経済発展の「経験法則」として、経済成長に伴って、生産の主役は自然資源（土地・海洋）を活用した農林水産業から生産資本を主体とした製造業（工業）に移行し、その後人的資本及び知識・情報を主体としたサービス生産へと進展する（Kuznets 1965; Kakazu, *et al.* 1998）。これは所得の成長に伴って、人々のニーズがモノよりも教育、情報サービス、娯楽、スポーツ、旅行、医療介護などのサービス産業にシフトする傾向にあるからである。むろんモノそのものも、これを使うノウハウが伴わなければただの「ハコモノ」である。しかしながら、島嶼経済には前述の「規模の経済性」、「範囲の経済性」が欠如し、輸送コストが高いなどの理由で、大型製造業の比較優位性はなく、農林水産業から製造業をスキップして、いきなり観光、労働サービスの移輸出、オフショア金融などのサービス産業へと移行するケースが顕著に観察される。

　とくにハワイや沖縄のような一人当たり所得水準が高い開放経済下の島嶼経済では、経済の「サービス化」が極端に進行する（図 2-4）。ハワイはほぼ 100％ の所得を観光や基地収入などで稼ぐ反面、物資のほとんどを移輸入に依

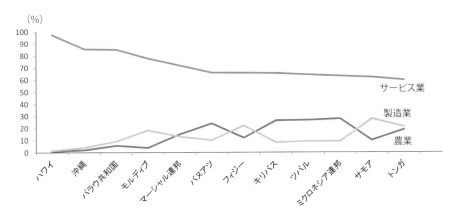

図 2-4　島嶼経済におけるサービス産業所得のウエイト、2015 年（産業別所得％）
（注：「農業」には、農林水産業、「製造業」には鉱業、
「サービス業」にはすべての第三次産業が含まれている。）

存しているといえる。沖縄もほぼハワイ経済の構造に類似している。ソロモン諸島、FSM、バヌアツは漁業を中心とした一次産業所得が 3 割近くを占めている。大半の島嶼経済で、鉱業を含む製造業の比率は 2 割以下である。面積が日本より大きく、人口約 800 万人を擁するパプアニューギニア（PNG）は、パーム油、砂糖などの食品加工業に加えて、石油、金、銅などの鉱物資源に恵まれており、製造・鉱業所得が輸出の 7 割、GDP の 3 割強を占めている。サモアの製造業比率も高いが、これは伝統的なココナッツ製品、農産加工、アパレルに加えて、ビール生産、日本資本による自動車部品工場（政府雇用に次ぐ第二の雇用主）の存在によるものである。約 85 万人の人口を擁し、南太平洋島嶼経済で最も産業の多様化が進んでいるフィジーは、砂糖、海産物、粉末カヴァなどの第六次産業と並んで EU の特恵関税によるアパレル製品の輸出も盛んになり、製造業所得は 2 割近くに達しつつある。むろんこれらの主要製造業は、輸出先の「特恵関税」、国内優遇措置で保護されて存続しているという背景がある。

(8) 観光―島嶼型産業

マッケルロイ（McElory 2006）が島嶼経済の最大の特徴を「ツーリズム経

済（SITE：Small Island Tourist Economies）」とよんだように、島嶼のサービス産業のなかで、最も成長が期待されているのが観光産業である。グアム、サイパン、パラウ共和国、クック諸島では外貨の大半を観光産業が稼いでいる（梅村 2006 年）。もちろん、ハワイ、沖縄でも観光がリーディング産業になって久しい。島嶼経済が成長のエンジンを観光産業に求めるにはそれなりの根拠がある。第一に、観光産業は不特定多数の外来客を対象にしていることから、そのニーズの数だけ、さまざまな嗜好と所得に応じた観光メニュー(商品)があり、島になんらかの魅力（差異）あればあるほど観光消費者を惹きつける産業特性がある。とくに島嶼は、ユニークな地理的特性を備えているのみならず、島独特の素朴さと豊かな文化・歴史を有している。第二に、観光産業は、市場規模に左右されない「複合型産業」で、まさしく生産・加工・販売を連結する「第六次産業（一次×二次×三次）」の典型的なものである。

　第三に、観光産業は、域内産業連関効果が他産業と比較して高いことがわかっている（嘉数啓編著 2014 年）。観光産業は「対外収支表」でも「サービス業」として分類されているが、実際には「サービス」と同時に「モノ」を「移輸出」して「外貨」を稼ぐ産業でもある。たとえば、2016 年における沖縄県内での観光消費支出の 22％は「お土産」の購入だが、これは製造品の移輸出と同じである。さらに 21％は飲食支出だが、その原材料には多くの島内産農水産物やその加工品が使われていることから、農水産物移輸出とほぼ同じ効果をもっている。移輸出とのちがいは、通関手続きがなく、しかもモノ・サービスが移輸出先ではなく、県内の「観光地」で購入・消費されていることである。したがって、観光消費の域内循環効果は移輸出より高い。産業連関表でみても、観光消費の生産波及効果は 1.7 で、公共事業の（1.9）に匹敵し、比較的小規模経営を主体とした労働集約型産業であることから、雇用創出効果も高い（Kakazu 2014）。むろんその効果は、観光客の滞在日数、免税店利用などの消費パターンによって大きく異なる。

　第四に、観光産業は、地域浸透度（観光客数 / 定住人口）の比較的高い産業であることもわかっている。沖縄県内の地域間所得格差はここ数年拡大してきているが、その要因の一つが観光所得の「浸透度」格差である（図 2-5）。観光の浸透度の高い島嶼地域は、一人当たり所得も高い。このことから、観光後

第 2 章　島嶼社会経済の特性と可能性

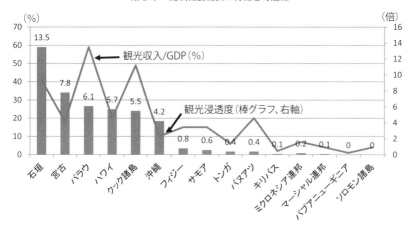

図 2-5　島嶼の「観光浸透度」、2011 年～ 2012 年
（注：「観光浸透度＝観光客数 / 定住人口」；
石垣、宮古、沖縄、ハワイは 2012 年、その他は 2011 年）

進地域での観光振興は、所得格差の縮小につながることを意味している。たとえば、八重山圏域の観光浸透度を「人口に対する観光客数の割合」と「総所得に対する観光収入の割合」で測ると、2012 年でそれぞれ 14 倍、41％となっており、宮古圏域のそれぞれ 8 倍、18％と比較してかなりの格差がある。その観光浸透度格差を反映して、宮古圏域の一人当たり所得は八重山島嶼圏域の93％である。宮古島嶼圏域内での所得格差はもっと大きい。

　第五に、観光産業は所得弾性値が高く、所得の上昇以上に成長する特性をもっており、ハワイやシンガポールのように、小規模地域でも高付加価値のサービスを提供することが可能である。第六に、さらに重要なことは、観光産業は「平和・交流産業」であることである。観光産業は「物見遊山」のみならず、MICE（会議・奨励・集会・イベント）と称するあらゆる種類の交流、サービスの消費で成り立っている。したがって紛争・危険地、あるいは国を閉ざした地域での観光産業は成立しない。

　以上の観点から、観光産業は島嶼経済に最も適合した産業形態であることはまちがいない。ただ、野放図な観光産業への依存は、観光産業を支える島嶼の自然環境を破壊し、島民との軋轢を生み、島の持続発展につながらないケースもすでに報告されている（Kakazu 2012b, Chapter 8 参照）。

(9) 肥大化した政府（ODA・公的支出依存）

Bertram and Watters（1995年）が、移民（MIgration）、送金（Remittance）、援助（Aid）、官庁（政府）（Bureaucracy）の頭文字をとって、「MIRAB経済」とよんだように、島嶼経済は移民・出稼送金とODAなどの海外援助、肥大化した政府支出によって維持されている特性がある。最近は観光収入を含めた前述の「ROT経済」がより実態を反映している。なかでも援助受取（ODA）・政府支出依存構造は、島嶼経済の歴史のなかに深く組み込まれてきた。第1章ですでに論じたように、列強による幾重にもわたる被植民地の歴史と旧宗主国との関係はいまだに連綿と続いており、第六章で詳述する海外援助による政府活動の肥大化からの脱却、あるいは自立化は島嶼地域の共通の課題である。

島嶼経済にかぎらず、経済規模が小さければ小さいほど、財政への依存度は高くなる傾向にある（図 2-6）。超ミニ経済であるクック諸島、ニウエ、ミクロネシアなどでの政府支出のGDP比率はじつに8割強に達している。民間企業では採算の合わない事業が多いため、いきおい政府があらゆる分野で面倒をみなければならないということもあるが、公務に対するあこがれと、島嶼国独特のネポテイズム（縁者びいき）、外国援助等が相乗して政府の肥大化を招いているといえる。

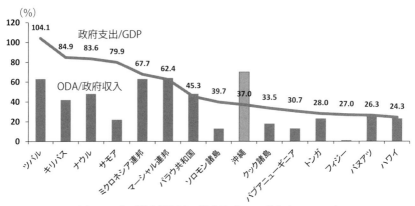

図 2-6　太平洋島嶼経済の財政及びODA依存度、2011年
（注：ODAには、中央政府からの財政移転が含まれる。沖縄は県内総生産（GIP）、県の財政支出と収入）（ADB, *Key Indicators*, *State of Hawaii Data Book and Okinawa Statistical Yearbook* より作成）

（10）高コスト経済（物流コスト・輸送リスク）

　島嶼経済発展に関するあらゆる調査報告書は、割高な輸送コストと定期・安定的な物資・人の輸送が単一の最も重要な島嶼発展への阻害要因である、としている。島嶼地域における輸送問題は単に生産・生活コストの割高というだけでなく、台風、災害などの緊急時における物資の安定供給というより重要な側面をもっている。島嶼研究の先駆者、宮本常一の調査によると、「島の最大の不利性は交通であり、交通がネックで、瀬戸内海の島々はいつもまず食料問題でおびえていた。」（宮本 1969 年：147）

　島嶼であるがゆえの輸送コストの不利性を示す貴重なデータがある。40フィートのコンテナを米国西海岸から那覇へ輸送すると、2012 年現在で米国〜横浜間の 1.6 倍、米国〜台北間では実に 1.9 倍のコストがかかる。距離的には米国〜那覇が米国〜台北間より短いが、輸送コストではまったく逆になっている。なぜか。その最大の理由が「ベースポート指定」である。ベースポートの指定は、民間団体である社団法人日本船主協会（JSA）によってなされている。復帰前の那覇港は、軍事物資の船荷が多かったため、ベースポートに指定されていたが、復帰後は航空機輸送への切り替えもあって、海運貨物取扱い量が相対的に減少し、小規模貨物取扱量（ロット）からくる損失を補うための「特別手数料」が賦課されるようになった。つまり貨物量に応じて特別料金が加算されており、小規模経済に不利に働いている。タンカー料金で那覇が台北と比較して高くなっている理由は、島嶼特有の輸送リスク、「港湾貨物取扱料」など他にもあるが、ここでは詳述しない（Kakazu 2012b 参照）。

（11）モノカルチュア的生産・輸出構造

　資源及市場の狭小性の直接の結果として、ほとんどの島嶼国が二、三の輸出商品に特化していることである。南太平洋では後述するように、輸出所得の大半をコプラ、砂糖、魚介類などの第一次産品が占めている。さらに輸出市場そのものが旧宗主国に集中しており、島嶼国間の域内貿易は皆無に等しい。このようなモノカルチュア的輸出構造は、いうまでもなく世界市場の動きに大きく左右されるだけでなく、島嶼国を襲う台風、干ばつ、病害虫などの自然災害に対する抵抗力にも弱い。

(12) 脆弱な生態系

　国際連合は 1970 年代から、「地理的に不利な小島嶼開発途上国」について調査をし、開発課題を公表してきた（UNECOSOC 1975）。1992 年に、ブラジルのリオデジャネイロで「環境と開発に関する国際連合会議」、別名「地球環境サミット」が開催され、「環境と開発に関するリオ宣言」とそれを具体化するための「アジェンダ 21」が採択された。それを受けて 1994 年にはカリブ海の島嶼国、バーバドスで国連経済社会局主催の「小島嶼開発途上国の持続可能な開発に関するグローバル会議（Global Conference on the Sustainable Development of Small Island Developing States「SIDS 国際会議」）が開催され、小島嶼国・地域の共通の環境問題、開発課題が議論、確認され、「バルバドス行動計画」が採択された（www.un.org/ohrlls 参照）。

　第 3 回の SIDS 会議は 2005 年に、インド洋の島嶼国、モーリシャスにて開催され、小島嶼問題の解決に向けた「モーリシャス戦略」を採択した。とくに気候温暖化による海面水位の上昇、自然・環境災害、生物多様性、廃棄物処理、エネルギー、持続可能な開発、グローバル化、教育文化などの課題と解決に向けた政策のあり方をとりあげている。第 4 回会議は「SIDS 国際年」と銘打って、2014 年にサモアで開催された（SIDSnet：http://www.sidsnet.org/ 参照）。国際社会が小島嶼の直面するユニークな開発課題にとりくんで 20 年の節目を迎えるが、第 4 回 SIDS のホスト国であるサモアのトゥイラエパ・サイレレ・マリエレガオイ首相は、「小島嶼国の状況は 20 年前より悪化している」と断言している（SIDSnet：http://www.sidsnet.org/）。

　国際連合は、1990 年代から 36 か国の SIDS の脆弱性指数（Vulnerability Index）を作成している（具体的な算出方法については、Briguglio 1995; Doumenge 1983 参照）。指数は、経済社会、自然、環境、災害、教育、医療などの 50 の指標を総合的に指数化して算出されている。すべての国連加盟国と比較した 2004 年についての指数は図 2-7 の通りである。「強靭性」を有する小島嶼国はゼロで、「高脆弱性（36%）」と「超脆弱性（36%）」の小島嶼国が小島嶼国全体の 72% を占めて、対象国・地域の 41% と比較しても極端に高い。

　2007 年にノーベル平和賞を受賞した国際連合の「気候変動に関する政府間

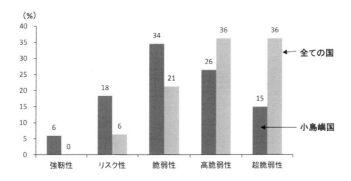

図 2-7　国連加盟小島嶼国の脆弱性指数、2004 年
(注：国際連合経済社会局の推計で、235 国・地域が対象、うち島しょ国は 36 か国。)
(http://www.vulunerabilityindex.net/EVIndicators.htm. より作成)

パネル（Intergovernmental Panel on Climate Change：IPCC）」の報告書（2007年）は、地球温暖化による海面上昇や自然災害、人為的な過度の開発によって島嶼国・地域が最も悪影響を受けてきたとして、早急な対策を提言している。とくに自然環境に依存する農水産業と観光産業のダメージは大きい。南太平洋に位置する珊瑚礁の島嶼国、ツバルとキリバス共和国は海面上昇による「水没する島」として、地球温暖化のシンボル的な存在になって久しい。NHK の「ワールド・トレンド」（2013 年 11 月 10 日放送）は、キリバスの現地情報を生々しく報道した。井戸水、タロイモ畑に海水が入り込み、日常生活そのものが成り立たなくなりつつあり、島を離れるいわゆる「気候難民」も増加しつつある。2050 年までに国土の大半は消滅するとの報告がある。「政府は思い切った対策に出た。首都のある島から 2,000 km 以上離れたところにある同じ南太平洋の島国、フィジーで広大な土地を買う計画を進めている。広さは約 2,000 ヘクタールで購入額は日本円で 8 億円余り。まずは農地として使い、主食のタロイモなどを育てる方針。そして将来はこの土地にキリバスの国民が移り住むことも視野に入れている。」（NHK 前掲報道）。戦争で国が消滅した例はいくらでもあるが、国連加盟の国が自然災害で消滅するという事例はない。島に居住する 10 万人の生活者はどうするのであろうか。一つの解決策は、ナウルが隣のオーストラリアへの集団移住を提案しているように、周辺友好国への集団移民である。フィジーのナイラティカウ大統領は、キリバスのすべての国民を 2,000

km も離れたフィジーに受け入れる用意があると表明しているが、実際には多くの難問をクリアする必要がある。その前に、大国によってもたらされた温暖化を止める方策がみつかるかどうかである。

　2014 年 8 月、ソロモン諸島政府は、海抜 2 m 以下、面積 1.5 km² の同国のタロ島（Taro Island）が気候変動による海面上昇で近い将来に水没の危険があり、対岸のチョイセル島（Choiseul Island）に 800 人の島民を移住させる計画を発表した。バングラデシュに属する人口約 10 万人のクトブリア島（Kutubdia Island）でも大規模な水没が始まっており、移住地を求める島民が急増している。これらの「気候難民」は、現世代が解決すべきグローバルな課題である。ガンジス川河口沖の無人島、ニュームーア島（New Moore Island）はバングラデシュとインド双方が領有権を主張して争っていたが、海面上昇で水没し、2010 年には島そのものが完全に消滅した。

　京都議定書に代わり、2020 年以降の地球温暖化対策の枠組みを議論した「国連気候変動枠組条約締約国会議（COP21）」では、島嶼国が交渉をリードして、「パリ協定（2015 年）」が採択された。今世紀後半に温室効果ガスの排出と吸収を均衡させることがうたわれ、すべての国がその削減義務を負うことになったが、削減目標の達成までは義務化されておらず、温暖化の悪影響を目の当たりにして、その実効性がすでに問われている。

(13) 植民地化の遺産

　千余の島々で構成されているインドネシアのモルッカ諸島や太平洋の島々には、15 ～ 17 世紀の「大航海時代」に、丁子やナツメッグなどの香辛料、金、銀などの貴金属、新たな貿易ルートを求めて、次々とヨーロッパ列強が進出し、植民地の足がかりを築いた。日本が西洋と接するはるか以前に、これらの島々はヨーロッパ文明と接触し、19 世紀の終わり頃にはほとんどの島嶼地域が列強の植民地となり、幾重もの分割統治行われた。フランス領ポリネシアなど、まだ宗主国の支配下にあるところもある。植民地化はキリスト教の普及、貨幣経済の導入にとどまらず、部族（ムラ）社会における統治のあり方を変え、白人の植民、プランテーション農場での働き手として、アフリカから奴隷労働、インド、中国などからの出稼ぎ労働者の導入を促進した。結果として経済社会

第2章 島嶼社会経済の特性と可能性　　*67*

の二重構造、つまり伝統的な生存（土着）部門とプランテーション農業に象徴
される近代生産部門が併存すると同時に、複雑な多民族社会を形成するに至っ
た。島嶼によって差異はあるものの、植民地化は、西洋文明と部族社会が完全
に融合せずに併存する複雑な統治形態をもたらしたが、それが顕著に具現化し
ているのが南太平洋の島嶼国・地域である（Crocombe 2011）。

　前述の島嶼経済の貿易依存体質、財政の肥大化、経済のモノカルチュア化、
砂糖プランテーション、鉱山、観光産業などへの移民労働による多民族化など
は、植民地統治の「遺産」である。島嶼独立国の大半が英国の旧植民地で、そ
の多くが現在でも英連邦内にとどまって特別な関係を維持している。島嶼国の
なかには独自の通貨をもたず、通貨政策がいまだに旧宗主国の掌中にあるとこ
ろもある。たとえば、独立国でありながら、パラオ共和国、ミクロネシア連邦、
マーシャル諸島共和国、バハマはアメリカドル、キリバス共和国、ナウル共和
国、ツバルはオーストラリアドル、クック諸島、ニウエはニュージーランドド
ル、セントヘレナ、ジャージー島はイギリスポンド、フランスのユーロー通貨
圏移行後も、ニューカレドニアは現在もフランを使用している。

　カリブ海、太平洋島嶼国・地域と旧宗主国（現在の EU）間の強固なつなが
りを示す例として、1975 年にトーゴの首都で調印された「ロメ協定」がある。
ロメ協定は 2000 年 6 月に西アフリカのベナンで調印された「コトヌー協定」
に引き継がれ、加盟島嶼国は「一般特恵関税制度（GSP）」の優遇措置を活用
して無関税で EU に自国製品を輸出できると同時に、種々の開発支援を受ける
取り決めである。この協定は、ヨーロッパ列強が、これらの島嶼国を植民地と
して支配していたことに対する償いの意味もある。ロメ協定による優遇措置の
結果として、これらの島嶼国の貿易が特定の国・地域に集中するという傾向が
ある。

(14) 国境の島―機会かそれとも脅威？

　国境の線引きは基本的には政治的・軍事的要因によって決まるが、国境空間
に位置する島々の人びとは「境界のゆらぎ（両属性）」によって境界を自由に
往来して交易に従事し、豊かな生活を営んでいたことが知られている（村井
2014 年）。中国と日本の国境に位置した琉球がその両属的位置をフルに活用

68

して中国—琉球—アジア—日本を結ぶ多国間交易に従事し、琉球の黄金時代を
謳歌したのはそのいい例である（高良 1998 年；豊見山 2004 年）。ギリシャ
最大の島、クレタ島も地中海のトルコ、ギリシャ、エジプトの中間に位置し、
紀元前 2000 年頃に国境貿易で栄え、「クレタ文明（Crete civilization）」と称
する古代文明の発祥の地となった（Gombrich 2008）。カリブ海に浮かぶ人口
7 万人弱のセントマーチン島は、植民地分割の典型例で、北半分はフランス領、
南半分はオランダ領になっている。この島は、「国境線が横切る小島」という
ウリで、評判のリゾート地になっており、フランス領とオランダ領との間はパ
スポートなしで自由に往来できる。

　しかし、これらは例外的で、国境の島は古代から現代に至るまで、「紛争の地」
としての記憶が支配的である。南米北部のバリマ川河口の広大な中洲に 690
平方キロのコロコロ島があるが、島の上をベネズエラとガイアナの国境線が
走っていて、両国の紛争の島として話題になった。1960 年代の後半に、アムー
ル川の支流、ウスリー川（江）の中洲に浮かぶ「珍宝島（ロシア名はダマンス
キー島）」の領有権をめぐって、中国とソ連との間に核爆弾の使用までささや
かれた軍事衝突が起こったのは記憶に新しい。

　島をめぐる軍事衝突で、われわれの記憶に鮮明に残っているのが南大西洋に
位置する「フォークランド島」紛争である。同島はイギリスが実効支配してい
るが、アルゼンチンが領有権を主張し、イギリスの海底油田開発をきっかけに、
1982 年に武力衝突に発展し、両国で 900 人を超す犠牲者を出した。島はイ
ギリスが奪還したが、今日でも紛争は収まっていない。2010 年には、韓国と
北朝鮮の軍事境界線に位置する延坪島（ヨンピョンド）で、北朝鮮軍が突然砲
弾 170 発を発射、韓国軍が応戦し、軍民を含む 4 名が死亡した。

　国境の島をめぐる紛争で、最近最も世界の注目を集めているのはスプラト
リー（Spratly Islands）又は「南沙諸島（中国）」、「チュオンサ諸島（ベトナム）」
とよばれている南シナ海に浮かぶ 750 余の極小の島々である。中国は、これ
らの島々のすべての領有権を主張し、周辺の 5 か国・地域（ベトナム、フィ
リピン、マレーシア、ブルネイ、台湾）と争っている。とくにベトナムと中国
との争いは一触即発の状況にあった。これらの島々は、太平洋戦争前「新南洋
群島」の名で日本が領有し、日本が統治していた台湾の高雄市に編入されてい

た。1970 年代に、大油田とガス田が発見され、世界有数のシーレーンということもあって、安全保障の視点からも沿岸国が領有権を主張し、分割実効支配をしている。中国は、沖縄県所属の尖閣諸島（中国名釣魚島）でも、2012 年 9 月に日本が同諸島を国有化するに及んで、「核心的利益」を確保すべく領有権を主張して、一挙に攻勢に出た。

　中国は同諸島を含む「防空識別圏（ADIZ）」を設定し、監視船をくり出して日本の領海侵犯をくり返している。日本は尖閣諸島以外でも、領有権をめぐって韓国と竹島（韓国名独島）、ロシアと北方 4 島をめぐって争っていることはいうまでもない。国境の島々をめぐる紛争と解決事例については、第 7 章で詳述する。

(15) 島嶼海洋（海底）資源は救世主か

　島嶼経済の未来像を考察する際に、軍事、航路での戦略的位置と同時に、未開発の海洋資源が眠る広大な排他的経済水域（EEZ）の活用に夢を託す人も多い。14 の太平洋島嶼国が加盟する「太平洋諸島フォーラム（PIF）」に属する EEZ は、地球表面の 3 分の 1 を占める太平洋のほぼ全域に広がっている。「その海底資源が、島嶼諸国に帰属するということは海底が陸地化するということである。つまり、太平洋のほぼ半分が経済的に“陸地化”し、島嶼諸国は“地理的に大陸化”する」（塩田・黒田 2012 年：50）。

　メラネシア（5 か国・地域）、ポリネシア（9 か国・地域）、ミクロネシア（7 か国・地域）の陸地総面積は約 55 万 km^2 だが、その海洋面積（EEZ）はじつにその 100 倍強の約 5700 万 km^2 に及び、世界最大の大陸である人口 47 億人が暮らすユーラシア大陸にほぼ匹敵する。EEZ の大きい順に並べると図 2-8 の通りとなる。フランス領ポリネシアの EEZ は陸地面積の 1400 倍にもなり、日本の国土面積の 13 倍にもなる。EEZ 面積／陸地面積比で最も大きいのはマーシャル諸島連邦で、1 万 2,000 倍の面積である。

　海底の「陸地化」とは、むろん海底資源発掘技術の進展により、海底資源が陸地と同様に発掘・活用できる時代の到来を意味する。確かに、太平洋の EEZ 内で石油、ガス、メタンハイドレートやレアメタル・レアアース（希少金属）を含む海底熱水鉱床、コバルト、マンガン鉱床などが次々と発見され、話題に

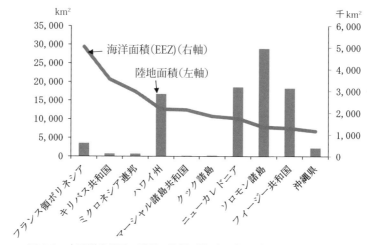

図 2-8　太平洋島嶼国・地域の海洋面積（EEZ）の大きい順 10 位まで
（注：パプアニューギニアを除く）（Kakazu 2012 年および外務省資料等より作成）

なっている。沖縄伊平屋島沖でも金・銅などを含む日本最大級の熱水鉱床が発見され話題になっている。「『朝日新聞』（2013 年 11 月 4 日）は、「太平洋の海底、新ゴールドラッシュ―資源求め争奪戦」と題して、最近の海底資源開発のフィーバーぶりを報じている。同誌は、「四国とほぼ同じ大きさのフィジーは金や銀の産出国。大規模な銅の採掘に向けた調査も進んでいる。広大な海が、この南太平洋随一の人気リゾート地を「資源大国」の座に押し上げようとしている。どの国も、海岸線から約 370 km 沖までを排他的経済水域（EEZ）として、鉱物資源の存在を調べたり開発したりする権利を持っている。」と報じているが、実際に資源探査、開発に関わっているのは周辺の工業国か多国籍企業である。島嶼地域における海底資源の商業化はまだ先のことだが、漁業権同様、「海底資源開発権利」を売るチャンスに恵まれていることだけは確かである。

3　小さいことはよいことだ（Small is beautiful）

　島嶼経済の主要特性をみてきたが、その多くは経済発展へのマイナス要因とみなされている。しかし F. シューマッハのいう「小さいことはよいこと（Small is beautiful)」がないわけでもない。シューマッハによると、経済発展を阻むものは、人口や土地の規模ではなく、そこで暮らす人々の「自立への意思 (viability of people)」である（Schumacher 1973；日本語版：53）。

　先述した「規模あるいは範囲の経済」、つまり経済規模が大きく、市場が多様化している経済ほど一人当たり所得は高い、とする従来の常識は正しいのであろうか。図 2-9 は、人口規模と購買力平価（PPP）で測った一人当たり所得を示したものである。このかぎられたデータをみるかぎり、人口及び面積と一人当たり所得はほとんど関係がなく、逆に小島嶼国・地域ほど、所得は高い傾向にある。カリブ海に浮かぶ人口 7 万人弱、面積 53 km^2 のイギリス領バミューダ島の一人当たり所得は世界トップクラスである。人口 10 万人弱のジャージー島もハワイを上回っている。ハワイそのものの一人当たり所得も、アメリカの 50 州の平均を上回っている。人口 5 万人のケイマン諸島、3 万人の英領ヴァージン諸島も、先進工業国クラブとよばれている経済協力開発機構（OECD）平均より高い生活水準をエンジョイしている。人口 40 万人前後のバハマ及びマルタ共和国の一人当たり所得は、巨大人口国である中国の 3 倍、インドの実に 7 倍である。これらの高所得島嶼国・地域は、地の利を活かした高付加価値

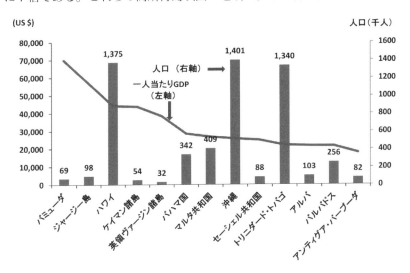

図 2-9　高所得島嶼国・地域の人口規模と一人当たり GDP（PPP）、2011 年
（外務省サイト HP, カリブ共同体（CARICOM）、世界銀行「データベース」
沖縄県、ハワイ州「統計年鑑」より作成）

サービス産業に特化している。製造業においても多品種少量生産を可能にする
３Ｄプリンターやナノ技術、AI（人口頭脳）、分散型電源、距離の不利性を克
服するインターネットなどの進歩により、島々の特性を活かした製品開発が盛
んになりつつある。

　カリブ海の多くの島々は、観光とオフショア・ビジネス、キャプティブ保険、
免税、カジノビジネスなどで世界の富裕層・多国籍企業の活動舞台となってい
る。むろん、トリニダード・トバゴ、アンティグア・バーブーダのように、石
油、ガス、石油精製などの資源輸出で潤っている小島嶼国もある。島の燐鉱石
を輸出して世界最高の一人当たり所得を誇っていたナウル共和国もあるが、資
源の枯渇とともに、現在は低所得国に落ちこんでいる。資源と所得の関係につ
いては、後述する。

　経済規模と所得水準との同様な関係は沖縄の島々についても観察されてい
る。沖縄の大半の離島市町村の一人当たり所得は、県平均より高いのだ（図
2-10）。とくに、砂糖キビとラム酒などのアグロ関連生産に特化した南北大東
島、自衛隊施設の建設需要に支えられた与那国島などは、県都の那覇市を抜い
て、県内自治体でトップクラスの一人当たり所得を維持し続けている。観光産
業と地場産業の振興により、慶良間諸島も那覇市より高い所得水準にある。し
かもこれらの島の人口は渡名喜村の約 400 人から与那国町の約 1800 人の間
にあり、那覇市の 0.6％にも満たない人口規模である。島嶼経済にかぎらず、
世界規模のデータでみても、人口や経済規模の大きさと、一人当たり所得水準
との間には有意な相関関係がないことがわかっている（Armstrong and Read
2002）。

　島の一人当たり所得で測った豊かさと島の大きさ（人口、面積）の間に有意
な相関関係がないとすると、島の経済発展を宿命的に受け止める必要はまった
くない。南北大東島のケースを考えると、島の比較優位性を存分に活かす政策
を打てば、絶海の隔絶した孤島であっても豊かな生活をエンジョイできる可能
性があることを物語っている。第５章で詳述するように、島々には、「島チャ
ビ（痛み）」を吹き飛ばす多くの潜在的な優位性がある。

　プラサド（Prasad 2004：49）は、「小さいこと」の有利性として、「重要
でないことの重要性（the importance of being unimportant）」を挙げている。

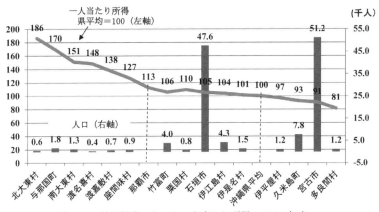

図 2-10　沖縄離島の人口と一人当たり所得、2014 年度
（沖縄県統計資料より作成）

多くの小島嶼国・地域は、世界システムに深く組み込まれておらず、リーマンショックのような世界規模の大変化の悪影響を最小限に止めることができた。経済規模が小さいということは、いくら輸出を増加させても量が知れているから貿易摩擦の心配は起こらない。市場が統合しやすく、小回りが効いて外部の変化に対して迅速で柔軟な対応が可能であると同時に、共同体的慣習が根強く残っていて、地域住民のコンセンサスもとりつけやすい。また多くの島嶼国は海洋資源に恵まれているため、その利用の仕方によっては資源制約の克服も可能である。植民地の遺産も、生かし方によっては発展へのプラス要因に転ずることができよう。たとえば植民地時代に培われた「外交資源」によって、交渉力の弱いはずの島嶼国が巧みに援助を引き出して経済の崩壊を避けてきている、という事実もある（嘉数 1985 年）。

　島特有の共同体的紐帯（＝絆）は「諸刃の剣」で、活用の仕方によっては経済成長や社会発展の強力なプラスの資産になりうる。ただこれまでの研究から、価値観や規範を島内で共有するだけでは発展につながらないこともわかっている。島嶼社会が発展する条件は、強い絆をもちつつも排他的にならず、島を外に大きく開いて多様な世界とつながり、新しい情報や知識を吸収し、それによって島嶼コミュニティの組織を活性化することが求められる。そのいい例がシンガポールである。シンガポールは約 60 の小島嶼で構成されている共和国で、

奄美大島（712km^2）とほぼ同じ面積だが、一人当たり所得では世界トップクラスで、日本の 1.5 倍の水準にある。所得だけでなく、教育水準でも日本を凌駕しているといわれている（Kakazu 2012a）。

　ロイル（Royle 2001）は、島であることの意外な有利性として、ナポレオンの幽閉地として知られているセントヘレナ島を「隔絶性の利益」の好例として挙げている。「……セントヘレナ島が世界の舞台での一つの場所であることを印象づけ、隔絶された島が貢献できる積極的な意義の一つを実証することになった。それが、監獄としての利用である」（中俣訳 2018 年：299）。

第3章 島嶼型サステイナビリティモデルを求めて

1 島嶼における生存部門の役割

　フィスク（1982）が「原初的豊かさ」とよんだ太平洋島嶼国の「楽園的」イメージは、労せずして年中食料が手に入るその自然の恵みにあった。19世紀後半にニューギニアにやってきたイギリスのチャルマーズ宣教師の日記に、次のような原住民との興味あるやりとりがある。わかりやすい文体なので原文も併せて引用する（Furnas 1937：7）。

　　Have you coconuts in your country?
　　あなたの国にはココナッツはありますか。
　　No.
　　ありません。
　　Have you yams?
　　ヤムはありますか。
　　No.
　　ありません。
　　Have you breadfruits?
　　パンの木の実はありますか。
　　No.
　　ありません。
　　Have you sago?
　　サゴはありますか。
　　No.
　　ありません。
　　Have you plenty of hoop iron and tomahawks?

鉄輪やマサカリはありますか。

Yes, in great abundance.

はい、それなら沢山あります。

We understand now why you have come.

あなたたちがなぜこの島にきたのかやっとわかった。

You have nothing to eat in Beritani（Britannia）：but you have plenty of tomahawks and hoop iron with which you can buy food.

お国のベリタニ（ブリタニア）には食べるものがなく、豊富にある鉄輪やマサカリと私たちの食料とを交換するためにはるばるやってきたのですね。

　島嶼経済の多くが植民地化される以前は、自給自足的（アウタルキー）「生存経済（subsistence economy）」にあった。つまり、日常生活に必要な物資のほとんどを「自家生産」し、「自家消費」する原初的な経済システムのことである。われわれの世代は、短期間ではあったが、終戦直後の沖縄でこのような営みを経験している。田畑で主食のコメやイモ、それにタピオカ、野菜、スイカ、落花生、豆類などを収穫し、海辺では魚介類、海藻などが豊富に獲れ、山辺の村では、バナナ、ミカン、パイナップルなどが栽培され、自家消費用の豚、ヤギ、養鶏などの畜産も超零細規模で行っていた。

　生存経済では、伝統的な食料品にかぎらず、住居、建設、家具、民具、農機具、漁具等の物的生産物から伝統医療、種々のサービス、畜産技術に至るまで一つの生産システムを構成していた。とくに、温暖な南太平洋の島々では、日本の島々以上に生存的生産物資源に恵まれ、著名な文化人類学者であるフィスク（Fisk 1982）は、「原初的豊かさ（subsistence affluence）」と表現した。今日でもみられるココヤシ、タロイモ、サゴ、パンの木の実などに加えて、豊富な海洋資源に囲まれていたのだ。

　しかし南太平洋のどの島を探しても、今やハルド（Hald 1975）のいう「純粋生存経済」は存在しない。自給自足的な生存的生産と輸出を目的とした市場生産が多かれ少なかれ混在しているのが現状である。南太平洋7か国について、生存経済部門の所得割合を推計した調査がある（Kakazu and Fairbairn 1995）。この調査によると、最貧国（LDC）に属するソロモン諸島と西サモア

（現サモア）では経済の 35％強が生存部門であり、開発がすすんでいるフィジー（6.6％）や開発が急ピッチで進行しているパプアニューギニア（17.2％）を大きく上回っている。むろん 90 年代の後半からグローバリゼーションが急進展しており、どの島嶼国・地域でも生存部門の比重は低下してきている。

　島嶼における生存生産活動の役割を列挙すると、以下の通りである。

① 島民の生活に必要な基本的な財貨、サービスを提供し、島の生活文化を支えているばかりでなく、近代文明によって代替することがきわめて困難である。

② 近代部門から押し出されてきた者に安息と生活の場を与える。つまり、開発（＝貨幣経済化）への一つの生活保険（リスクヘッジ）で、近代化が失敗したときの最後のよりどころとなる。

③ 島民が望むゆるやかな近代化への足がかりを提供する。島民が慣れ親しんできた土着の技術を発展させることによって、伝統的な資源の新しい利用の道が開ける。

④ 多くの伝統的食料品は、値段が安いうえに栄養が豊富にあり、また島民の体質にもマッチしている。

　多くの島嶼国で、この自然の豊かさが文明の波に洗われて急速に消滅していく様子をみて、国際連合の経済計画専門官、ハルドは、ややノスタルジアを込めていう。「南太平洋の人々の暮らしは、原初的な状態に放置していたほうがはるかによかったかもしれない」（Hald 1975：4）。しかしこのような考えは、太平洋のどの島嶼経済でももはや通用しない。遅れていればいるほど、近代化への渇望は強いといわれているように、どの島でも食料に不自由しない農村生活にみきりをつけて、くい口のあてもない島内都心部、あるいは海外の都市へと働き盛りの人々が移動しているのが現状である。国内の都市に仕事がなければ農村に U ターンしそうなものだが、ベッドフォード（Bedford 1973）の調査によると、隣国のより大きな都市へと移動していく。

　マーク（Mark 1979：7）がいみじくも指摘しているように、島民のほとんどは伝統的な生活スタイルへの回帰を望んでいるわけではなく、また高度なハイテック社会を夢みているわけでもない。自立心と自らの文化を破壊することなく、いかに現状をよくしていくかに腐心しているのである。このことは、従

78

来、二重構造論で片付けられた生存部門と市場（＝近代化）部門を、前者の切り捨てによってではなく、逆にいかに生存部門を活性化しながら開発計画に組み込んでいくかを問うものである。フィスク（Fisk 1982）によると、生存部門が大きければ大きいほど、逆に島民が望むような形での緩やかな近代化は容易になされる可能性がある。後ほど詳述する「最低安全性基準（SMS ＝ Safe Minimum Standard）アプローチ」、「輸入置換えアプローチ」は、とくに小島嶼地域において、近代化の「遅れ」を逆手にとる持続可能発展方式の実行可能なオプションである。

2　生存経済から貿易主導市場経済への移行プロセス

　これらの島々は、自給自足的な生存経済から、どのようなプロセスを経て輸出志向の市場経済に移行したのであろうか。ベローウド（Bellwood 1980）によると、ヨーロッパ人が太平洋の島々を発見するかなり以前から、島民たちは祭りや贈与を通して複雑な物々交換制度を確立していた。自家生産物の相互交換は、人類の生存基盤である「相互補完性（reciprocity)」の慣習にもとづいてなされた。たとえば、乾燥気味の島はヤムイモを雨の多い島のタロイモと交換し、魚しか捕れない環海孤島の住人は、それをより大きな島に海産物を運んでサゴや野菜と交換するという生産及び消費活動における相互補完性である。産業の均衡発展論者が不確実性の「元凶」と考える交換（貿易）への依存性は、かぎられた生産物をお互いに争うことなく、お互いがウイン・ウインでハッピーになる「等価交換」を通して生活を豊かにするという島民たちが考え出した実用的な知恵であったばかりでなく、異なった部族、島民たちが平和裡に共存するための社会的装置でもあったことがクーパー（Couper 1973）によってみごとに解明されている。物々交換は過去の遺物ではなく、今日でもアフリカや南米の農村、漁村で日常的に行われている。

　完全自給自足の純粋な生存経済では、不時のための備えや祭りや贈与のための保留目的以外に、日々の消費を上回ってモノを過剰に生産することはあり得ない。なぜなら、いずれ消費されるみこみのない余剰生産物はまったくの無駄になり、経済学的にいうと「機会費用」がゼロか、それ以下だからだ。自家消

費以上に生産するインセンティブ（意欲）が働くのは、余剰生産物（生産 - 消費）が他の生産物との交換によって新しい価値を生むためである。すなわち物々交換（貿易）とは、島で生産されない消費財や生産財を手にすることを意味することから、島民は貿易によって新たな価値をみいだすことになる。

　かぎられた土地での人口増で、日々貧困化する自給自足経済から、増え続ける人口を扶養しながら、豊かさを実感する交換経済への移行をつぶさに分析したロバートソン（Robertson 1949）は、「貿易は成長のエンジン（trade is an engine of growth）」である、との名言を残した。国際貿易理論の元祖で、「比較優位の原理」を唱えたイギリスのリカルド（Ricardo 1817）は、豊かな大国よりも貧しい小国のほうが貿易による利益は大きいと断じた。なぜなら、大国より小国のほうが「供給能力にみあった相互需要」が小さく、一単位の輸出量によって得られる輸入量、すなわち「交易条件」は有利になると考えたからだ。新古典派経済学の総帥、サムエルソン（Samuelson 2001）は、この比較優位の原理を数学的に厳密に検証し、これこそ経済学における唯一の真理であると結論づけた。さらにハーバラー（Haberler 1959）は、小島嶼国にとっての貿易は成長のエンジンであるのみならず「生存へのエンジンでもある」と喝破し、小国にとって貿易が命綱にも等しいことを強調した。「貿易は与えられた技術、資源の制約を超えて、一人当たり実質所得を拡大することができる」とするのが貿易エンジン説の核心である。

　沖縄、南太平洋（とくにフィジー）、カリブ海島嶼地域の砂糖、ナウル、キリバスの燐鉱石、ニューカレドニアのニッケル、南太平洋の主要輸出品であるココヤシ製品のコプラなどは、「輸出専用」の国際商品といってよい。貿易利益が人口増加を上回れば、一人当たり実質所得は上昇し、貿易は成長のエンジンとなりうる。とくにこれといった資源もなく、土地に対する人口圧力の高い島嶼地域が生活水準を引き上げていくには、貿易による交換は唯一のオプションであるかもしれない。

　市場経済が進展する過程での貿易依存への深化を、フィジーでの現地調査にもとづいて実証分析を試みた（嘉数 1986 年：22-24）。イギリスの植民地政策の一環として、前世紀初頭にフィジーに砂糖キビが導入されて以来、砂糖が輸出の大黒柱に成長していくが、それに伴ってコメを中心とした食料品の輸入

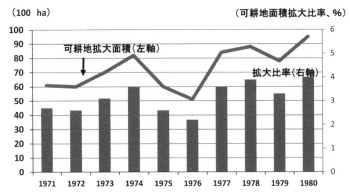

図 3-1　砂糖を輸出し、コメを輸入することによる可耕地面積拡大効果
―フィジーのケース―（嘉数啓 1986 年：2 より作成）

依存度も大きく上昇した。その結果、フィジーの土地、労働力、資本等の生産資源の配分がコメの生産から砂糖の生産へと大きくシフトした。就中、島嶼国フィジーにとって、土地が最も重要な生産資源であることはまちがいなく、かぎられた土地をいかに効率的に利用するかがこれまでの開発計画の最大の眼目であった。可耕地面積単位で測った砂糖の付加価値土地生産性は、コメ生産に比べて 1972 年で 18 倍、1975 年で 26 倍、1980 年で 31 倍となっている。つまり、土地一単位から得られる農家の付加価値生産額は、砂糖を生産して輸出することによって、コメの生産の数倍も上回っている。このことは、土地の効率的利用を前提にすると、貿易商品である砂糖を生産して輸出し、外国から国内産よりはるかに安いコメを輸入したほうがかぎられた可耕地面積で多くの人口を養えることになる。砂糖への生産特化による「可耕地面積拡大効果」は、1971 年の 6,092ha から 1980 年には 9,535ha へと増大した。これはフィジーの全可耕地面積の 2.7％から 4％への上昇を意味した（図 3-1）。

　小島嶼経済が貿易を通して資源を活用し、経済発展を成し遂げていく姿は、成熟しきった市場を前提とする新古典派経済学ではほとんど説明できない。国内で砂糖を生産して輸出し、コメを輸入したほうが有利と判断すれば、砂糖への特化は進展せざるを得ない。島民が自国で生産しうる主食のヤムイモやタロイモなどの「生存財」が、パンやコメなどの輸入消費財と比較して美味しくない「劣等財」とみなされるかぎり、輸入志向は強まらざるを得ない。

ミント（Myint 1967）の「余剰はけ口の理論（vent-for-surplus）」で解明されているように、このような輸出財の創出は、土地と労働力に余力があって初めて可能である。生産資源に十分な余裕があるからこそ、外部需要に応じて島民は貿易に伴うリスクを犯してまで輸出用の生産物を生産することになる。このことは、「原初的豊かさ」を失うことなく、余剰の土地と労働力を追加的に輸出生産に振り向けるだけで余分の「現金収入」を手にすることを可能にする。

このような成長経路の問題点は、生産の拡張が技術革新なしで、単に耕地面積を海外需要の増大に応じて外延的に押し広げることによって可能になったということである。したがって、土地生産性は変化せず、むしろ生産性の低い限界的土地の耕作により、生産性は低下する傾向すらある。移輸出貿易作物であるフィジー及び沖縄の砂糖キビがその良い例である。沖縄の「外貨獲得」基幹作物である砂糖キビの土地単位当たりの収量は、復帰後もほとんど向上してなく、生産額及び収穫面積は傾向的に低下してきており、砂糖キビ栽培は沖縄本島から宮古島や大東島などの離島にシフトしつつある（図3-2）。

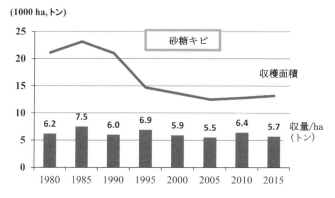

図3-2　沖縄の砂糖キビ生産と土地生産性の推移、1980～2015年度
（農林水産省「生産農業所得統計」、「作物統計」各版より作成）

国際相場の影響をもろに受ける輸出用作物の低迷は、成長プロセスの「転進＝逆流」となって島嶼経済を直撃する。土地資源と労働力を追加投入して成長してきた「量的拡大」は、交易条件の悪化、つまり生産を増やせば増やすほど

収益は悪化し、「量的縮小」への転換を迫られる。砂糖キビ以外に有利な「外貨獲得」農産物が出現しないかぎり、あるいは後述する砂糖キビの高付加価値活用を実現しないかぎり、「耕作放棄地」が累積し、土地が最も貴重な資源である小島嶼で、皮肉にも余剰の土地資源を抱え込むことになる。

　沖縄の場合、耕作放棄地面積は増加し続けているものの、畜産や観光、情報産業などの新規の所得源の出現によって経済の停滞を免れているが、多くの小島嶼経済で輸出は経済成長あるいは多様化のエンジンであるとする「ステイプル理論（staple theory）」（Watkins 1963）で想定した波及効果を生まず、人口増と技術革新（イノベーション）の欠落によって、「生存的豊かさ」から「生存的貧困」へと陥落しつつあるように思える。

　このような発展パターンは小島嶼地域にかぎらず、かつての東南アジアでも観察された。とくにギアツ（Geertz 1963）によって「農業インヴォリューション（agricultural involution）」と表現されたジャワ水稲耕作農村での「貧困の共有化」はつとに知られている。しかし、ミクロネシア、サモアなどで進展している事態はより深刻である。可耕地面積の制約と人口増によって、「貧困の共有化」すら許されず、都市周辺に押しだされて行き場を失った若年層、とくに男性の自殺率は世界一を記録している。長年にわたってこの地域の高自殺率の背景を調査しているヘーゼル神父によると、インターネットの普及、欧米文化の浸透、貨幣経済の急進展に伴う部族社会、家族をとりまく価値システムの崩壊がその背景にある。伝統的な価値体系の崩壊と矛盾を肌で感じながらも、とくに感受性の強い若年層には狭い地域で新たな社会・家族関係が構築できず、閉塞感に陥り、逃げ場を失って自殺に走るケースが多いという（Hezel 1987; Hezel 1989）。この地域では年々雇用は拡大し、所得水準は高まってきているものの、逆にそのことがもっと豊になりたいとする「期待増大革命」をひきおこして現実とのギャップが拡大し、若者の間には将来に対する絶望感が増大している。むろん伝統的な価値システムを「復元」することで問題は解決しない。私の共同研究者の一人で、西サモア（現サモア）の酋長の息子であるフェアバーン（Fairbairn 1975）がいみじくも指摘しているように、生存農業の量的、質的役割をみなおし、若者が働く喜びを感じ、生きがいにつながるような生産・消費・家族システムを再構築する試みがあってもよい。そのためのアプローチ

については後述する。

3 資源輸出型経済の脆弱性

輸出志向のミニ経済は、絶えず崩壊の危機にさらされている。経済崩壊の一つのケースは、再生不可能な唯一の輸出資源が枯渇したときである。その典型的な例が、1968 年に独立し、人口、面積とも最小の国連加盟国であるナウル共和国のケースである。周知の通り、ナウルの国土は、珊瑚礁の上にアホウドリなどの鳥の糞が堆積化（鳥糞石＝グアノ）してできた肥料などの主原料である「燐鉱石」の島である。ナウルは、唯一の資源ともいうべき、世界的にも純度の高い燐鉱石を採掘し、輸出することによって世界トップクラスの一人当たり所得を実現し、無税、住宅、教育・医療費無料などのまさしく天国に一番近い「ユートピア国家」であった。しかし、1990 年代には燐鉱石のほとんどを掘り尽くし、唯一の生活源は燐鉱石輸出の蓄えを信託基金に積み、その運用益になった。しかし政府の散財と基金運用の失敗により、国家財政は破綻、今は海外、とくにオーストラリアから支援を受ける「借金大国」に陥落した。ナウルの資源枯渇は以前からわかっていて、そのための備えもなされたが、生存農業のための土地と技術、なによりも自給自足的な生活に戻る国民の意欲と選択はとうの昔に消滅していた。すでに指摘したように、生存部門は孤島経済にとって「最後のより処」である。このより処を失ったナウル国民の選択は、おそらく、オーストラリアなどへの集団移住しか残されていない。

ナウル共和国のように、輸出資源の枯渇による国そのものの破綻事例はおそらく皆無だと思うが、国の一部である島の経済が資源枯渇で崩壊し、その後無人島化した例はいくらでもある。ナウルよりちょっと大きいツヴァルもそのバナバ島（Banaba Island）で燐鉱石の発掘・輸出で国の財政を支えたが、1970年代の後半には燐鉱石資源が枯渇し、国家財政は破綻寸前にある。

日本国内でも今や無人島で米軍の演習地になっているラサ島（沖大東島）がいい例である。ラサ島は南北大東島と異なって、戦前からリン鉱石採掘を行っていたラサ工業株式会社の私有地である。燐鉱石は 1910 年代から終戦直前まで採掘され、ピーク時には労働者を中心に約 2 千人の島民がいた。私はラサ

島調査を実施し、この絶海の孤島における燐鉱石開発をめぐる壮絶な物語を綴ったことがある（Kakazu 2014）。

　硫黄の採掘・移輸出で栄えた島も世界に数多くある。硫黄は中国で火薬が発明されて以来、その原料としてとくに戦時中に需要が拡大し、日本の多くの島々でも採掘が行われてきた。日本には「硫黄」の名前のついた島が四つもあるが、薩摩硫黄島のみが有人島である。久米島町に属する硫黄鳥島は硫黄の採掘で最盛期（1903年頃）には、700人強の人口を擁していた。硫黄鳥島での硫黄産出の歴史は琉球王朝時代に遡るが、火山の噴火もあり、1967年には完全無人島になった（詳しくは長嶋 2010年参照）。「明治日本の産業革命遺産　製鉄・製鋼、造船、石炭産業」として2015年に世界文化遺産の一部に登録された長崎県の無人島、端島（通称「軍艦島」）も島唯一の資源である石炭の採掘で成り立っていた極小島である。端島の炭坑は1974年に閉山になり、無人島になったが、島には日本初の鉄筋造りの高層アパートが立ち並び、1960年のピーク時には5千人余の人々が暮らす、コロンビア共和国のサンタ・クルス・デル・イスロテ島（Santa Cruz del Islote）に次ぐ、世界第二の超人口過密の島であった。

　英国ランカスター大学のアウティ（Auty 2003）は、輸出資源の豊富な国が必ずしも経済発展につながらない理由として、（1）資源に依存し、農業や製造業が育たない、（2）資源開発が過度に進み、国土が荒廃する、（3）資源の利権をめぐって政治の腐敗や内紛が多発する、（4）資源開発の利益の多くが外国、とくに宗主国に持ち去られる、（5）資源開発が政府機能を肥大化させ、民間部門が発展しない、などを指摘している。そのほとんどの指摘がナウル共和国に当てはまる。ナウルでは、極小国であるだけ、燐鉱石の富を一部の特権階層が独占できず、富の分配については比較的平等に行われていたと考えられる。

　アウティの指摘は、「オランダ病（Dutch disease）」、「資源の呪い（resource curse）」あるいは「資源のパラドックス（paradox of plenty）」という表現で古くから経済学者によって理論化されてきた（たとえば、Corden and Neary 1982参照）。オランダでは、1950年代の後半に豊富な天然ガスが発見され、経済発展の起爆剤になると期待された。しかし資源輸出ブームは一時的で、その後為替レートが上昇し、物価や賃金が急騰しただけでなく、資源部門に労働

力や資本が移動して、農業や製造業部門は大きく停滞した。皮肉にも輸出資源の枯渇によって、「資源の呪い」が解けたという歴史的事実がある。

　もう一つの島嶼経済崩壊のケースは、交易条件の劣化が伝統的な技術の喪失を伴って起こるケースである。私とフェアバーン（Kakazu and Fairbairn 1995）によって、このケースが初めて理論化されたが、ここでは詳述しない。経済の極端な輸出偏向と輸入消費志向によって、生存生産物の需要が、多くの場合島民の嗜好の変化で減少し、それに伴って伝統的な技術が劣化、喪失して、資源がありながらも伝統的な生産活動そのものが休止・崩壊するケースである。南太平洋島嶼地域では、ココヤシ、サゴ、タロイモ、ブレッド・フルーツ（パンの木の実）、マンゴー、パラミツ、カーヴァ等の栽培・加工技術が、後継者不足もあって急速に失われつつある（Kakazu 1994）。

4　持続可能な発展へのアプローチ

(1) 持続可能な発展とは？

　「地球温暖化」に象徴されるように、経済発展と地球（地域）環境保全・創造の両立が叫ばれて久しい。とくに島嶼地域は人為的な自然環境の破壊に対して極度の「脆弱性＝回復困難性」を有しており、「持続可能な開発」、「生物多様性」の視点からも、環境保全と開発をどう両立させるかがこれまで絶えず問われてきた。先述のナウル共和国は、リン鉱石開発による自然環境の破壊が鮮烈で、人の住めない島に成り果てている。私が何度か調査した北マリアナ連邦（CNMI）の観光産業も、性急、無秩序な開発によって、観光資源が荒廃し、島民の日常の飲料水さえ十分に確保できていない。観光サービスを「輸出」して、食料のほとんどを輸入に依存するようになり、自然災害などの緊急時に生存に必要な最低限の食料さえも島内自給できなくなっている（Kakazu 1994）。

　持続可能な開発アプローチは、「環境と開発に関する世界委員会（ブルントラント委員会）」の『人類共通の未来（*Our Common Future*）』（WCED 1987）と題する報告書で提案されたもので、「資源開発、投資先、技術の開発、制度的改革の変化の方向が現在と未来の人類のニーズと精神的高揚を同時に満たす開発のあり方」と定義している。ここでのキーワードは「資源利用のスピード」、

「投資の方向」、「技術開発のあり方」、「制度的変化」、そして「世代間の資源配分」である。つまり、持続可能な開発とは、次世代が少なくとも現世代と同様な生活・環境水準をエンジョイできるような方向で資源、投資、技術、制度のあり方を工夫することを意味する。

　上記の「資源」をどのように定義したらいいのだろうか。通常「資源」とは、「土地、森林、鉱物、水、エネルギー資源等で構成される国富」と定義される。経済学でいう「資源」はきわめて相対的な概念で、市場で価値を生む「希少資源」である。環境問題を扱うには市場では測れない広義の資源概念が必要である。環境経済学の権威、シラシー・ワンツラップ（Ciriacy-Wantrup 1968）にならって、以下のように「資源」を分類してみた。
① 　機能的分類（環境資源論的アプローチ）
　　天然資源（土地、鉱物、森林、水、エネルギー）
　　再生不可能（exhaustible, non-renewable, stock）
　　再生可能（inexhaustible, renewable, flow）
　　文化的資源（cultural resources：投資の結果としての社会資本、設備等）
　　人的資源（human resources：人間に体化した技術知識）
　　環境資源（amenity resources：便利、快適、安全、調和、安らぎ）
② 　所有形態別分類（制度論的アプローチ）
　　国際（国際公共財：地球規模の資源利用、配分の問題）
　　国・公共（国内公共財：政府、公共団体による国土利用）
　　法人等（財貨、サービスの生産主体：資源利用コストの外部化問題）
　　個人（財貨、サービスの消費主体：資源利用コストの外部化問題）
③ 　取引形態による分類（国際貿易論的アプローチ）
　　貿易資源（tradable resources）
　　非貿易資源（non-tradable resources：土地、水、人的資源等）

　いずれの分類も分析の目的に応じて有用であり、相互に補完的である。環境問題を広義の資源経済学で論じるには「機能的分類」が有用で、歴史・制度論的に論じるには「所有形態別分類」が有用である。また、最近とみに高まってきた貿易と環境問題を扱うには「取引形態による分類」が有用であろう。「機

能的分類」の「再生可能資源」には、食料、森林、水資源、自然エネルギーなどが含まれるが、これらの資源は世界規模で急速に枯渇しつつある。とくに人口増加の激しい島嶼地域では、これらの資源再生には、膨大なコストと長期の時間を要し、現実的には再生不可能資源に近い。

島嶼地域の持続可能な開発についてはこれまで種々の国際会議、フォーラム等で議論されてきた。たとえば、1992年6月に開催された国連環境会議（地球サミット）には40か国の島嶼国首脳が参加し、アジェンダ21を採択した。とくに「アジェンダ21」文書の17章に「海洋環境および海洋資源」があり、そのなかで小島嶼地域での持続的開発の必要性がうたわれ、(1)小島嶼地域の特別な環境及び特徴の調査、(2)非持続的な開発政策のみなおし、(3)地域間協力、情報交換の促進、(4)島嶼地域の統合的管理、(5)人材育成、などの提言を行っている（国連大学1995年）。

森林、水資源、自然エネルギーなどの再生可能資源の利用率と時間軸との関係で概略的に示すと図3-3の通りである。

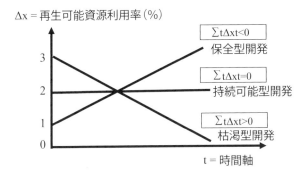

図3-3　再生可能資源の世代間利用率と時間軸の概念図
（嘉数啓 2016年：89）

図で「保全開発型」とは、年率1％以下での再生可能資源の利用率を想定しており、現世代の利用率を低めに抑えて、次世代に「環境財」をより多く残す発想で、その逆（年率3％以上）が「枯渇型開発」である。「持続可能型開発」は、世代間のバランスのとれた資源利用率で、年率人口増にほぼみあう2％程

度で利用すると再生可能資源の消費と供給がバランスすると仮定している。む
ろん持続可能資源の利用率は、島嶼の資源賦存量、人口増加率、所得増加に対
する島民の欲求度（アスピレーション）によって大きく異なることはいうまで
もない。

OECD の調査（1975 年）によると、一人当たり所得と人口増加率が同じレ
ベルでも、制度のちがいによって資源が浪費され、環境問題がより深刻になる
ことがある。資源・環境問題に対する国民の監視が厳しく、環境汚染者へのペ
ナルティが高い国では、「持続可能な開発」へのコンセンサスは得やすいはず
である。地球資源の利用を「未来世代志向型」に転換していくには、平和的共
存の下に、地球規模での人口増加率を抑え、資源節約的技術革新などによって
貧困を軽減することが絶対条件である。

図 3-3 を式で表現すると以下の通りとなる。

$\sum t \Delta \times t < 0$ （保全型）

$\sum t \Delta \times t = 0$ （持続可能型）

$\sum t \Delta \times t > 0$ （枯渇型）

ここで、t は時間で、現世代と次世代の「距離」を表し、$\Delta \times t$ は t 期にお
ける資源利用可能量の増（＞ 0）、減（＜ 0）を意味する。一般に一人当たり
所得が低く、人口増加率の高い国ほど現世代の資源利用における「割引率＝生
活を維持するために現在の資源を早めに使わざるを得ない圧力」が高いことか
ら、資源の枯渇率は早い。そのかぎりでは、上記の「保全型」が未来志向の「先
進国型」であるのに対して、「枯渇型」は「発展途上国型」ともいえる。

ナウルのようないずれは埋蔵資源が枯渇する再生不可能資源に依存して成長
している島嶼経済はより深刻な資源保全と開発の課題を抱えているといえる。
図 3-4 は、推定埋蔵量 1 億トンの燐鉱石資源がその採掘率の変化とともに減
少する様子を示している。年率 10％のスピードで採掘すると 50 年で枯渇し、
その半分の 5％ですと 100 年で枯渇することになる。ナウルの燐鉱石はほぼ
100 年間採掘され、ピーク時には年 200 万トンのハイスピードで採掘されて
きた。平均すると、おそらく年率 5％前後で採掘し、ほぼ枯渇したと推定される。
いずれ枯渇することは 60 年代からわかっていて、国が破綻しないよう収益を
信託基金に蓄え、種々の海外投資も実施してきたが、実を結ばなかった。政府

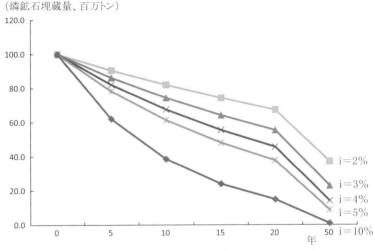

図3-4 燐鉱石採掘スピード（％）と枯渇年限の例示（著者原図）

丸抱えの島嶼運営と、独立国家を維持するための莫大な国家経費が破綻を早めたといえる。

ナウルのケースは、他のミニ島嶼経済でも起こりうる可能性がある。試論の域をでないが、ここで経済の崩壊を未然に防ぐアプローチを検討したい。

(2) 最低安全性基準アプローチ

近代化部門と生存部門をリンクするアプローチとして、「最低安全性基準（SMS = Safe Minimum Standard）」がある。これは、社会的に望ましい島嶼内消費財と輸出財のバランスを考える際の一つのわかりやすい基準を提供している。この概念は、後述する「再生可能財」でも、ある「臨界点」を超えて利用すると復元が困難であるとするシリアシィ・ウワントラップ（前掲書）の「不可逆性」の概念にもとづいている。

周知のように、現代の経済学は、市場の微分可能な連続性と、需給の変化を通した資源配分のスムーズな可逆性を前提にしているが、多くの島嶼地域では極度の資源制約と単一輸出商品への市場原理を超えた過度な特化のために、むしろ「不可逆性」の前提がより有効であると思われる（この点に関する理論実

証分析については、Kakazu & Fairbairn 1985 参照)。

SMS アプローチの核心は、島嶼国（地域）の一人当たり最低必要カロリーを島の生産でもって確保することである。サモアを例にとると、同国の大人一日一人当たりの平均生存必要カロリーは、1,800 カロリーだが、実際の摂取カロリーは 2,290 カロリーでる。同国のオリジナルカロリーベースでの食料自給率は 30％であるから、最低必要カロリーのうち、1,113 カロリーは海外輸入に依存していることになる。この最低カロリー不足分の食料を島内で生産することである。式で示すと以下の通りである。

国内自給カロリー
//
{1800 − (2290 × 0.3)} / 1800 = 0.618.
//   //
必要カロリー   カロリー不足率

島嶼国（地域）の食料安全を確保するには、1 日 1800 カロリーが必要だが、実際にはその約 62％（1113 カロリー）が不足している．このアプローチは素人でも理解できる。むろん、島嶼経済は多様性を特徴としているから、食料安全に関する考え方が島によって異なって当然であり、最低食料自給率も島のおかれている状況によって異なってもおかしくない。

島嶼地域の多くが台風、津波、地震、旱魃などの自然災害を受けやすい位置にあり、市場経済を過度に刺激する「デモ効果」もあって、島外への食料依存率は年々高まってきている。したがって、天災、人災による飢饉の可能性は大きく、必要最低限の食料自給は、経済というより生活防衛（セーフティネット）の問題である（詳しくは嘉数 1986 年参照）。

(3) 移輸入置替型アプローチ

移輸出偏向型（export-biased）、島によっては移輸入代替型（import-substitution）の開発戦略が反省され、島内の資源と伝統的技術を生かした「島産島費」による「移輸入品置替型（import-replacement）アプローチ」の有効

性が提案されてきた（Kakazu 1994）。たとえば、輸入コカコーラ、コメ、魚缶詰等によって急速に置き替えられつつある伝統的なココヤシジュース、タロイモ、ブレッド・フルーツ、鮮魚などのみなおし、再活性化である。ここで「再活性化」といっているのは、単に伝統的な資源生産物を伝統的な手法を使って「復活」することではなく、新しい技術による土着生産物の創造である。このアプローチは、もともと外国で生産され、島嶼地域に輸入されている商品、たとえば自動車、電化製品、缶詰、ビール、コカコーラなどを島嶼内で生産する「輸入代替型アプローチ」とは当然異なる。輸入代替型工業化は、市場が十分に大きく、輸入先とコスト、先進技術面で競争できないかぎり、持続可能ではないことは多くの事例が証明している（Myint 1971）。

　シューマッハがガジルの論文を引用して説明する「中間技術（intermediate technology）」の応用が、移輸入品置換型アプローチに必要である。すなわち、「一つのアプローチは、伝統的技術の既存技術から出発することである。改良というのは、既存の設備と技量と工程のなかに、若干の新しい要素を持ち込むことを意味する。もう一つのアプローチは、最も進歩した技術の側から出発し、中間的な必要を満たすように適応し、調整することである。ある場合には、その場で入手できる燃料あるいは電力のような特定の分野に適応させる過程も含まれよう。第三のアプローチは、中間技術を確立するために試験研究を行うことである。」（Schumacher1973、日本語版：141-142）。

　移輸入品置替戦略は、たんに慢性的な貿易赤字を是正し、経済の自立化を図るという目標以外に、いま南太平洋で大きな社会問題になっている子どもたちの栄養失調を解消するという意義もある。現代文明のシンボルともいうべきコカコーラが南太平洋に初めて導入されたとき、これを飲んだ子どもたちが腹痛を訴え、嘔吐したという記録もある（Thaman 1982）。だがいまは、栄養価が高く、ほとんどただで手に入る島内産のココヤシジュース、ブレッド・フルーツ、ヤムイモは子どもたちに見向きもされず、コカコーラやハンバーガー等の輸入原材料を使ったファーストフードが全盛をきわめている。ターマン（前掲論文）によると、このような輸入物資の過剰消費が栄養失調と同時に問題になっている世界トップクラスの肥満の最大の原因である。ポリネシアンの巨躯は、コカコーラ、ハンバーガー文化ではとても維持できないようにできている、とのことである。

表 3-1　ココヤシ利用による生産物の例

幹	材木、家具、板材、長椅子、額縁、木炭
実	コプラ、細粒ココナツ、石鹸、オイル、ナタデココ、ジャム、シャンプー、歯磨き、化粧品、ラード、洗剤、家畜餌、ゼラチン、菓子類、エタノール
花	アルコール性飲料（アラック）、パン種、酢
葉鞘	鞄、帽子、ヘルメット、木靴、スリッパ
髄	漬物、食材
葉	鞄、帽子、スリッパ、篭、うちわ、ござ、つまようじ、椅子、ほうき、カーテン、屋根
殻	ポット、額縁、篭、火薬、木炭、防腐剤、貯金箱、ランプ傘、盆、バックル、タイル
粉末コイア	壁板、造形用板材、中空ブロック、絶縁体、粉末ケーキ
皮	クッション、ロープ、カイア糸、つやだし器、ブラシ、繊維、ドアマット、タイル
根	薬、アルコール性飲料、染料など

（Luna 1983 より作成）

　移輸入品置換戦略として注目されているのが、「生命の木」とよばれるココヤシである。ココヤシは日本でもナタデココ、ココナッツ・ウォーター、ココナッツ油、観葉植物として広く知られるようになっているが、太平洋の島々では食材から日用品、建材、燃料、薬剤、ワインに至るまで数多くの有用生産物の原料になっている（表 3-1：Luna1983 参照）。熱帯島嶼の農村では、子どもが生まれると同時に 3 〜 5 本のヤシの木を植え、老後までの生活の糧になっていたことはつとに知られている。

　しかし移輸入品置替戦略はどの島嶼経済でも容易にとれるわけではない。生存部門のウエイトが比較的高いソロモン諸島、パプアニューギニア、サモア、フィジーなどでその真価が最も発揮されよう。この戦略が成功するには、多くの難問を解決しなければならない。島嶼経済の生存部門の活性化に不足しているのは一般に信じられている土地資源ではなく、質のいい労働力である、という指摘がデサイ（Desai 1975）やポインター（Pointer 1975）などの調査によって明らかにされている。とくに都市志向の強い若年労働力をいかに農村の活性化のために引き留めるかがこの戦略の鍵をにぎっているといえる。また、前述したように、現在急速に失われつつある伝統技術の維持、復活、改良化は焦眉の急である。さらに島嶼経済にすでに広く深く浸透している移輸入物資消費偏向型の消費構造を強権によるのではく、市場メカニズムを利用しながらいかに是正していくかも大きな課題である。

5　複合連携型（島嶼資源活用型）発展戦略

　とくに小島嶼経済の持続性を担保するには、「複合的」、「循環的」、「ユイマール的」に考える必要がある（図3-5）。「複合的」とは、必要な生活物資の大半を島で生産すべく、島民が複数の技術をもち、複数の異なった職場を共有することである。これは現代の「分業論」の逆をいく発想だが、これが島の資源と労働力をフルに活用し、小規模経済を効率化する「妙案」だと思っている。

　多分、一つのモノ、サービスを生産する「特化型」の職場より、複数職場制度のほうが働く喜びも倍加するのではないか。考えてみれば、貨幣経済が浸透する以前は、衣食住のほとんどを島内でまかなっており、島の人たちは農家であり、ウミンチュであり、建築業者であり、家内製造業者であった。

　「循環的」とは、原材料から、中間財、最終消費物資まで島内で生産し、消費の結果としての廃棄物まで活用する「ゼロエミッション」型経済システムの構築である。「ユイマール的」とは、図に示した協業（ワークコラボレーション）のことである。協業といっても、「贈与」や「ボランティア」と異なり、参加者が一定の所得を得て、労働意欲をかきたてるシステムでないと持続しない。

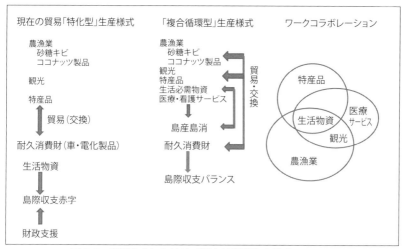

図3-5　島嶼社会における「複合循環型生産様式」による
　　　　ワークコラボレーションの概念図（著者原図）

生活物資を島内で生産するといっても、多くの物資は移輸入したほうが安いうえに質も高く、消費者の満足度も高いはずである。

　図3-5で示したように、島内で生産できないクルマ、家電などのハイテク製品は移輸入に依存せざるをえない。そのためには、島の比較優位性を活かした移輸出部門も同時に振興する必要がある。砂糖、コプラ、観光、特産品などはその典型的な産業である。先述の分析でみたように、とくに観光は島嶼内生産・消費を拡大する契機をもたらす。むろん観光への過度の特化は、島の観光容量（キャリングキャパシティ）を超え、意図に反して生活環境の劣化につながることはつとに指摘されている（Kakazu 2011）。

　むろんこの循環型経済を可能にするインフラ、人材育成、島嶼技能・技術の開発が不可欠である。島で暮らす人々が生活に必要ないくつかの技術を取得し、これを複合的に使う制度設計が必要である。市場経済を前提にしてこれらの技術を活用するから、効率も良くないといけない。とくに季節や天候に左右される農漁業や観光産業を主とする遠隔離島では、本島と比較してフルタイムで就業する機会が失われ、「潜在的失業」に陥りやすい。「複合循環型」生産方式とは、余った時間を別の仕事に役立てる技術・ノウハウである。実は沖縄竹富島で、「マルチタスク」と称するこの複合型雇用システムを実践して、季節性の高いリゾートホテルを効率的に経営している星野リゾートがある（『櫓舵』2016年参照）。最近はやりの「パラレルキャリア」にも相通ずる発想である。

　島嶼資源循環活用型技術については第4章で詳述する。この発展モデルの厳密な「証明」はこれからだが、そのほうが特化型技術より島全体としての仕事の効率はよく、所得も上がり、しかもワークライフバランスを考慮しながら、楽しく、安心して仕事に従事できるはずである。もしこの発展モデルが経済科学で理論実証的に証明できれば、まちがいなくノーベル賞ものである。島で労働のコラボレーションを通して生産した生産物には「安心・安全」と同時に当然愛着があり、「島産島消」あるいは「島産外消」を促進し、結果として島から外貨が逃げにくくなり、貿易収支の赤字も解消する「循環型経済」への突破口を開くことになる。

　この発展モデルは私が沖縄で古くから実践されている「ユイマール＝共助システム」をヒントに30年ほど前に『新沖縄文学』（1983年）にて提案し

たが、最近欧米各地で「地域に支えられた農業（CSA：Community Supported Agriculture）」、あるいは「農家と消費者の直接取引モデル」として広がりをみせている。同様な地域再生手法は、日本や台湾でも「里山・里海モデル」として各地で実践され、成果を挙げていることが報告されている（藻谷浩介・NHK広島取材班 2013；竹内編著ほか 2001 年参照）。離島や地方と都市部を分断するような政策を打ちながら「地方創生」を目指すアベノミックスはすでに破綻しており、道州制を含む地域の創意工夫を引き出すような「異次元」の制度設計が求められている。

すでにお気づきのように、複合循環型生産・消費システムの最大の課題は、島嶼経済社会に深く、広く浸透した逆戻りできない市場経済とどう折り合いをつけるかである。島によってはナウルのように、自給自足的生存経済が消滅し、循環型経済への移行はほぼ不可能な島もある。ちなみに、ナウルのような資源輸出一辺倒の島嶼経済とは異なるが、日本の島々でも自給自足的農業部門がほぼ消滅した島もある。『平成22年農林業センサス』による「自給的農家」とは、「経営耕地面積が 30a 未満で、かつ、調査日前 1 年間における農産物販売金額が 50 万円未満の農家」のことだが、その存在率が座間味村のほぼ 100% を筆頭に南大東村のほぼゼロまで島嶼の大小に関係なく大きな落差がある（図 3-6）。

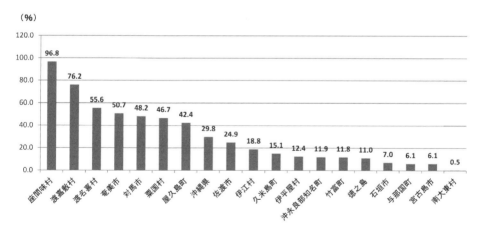

図 3-6　主要離島の「自給的農家」の割合、2010 年
（注：「自給的農家」とは、経営耕地面積が 30a 未満で、かつ、
調査期日前 1 年間における農産物販売金額が 50 万円未満の農家である。）

自給的農家が多い島は、市場経済が浸透してないということではなく、市場経済のリスク分散をうまく行っているともいえる。座間味、渡嘉敷、渡名喜は島観光の名所になっており、観光収入で自給的農業をサポートしているともいえる。自給的農家が皆無に近い大東島は、究極の市場商品である砂糖キビを大規模経営し、沖縄 41 市町村のなかでダントツの一人当たり所得を稼いでいる。市場（貿易）商品一辺倒という意味ではナウルに類似しているが、ナウルとは決定的に異なる商品を生産している。ナウルが再生できない有限の燐鉱石資源に依存していたのに対して、大東島は再生可能な砂糖キビである。砂糖キビ価格の大幅下落などの激変が起きないかぎり、生産そのものが途絶えることはない。また、仮に砂糖キビ生産が途絶えても、良質な土地資源が残っているかぎり、ナウルと異なって生存的農業に戻ることも不可能ではない。最後に、戦前からユリの球根を輸出している沖永良部島における「自足型社会」の構築に関する興味ある研究として、西沢ほか（2000 年）を挙げておく。次章で持続可能発展モデルを可能にする「島嶼型技術」について論ずる。

第4章 「島嶼型」グリーンテクノロジー

1 「島嶼型」技術とは何か

　技術とは、科学的知見・ノウハウを実際の生活目的達成のために応用する知恵を意味する。島嶼学研究仲間には、技術系の研究者は少ない。私が知るかぎり、日本島嶼学会でも環境工学、土木工学を専門とする研究者は散見されるが、生産技術を扱う専門家はほとんどみあたらない。なぜだろうか。大学の生産技術系の研究者に訊ねてみると「技術には島嶼系、大陸系という分類はない」とのことである。つまり技術は「汎用性」がその特性であり、使う場所によってその本質が変わることがないとのことである。具体的にいうと、耕運機は、大陸、小島嶼、先進国、発展途上国、温帯、熱帯を問わず、有用な生産技術である。そうであれば「島嶼技術」という概念はもともと存在しないことになる。ここであえて「島嶼型」技術にしたのはそのためである。つまり同じ耕運機でも、使う場所によってその技術の使い方がちがうはずである。たとえば広大な土地で使う耕運機と傾斜の多い狭い土地で使う耕運機とでは自ずからその「仕様」が異なるはずである。1998年にアジア人初のノーベル経済学賞を受賞したアマルティア・セン（Amartya Sen）教授は、母国のインドにおける生産技術に関する古典的な著書を著している（Sen 1968）。これによると、織物技法に関して、原初的な手作業から高度の機械技術に至るまで、生産現場における原料、労働力、資本の賦存量及び市場の規模に応じて、10種類以上の技法が併存していると論じている。これは原初的技法であっても市場が限定され、労働力と原材料が豊富で賃金が低い環境では比較優位性があり、有用な生産技術であることを物語っている。

　グリーンテクノロジー（green technology）とは、応用生産技術のなかでも地球環境に優しい一連の技術体系のことで、再生可能エネルギーから無農薬農業、ゼロエミッション、資源・製品再利用、地場資源の活用、技術管理、消費

の仕方に至るまで広範囲に及ぶパラダイムシフトの技術体系のことである。地球温暖化や環境汚染の影響を受けやすく、大型技術の応用が困難な島嶼社会において、小規模グリーンテクノロジー・イノベーション思想が島嶼経済の持続可能性との関連で議論され、多くの島々で実践されてきた。とくにスウェーデンのゴットランド島（Gotland）とデンマークのロラン島（Lolland）は示唆的なモデルケースを提供している（ニールセン北村 2012 年参照）。小規模島嶼に適した技術は、1970 年代に F. シューマッハによって提案された「中間技術（intermediate technology）」に相当すると考えてよい。彼によると、中間技術とは「人間の顔をした技術（technology with human face）」で、「過去の古い技術でも人間が機械に使われるようなスーパー技術でもなく、分権化、環境、それに人間に優しく、大衆の自立を助けるための技術（self-help technology）」のことである（Schumacher 1973）。

　石油、石炭、鉱石などの枯渇資源を前提に開発された大型装置技術に依存する大国経済でも、深刻な地球温暖化、自然破壊、環境汚染を目の当たりにして、今やグリーンテクノロジー・イノベーション、あるいは代替技術（alternative technology）へのシフトが焦眉の急となりつつある。ここで「イノベーション（革新）」とは、新商品の開発、製品化する技術を超えて、既存技術・ノウハウの導入・改良・普及を含む幅広い概念で使っている。

　小島嶼地域における生産拡張のボトルネックは、土地と市場の狭小性である。そのため、小島嶼地域での装置型産業の立地は困難である。小島嶼地域といっても、それぞれの規模、環境、発展段階に応じて、最適生産技術体系は当然異なるはずである。図 4-1 は島のサイズ（面積、市場）に適合した労働力・技術水準の組み合わせを示したものである。横軸は土地・市場で表

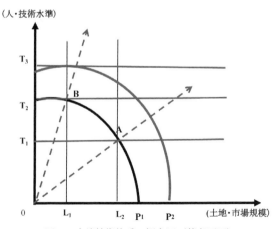

図 4-1 島嶼技術体系の概念図（著者原図）

した島のサイズを示し、縦軸は人（労働力）の投入量と技術水準を示している。あるいは労働力に「体化」した技術と言い換えてもよい。生産可能曲線Pで示され、曲線上の点はすべて同じ生産水準を示す。技術革新によって生産性が向上するとP1からP2へと土地・市場規模の制約を超えて生産を拡張できることを意味する（Kakazu 1990）。

　いま、沖縄本島のような比較的規模の大きい島のサイズをL2、粟国島のような極小島の規模をL1と表すと、与えられた土地面積の下で、P1水準の農産物を生産するには、図で技術水準T2とP1の交差点（B）で示すように、粟国島では沖縄本島の生産技術水準（A＝T1とP1の交差点）よりはるかに土地節約・労働集約型技術を採用する必要がある。つまり、規模が小さければ小さいほど、同じ生産量を実現するのに土地単位当たりの生産性は高くならざるを得ない。そのことは、前章でのシンガポールの例にみたように、島嶼経済に適合した技術・ノウハウを開発することによって土地の制約を克服することができることを意味する。むろん製品マーケットは必ずしも土地の制約を受ける必要はない。競争力があれば、島外市場へマーケットを広げることが可能だからだ。島嶼型技術は必ずしも高度な研究施設を備えたような高度知能集積型の技術である必要はない。後述するように、島「特有」の資源を有効利用することによって「島ビケーン（島だけ）」の特産品を開発し、他地域の産出財より優位に展開・流通できればよい。

　小島嶼における持続可能な発展のための島嶼型技術は、以下の条件を満たす必要がある。

① 島の資源を活用でき、島の規模に適合した「島産島消型」技術であること。

② 前章で詳述した「移輸入品置換型」技術であること。

③ 島の食料・インフラなどの「最低安全基準」を満たす技術であること。

④ 島の環境保全と両立する「グリーン技術」であること。

⑤ 島民が主役になって、技術の管理・拡散・改善を担えること。

　本章では、小島嶼型技術の「先進地域」として私が長年にわたって実態調査を実施してきた沖縄を中心に論述するが、私が20年余にわたってハワイ大学、ハワイ東西文化センターの研究者と共同研究を行ってきたハワイのケースもと

表 4-1　沖縄で開発・応用されている
「島嶼型」グリーンテクノロジー・ノウハウの例、2018 年

熱帯・亜熱帯ベース	島嶼ベース
ウリミバエ・イモゾウムシ駆除技術	海洋深層水利用技術 （養殖、工業用品、健康、淡水化、海洋温度差発電）
熱帯果樹・花き・野菜・畜産物 （パイナップル、マンゴー、ドラゴンフルーツ ミカン、菊、ラン、ゴーヤ、紅茶、コーヒー 和牛、あぐー豚など）	水供給システム 地下ダム・多目的ダム 淡水化プラント 渇水用水タンク
海面養殖技術 （稚魚、車エビ、モズク、ウミブドウ、パヤオ 人口魚巣）	グリーン（再生可能）エネルギー 風力 波力
地場資源活用型技術 砂糖キビの複合利用技術 ガラス瓶リサイクル技術	太陽光 バイオマス（エタノール） 食用廃油再生バイオ燃料
環境創造・保全技術 サンゴ養殖・再生 マングローブ植林 台風対策	ＩＴＣ技術 コールセンター・バックオフィス 沖縄型ネットワーク形成 モアイ・ユイマール・ＷＵＢ
観光 （エコ・メデカル・着地型ツーリズム・珊瑚 再生）	沖縄型遠隔教育・医療・異文化交流 沖縄型島嶼政策
健康長寿 健康食品・リフレクソロジー	１島１品特産品開発 「美ら島」観光税
土壌・沿海保全 赤土防除・モニタリング・GIS	

（嘉数啓作成）

　りあげる。沖縄とハワイとは長い交流の歴史がある。1997 年に両者の知事主導による「ハワイ・沖縄会議」が産官学の参加を得て開催された。両者がとくに関心を寄せ、太平洋島嶼国も参加して議論してきたテーマは、「島嶼型グリーンテクノロジー・イノベーション」の共同開発と、南太平洋島嶼国・地域への移転であった。とくに「ミバエ類防除技術」、「海洋深層水利用技術」、「サンゴ礁の保全技術」、「赤土防除技術」、「バイオエネルギー技術」、「遠隔教育・医療」、「持続可能観光」、「ネットワーク型ビジネス」、「人材育成」が検討された（詳しくは嘉数 2013 年参照）。

　私が調査やコンサルで関わってきた主な島嶼型グリーンテクノロジー・イノ

ベーションを掲げると表 4-1 の通りである。その代表的なもので、他の島嶼地域でもインパクトが大きいと思われる技術・イノベーションを以下で概説する。むろん「熱帯・亜熱帯ベース」、「島嶼ベース」の島嶼型技術は、私の恣意的な分類であり、当然異論があると思っている（Kakazu 2013 参照）。

2　「沖縄型」グリーンテクノロジーの概要

(1) 環境にやさしいウリミバエ防除技術

　ウリミバエは、東南アジア原産で、ミバエ科に属するハエの一種である（図 4-2）。ウリミバエはニガウリ（ゴーヤ）、カボチャ、スイカ、メロンなどのウリ類の果実を食い荒らす害虫として、「日本の侵略的外来種ワースト 100」に指定されている。日本では戦前に八重山群島で存在が確認され、またたく間に奄美を含む琉球列島に分布が拡大した。日本本土への分布拡大を阻止するために、琉球の島々からウリ類の本土への移出が禁止されてきた。ウリミバエ根絶作戦は 1975 年に久米島で開始され、20 年の歳月と 170 億円の費用を投

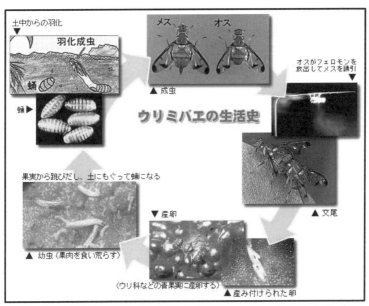

図 4-2　ウリミバエのライフサイクル（沖縄県病害虫防除技術センター）

102

じて、1993 年の八重山群島を最後についに琉球列島全域にわたって根絶に成功した。島嶼地域で根絶に成功した初の快挙で、世界的にも注目された（伊藤 1980 年参照）。

ウリミバエ根絶には、アメリカのニップリングが発案した「不妊虫放飼技術」（SIT：Sterile Insect Technique）が使われた。この方法は、ガンマ線を照射して「不妊化＝卵を生まない」した雄を大量に野外に放飼して虫の繁殖を阻止するもので、1963 年にマリアナ諸島で確立された技術である。この根絶方法は環境にも優しく、「核の平和利用」技術としても高く評価されている。

私は、NHK の「プロジェクト X」でも紹介されたこの世界的な「偉業」の紹介と費用便益分析を国際学術雑誌に発表し、多くの反響を得た（詳細は Kakazu 2003）。ウリミバエの完全駆除によって、健康長寿のシンボルとなった「沖縄ゴーヤ＝ニガウリ」を含む主要 12 農産物が検疫なしで沖縄から本土・海外に出荷できるようになり、沖縄農業の復活に大きく貢献している。

ウリミバエ駆除事業は全額公的資金（約 170 億円、32 万人日）の投入によってなされたが、30 年間平均の割引率（3.26％）で計算すると、8 年間で完全に投資総額を回収したことになる（図 4-3）。

ここで推計した純便益は、ウリミバエ駆除によってもたらされた農産物の商業出荷のみの「商業便益」だが、仮にここに無農薬農法、天敵駆除などの環境的および防除的恩恵、そしてさらに害虫の日本本土への侵入を防いだという「社会的便益」を含めると、私的・社会的純便益は商業（私的）便益をはるかに上回る。データの不足から、ここではあえて間接的な社会的便益を推計していないが、この事業が商業的にも有用であるということは十分に実証しうる。

ウリミバエと並んで、本土には生息していない甘藷（サツマイモ）の害虫であるイモゾウムシ、アリモドキゾウムシも沖縄農業に甚大な被害を与え、その根絶が焦眉の急になっているが、ウリミバエ駆除で成功した「不妊虫放飼技術」がここでも応用され、実証事業を行っている久米島では根絶寸前にある。この技術の応用をいち早く試みたハワイ諸島で失敗し、なぜ沖縄で成功したのか。前述の NHK の「プロジェクト X」は、沖縄での成功の背景を余すところなく報道している。どんなサクセスストーリーにも、研究と開発における勤勉さと多大な努力に加えて、人間と資本資源の大規模な動員がつきものである。ウリ

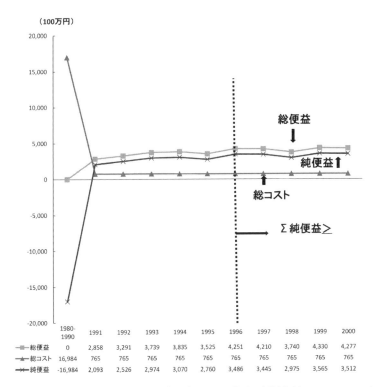

図 4-3 沖縄におけるウリミバエ駆除プロジェクトの費用・便益分析、1980-2000 年
（注：割引率ゼロのケース。本プロジェクトは点線で示すように、駆除開始から 6 年後（1966 年）に累積純便益が プラス に転じた。）（Kakazu 2003 より作成）

ミバエ駆除事業も例外ではない。最も重要なポイントとして、駆除環境が比較的コントロールしやすい久米島（59.5 km^2）で実証実験が開始され、地元の人々や国や県などの公共団体による熱心な支援があったことが、この成功事例における不可欠な要因であった。むろん最後に残った沖縄本島の米軍基地内における根絶作業は日米地域協定の壁もあって、難渋をきわめた。

ウリミバエは、琉球列島では根絶されたものの、他のアジア太平洋地域ではウリミバエの被害は拡大傾向にある。とくにハワイ、ミクロネシア地域でこの技術に関する関心が高く、沖縄との共同研究も継続して行われている。ただ、ウリミバエ防除技術の応用が琉球列島で成功したとはいえ、他の島嶼地域での応用には莫大なコストを伴う以外に、不妊虫の大量生産・輸送、地形、作物の

種類、組織管理の問題など、解決すべき課題が山積している。2016年にオリンピックの開催を控えていたブラジルで、ワクチンや特効薬がない「ジカ熱」感染症が急増し、ブラジル政府は沖縄でのミバエ駆除の成功例を引き合いに出して、同様な駆除技術の採用を検討していた。

(2) 島嶼資源活用型技術

　広大な海洋に囲まれ、独自の生活体系を築いてきた島嶼地域には、最近話題になっているメタンガス、レアメタルなどの豊富な海底資源から、日常的に生活の糧にしている独特の地場資源があり、それらの資源を活用する「島嶼型技術」も進化を遂げてきている。沖縄では最近、「第六次産業（一次産業×二次産業×三次産業）」と称されている農林漁業関連産業が将来のリーディング産業として注目されている。そのコンセプトは、前回詳述した小島嶼での「複合生産様式」にマッチし、その可能性は高い。

　第六次産業の代表例として、健康食品産業がある。沖縄における健康食品の出荷額は、1995年の20億円程度から、2004年には200億円産業に躍進したが、現在は100億円程度で低迷している。急成長の背景には、業界の努力もさることながら、全国的な健康志向ブームの波に乗って、沖縄の「長寿ブランド」が商品化されたことによる。最近の売上の停滞は、ブームが去って落ち着いてきたともいえるが、健康食品業界における熾烈な競争と乱立、科学的なエビデンス（健康に効果があるかどうかの検証）の欠如、ネット販売力の弱さ、「肥満率全国一」、平均寿命の相対的低下など、沖縄の長寿ブランドの陰りも背景にあることはまちがいない。

　健康食品のさらなる発展には上記の課題をクリアする戦略の再構築が求められている。日本にかぎらず東アジアでも人口の高齢化が急ピッチで進展しており、健康志向は高まってきている。中国、東南アジアからの観光客が沖縄産健康食品を買い求める動きが高まってきており、とくに海外を視野に入れた健康食品を含む「沖縄発」の健康長寿関連商品・サービスの開発、マーケティング戦略の強化が求められている（Kakazu 2015）。

　表4-2は、沖縄で開発された健康食品を主とする地場資源活用型資源・製品のほんの一例である。その多くが離島地域で生産されていることに注目したい。

第4章 「島嶼型」グリーンテクノロジー　　　105

　人類の生活になくてはならない良質の「塩」の生産には汚染されてないきれ
いな海水と技術が必要不可欠である。沖縄産の塩は、全国需要の約3割を占め、
最近は「沖縄の島マース」として、高値であるにもかかわらず、香港をはじめ
とする海外からの注文も急増している。とくに人口千人弱の粟国島と900人
弱の勝連半島沖に浮かぶ宮城島の「世界一の塩：ぬちまーす」は、今や世界的
なブランドとなり、通常の塩の数倍の値段がつく。後者の塩の製造技術は、従
来の「釜焚き製塩法」、「天日乾燥製塩法」と異なる世界的にもユニークな技術
で、「常温瞬間結晶製塩法」とよばれている。この製法を開発した有限会社「ベ
ンチャー高安」の高安正勝社長によると、「ビニールハウス内で原材料の海水
を極微細な霧状にし、そこに送風機で強い風を送る。風に飛ばされた霧状の海
水は、張ってあるネットに吹き付けられる。そのとき水分は気化し、海水中の
塩分が瞬間的に結晶化して、ネットにはたちまち白い塩の花が咲く。この塩に
は、塩化ナトリウムはもちろん、海水が本来もっている豊富なミネラル分も損
なわれることなく結晶化されて含まれている。海水は勝連半島沖に浮かぶ津堅
島の太平洋側を北上する黒潮を使っている。」まさしく無限ともいえる海の資
源をフルに活用して成功した一例である。
　「もずく」は、沖縄を代表する健康食材で、養殖技術の確立により、沖縄県
産が全国需要の9割強を占めている。本土の「イトモズク」に対して、沖縄
のモズクは「フトモズク」で、昔から酢のり＝「スヌイ」ともよばれ、日常的
に食されている。モズクは食材としてだけでなく、抗がんや抗菌免疫作用があ
るとされている「フコイダン」の原料としても注目されている。
　農産物の筆頭はなんといっても「ゴーヤ＝にがうり」である。ゴーヤは栄養
価が高いうえに、他の野菜や果物などに比べて健康成分が数多く含まれている。
なかんずくビタミンCは、他の野菜の数倍も含まれている。健康食ブームと、
NHKドラマの「ちゅらさん」効果で一躍沖縄発の全国ブランドになった。沖
縄料理の「ゴーヤチャンプルー」だけでなく、ゴーヤ茶、青汁、種カプセルど
の数多くの製品が出回っている。ゴーヤは代表的なウリ類で、ウリミバエの根
絶によって生野菜のまま本土への移出も可能になった。
　ゴーヤ以外に健康食品として、「ウコン」、「シークワーサー」、「アセロラ」、「長
命草」、「クワンソウ＝アキノワスレグサ」などの種々の関連製品が人気を集め

表 4-2　沖縄の主な再生可能島嶼資源とその活用製品

沖縄の島々は無限に近い海洋資源に恵まれている。この資源を活用しない手はない。その一つが製塩である。従来の釜焚きや天日乾燥による製塩法に加えて「常温瞬間結晶製塩法」が注目を集めている。島ごとに多種類の塩が生産され、関連食品も多数にのぼる。

もずく

熱帯から温帯にかけて浅い海に広く分布する「ぬめり」成分の海藻で沖縄では古くから食酢で和えたり、天ぷらにして日常的に食されてきた。ぬめり成分には、抗酸化・抗がん作用のある「フコイダン」が含まれているとされており、健康サプリメントとしても市販されている。

ニガウリ

熱帯から温帯まで広く分布するつる性の一年生草本で、琉球語の「ゴーヤ」が一般的な呼び名となった。琉球食材の本家・本元で、とくにNHKドラマ「ちゅらさん」で、料理の「ゴーヤチャンプルー」は一躍全国に広がった。ゴーヤは料理だけでなく、健康食品、茶、日除け等にも活用されている。

ウコン

沖縄方言で「ウッチン」とよばれているショウガ科の多年草。
カレーの食材としておなじみだが、古から香辛料、着色料、生薬の原料して多用され、「沖縄発」健康食品の売上げトップを占めていたこともある。とくに「肝機能強化」に効くとされているが、そのエビデンスが問われている。

シークワーサー

沖縄特産のミンカ科（ヒラミレモン）の常緑低木で、主に沖縄本島北部（ヤンバル）で生産されている。果実に含まれるノビレチンにはガンの抑制作用があるとして、一時健康食品ブームの主役になった。沖縄では、刺身や酢物、ポン酢の代わりに使うが、清涼飲料水や種々の食材として活用されている。

アセロラ

アセロラは、キントラノオ科の熱帯低木の植物で、実はさくらんぼに似ている。ビタミンCを豊富に含み、果実ではなく、加工してジャム、ゼリー、顆粒清涼飲料水、化粧品として販売されている。とくに本部町での栽培が盛んである。

長命草

和名をボタンボウフウとよび、海岸沿いに自生するセリ科の多年草で、抗酸化作用があり、沖縄では健康野菜として重宝されてきた。とくに与那国では「グンナ」とよび、血行をよくし、ダイエット効果があるとして、青汁をはじめ、種々の健康食品・化粧品の原料になっている。

紅芋

ヤム芋の仲間で、沖縄で広く栽培されている。芋の中身は鮮やかな「紅色」で、沖縄の地場資源活用による企業成功物語の一つとされる「お菓子のポルシェ」は、御菓子御殿の店名で「紅いもタルト」などの販売で、短期間に県内観光土産売上のトップクラスに踊りでた。

マンゴー		ウルシ科の熱帯原産の常緑高木で、日本では沖縄をはじめ、九州地方でも広く栽培されている。果実をなまのまま食するのが一般的だが、マンゴプリン、ジュース、ドライフルーツなどの加工品も販売されている。沖縄ではとくに宮古島産の「アップルマンゴー」が高価で人気がある。
サンニン		月桃(サンニン)とは亜熱帯に群生するショウガ科目の植物で、独特の芳香があり、昔から防虫剤、食品保存に使われてきた。月桃製品は、沖縄本島、宮古、八重山、大東島などで消臭・防虫剤、化粧品、紙類、衣類、茶精油などの多岐にわたる商品が発売されている。
アロエベラ		アロエベラ は、ユリ科の植物で北アフリカ、カナリア諸島などが原産地で、葉肉には健康・美容に有用な成分を多く含んでいる。乾燥地帯でも育ち、炎症治療剤などの生薬として用いられてきた。宮古島で食材、化粧品、お茶などの製品化がなされている。

(独立行政法人 中小企業基盤整備機構『沖縄プロデュース 2014』等より作成)

ている。セリ科の植物である「長命草（和名：ボタンボウフウ）」は、与那国島の過酷な環境に育つ「奇跡の植物」とよばれ、美容健康食品などに製品化されて資生堂から発売されているが、ここ5年で生産量は8倍、島内全就業者の2割に達し、ウコン、アロエに次ぐ人気商品に成長している。長命草は離島などの海岸沿いでよく育つ多年草で、年2～3回収穫できることから、与那国島では砂糖キビに代わる新たな高付加価値農産物として注目されている。読谷村に本社のある「御菓子御殿（御菓子のポルシェ）」の「紅イモタルト」関連商品は、今や年間約50億円を売り上げる観光お土産の主力製品に成長した。政府の沖縄施策の目玉として、鳴り物入りで喧伝された「沖縄自由貿易地域」からの出荷額にほぼ匹敵するのだ。

　沖縄の島々には、表4-2に掲げた特産品以外にも、「島ちゃび（痛み）」を吹き飛ばす多くの特産製品がある。西表島はパイナップル、黒糖、山猫などの魅力で多くの観光客を惹きつけている。宮古多良間島では山羊乳ヨーグルト、カツオ魚の本場伊良部島では「カツオの燻製」、波照間島では「黒蜜」、伊江島では、菊、ピーナツ菓子、ラム酒などの種々の農産加工品で島興しを行っている。世界的に有名な「海底遺跡」が眠る日本最西端の与那国島には、長命草特産品

に加えて、60度の「どなん花酒」、激辛島トウガラシ、カジキマグロなどがある。伊平屋島のブランド米「てるしの米」、「アサヒ蟹」、伊是名島の「いなむどぅち（伝統的な宮廷料理）」も広く知られるようになった。沖縄本島から約360キロに位置する南北大東島は1900年に八丈島出身の玉置半右衛門によって開拓が開始された。砂糖キビ関連生産で県内トップの一人当たり所得を誇り、糖蜜を利用して製造した「ラム酒」は遠くヨーロパまで販路を広げている。大東島に自生する「大東月桃」を使った化粧水や菓子類などのユニークな特産品も生みだしている。

　超ミニの島々でも驚くような特産品が数多く生産されている。琉球の始祖アマミキヨが降臨したとされる「神の島」、久高島（周囲8km、人口200人）では、琉球王国の最高級食材であったウミヘビの一種である「イラブー燻製品」がいまだに受け継がれ、人口36人の本部町水納島にはおそらく日本初の「黒豆パインジャム」がある。他では真似できないこれらの「小さな一番」が雇用や所得を生み、島の循環型経済を支える基盤になる。

　久米島には、本島市場への「距離の暴虐」を克服したベストセラーの泡盛「久米仙」があるが、後述する豊富な海洋深層水を活用した高級食材の養殖や種々の商品開発もなされている。もっと大きい石垣島や宮古島では、「石垣牛」、川平湾の「黒蝶真珠」、「ミドリムシ＝ユーグレナ製品」、「宮古マンゴー」、「宮古雪塩」などが大ヒットしているが、それ以外の島でも特性を生かした農畜産物とその加工製品が豊富に生産されている。

　毎年開催されている「離島フェア」は、島々で生産された特産品の見本市である。特産物以外に、伊是名村では体験型学習の一環として、「島インターンシップ」を実施しており、久米島では島外から生徒を受け入れる「島（離島）留学」制度を実施している。沖縄本島うるま市に属する人口約300人の伊計島では、廃校になった小中学校を拠点にして、全国初の通信制高校（N校）がスタートした。出版大手のKADOKAWAと地元自治体が連携した島活性化ノウハウで、全国から5千人の生徒を募集する計画である。

　島は一種の完結した社会を形成しており、生徒が島独特の歴史文化と多様性に富んだ自然のなかで、自主的に学習できるモデル環境を提供しているといえる。新潟県の佐渡島で始まった「島留学」島根県の隠岐諸島、九州の島々など

にも広がっている。島はまた、「エコツーリズム」資源の宝庫でもある。

(3) 砂糖キビの「複合・循環型」活用技術

　沖縄の生物資源で、歴史的にも、その広がりにおいても最も重要な農作物は砂糖キビである。17世紀の初頭に、砂糖キビから黒砂糖をつくる技術が中国から導入されて以来、黒砂糖は琉球の重要な移輸出商品となった。沖縄の基幹作物である砂糖キビは、耕作面積、生産量、産出額で大きく減少してきたものの、いまだに耕地面積の約5割、農業産出額の2割を占めており、近い将来においても沖縄の基幹作目であることはまちがいない。

　砂糖キビの産地は沖縄本島から、離島に移りつつある。とくに宮古島圏域では、砂糖キビ産出額が生産農業所得の79％を占め、20年前の70％より存在感は増している。しかしこの宮古島圏域といえども、砂糖キビ生産は減少傾向にあるという事実がある。その背景には、砂糖キビ取引価格の低迷と生産費の増大、労働力の高齢化、作目転換などで農家の生産意欲が減退していることがある。2016年度の砂糖キビ買い取り価格はトン当たり2万

沖縄離島ファエア2012年（嘉数啓撮影）

2,402円（糖度14.1）だが、そのうちの73％は、政策支援価格（交付金）である。砂糖の取引価格はトン当たり5,982円で、砂糖の国際市場で決定されることから、単純な計算だと取引価格が現在の4倍程度に大幅に改善されないかぎり、国際市場で太刀打ちできないことを物語っている。ちなみに日本の輸入糖に対する関税率は328％（2016年）である。政府の価格支持策が現在より一段と強化されないかぎり、農家の生産意欲は回復しないことになるが、これから先の国内における地域間政治力学を考えると、かなり疑問が残る。むろん現状を

改善するオプションは残されている。よく指摘されていることだが、砂糖キビ生産の収穫面積単位当たりの土地生産性は長年にわたって低迷しており、若年層の農業参入、法人化、品種改良、島嶼環境に適合した生産基盤技術の導入など、生産性向上へ向けたとりくみを怠ってはならない。

　沖縄にかぎらず、日本農業の未来については、最近の環太平洋戦略的経済連携協定（TPP = Trans-Pacific Strategic Economic Partnership Agreement）への加盟が国政の最大の争点の一つになっているように、「自由化」か「保護」かの二者択一で揺れ動き、思考停止に陥っている感がある。砂糖については当面 TPP 交渉対象品目から除外されたが、今後も自由化への圧力は強まることはまちがいない。前章で分析したように、高率関税あるなしにかかわらず、砂糖キビは現状のままでの活用技術、後継者不足では「自然死」する可能性が大である。とくに沖縄離島での砂糖キビの持続的増産を目指したモデルを以下で提案する。

　図 4-4 で示した砂糖キビの高付加価値、複合的活用については、これまでも多くの研究者が提案し、有用技術も開発・応用されてきた。砂糖キビの第六次産業化として、菓子類（かりんとう、さとうきび棒など）、家畜飼料、バガスの利用、エタノール製造、ラム酒（大東島、伊江島）、ウレタン樹脂などが注目されてきた。沖縄のトロピカル・テクノ・センター（TTC）が開発した糖蜜を原料とするウレタン樹脂は、環境に有害なプラスチック製品の代替品として注目されたが、沖縄での製品化には至っていない。これらの製品は微生物分解性をもち、土に戻すことができるから、利用者や消費者に受け入れやすい品質（耐久性）および価格さえ実現できれば、環境に有害なプラスチック製品の代替品として注目されるであろう。台湾では廃プラスチック規制強化を商機に、砂糖キビから作ったストローがすでに飲食店などで活用されている（『毎日新聞』2018 年 8 月 19 日）。この種の「環境に優しい」ゼロエミッション型新商品の開発には、改善を諦めない持続性が要求される。

　宮古島市ではここ数年、ガソリンに代わるエタノール燃料の実証実験が行われており、一定の成果を挙げている。実証実験が成功したにしても、実用化に向けた最大の課題の一つが砂糖キビ原料の確保である。エタノール生産規模の拡大によって、ガソリン並みの価格が設定できるとする試算も出ている。エタ

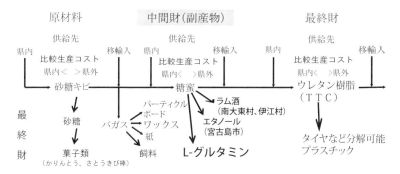

図 4-4 砂糖キビの「複合的」活用技術の例示（著者原図）

ノール生産の副産物として、「醗酵残渣及び蒸留残渣」の商業化にも注目が集まっている。

最近の動きとしては、図 4-4 にも例示してある砂糖キビ原料を利用した高付加価値の L- グルタミンの生産である。L- グルタミンは、アフリカ系の人々に多い難病（鎌形赤血球貧血症）の治療薬として UCLA 医学部教授の新原豊博士が特許を取得しており、宮古島の砂糖キビの原料を使った生産を検討している。私も訪ねたことがあるが、新原教授はロサンゼルスにエマウス社（Emmaus Medical Inc）を設立し、すでに L- グルタミンを使ったサプリメントを製造販売している。医療用高純度の L- グルタミンは、砂糖キビ、甜菜またはトウモロコシ等の作物から分蜜糖を製造する際に得られるバイプロダクトの糖蜜原料を発酵させることで精製される。砂糖キビ原料のグルタミンは、甜菜などの他の作物を原料としたものよりも低コストで生産できることから、薬品メーカーから注目されている。世界における医療用高純度の L- グルタミンの生産量は、年間およそ 2,000 トンで、さまざまな医療現場で使用されているだけでなく、サプリメントとしてもさまざまな分野で活用されている。

エマウス社は、グルタミン、エタノール事業を中核とした宮古島での砂糖キビの高付加価値・複合・循環型の活用モデルを表 4-3 の通り例示している。仮に年 5 万トンの砂糖キビをこのモデルにあてはめた場合、トータルの売上は年間約 15 億円となる。砂糖キビを現在（2016 年）の買取価格（2 万 2200

表 4-3　宮古島の砂糖キビ高度・複合・循環型利用の例示、2016 年
（エマウス社資料より作成）

製品	販売量	売上（円）	
1.電力	3,250,000 kWh	97,500,000 (30円/kWh)	バガス・トラッシュ燃焼熱量の20%を電力転換、うち売電50%
2.薬用アミノ酸原料(L-グルタミン)	3,250 t	975,000,000 (300円/kg)	アミノ酸収量:粗糖量の50(重量ベース)仮定
3.アミノ酸飼料	3,250 t	325,000,000 (100円/kg)	残糖・副生アミノ酸(固形ベース)が利用可能と仮定
4.エタノール	330kL	33,000,000 (100円/L)	糖蜜1tあたり生産量220L
5.乾燥酵母	18,000kg	54,000,000 (3,000円/kg)	1回/7バッチ抜出したとして
6.フィトケミカルズ	6,000kg	12,000,000 (2,000円/kg)	販売量は固形分換算
合計		1,496,500,000	

残渣液発生量　　アミノ酸発酵工程　60,000 t

エタノール製造工程　3,800 t

円/トン）で買上げた場合のコスト約 11 億円を差し引いても、約 4 億円の利益を生み出すことが可能である。宮古島のサトウキビ生産量は年間約 35 万トン（2016 年、県全体の約 46％）である。宮古島が高付加価値循環モデルの構築によって利益を出せるようになれば、既存の補助金政策から脱却し、自律的に利益を生み出すことができるようになる。

　L-グルタミンの安定供給に必要な年間 1,000 トンの L-グルタミンを生産するには、宮古島の砂糖キビ生産量の約 50％程度が必要であると試算している。さらに、表で示した副産物事業の展開により、砂糖キビ産業を中核とした、高付加価値循環型モデルを宮古島で構築する展望が開ける。砂糖キビは、奄美、ハワイのマウイ島、フィジー、カリブ海の島々などで基幹作物になっており、これが成功すると、宮古島が砂糖キビ複合利用に関する世界のモデルケースになりうる。

(4) 島嶼資源を活用した新規産業―沖縄のコーヒー関連産業の可能性―

　ヤンバル（沖縄本島北部）の「赤土」で育った沖縄産「紅茶」が世界的に注目されている。意外と思われるかもしれないが、紅茶同様、沖縄産コーヒーもブランド化が可能である。「コーヒーベルト」とは、世界のコーヒーの発祥地、アフリカのエチオピアから、ハワイのコナ、ブルーマウンテンの産地ジャマイカまで、赤道を中心とした熱帯地域を指すが、このコーヒーベルトの北限に近

第4章 「島嶼型」グリーンテクノロジー　　*113*

図4-5　沖縄ブランドコーヒーの可能性（著者原図）

い亜熱帯沖縄でもコーヒーが盛んに栽培・焙煎され、愛飲されている事実を知っている人は少ない。

　私は「コーヒーの可能性」について、2011年に沖縄初の「コーヒー・フォーラム」を主催したが、湿潤で、斜面の多い沖縄は、コーヒーの栽培に向いているという多くの専門家の発言に勇気づけられた（『食の風』2011年参照）。とくに広大な「ヤンバルの森」は、防風林に囲まれ、土壌（国頭マージ）もコーヒーの栽培に適しているといわれており、2012年時点で、新規参入も含めてすでに6件の「コーヒー農場」がある。農業生産法人を組織し、「名護珈琲」のブランドで沖縄産コーヒーを栽培、収穫、焙煎、商品化している生産者もあり、沖縄でのコーヒーブランド化の可能性が実証されつつある（図4-5）。

　ハイブランドの「スペシャリティコーヒー」にみられるように、コーヒーは奥が深く、関連産業のすそ野も広がっている。ハワイのコナコーヒーのように、「ブランド化」によって、世界的なコーヒー販売チェインを生み出す可能性を

秘めている。とくにヤンバルでは、基幹作物である砂糖キビが衰退し、耕作放棄地面積が拡大するなかで、地域特性が生かせるコーヒー産業は沖縄農業復権の救世主になりうる可能性を秘めている。コーヒー関連業種（脱穀機、焙煎機、入れ物、スイーツ、お茶、ジャム、蜂蜜、イースト菌、パン、コーヒー店など）の開発と販売を通して、新たな第六次産業の振興を目指す壮大なロマンがあってもよい。

　ギリシャ神話に登場するエーゲ海に浮かぶイカロス島（Icarus Island）は、「死ぬことを忘れてしまう島」と形容さている健康長寿の島だが、その要因の一つとして「ギリシャコーヒー」の愛飲があげられている。「沖縄コーヒー」は長寿県沖縄の復活につながるかもしれないのだ。

　地場資源を活用したこれらの島嶼発の商品を成功裏にマーケットに乗せていくには、いくつもの課題をクリアしなければいけない。その一つは、生産コストを決定する市場の規模である。糖蜜を原料するウレタン樹脂のような新製品がプラスチック製品と競うためには、市場においてある程度のシェアを占有する必要がある。その間、公的機関を主とする「戦略的」サポートが不可欠である。

　二つ目の重要な点は「コスト・エスカレーション」である。図 4-4 の注で示したように、より付加価値の高い製品に向けて商品多様化を図るためには、地場で生産される原材料・半製品はボーダー価格で調達できるものでなくてはならないとする「ボーダー価格原則」を踏襲することが求められる。つまり、県内原材料の比較生産コストが県外（移輸入）より安ければ（＜）県内産を活用し、逆に高ければ（＞）県外産を活用することになる。生産初期段階におけるコストの不利性を補償しうる助成金及び関税を含む税制面の優遇策等がないかぎり、沖縄における第六次産業の原料は、地場原料より割安な海外産を使用せざるを得ないこともありうる。

　三つは、国際水準の品質と価格に加えて、地場原材料・農産物の安定供給である。これが実はいうはやすく、実行は難しい難問である。身近な生鮮農産物一つとっても、耕作放棄地が拡大しているにもかかわらず、台風の影響もあって安定供給が定着せず、移輸入品が増大している現状をどう打破するかだ。多くの離島では、生鮮野菜の２～３割しか自給できていない。

　四つは、第３章で詳述した「島産島消＝島で生産し、島で消費する」循環型

生産・消費システムの構築である。これが実現すると、所得は島外に漏れず、値段は若干高く、品質は多少劣っても、島内の所得、雇用も拡大するはずである。その仕組の一つとして、ヨーロッパの島嶼地域で一般化しつつある「フードマイレージ」（詳しくは『朝日新聞』2010年6月26日夕刊参照）の導入である。さらに長崎県五島の「島とく通貨」のような、島内でしか通用しない「地域（島）通貨」の導入も有効である。

(5) 海洋深層水関連技術

　以下は、久米島在の沖縄県海洋深層水研究所資料及び藤本裕所長（2010年当時）からの聞き取り調査結果をまとめたものである。太平洋島嶼地域の最大の「資源」は海洋であるといっても過言ではない。とくに沖縄では、14～15世紀の「琉球の黄金時代」はいうに及ばず、現在の「観光立県」も「美ら海」に拠って成立しているといえる。沖縄が占有する海洋の面積はおおよそ本州の3分の2にも匹敵する。この無限ともいえる海洋資源を沖縄振興に利用すべく、2000年に久米島に53億円をかけて、「沖縄県海洋深層水研究施設」が完成し、19企業・団体に、試験研究用の「分水」を開始した。約2,300m沖の水深612mから、2本の硬質ポリエチレン管で、日量1万3千トン、水温約9℃の海水を汲み上げる。むろん取水能力は高知（4千トン）、富山（千トン）を大きく上回る国内最大規模である。

　海水の95％を占める「海洋深層水」とは、「光の透過率がゼロの深海」で、一般に「太陽の光が届かない200mより深い海を巡回する海水層」のことである。海洋深層水の一つの特性は、その「低温性」である。久米島の夏場における海面水温は平均30℃だが、水深612mから汲み上げる深層水の温度は約9℃で、その差が約21℃もあり、しかも水温がきわめて安定している。この「温度差」を利用して、後述する「海洋温度差発電（OTEC）」が各地で実用化されつつある。インドでは火力発電並のコストパフォーマンスをすでに実現しているという。

　二つ目の特性は、「富栄養性」である。水深が深まれば深まるほど、「窒素、リン酸、カリ」等の栄養分に富んだ海水中の「肥料」が、プランクトン等の表層水で生活する動物の餌にならず沈殿する。この滋養分たっぷりの海水を循環

的に汲み上げて、クルマエビ、アワビ、海草等の養殖、淡水化による野菜等の生産をはじめ、ミネラルウオーター、塩、化粧品、健康食品などの工業用品の生産にも幅広く活用している。

　三つ目の特性は「清浄性」である。一言でいうと「細菌に汚染されてない"きれいな"水」ということである。深層水では、光が届かないから有機物が「分解」されず、細菌が繁殖する環境にない。深海 600 m にもなると、食品がほとんど腐食しない。この特性はウイルスに弱いエビ等の養殖に適している。沖縄県は全国トップのクルマエビ生産の実績を誇っているが、以前、ウイルスの広域発生で養殖エビが壊滅状態になったことがある。

　上記の三大特性に加えて、深層水には、健康、美容に抜群の効果を発揮するミネラル、カルシウム、マグネシウム、ナトリウム等が豊富に含まれており、すでに清涼飲料水、化粧水、アトピー用ケア製品、塩、食品添加物等への広範囲な応用が試みられている。

　「久米島海洋深層水開発株式会社」では、深層水を使って、ミネラルウオーターを生産、販売しており、副産物として「塩」と「ニガリ」が取れる。とくに「天然深層水ニガリ」は食品添加物としての商品価値が高く、現在は塩よりも良質のニガリの生産に力点を置いている。また、沖縄泡盛酒造の最大手である「久米島久米仙」では、海洋深層水を用いたブランドも販売している。

　琉球大学の真栄平房子医学部教授などのこれまでの実験結果によると、海洋深層水は高齢者に多い「骨粗しょう症」の予防のほか、子どもたちの骨格形成にも効果があると同時に、古くから、海洋療法（タラソテラピー）にも活用されてきた（真栄平ほか 2002 年）。とくに最近増加傾向にあるアトピー性皮膚炎の治療には効用があるとされ、久米島では、海洋深層水を活用した第三セクター方式による美容・健康施設「バーディハウス久米島」がオープンし、久米島観光一つの目玉になっている。

　海洋深層水を活用した製品化は図 4-6 の通りである。2015 年における立地企業数は 24 社で、スタート時の 2000 年から 10 倍に増加した。年間売上額25 億円、雇用 140 人を生み出している。この売上高は久米島全体の農業 生産額（19.8 億円）および水産業生産額（22.8 億円）を上回っている。とくにクルマエビ、化粧品、飲料、ウミブドウなどの海藻類の生産が盛んである。後

述する海洋温度差発電が本格スタートすると、経済波及効果は格段に拡大することが予想される。人口約 8 千人（2018 年）の久米島には、3 つの「全国一」がある。琉球泡盛「久米仙」の出荷額、国の天然記念物に指定されている「五枝の松」、それに海洋深層水を活用したクルマエビの出荷額である。

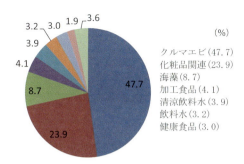

図 4-6　久米島海洋深層水利用製品の売上割合（%）、2015 年（久米島町資料より作成）

　久米島の「島嶼型持続的発展モデル」は、深層水の特性を余すところなく活用してエネルギー・水・食糧を自給し、地域資源を生かした新産業興隆地域を創造するという先導的な試みであることから、熱帯・亜熱帯の太平洋の島嶼・沿岸地域を中心に、これまでに 61 か国から視察団が訪れるほどの高い関心を集めている。現在の深層水利用を大規模化・高度化し、多段階利用によって効率的な多目的利用を図る同モデルは、実現すれば世界初となる先進的なとりくみとなる（内閣府沖縄総合事務局経済産業部 2017 年）。

　むろん深層水事業がビジネスと成立するには、種々のハードルを乗り越えなくてはならない。なによりもしっかりした分析データにもとづいて、「差別化」した商品価値を創造し、どうマーケットに乗せていくのかが問われる。また、深層水を陸地の施設内に汲み上げることによる環境問題もクリアする必要がある。野放図な分水、商品開発は「深層水商品」のイメージを損ねかねない。事実、高知県、富山県などでも海洋深層水事業が展開されて久しいが、かつてのような盛況さはなく、事業の見直しが行われている。

(6) 海洋温度差発電技術（OTEC）

　海洋深層水の活用で今後大きく期待されているのが、海洋温度差発電（OTEC：Ocean Thermal Energy Conversion）である。OTEC の歴史は古く、1881 年にフランス人科学者のダルゾンバール（J. D. Arsonval）によってその原理が考案された（詳しくは、独立行政法人新エネルギー・産業技術総合研究機構（NEDO）、

『NEDO 再生可能エネルギー技術白書』2014 年 2 月参照）。OTEC の原理は高校の参考書でも紹介されている。600 〜 1,000m 程度の深海の冷たい深層水と表層の暖かい海水の温度差（20℃度程度）を利用して発電するしくみである。沸点の低い熱媒体を表層水で気化させ、タービンで発電、冷たい深層水で液体に戻す。フランス、アメリカ、日本などで最先端の応用技術が開発されつつある。日本では、佐賀大学が「ウエハラサイクル式発電システム」を世界に先駆けて開発、現在伊万里市に出力 30kW の発電機を設置して、海洋深層水ではなく、人工的に温度差を作り出して実証実験を行っている。2013 年に、久米島で世界唯一の出力 50kW の OTEC 実用実証プラントが完成し、実証実験を開始した。

　久米島町『海洋深層水複合利用調査基本調査報告書』（2011 年 3 月）によると、OTEC のメリットとして、①風力発電や太陽光発電と異なって、年間を通して安定した電力の供給が可能になる。② CO_2 の排出量がきわめて少なく、環境に優しい発電方式である。③ OTEC で用いた深層海水は、サンゴや海藻類を増殖するので、CO_2 を固定化することがでる。④発電に伴って、海水淡水化や水素製造、リチウムイオン電池の原料であるリチウム回収などの複合利用が可能である。

　OTEC のデメリットとして、①海水表面と深海の温度落差である。この発電方式を可能にするには温度差が少なくとも 20℃以上必要となり、島嶼地域といえども立地場所はかぎられている。②規模によって発電コストが大きく異なり、発電規模が 1,000kW で太陽光並のコストとなる。10 万 kW 程度で最適コストパフォーマンが実現できる。③陸上プラントでは取水管が長くなり、建設コストが高くなる。④規模が大きくなり過ぎると、海水循環、熱の移動による海洋環境へのさまざまな悪影響を与える可能性があり、実証実験で基礎データを収集し、検証する必要がある。

　上記「調査報告書」によると、1.25MW プラントの発電コストは 25.1 円 /kWh で、太陽光発電（37 〜 46 円 /kWh）と陸上設置の風力発電（9 〜 15 円/kWh）の中間に位置している。実験プラント規模では、50 円 /kWh 前後のコストパフォーマンスになり、国や県の助成がないかぎりそれ自体での採算性はおぼつかない。しかし OTEC の活用は、前述した種々の活用技術と「複合循環的」に行うものであり、海洋深層水プロジェクト全体のコスト・ベネフィト

にもとづいて結論を出すべきである。前述の『NEDO 再生可能エネルギー技術白書（2014 年）』は、OTEC 技術の小規模島嶼地域への導入について以下の提言を行っている。

「海洋温度差発電は、大規模化によって発電コストを低減できるとされているが、電力需要の少ない離島などでは 10MW を超えるような大規模プラントは設置できない。そこでそれらの地域では、海洋深層水の持つ低温性、富栄養性、清浄性または有用金属を含むなどの多様な付加価値を利用することにより、地域産業の活性化につながる地域受容性の高いシステムを提供することが有効である。将来的には、大規模エネルギー発電プラントとして、沖縄本島などの大きな電力需要のある地域へのエネルギー供給、洋上のエネルギー補給基地としての展開が考えられる。また、工場等排熱など、地域に賦存する未利用熱エネルギーとの併用も有望である」（p.397）。

久米島町の「報告書」は、OTEC 応用技術が久米島で成功すると、糸満、国頭、宮古島、石垣島、伊良部島、渡嘉敷島、粟国島などでも立地が可能であるとしている。さらに、小笠原諸島や OTEC 発電ですでに実績のあるハワイと連携して、太平洋の島嶼地域への技術移転も視野に入れてよい。

(7) ガラス瓶のリサイクル・製品化技術

3R とは、廃棄物の Reduce（削減）、Recycle（循環）、Reuse（再利用）の略だが、最近はこれに Refuse（廃棄物受入拒否）が加わっている。沖縄で開発され、広く利用されている技術にガラス瓶リサイクル事業がある。その代表的な事業会社として、トリム社（新城博会長）を二度にわたって調査対象にした。トリム社は健康食品を中心とした食品流通販売会社として、1993 年に設立されが、1997 年の「容器包装リサイクル法」の成立を契機に、リサイクル事業に進出した。その背景には、会社が経営する飲食店から大量のガラス瓶が廃棄され、沖縄全体では年間 3 万トンに達していたという背景がある。1998 年にガラス瓶破砕技術に関する特許を取得し、「廃ガラス瓶から軽量資財の新製品を試作する技術および装置」を開発し、軽量で耐火性、浸透性にすぐれ、有害物質をまったく含まない盛土材「多孔質軽量発泡資材（スーパーソル）」の製造を開始した。製造プラントの配置は以下の通りである。

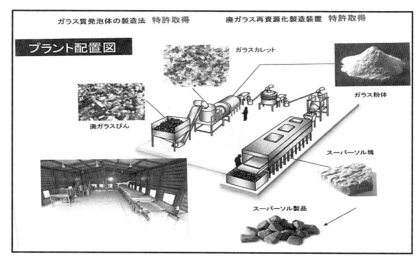

図4-7　ガラス瓶のリサイクル・製品化技術（トリム社）

　トリム社よりの聞き取り調査によると、スーパーソル製造装置は、原料ホッパー・投入コンベア・ガラス破砕機・カレット粉砕機・粉体移送装置・振動ふるい機・混合撹拌装置・焼成炉の8の機械装置と各自動制御装置から構成されている。原料ホッパーには、約4.5m^{3}の廃ガラスをストックすることができ、ガラス破砕機により約6mm以下のカレット状に破砕する。その後、カレット粉砕装置によってメディアン粒径約35μmのガラス粉体を製造する。その粉体を振動ふるい機にかけ、さらに異物除去と規格外粉体を篩い出す。次いで混合撹拌装置によりガラス粉体と添加材を混合撹拌する。その混合粉体が焼成炉へ連続的に供給され700℃～920℃の温度帯を予熱・軟化・焼成・発泡することで、投入時は厚み15mmのガラス粉体が発泡高さ約60mm厚の多孔質軽量発泡資材として製造される。これら一連の装置群は70％以上が適合する装置がなく、トリム社オリジナルな開発品で構成されている。本装置群で2件の知的財産権（特許）を取得した。本装置は現在日本の数か所で可動しており、販売価格は一式で1億8千万円程度である。

　従来のガラスリサイクル装置といえば、ガラスを破砕しカレット状にするものがほとんどで、できあがったカレットは、透明・茶のガラスは再びガラスの原料になり、その他のガラスはコンクリート2次製品に混ぜたり、アスファ

ルト舗装またはブロックに混ぜたりとするなどの用途に使用されているが、製品としての付加価値は低く、事業性には限界があった。

トリム社の主力製品であるスーパーソルは、土木分野での軽量盛土材、園芸・農業分野での人工培地・無機質土壌改良材、水処理分野での水質浄化材、建築分野での断熱材などの幅広い分野で利用されている。この廃ガラス資源化を利益の出るビジネスモデルに進化させるにはいくつのハードルが必要である。一つは、地域から排出される原料（廃ガラス瓶）をいかに調達するかである。トリム社の場合は、99％の原料を地域から調達しているが、その調達手段として、「産業廃棄物運搬・処理業」の許可を取得している。すなわち、廃ガラス瓶は「産業廃棄物」になっており、その処理を「有料」で任されているのだ。したがって、原料をただどころか、「処理費」を貰って調達することが可能である。つまり原料調達も「収益源」とする、環境ビジネスならでの珍しいビジネスモデルになっている。その処理コスト（原料調達収益）が年間5千万円程度である。さらに本リサイクル事業が成立する条件として、県や国のバックアップ（助成）制度の活用が不可欠である。トリム社の場合、通産省の「技術改善等補助事業」、沖縄県の「創造法」などの支援を受けた。新城博会長によると「リサイクル事業に進出して6～7年は利益が出ず、飲食業の利益を投じる形だったので、補助事業の活用は重要であった。補助事業はシーズがしっかりしており、かつ市場がみえるものであれば活用できる」。

製品の販売には種々のチャンネルを活用しているのも本リサイクル事業を成功させた大きな理由の一つである。ISO9001認証取得をはじめ、種々の製品認証制度を活用し、スーパーソルのよさを全国に宣伝した。新城社長によると「リサイクル製品は価格競争にはなかなか勝てないが、ネタは無数にある。ガラスのリサイクルで技術を確立すれば他のアイテムのリサイクルにも展開できるし、今のところガラスに特化したとりくみをしている企業は少ないのでビジネスになっている」。

トリム社は廃ガラスリサイクル技術の海外移転にも力を入れ、2014年には台湾の豊益元有限公司に1基2億8千万円のプラントを3基輸出することで合意に達した（『沖縄タイムス』、2014年7月26日）。台湾には魚やエビの養殖業者が約7千社あり、養殖池も8千～9千ヶ所ある。その水質保全のため定

期的に水を入れ替える必要があるが、コストや環境負荷の課題があった。スーパーソルの特性はその有効な解決策となると評価された。

(8) バイオマス：廃食油燃料化技術

2003年にうるま市に設立された株式会社エコエナジー研究所（仲村訓一社長）の業務内容は、EDF 燃料（軽油・重油）の製造・販売、EDF 燃料精製プラントの設計・設置、使用済み天ぷら油の回収である。同社がとくに注目されているのは、家庭などから排出される廃食油を軽油に変える「環境エコ燃料（EDF）精製技術」の開発である。同社が開発して特許をとり、販売を開始した装置はコンパクトモデルで 1300 万円程度である。

原料となる使用済み天ぷら油は、会社が出向いて回収した場合は 1L 当たり 5 円、会社にもってきた場合は 15 円で買い取っている。原料回収体制は確立されており、現在処理能力を超えて廃油が回収されている。本技術に対して、ココナッツ油の再利用に興味を示しているのがマーシャル諸島共和国である。2009 年 4 月に、マーシャルのケジオ・ビエン公共事業担当大臣がエコ・エナジー社を視察し、「マーシャルの少ない資源を有効活用でき、環境保全にも生かせる高い技術だ」と評価し、導入を明言した（『琉球新報』、2009 年 4 月 1 日）。

宮古島のバイオ・エコシステム研究センターでは、琉球大学農学部などが中心となって、バガスの炭化プラントと牛糞発酵によるメタンガス発電機の実証研究を行っている。メタンガス発電により、石油や石炭などの化石燃料の代替エネルギーの新たな構築を目指す。

(9) 地下ダム技術

島嶼の共通の課題は、水の確保である。島が小さければ小さいほど、島の保水力は乏しく、干ばつの被害をもろに受ける。水の確保と同時に、全島一律の電気料金とちがい、遠隔離島の高い水道料金も問題になっている。最近時の例では、10 m³ 当たりの水道料金は沖縄本島平均が 1265 円であるのに対して、北大東島は 3535 円、粟国島 3250 円、渡名喜島 2620 円、伊是名島 2300 円となっており、本島の 2〜3 倍近くになっている。離島苦解消には、これらのライフライン維持コストの平準化が不可欠である。

地下ダム技術が先行した宮古島は、平坦で河川がなく、島全体が透水性の高い琉球石灰岩でできており、降水量のほとんどは地下に浸透して海に流出する地形になっているため、

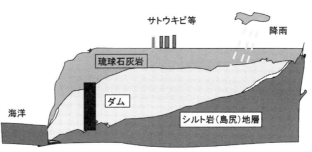

図4-8　宮古島の地下ダム概念図（著者原図）

しばしば干ばつの被害にみまわれてきた。この水の乏しい宮古島に、地上と同じ機能をもつ実験用の「皆福地下ダム」が1979年に完成し、「オーガードリル法」による地下ダム建設技術が確立された。

　この工法は、「世界で初めて、地下水の流れている帯水層を締め切り、水を溜め、その水を汲み上げて利用しようとするダム施設」である（詳しくは、Miwa, Yamauchi & Morita 1988参照）（図4-8）。この技術の成功を受けて、二つの地下ダムが完成し、現在貯水量水量920万トンの世界最大規模の「仲原地下ダム」が建設中である。

　地下ダムとかんがい施設の整備によって、農業用水の安定的な確保が可能になり、宮古島は基幹作目の砂糖キビをはじめ、マンゴー、ドラゴンフルーツ、葉タバコ、ゴーヤ、カボチャなどの主産地になっている（詳しくは、内閣府沖縄総合事務局2013年参照）。宮古島における地下ダム事業は、架橋によって結ばれる伊良部島や周辺離島への送水管敷設による地下水の安定供給も目指している。

　地下ダム方式はどの島でも有効であるとはかぎらない。伊良部島では「海水が琉球石灰岩部へ侵入してくる地盤構造ゆえに、伊良部島は地下ダム建設には適してない。地下ダム建設には、流動性浅層地下水の存在と、上流側に広い滞水層を有する施行箇所の確保が必要であることから、淡水レンズの構造をなす伊良部島では地下ダム建設効果はみとめられない」（黒沼2013年a：11）。しかし、伊良部島と同じ淡水レンズ構造をなす多良間島で、止水壁を島端部に設置して地下水の厚みを増す「フローティング型地下ダム」の応用技術の研究も

行われている（黒沼 2013 年 b）。宮古島での地下ダム技術の確立により、沖縄本島、伊江島、沖永良部島などでも建設されており、海外島嶼地域などへの技術移転も検討されている。ただ、宮古島地下ダム事業は 500 億円を超す大型プロジェクトで、本技術の太平洋島嶼地域などへの移転に際しては、ODA などの資金支援が不可欠である。また地下ダム技術には、完成後の高度の管理技術が要求される。農地に散布した農薬が地下に浸透し、それによりダムや地下水の水質汚染が問題となっているからだ。

　地下ダム以外に、「沖縄型水循環システム」も糸満市で動き出した。これは沖縄県と京都大学が共同で実施している新たな水資源確保技術で、海に放流されている下水道処理水をろ過膜や紫外線殺菌で再処理し「再生水」と農業に活用するプロジェクトである（『琉球新報』（2014 年 10 月 4 日朝刊）。他にも小島嶼で利用可能な小型海水淡水化装置の開発も進んでいる。

（10）再生可能（グリーン）エネルギー技術

　石炭、石油、天然ガス、原子力などのいずれ枯渇する「化石原燃料」から脱却し、太陽光、風力、地熱、波力、バイオマスなどの「持続可能な再生可能エネルギー（renewable or green energy）」への転換が叫ばれて久しい。1970 年代の石油ショック、1980 年代の温室ガス急増による地球規模での環境破壊危機を契機に、環境に優しい再生エネルギーへのとりくみは加速してきた。先進工業国で石油ショックの影響を最も受け、「公害先進国」の汚名を晴らすために、日本は代替エネルギーへの転換をリードし、1997 年には「地球温暖化防止京都会議：COP3」を主催して温室効果ガス削減の主導権を握った。再生可能エネルギーへの転換を加速させたのが、東日本大震災による福島原発事故の教訓である。2012 年の衆議員選挙では「脱原発」が最大の争点の一つとなり、今後も原発をめぐるエネルギー問題は国民の最大関心事の一つになることはまちがいない。

　日本政府は、再生可能エネルギーの転換を加速するため、2011 年 8 月に成立した「電気事業者による再生可能エネルギー電気の調達に関する特別措置法」にもとづき、2012 年 7 月より、電力大手会社による「固定価格による全量買い取り制度（FIT ＝ feed-in tariff）」をスタートさせた。太陽光発電に関しては、

10kW 未満の（住宅用等）の場合、現状と同じ余剰電力の買い取り制度が適用される。電気事業者が買取りに要した費用は、電気料金の一部として、国民が再生可能エネルギー発電推進付加金によってまかなうしくみになっている。

　沖縄と関連する太陽光及び風力発電の買い取り価格が当初 1kW 当たりそれぞれ 42 円、57 円（10kW 未満）に設定され、事業者の想定を上回る価格設定になっていた。その結果、とくに大型太陽光発電への投資が加速し、沖縄県内の太陽光発電施設は、2013 年度時点で、全一般世帯数（約 50 万世帯）をはるかに上回る約 72 万世帯分に相当する能力があった（『琉球新報』2016 年 4 月 5 日）。だがその後、電力の安定供給、事業者の急増による家庭への負担、電力会社の送電網の不足などの理由で買い取り価格は大幅に引き下げられ、2018 年度には当初買い取り価格の約半分程度になっている。今後も風力発電も含めて、買い取り価格の引き下げが検討されており、国の再生・クリーンエネルギー普及への基本姿勢が問われている。

　原発のない沖縄の電源は、ほとんどが石炭、液化天然ガス（LNG）（2012 年に本格稼働）、石油で賄っている。沖縄電力が、人口 5 万人弱の宮古島で実証実験している「マイクロ・グリッド」と称する「ハイブリッド」型の電力供給システムも注目されている。再生可能エネルギーの主役であるメガソーラー（4MW）と風力（500kW）の発電を蓄電し、再生可能エネルギー源のアキレス腱とされている発電量の不安定化課題を解決する試みである。この実証実験を離島で行う意義は大きい。なぜなら、すでに第 2 章でみた通り、本土と比較しての沖縄における電気料金の割高は、離島での小規模発電によるコスト高要因が大きいからだ。沖縄の電気料金は、島ごとに料金が異なるハワイとちがって、全沖縄「プール制」で一律に設定されており、本島の電力需要者が離島料金をクロス補助するしくみになっている。ちなみに 2015 年時点で、人口 15 万人のマウイ島の一般家庭の電気料金は人口 98 万人のオアフ島の 5 割も高いのだ。

　表 4-4 は、沖縄主要離島の人口と電力需要量を小さい順に示している。ここ 10 年、大半の離島で人口減少をみているが、それにそって概ね電力需要量も減少している。むろん人口減少と電力需要量か必ずしも連動しているわけではない。たとえば鳩間島、波照間、南大東島、伊江島などは、人口が減少した

126

表4-4　沖縄主要島嶼の世帯数、人口、電力需要、2014年

| | 世帯数 | 人口 | 電力需要量 (MWh/年) | 2005年〜2014年増減（%） | | 再生可能エネルギー賦存量 (MWh/年) |
				人口	電力需要	
鳩間島	39	43	209	6.1	-32.8	6,551
水納島	27	44	159	-13.6	-10.2	119,684
黒島	120	194	895	-15.6	-6.7	64,756
阿嘉島	164	253	1,788	-14.2	-23.8	125,885
竹富島	178	351	3,886	55.5	6.4	35,677
渡名喜島	223	402	2,077	-8.6	-24.3	662,784
波照間島	277	538	3,303	12.2	-7.4	787,796
北大東島	269	553	4,832	20.0	-6.0	209,675
座間味島	321	567	3,451	-14.5	-14.5	1,481,276
小浜島	359	604	8,148	-2.6	-6.8	51,395
渡嘉敷島	414	691	5,080	-6.4	-12.0	796,158
粟国島	445	739	4,071	-7.6	-21.0	347,508
伊平屋島	532	1,206	7,042	-10.0	-15.7	3,247,894
多良間島	532	1,253	5,337	-2.0	-8.1	2,360,521
南大東島	645	1,277	8,945	1.1	-11.8	276,409
伊是名島	788	1,541	8,147	-3.9	-12.5	144,561
与那国島	791	1,543	8,695	-4.7	-14.1	708,089
西表島	1,197	2,270	12,630	-7.6	-2.1	1,819,198
伊江島	2,180	4,730	22,792	4.9	-7.4	1,153,039
伊良部島	2,705	5,148	17,020	-17.4	-18.1	397,515
久米島	3,916	8,340	48,632	-4.9	-8.7	2,415,163
宮古島	21,787	48,316	232,026	4.8	4.5	12,204,501
石垣島	22,259	48,559	263,581	1.7	7.5	10,898,359

注：「再生可能エネルギー賦存量」とは、太陽光、風力、バイオマス等の島で開発可能なエネルギー量のことである。その定義などについては、「沖縄県小規模離島における全エネルギー再生可能化可能事業報告書」（ランドブレイン株式会社、平成26年3月）参照。
（沖縄県『離島関係資料』（平成27年）等より作成）

ものの、電力需要は逆に増加している。これは家庭用電力需要以外に官民の業務用電力があり、観光施設や工場、公共施設の多い島はそれだけ電力を多用することになる。たとえば400世帯以下の小浜島は世帯数が約倍の伊是名島とほぼ同じ電力を消費している。それは主に小浜島のリゾートホテルでの電力需要による。

　沖縄離島における電力供給はすべて沖縄電力によってなされている。小離島は沖縄本島系統、宮古島系統、石垣島系統からの「海底ケーブル」や「橋梁添架ケーブル」等で接続されている。表4-4に示す通り、離島の再生可能エネルギー賦存量は現在の電力需要量の数十倍にも達しており、活用の仕方によっ

ては島内エネルギー需要の自給も夢ではない（詳しくは、ランドブレイン株式会社、2014年参照）。とくに人口と電力需要が増大する宮古島は、再生可能エネルギー賦存量が県内離島で最も大きいこともあって、自然及び循環型エネルギー開発によるエネルギーの島内自給を目指して、「マイクロ・グリッドシステム」の構築や次節で詳述する「バイオエタノール」プロジェクトなどのモデル的なとりくみが展開されている。

　宮古マイクロ・グリッドシステムがフル稼働すると、宮古島での再生可能発電の比率は現在の8％から16％になると推定されており、沖縄全体（約5％）と比較すると飛躍的な進展となる。このシステムは宮古島が目指す「循環型社会」の構築に貢献すると同時に、他の離島、ひいては太平洋島嶼地域への技術移転にもつながるはずである。宮古島では2003年の猛烈な台風により、風力発電機の支柱が根本から折られ、台風常習離島での風力発電設置のリスクが高まった。しかしその後、「沖縄発」の技術として沖縄電力の子会社が台風時に折りたためる「可倒式風力発電施設」を開発して、波照間島、南大東島、粟国島で導入した。2014年にはJICAの支援を得て、170の島々から成る人口15万人のトンガ王国への技術移転に結びつけた。地球温暖化の影響をもろに受けている人口19万人のサモアも沖縄の島嶼エネルギー技術に注目しており、2015年の「気候変動枠組条約締約国会議（COP21）」を踏まえて、2020年までに電力の100％を再生エネルギーで賄うと明言した。

　むろん図4-9でみるように、再生エネルギーの導入による電源の多様化が、電気料金の低下につながるかどうかは今後注目する必要がある。全国平均でみると、2015年度時点で石油火力がkWh当たりの電源コストが最も高く、太陽光、風力、LNG、石炭火力の順に低下している。沖縄電力の電源構成は2017年度で石炭（65％）、LNG（23％）、石油（6％）、再生エネルギー（FIT）となっているが、CO_2排出係数（kg-CO_2/kWh）は石炭火力が最も高い。電力の安定供給と発電コスト、CO_2削減の問題を同時に解決する連立方程式を解くことが求められている。

　太陽光発電分野での参入障壁の大幅緩和、大容量化、ソーラーパネルの変換効率の向上、蓄電技術の向上、好条件の全量買い取り価格、家庭用電力販売の自由化などの導入により、普及が急激に増加している。この結果、経済・経

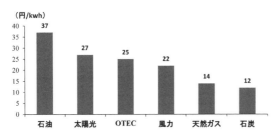

図4-9 電源別エネルギーコスト、2015年度
注：沖縄には水力、原子力発電は稼働してない。
OTEC「海洋温度差発電」は久米島で実証実験中。
石油火力・太陽光は最高と最低発電コストの平均値
（資源エネルギー庁『日本のエネルギー2015年度』
及び久米島町役所資料より作成）

営学でいう「経験曲線効果」、つまり、普及が拡大すれば規模効果で価格が継続的に低下する現象がすでに起こっている。自然エネルギー財団の試算によると、2016年時点で、kW当たり20円台の発電単価を実現しているところもあり、大手電力の電気料金引き上げもあって、すでに「グリッドパリティ（Grid parity）」、つまり太陽光発電と化石燃料発電との単位発電コストは同等（パリティ）になるとの専門家の予測がすでに実現しているのだ（『朝日新聞』2016年3月30日）。

　現在の電力買い取り価格は、10年以内で設置コストを回収できるように設計されている。太陽光発電は、設備と設置費用の「初期費用」に多くのコストがかかり、燃料費は不要である。また、昼間に発電した電力を蓄電し、夜間に使う蓄電技術も日進月歩である。とくに、送電線網が未整備で、燃料輸送費が高く、規模の不経済が働く離島などでは、太陽光、風力を主とする自然エネルギーの発電効果はいっそう大きいと思われる。

　燃料費が不要といえば、海に囲まれた島の立地を活かす発電技術として「波力」発電が最近注目されており、沖縄科学技術大学院大学（OIST）では、小離島に応用可能な小型プロペラによる波力発電に成功しており、発電効率やコスト、電力の安定供給に見通しが立てば、「沖縄発」の離島発電システムとして国内外で普及する可能性がある。沖縄で開発が進んでいるイオン交換膜を使って、海水と淡水の塩分濃度差を電力に変換する画期的な技術も進展している。

(11) 宮古島のバイオエタノールプロジェクト

　人口5万人弱の宮古島は「エコ・アイランド」をめざしており、宮古島の

全自動車約 2 万台が、宮古島で生産するバイオエタノールを 3％混ぜたガソリ
ン、「E3」を使う目標を立てている（詳しくは Uehara 2010 参照）。宮古島で
の年間のガソリン消費量は約 2 万 4,000kL で、ガソリン運搬のタンクローリー
（1 万 L）の約 2400 台分になる。そこから排出される二酸化炭素は、およそ
5 万 6,000 トン（ガソリン 1L 当たりの二酸化炭素排出量を 2.36kg として計
算）になる。もし、島内の全車両が E3 を利用すると二酸化炭素の排出量は約
1700 トンの削減、E10 なら 5600 トンになる。宮古島エタノール事業は、エ
タノール製造工程で出る蒸溜残渣を農地の肥料として還元する事業や発酵酵母
の高タンパク廃棄物を牛の飼料にする事業も目標に入っている。

　宮古エタノール事業は進化している。本事業を推進する宮古島新産業推進機
構は、日立製作所と連携して、40％の低濃度バイオエタノールで発電する「高
効率発電システム」の試作実験を公表した（『宮古新報』2016 年 2 月 22 日）。
このシステムは従来の島嶼発電システムに比べ、約 40％のエネルギー削減が
可能で、これまで主に自動車燃料に利用されてきたバイオエタノールの用途を
発電分野へと広げるものとして注目されている。

　県内サトウキビの主産地である宮古島のバイオエタノールプロジェクトは、
資源エネギー庁の支援を受けて 2006 年にスタートした。サトウキビの副産物
で、廃棄物処分されていた廃糖蜜（サトウキビの 2 ～ 4 ％の割合）を原料とす
るもので、石油業界が推進している「バイオ ETBE（エチル・ターシャリー・
ブチル・エーテル）」を配合したガソリン製造・販売とは異なる。ただ本事業
は期限付きの「実証実験」であり、その後宮古島が独自で本事業を引き継いで
いけるかどうかである。プロジェクトの継続性に加えて①ガソリンにバイオエ
タノールを混ぜた燃料を使う場合には二重に課税される、②石油連盟が ETB
を添加したバイオガソリン ETBE を全国展開を大々的に開始しており、国内的
にも宮古プロジェクトはこれらの事業と競合的か、それとも補完的かが問われ
ている。

(12) ソフトイノベーション

　本章の冒頭で、「イノベーション（革新）」とは、新商品開発に向けた革新的
な工業技術を超えて、既存技術・ノウハウの導入・改良・普及・マネジメント

を含む幅広い概念であると定義した。小島嶼地域では、先進的なハードな技術よりも、むしろ既存あるいは過去の失われた技術の「復活」を循環型社会の構築に向けていかに活用するかのしくみ、すなわち「ソフトイノベーション」の創出が重要な課題となっている。「ユイマール（相互扶助）」、「模合（相互金融）」、「マルチタスク労働システム」などに裏打ちされた、次章で詳述する「沖縄型ネットワーク社会」の構築もソフトイノベーションの好例である。

　「フードマイレージ」の考え方も島の循環型経済の構築に役立つはずである。フードマイレージは、「食料（＝ food）の輸送距離（＝ mileage）」という意味で、イギリスでは 1994 年から導入されている。食品の生産地と消費地が近ければ近いほど、フードマイレージ（単位：ポコ）は短くなり、環境負荷が小さくなることから、若干値段が高くても、消費者は地場産の物資を購入する傾向が強くなる。日本でも「NPO 法人ポコ・ア・ポコ」がすでに活動している。これが成功するには、「適地適作」を踏まえた島産島消が必要となる。近くてもエネルギーを使う「ビニールハウス栽培」だと、逆に環境にマイナスに働くことがある。フードマイレージは、「カーボンオフセット」の考え方にもつながる。琉球ジャスコは、フードマイレージを念頭においた地元調達率を 35％から 40％に引き上げると宣言し、伊平屋島の玉ネギ、竹富島のジャガイモ、座間味島のゴボウなどを仕入れている。

（13）その他の沖縄型島嶼型技術

　沖縄で応用・開発された主な技術をとりあげたが、廃棄物処理、珊瑚礁の保全やモニタリング、海洋汚染の大きな原因となっている赤土防除などについても種々の技術が開発・実施されてきた。海の汚染、珊瑚礁の白化現象の原因の一つにもなっている赤土流出は、沖縄にかぎらず、太平洋島嶼地域などでも深刻な問題になっているが、ハードな技術の応用だけでは解決されず、政府の農政、環境政策、農家に対する営農対策などのソフト面でのイノベーションとの組み合わせが課題になっている（坂井ほか 2010 年）。

3 ハワイと連携した沖縄型島嶼技術・ノウハウの海外移転

　南太平洋の島嶼国からみるかぎり、沖縄、ハワイは島嶼型技術の宝庫である。三年に一回日本の主催で開催される「太平洋・島サミット（PALM）」がこれまで沖縄県で 3 回（2003 年、2006 年、2012 年）開催された。「PALM-3」では、「沖縄イニシアティブ」が採択され、持続可能な開発、人材育成分野での沖縄が日本唯一の島嶼県の特色を生かした国際貢献の役割がうたわれた（詳しくは外務省ホームページ：http://www.mofa.go.jp/mofaj/area/ps_summit/ 参照）。PALM の提言を受けて、「沖縄 21 世紀ビジョン基本計画」においても、「アジア太平洋地域の島嶼地域が直面している開発課題の解決に貢献する」と明記されている。

　沖縄で開発・応用された「島嶼型技術・イノベーション」の太平洋島嶼地域への移転が沖縄から太平洋小島嶼地域への貢献策としてにわかに注目されている。しかし、沖縄からの技術移転といっても、単純ではない。これまでも、ODA による島嶼地域への技術移転は、種々の「誤れる具体化の誤謬」を犯してきた。つまり、文化、価値観、社会経済発展段階の異なるところに、先進地域で成功している技術がそのまま応用可能だとする単線的思考の誤りである。持続可能技術の相互移転とは、植物にたとえると、異なる土壌への外来品種の「移植」にほかならない。環境条件が異なると、固有の在来品種を駆逐し、環境・生態系のバランスを崩し、生物多様性維持への脅威になると同時に、島嶼資源の非効率的な活用につながる。したがって技術移転は、外来技術の特性を正確にみきわめ、地場に適合的に修正を加える「文化的・制度的・技術的・経営的」営みであることをしっかり認識する必要がある。南太平洋島嶼地域への技術移転を研究しているハワイ東西文化センターのスコット・クローカー（Korekert 2010：77）は次のように指摘している。

　「とくに重要なことは、技術移転が島嶼の持続可能性を強化するためのものであれば、持続可能性の概念を可能なかぎり広く定義すべきである。広義の意味での持続可能性は、たんなる自然環境の保全を超えて、経済的実行可能性と同時に、地域に住む人々の文化と暮らしを含む幅広い概念であるべきである。

新しい知識体系の導入は、軽々になされるべきではなく、ましてはそれが破壊的であってはならない。太平洋島嶼地域の社会、環境、文化、政治経済は、通りすがりの研究者の理解をはるかに超えて複雑であり、多様化している」。

島嶼型技術・ノウハウをいかに相互に移転・活用するかについての国際会議がハワイ、南太平洋地域の専門化を交えて、2010 年に沖縄で開催された（詳しくは嘉数報告書（日英）2010 年参照）。会議でとくに強調されたのが、沖縄とハワイの連携協力による太平洋島嶼地域への技術移転だった。

沖縄とハワイは、移民遺産などを通して歴史的にも緊密な繋がりがある。ハワイは 8 つの島嶼群から構成され、主要島嶼の人口（2015 年）は大きい順にオアフ島（99 万人）、ハワイ島（20 万人）、マウイ島（17 万人）、カウアイ島（7 万人）となっており、沖縄とは共通の自然条件をもち、アジア・太平洋地域をカバーする「アメリカインド太平洋軍（United States Indo-Pacific Command：USINDOPACOM）」の司令部が置かれ、軍人軍属人口約 10 万人を擁すると同時に、観光産業など経済的にも沖縄と多くの共通した特性をもっている（詳しくは Kakazu and Yamauchi 1985；Kakazu 2010 参照）。

ハワイでも観光産業の将来像を「量から質への転換」に求めており、ハワイの歴史、風土を重視した計画が策定されている。その具体的な施策として、土着ハワイアン文化の見直しと復権がある。栽培技術さえも喪失しつつあった南太平洋の主食、タロイモへの需要が最近急増しているのもその表れとみてよい。その背景には、環境への配慮と同時に、所得格差の拡大がある。世界最大級の観光地であるワイキキビーチでは、ホームレスが増加し、州政府は対策にやっきとなっている。この点では、沖縄観光から学ぶところがある。

エネルギー分野では、グリーン（再生）エネルギー源を現在の 10% から、2030 年には 40% に拡大する意欲的な計画を策定しており、住民コンセンサスの形成を含めて、沖縄よりかなり先行している。ハワイは本土から隔絶された島嶼で構成されており、大手電力会社間の電力の相互融通ができないこと、離島発電、送電が高くつくこと、原油依存が高いこと、家庭需要が多いこと、米軍需要があることなど、沖縄と類似したエネルギー需給構造になっており、太平洋島嶼地域の「先進地域」として、相互に連携協力して、地域の持続可能な発展に貢献することが求められている（Kakazu 2010）。

ハワイは、とくにミクロネシア島嶼地域の人材育成及び知的センターの役割を果たしており、ハワイ大学、ハワイ東西文化センター、ハワイ大学自然保護研究及び教育センター（CCRT：Center for Conservation Research and Training）、太平洋国際ハイテクセンター（PICHTR：Pacific International Center for High Technology Research）、ハワイ自然エネルギー研究所（HNEI：Hawaii Natural Energy Institute）などを中心に南太平洋島嶼地域との豊富な交流実績がある。

ハワイ大学自然保護研究及び教育センター（CCRT）では、連邦政府、州政府、学内関連研究施設と連携して、「山から海へのエコシステムモデルの構築」のテーマでの研究活動が成果を挙げており、他の島嶼地域への応用研究も視野に入れている。とくに小島嶼地域が注目しているのは、カウアイ島で実証研究が行われているバイオチャー（Biochar）プロジェクトである。本プロジェクトは、（1）再生可能エネルギーの開発による化石燃料依存の削減、（2）土壌改良による農業生産の向上、（3）温暖化ガスの削減を目指している。カウアイ島での実証プラントでは、外来種で成長の早い「ねむの木（Albizia）」を「炭化」して燃料にすると同時に、土壌改良および二酸化炭素を吸収する材料にする技術開発が行われている。これまでのところ、エーカー当たりの Albizia 植栽から 5 〜 10 トンのバイオエネルギーが生産され、200 〜 300% の土壌改良効果が確認され、さらに 20 〜 50% の CO_2 削減効果が実証されている。現在プラントの改良を行っているが、ハワイと同様な環境にある太平洋島嶼国への有望な移転技術の一つである。

太平洋国際ハイテクセンター（PICHTR）は、非営利の国際的な研究・教育機関として、ハワイ州の法律にもとづいて 1982 年に設立された。PICHTR の主な研究テーマは再生可能エネルギー、とくに海洋温度差発電（OTEC）、バイオマス、太陽光、地熱発電の分野での研究開発と普及である。OTEC については、連邦エネルギー庁、日本政府と連携して推進しており、この分野での島嶼地域におけるパイオニアである。

マウイ島では砂糖キビのガス化（biogasification）、ハワイ島では、太陽光と風力発電の実験、太平洋島嶼国を対象にした電力事業経営の研修などを行っている。再生可能エネルギーについては、沖縄電力の子会社である沖縄エネ

テック会社と共同研究に向けた協議を開始した。再生可能エネルギーに関するハワイと沖縄の連携協力分野として、①エネルギー効率、② OTEC、バイオマス、波動、太陽光分野での共同研究、③島嶼地域での統合配電網（grid integration）のあり方、④環境にやさしい電池電気自動車（battery electric vehicles）の開発、⑤農業分野でのエネルギー効率の向上、⑥再生可能エネルギー分野での教育・訓練が提案されている。

　ハワイと沖縄は、2000 年に「ハワイ・沖縄パートナーシッププロジェクト」を立ち上げ、サンゴ珊の保全・モニタリング、持続可能な観光、海洋深層水技術、ミバエ・イモゾウ虫防除技術、生物資源・エコシステムに関するデータベースの作成、遠隔医療技術、教育交流の 7 分野での共同研究を目指しているが資金、研究者の相互交流面で課題が多く、停滞している。すでに触れたように、「ミバエ類防除技術」はハワイが先行したにもかかわらず、ハワイでのノウハウを活かして沖縄では成功したが、ハワイではいまだに実験中である。この落差は、新技術の導入には、技術以外の要素がきわめて重要であることを示唆しており、島嶼地域への技術移転を考える場合、今後、解明すべき課題である。

　ハワイがイニシアティブをとり、沖縄、太平洋島嶼国をネットワーク化して、数年前から実施している「遠隔教育（E-learning or on-line）」は、「地理の暴虐」に悩まされてきた遠隔小島嶼地域にとって、最も有効でコストの安い人材育成手法の一つとなっている。これからの課題は、より多くの島嶼地域をカバーすることと、コンテンツの充実である。とくにハワイ大学はこの分野での豊富なノウハウを蓄積している。コンテンツの充実には、沖縄で蓄積された種々のノウハウが貢献する。持続可能な観光振興の要になるサンゴ礁の保全技術についても、ハワイは沖縄より先行しており、データベースの構築を含めて、太平洋諸島地域への技術移転を共同で実施できる態勢が整いつつある。むろん、島嶼地域のリーディング産業に成長している観光産業振興については、観光データの整備も含めて、50 年の歴史をもつハワイの島嶼観光ノウハウが有効である（嘉数編著 2014 年参照）。

　移転可能なその他の「ハワイ型技術」としては、パパイヤ、パイナップル、最近需要が急拡大しているタロイモ等の栽培技術などがある。そして、ハワイ型の栽培技術で生産する農作物の加工・製品化については、沖縄で開発された

先述の食品加工技術を結びつけることができ、太平洋島嶼地域への新たな技術移転のメニューに加えることができる。

　ミクロネシア連邦政府（FSM）のモリ大統領の演説要旨が *The National Union* 誌（2010 年 10 月 28 日）に掲載されている。そのなかでとくに強調されているのは食料自給率向上の重要性である。「高価な輸入食料への消費依存が FMS 国民の健康を害している」と警告を発している。その背景には、ミクロネシア地域での糖尿病患者の増大が指摘されている。島で豊富にとれるタロイモ、パンの実、ヤシの実などの伝統的な主食への復帰をどう促進するかが課題である。とくに島に豊富に存在する資源を活用した「島産島消・島産外消型技術」の共同開発・普及・移転は多くの太平洋小島嶼地域で焦眉の急になっている。

第5章　島嶼社会経済のネットワーク

1　島嶼間ネットワークとは何か

ネットワークをある目的をもった「ヒト、モノ、カネ、エネルギー、情報、生活インフラを相互に繋ぐ人為的なしくみ」と定義し、主に小規模島嶼地域におけるネットワーク化の実態とグローバルネットワークモデル、その経済社会へのインパクトと島嶼間ネットワークワークの未来像をとりあげる。

ネットワークは社会の活動主体間を繋ぐ手段で構成されている。図 5-1 は、「スター型ネットワーク」と「長距離型ネットワーク」で構成される単純なネットワークモデルを示している（Economides 1994）。図で沖縄本島から宮古及び八重山への短距離電話通信は、SA 基地局の介在で可能になり、沖縄本島からハワイ、グアム、フィジーなどへの長距離電話通信は SB 基地局を介在して可能となる。種々のネットワークモデルが存在するが、スター型ネットワークは、基地局（ハブ）で障害が発生すると、端末（ノード）にネットワーク（接続）障害が発生するが、導入及び維持管理コストは安い。むろん点線で示したより複雑な「リング型」、あるいは「フル接続型」ネットワークも考えられる（詳しくは、依田 2001 年参照）。

情報通信ネットワーク（ICN）にかぎらず、交通、物流、インフラ（橋梁、水・電気）のネットワークも図 5-1 で示した基本構

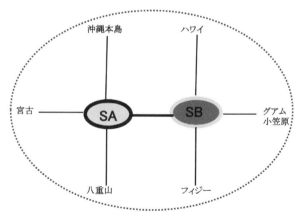

図 5-1　単純な島嶼間ネットワークモデル（著者原図）

図で示すことが可能である。「離島間ネットワーク」より「本島・離島間ネットワーク」がなぜ真っ先に構築されるかを考えてみるとよい。

ネットワーク活動の最大の特徴は、経済学でよく使うその「外部経済性」にある。外部経済性とは、第三者（たとえば八重山）が新たに電話、あるいはインターネットにつながると、すでにつながっている宮古島や、海外も余計なコストを払わずにつながり、その利便性（恩恵）に浴することを意味する。「なぜ多くの大学が学生や教職員にEメールを提供するかというと、その利用者が増えれば増えるほど余計なコストを掛けずに利便性が高まるからである。」（Samuelson & Nordhaus 2001：194-195）。つまりネットワークに参加する人が増えれば増えるほど、それを利用する単位コストは低下することを意味する。

離島地域間のネットワーク理論は、藤田昌久やポール・クルーグマン（Fujita, et al. 1999）などによって提唱されている「空間経済学」によって精緻化された。このやや難解な本から私は大きな分析視点を得た。ここでの「空間(space)」とは、これまで経済学者の分析射程に入ってこなかった「地理空間」のことである。地理空間を分析するには、「3つのD」、つまり「Diversity（集積度＝密度）」、「距離（Distance）」、「Division（境界）」がキーワードとなる。ネットワーク形成におけるこの3つの要因は、相互に作用してわれわれの経済社会活動に影響を及ぼしている。たとえば、小離島から本島中心部への人口移動（集積）は、相互に過疎と過密をもたらすが、その引き金となるのが交通アクセスの容易さと空間を跨ぐ植民地、移住、交易、企業誘致、観光、運輸などの「境界政策」である。空間経済学は以下で分析するように、人を引き寄せる「求心力」と人を分散させる「遠心力」によって決定される島嶼の生活空間を定量、ダイナミックにとらえようとする試みである。ここでは複雑な幾何学的、数学的モデルを割愛した。

2　ネットワーク集積度

島嶼地域間のネットワーク集積度は、図5-2で例示するように、種々の要因に依存している。

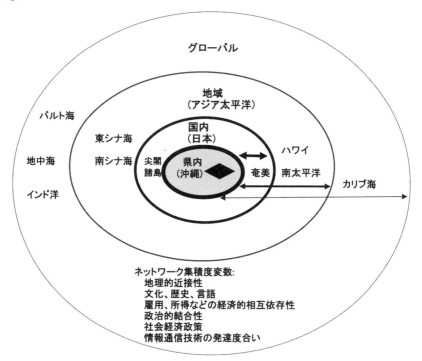

図 5-2　島嶼地域間のネットワーク集積度の概念図
注：矢印の太さは交流の密度を概略示している。

(1) 地理的・文化的要因

　地理的近接性は、低コストでアクセスしやすいことであり、島嶼間をリンクするおそらく最も重要なネットワーク要因である。地理的近接性といえば、沖縄県では、県内島嶼間ネットワークが最も集積度が高いといえる。ネットワーク集積度はむろん、文化、歴史、政治・行政、経済、言語、血縁関係などによっても左右される。たとえば、奄美大島は現在鹿児島県の行政管轄下にあるが、「琉球文化圏」に属し、歴史、文化的には九州よりも沖縄とのつながりが深い。アメリカのハワイ群島は、沖縄からの移民による「琉球文化」の遺産が根付いており、沖縄にとって最もネットワーク集積度の高い外国の島々である。著名な島嶼研究家であるクロコーム（Crocombe 2001）によると、南太平洋島嶼地域における社会ネットワークの顕著な特徴は、共通の文化と言語を意味する「ワントック（wantok）」の紐帯である。ワントックは、英語の"one talk"（一

つの言葉）から由来しており、多言語圏のメラネシア・コミュニティを分類するキーワードになっている。「ワントックの言語圏は安全で安心感があり、当然ながらネットワークの集積度は高い」（Crocombe 2001：661）。

(2) 経済的要因

　島嶼経済社会がグローバル経済に組み込まれるにつれて、経済、とくに貿易におけるネットワークが重要になってきた。すでに議論したように、グローバル市場経済にさらされた小島嶼にとっては、商品及びサービス貿易のネットワーク形成は死活問題である。オフショアバンキングという国際金融ネットワークの中心に位置しているケイマン諸島や英国領のマン島などはまさしく「国際金融サービス貿易」にほぼ100％依存している。

　島嶼国経済のグローバル規模でのネットワーク指標として「国際貿易への相互依存度」がよく使われている。この指標を使って、データが利用可能な南太平洋11か国の貿易ネットワークをみたのが図5-3である。南太平洋島嶼国は比較的オープンな経済体制だが、国民総生産（GNP）に占める貿易（輸出入）の比率、つまり貿易依存度には国によってかなりのちがいがみられる。フィジー

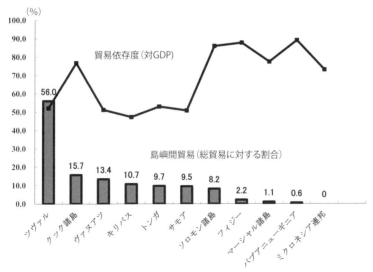

図5-3　南太平洋島嶼国の貿易依存度と島嶼間貿易、2010年
注：「貿易依存度」は（輸出＋輸入額）/GDP（ADB, *Key Indicators* より作成）

やパプアニューギニアの貿易依存度は8割を超えて高いが、バヌアツ、トンガ、サモアなどは5割前後である。これらの島嶼国からの輸出商品は第一次産品に集中しているが、同時に輸出先も旧宗主国を中心に集中する傾向にある。

南太平洋島嶼国間の相互貿易は、ツヴァル除いて全体の10％前後ときわめて少ない。極小国で構成するミクロネシア地域はほぼゼロに近い。これは常識的にも理解できる。これらの島々の輸出商品の主力は農産物、魚介類、鉱物資源などで、互いに競争的であり、生産、消費における補完性はほとんどなく、関税、輸入割り当てなどの旧・現宗主国の優遇措置に依存した「垂直型分業貿易」が主であり、完成財を相互に取引する「水平型分業貿易」とは異なる。島嶼間貿易を促進する目的で、1993年にメラネシア・スピアヘッド・グループ協定（MSG Preferential Trade Agreement）がフィジー、パプアニューギニア、ソロモン諸島、バヌアツの間で締結されたが、相互貿易での補完性はなく、後者2か国の赤字が累積したため、本協定から脱落し、機能しなくなった経緯がある（Jayaraman 2003）。

高い貿易依存度は必ずしも高い貿易ネットワーク（相互依存）を意味することではない。とくに小島嶼国は2～3の特産品を輸出し、ほぼあらゆる物資を輸入に依存している。その財源も、すでにみた通り、相互ネットワークの海外投資の流入というより、外国援助（ODA）の受取や移民送金、観光収入などである。

グローバル規模でのネットワークの欠如は、プラスの方向にも作用することもある。1990年代後半に起こったアジア金融危機で、グローバル金融のネットワークに組み込まれた多くのアジア諸国は手痛い打撃を被ったが、南太平洋の島嶼国経済は若干輸出価格が低下しただけで、ほとんど無傷であった（Jayaraman 2003）。これらの島嶼国においては、「依存関係の変化」が「ネットワーク関係の変化」より重要であることがわかる。したがって、ODAや海外送金の受取の変化のほうが、為替変動を含む、国際金融や輸出市場の変化よりはるかに重要であることを示唆している。

(3) 政治同盟と社会経済政策

島嶼地域にとって、グローバルなネットワークは多くの場合、宗主国の植民

地政策か、あるいは島嶼国の移民・出稼ぎ政策の結果でもある。旧宗主国であったオーストラリアとニュージーランド政府は、ニウエ、クック諸島、トケラウからの移民を無制限に受け入れている。ニウエ出身の約9割、クック諸島出身の約8割がオーストラリアとニュージーランドに定住している（Crocombe 2001：661）。同様なネットワーク現象は、米国の自治領であるサイパン、グアム、プエルトリコなどでも観察されている。とくにプエルトリコ出身人口は、カリブ海の本島よりアメリカに多く居住しており、プエルトリコの独立派の台頭を抑え、州昇格派を勢いづけている（詳しくは嘉数1983年a参照）。

　移民労働のネットワークとして、よく理解しにくいのが日本政府の日系人受入である。日本政府は、1980年代の経済バブル期の労働力不足を補うために、移民法を改正して、地球の反対側に位置する南米からの日系人の受入を加速した。これは地理的、文化的ネットワークとはまったく関係なく、「血縁」によるネットワークのいい例である（Carvalho 2003）。

　移民及び出稼ぎ労働によるネットワーク化が果たして送り先の島嶼地域に利益をもたらすかどうかについては、多くの実証研究が蓄積されている。ほぼ共通しているのは、海外への労働力移動が、島嶼地域の経済を担う若い高度技術者を中心に「頭脳流出（brain drain）」をひきおこしているという指摘が古くからなされている。しかしこの分野の専門家であるヒューゴー（Hugo 2004）は、移民送り出し島嶼地域での以下のメリットも挙げている。

① 技術者が自国で自らの技術を十分に活用できてなく、取得技術を活かせる移民先からの送金額が自国での賃金額を上回っている。

②移民及び出稼ぎ先での教育訓練が自国に戻ってきた際に活かされる。

③移民先でのネットワークを活用し、投資、観光客などをよびこむ媒介の役割を果す。

　これらのメリットは、日本国内の離島・本島間にも当てはまるが、後述するように、海外、国内でも人口流出のメリットは活かされておらず、島からの労働力の流出には歯止めがかかっていない。

(4) 情報ネットワーク

　情報経済学の巨匠ノリスが指摘するように、情報通信技術（ICT）革命は、

従来の土地、資本を前提とする経済成長モデルを完全に無効にした（Norris 2001）。とくに急進展するデジタル・ネットワーク技術は、「いつでも、どこでも、だれでも」ICT を活用できる社会を意味する「ユビキタス（ubiquitous）」時代を現実のものにしている。最近は ICT 技術があらゆるモノ、サービスと結びついた「モノの情報化（IoT: Internet of Things）」市場が爆発的に拡大している。そのなかでも注目されているのが、３Ｄプリンター、人口頭脳（AI）、「野菜工場」、未来の車とよばれている「自動運転車」などである。IoT 技術は、経済規模が小さいことから生ずる多品種、少量生産によるコストの増大要因を克服する可能性があるのだ（『日本経済新聞』2016 年 8 月 22 日、朝刊）。ICT 革命は島嶼経済のアキレス腱ともいわれてきた「距離の暴虐（tyranny of distance）」、「規模・範囲の不経済性」、「立地の不利性」を克服し、これによって遠隔島嶼地域や過疎地でも産業創造分野で都市部と同じ土俵に立てる可能性をより現実的にさせた。実際にカリブ海に浮かぶバミューダ、ケイマン、バルバドスなどの小島嶼は、ICT 技術をフルに活用して、世界トップクラスの一人当たり所得を実現しているのだ。

　日本でも人口 6,000 人弱の典型的な山間地・過疎の町、徳島県神山町は、都心部からの ICT「サテライト・オフィス」の進出ラッシュで一躍注目を集めている。神山町の空き家を活用して、自然にどっぷり浸り、自らを癒しながら、東京と同様な仕事に打ち込める、というのがこの「サテライト・オフィス」の売りである。後述するように、巨大中央市場から遠く離れた島嶼県沖縄でもICT が集積しつつあり、観光に次ぐリーディング産業として注目されている。本島から離れた久米島でも農業や観光振興を目的に、全島で無料「Wi-Fi」が開始された。これからの展開が注目される。

　「インターネットかしからば死か」と比喩されるように、今やインターネットの活用なくして、グローバルビジネスは成立しなくなった。インターネットでつながった「サイバー空間」は、伝統的な思考の産物で、争いが絶えない物理的な国境空間を軽々と乗り越えている。インターネット普及率（人口千人当たり）は、一人当たり所得の成長と密接に連関している（図 5-4）。インターネット普及率が最も高いのは、世界トップクラスの一人当たり所得を達成しているノルウェーなどの北欧諸国である。よく知られていることだが、韓国は日本よ

り所得は低いが、インターネット普及率では突出している。これは政府によるICT推進政策によるところが大である。日本では神奈川県の普及率が最も高い。沖縄は一人当たり所得で全国最下位クラスだが、インターネット普及率では全国平均レベルにある。

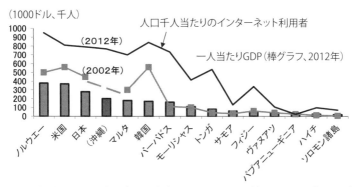

図5-4　インターネット利用率と一人当たりGDPとの関係、2002及び2012年
注：GDP（沖縄はGIP）は購買力平価、沖縄の2002年インターネット利用率データは欠如。
（ICT, *World Communication/ICT Indicators Database, 2014*
UNDP, Human Development Report, 2004等より作成）

図5-4でみるように、ここ10年で、パプアニューギニアを除いて、島嶼地域のインターネット普及率は上昇してきたものの、おしなべて低い。とくにメラネシア島嶼地域の普及率は低く、所得水準を反映して島嶼国間でも大きな格差（デバイド）がある（Kakazu 2003）。島嶼国内でも、情報格差は大きく、しかも拡大している。たとえば、多数の遠隔小島で構成されているミクロネシア連邦では、インターネットどころか日常の電力すら十分に確保されていない。日本国内でも「情報過疎」と表現されているように、本土と離島間及び離島間におけるソフト、ハード両面での情報格差が拡大する傾向にある（長嶋ほか2006年参照）。

ICTの進展は、島嶼地域発展の救世主になりうる側面と、負の側面である情報格差（デジタルデバイド）を広げる可能性も併せもつ特徴がある（Kakazu 2012）。情報インフラの整備もさることながら、インフラを活用しうるIT人材育成も容易ではない。IT技術者はどこでも引っ張りだこで、島で育成しても外部に流出する可能性が高い。太平洋島嶼地域間の情報ネットワーク構築

で私の共同研究パートナーであるハワイ大学のノーマン・オカムラ教授は、①ICT 人材育成に向けた情報の共有とコンテンツの共同開発、②遠隔医療、情報センタープロジェクトの推進、③ネットワーク費用を削減するために無線LAN の活用、④「一島一品」運動の推進、④島嶼観光振興を目的とした ICT の戦略的な活用、⑤学校教員間のグループ研究と連携協力、⑥教育、訓練、会議などでの既存ネットワークの活用、とくに南太平洋大学ネット（USPNet）、JICA-Net の活用拡充などの提言を行っている（Higa 2002）。

(5) 太平洋島嶼国間の学術ネット

太平洋島嶼地域では、古くから衛星回線を活用して、島嶼間学術交流が行われてきた（Crocombe 200：259）。とくにハワイ大学に拠点を置くピースサット（PEACESAT：Pan-Pacific Education and Communication Experiments by Satellite）は、1970 年初期にアメリカ航空宇宙局（NASA）の使用済み応用技術衛星（ATS-1）を無料で譲り受け、アメリカと関係の深いミクロネシア島嶼地域を対象にした遠隔教育を始めていた。現在はアメリカ海洋大気庁（NOA）の使用済み気象観測衛星（GOES-7）を使い、太平洋島嶼全域をカバーするネットワークを構築している（図 5-5）。私も関わったが、2005 年に、ピースサットと国連大学などが共同して、アジアパシフィックイニシアティブ（API）と称する遠隔テレビ共同講座を立ち上げた。参加大学は、ハワイ大学、国連大学、琉球大学、慶応大学、早稲田大学、国立サモア大学、南太平洋大学、アジア工科大学、ガジャマダ大学などで、「国際環境学コース」、「災害管理及び人道援助コース」などの分野で、各大学が得意とする科目を提供し、単位互換も可能になっている。

南太平洋大学（USP：University of the South Pacific）は、南太平洋英語圏の島嶼国が共同出資して 1968 年に創設した地域大学である。フィジーの首都スバに本キャンパスをもち、医学部を除く 16 の学部と商科大学院、オセアニア芸術・文化・太平洋地域研究センターを擁しているが、農学部はサモア、法学部はバヌアツに設置している。また、加盟 12 か国に地域サテライトキャンパスがあり、2010 年現在、遠隔教育を中心に 2 万人近くの学生がフルタイムで学んでいるが、その約 4 割は遠隔授業を受けている（田中 2013 年）。日本

第5章 島嶼社会経済のネットワーク

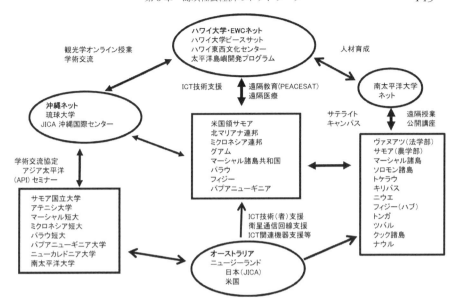

図 5-5　太平洋島嶼間の主な学術ネットワーク、2014 年（著者原図）

やオーストラリアは、遠隔教育に必要な衛星回線、ICT 機器、専門家派遣、人材育成支援などを行っている。日本は 2005 年から「USPnet 強化プロジェクト」を支援し、受け入れ側の高い評価を得ているが、回線容量、コンテンツ開発、デジタルデバイド（アクセス）、ICT 高度人材育成などの分野で解決すべき課題も多い（PIDO 2004）。

　1994 年に沖縄で最初の国際島嶼学会（ISISA）が開催されて以来、各地で島嶼教育研究情報ネットワークが構築されてきている（表 5-1）。国際島嶼学会設立の発端となったのは、1986 年にバンクーバー島（カナダ）で開催された「第一回世界島嶼会議（Islands of the World）」である（詳しくは嘉数 1994 年参照）。会議はビクトリア大学の太平洋・東洋研究センターが主催し、「島嶼 1986 ソサエティ」と称する市民グループの参加を得て開催された。会議には 15 の島嶼国・地域から 100 名余が参加し、イギリスの島嶼地域における植民地政策の歴史から、島嶼社会の特質、経済自立、漁業問題、国際関係、太平洋における非核地帯設置構想（NFZ）など、幅広いテーマが報告、討議された。パネルディスカッションでとくに注目されたのが、当時国際的にも関心が高まってい

146

た南太平洋へのソ連の進出であった。南太平洋の最貧国、キリバスが破格の値段でソ連に漁業権を売り渡し、ソロモン諸島をはじめとする地域の島嶼国がこれに追随する気配があったからである。

　バンクーバー島会議はオーストラリアのタスマニア島（1989 年）、バハマ島（1992 年）に引き継がれ、「琉球セッション」がもたれると同時に、第 4回会議を沖縄島で開催し、国際島嶼学会の創設を決議した。「第 4 回世界島嶼会議」（Islands '94）は 1994 年に日本唯一の島嶼県である沖縄で開催され、これが第一回国際島嶼学会（ISISA）となり、同時に学会憲章が採択された（嘉数 1994 年）。その意味では沖縄は国際島嶼学（nissology）誕生の地といえる。沖縄大会は、ユネスコ傘下の NGO である「島嶼発展に関する国際科学評議会（UNESCO-INSULA）との共催で、「島：自立への挑戦―島嶼地域の地球的ネットワーク化に向けて―」をテーマに世界 30 か国を含む内外から 200 名余が参加し、9 つのセッションで 43 本の報告がなされた。沖縄大会は、島嶼に関する学術会議としては、参加者、論題の多様さにおいて世界最大規模のものであった。世界島嶼会議と国際島嶼学会は、2020 年開催予定のカナダのニューファンドランド島大会でそれぞれ 17 回、14 回を数える。国際島嶼学会の創設に刺激を受けて、1998 年に日本島嶼学会（JSIS）が発足した。韓国でも島嶼学会（KAI）が創設され、現在台湾島嶼学会設立の準備が進められている。JSIS は世界初の国内学会となったが、2000 年には日本学術会議の協力学術研究団体会員に登録され、島嶼学が独立した学術研究分野として「市民権」を得ることになった。

　国際島嶼学会の創設を契機にして、各地で島嶼学の研究が進み、グローバル規模でのネットワーク化も急進展した。表 5-1 に主な島嶼教育研究及び島嶼情報発信機関をリストした。「赤毛のアン」の舞台として有名になったカナダのプリンスエドワード大学では、世界初の島嶼学講座が開設され、現在博士課程まで整備されている。日本でも鹿児島大学島嶼教育研究センター（（前）多島圏教育センター）で博士レベルの教育研究が行われている。すべての島嶼地域に島嶼研究機関が存在するが、最も多いのは島嶼が集中している太平洋地域である。

　特定の研究テーマに特化している研究所もある。たとえば、前述の UNESCO-

第 5 章 島嶼社会経済のネットワーク

表 5-1　主要なグローバル島嶼研究・情報ネットワーク、2018 年（著者作成）

研究組織・学術ネットワーク	URL
Small Island Developing States（SIDS, 国際連合）	www.un.org/esa/sustdev/sids.htm
International Small Islands Studies Association（ISISA、国際島嶼学会）	www.ins.net
Pacific Islands Development Program（ハワイ東西文化センター）	www.eastwestcenter.org
Center for Pacific Island Studies（ハワイ）	www.hawaii.edu
Center for Island Sustainability（グアム）	www.uog.edu/center-for-island-sustain-ability/
Island Institute（米国、メイン州）	www.islandinstitute.org
Island Resources Foundation（米国、ヴァージン諸島）	www.irf.org
The Island Institute（アラスカ）	www.home.gci.net
Institute of Island Studies（カナダ、プリンスエドワード島）	www.upei.ca
Global Islands Network（GIN、スコットランド）	www.globalislands.net
Dicuil Institute of Island Studies（スコットランド）	www.diis.ac.uk
Centre for Pacific and Asian Studies（オランダ）	www.kun.nl
Institute for Islands Development（エストニア）	www.ttu.ee/?id=1869
B7 Baltic Islands Network（ドイツ、リューゲン島）	www.b7.org
International Scientific Council for Island Development（UNESCO-INSULA　フランス）	www.insula.org
Reseau d'Excellence des Territoires Insularies（RETI, フランス、コルシカ島）	http//reti.uni-corse.fr/English r6.html
Islands and Small States Institute（マルタ島）	www.comnet.mt
Society for Indian Ocean Studies（インド）	www.sios-india.org
University of the South Pacific（USP, フィジー）	www.usp.ac.fj
Caribbean Studies Association（トリニダード・トバゴ）	http://www.caribbeanstudiesassocia-tion.org/
Center for South Pacific Studies（オーストラリア）	www.unsw.edu.au
Research School of Pacific and Asian Studies（オーストラリア）	http://rspas.anu.edu.au
The Island Gateway（オーストラリア）	www.geic.or.jp
Small Island Cultures Research Initaitive（SICRI, オーストラリア）	www.scu.edu.au.
Webbing the Islands（オーストラリア、タスマニア島）	www.webbingtheislands.com
Pacific Institute（オーストラリア）	http://pacificinstitute.anu.edu.au/
MacMillan Brown Centre for Pacific Studies（ニュージーランド）	http://www.pacs.canterbury.ac.nz/
Centre for Pacific Studies（ニュージーランド）	www.arts.auckland.ac.nz
Global Green Growth Institute（GGGI　韓国）	www.gggi.org
World Environment & Island Institure（WEII　韓国済州島）	www.weii.jejunu.ac.kr
Institute for Marine and Island Culture（韓国木浦国立大学校）	http://islands.mokpo.ac.kr
韓国島嶼学会（KAI）	koreaseom@hanmail.ne
International Geographical Union（IGU）Commission on Islands（台湾）	www.geog.ntu.edu.tw
日本島嶼学会（JSIS）	www.gakusen.ac.jp/jsis
鹿児島大学国際島嶼教育センター（前多島圏教育センター）	www.cpi.kagoshima-u.ac.jp/index-j.html
海洋政策研究財団　島嶼資料センター	www.islandstudies.oprf-info.org
琉球大学島嶼地域科学研究所	http://riis.skr.u-ryukyu.ac.jp
太平洋諸島地域研究所（JIPS）	www.jaipas.org
北海道大学スラブ研究センター（SRC）	www. src-h.slav.hokudai.ac.jp
太平洋島嶼センター	www.pic.or.jp

INSULA は、環境問題を中心に持続可能な開発（SD）に特化したユネスコ傘下の NPO 組織で、*INSULA：International Journal of Island Affairs* と題する専門誌も発行してきたが、カリスマ的な事務局長、ピエール・ダヤラ（Pier d' Ayala）氏の引退もあって、最近の活動は停滞気味である。The Small Islands Culture Initative（SICRI）は、オーストラリアのサザンクロス大学（Southern Cross University）に拠点をおき、とくに島嶼の文化、芸術、コミュニティについて世界に発信している。SICRI は定期的に国際会議を開催している。第 12 回の SICRI 会議は、2016 年に沖縄で開催された。SICRI は、『島 *Shima*』と称する電子版ジャーナルを発行している。

　国立台湾大学に本部を置く「国際地理学連合島嶼学術委員会（IGUCI）」は、地理学的視点からと島嶼問題にとりくみ、種々の国際会議を開催している。日本でも主に太平洋地域（国内外）を対象とした七つの研究機関を掲げてあるが、北海道大学スラブ研究センター（SRC）内のグローバル COE 研究プログラムは、国境に位置する紛争島嶼地域の研究を行っている。

　国際島嶼学会、日本島嶼学会もそうだが、島嶼に関する学術会議は「距離の暴虐」とよばれている交通の不便な遠隔地で開催されることが多く、参加者の負担が大きい上にスポンサーもつきにくい。その意味では、大陸以上にインターネットなどによる情報ネットワークの構築と強化は喫緊の課題である。この課題に応えるべく、2014 年に台湾澎湖諸島で開催された国際島嶼学会で「Green Islands Network」の構想が承認された（http://www.globalislands.net/greenislands）。先述のグローバル・アイランド・ネットワーク（GIN）がイニシアティブをとって、島嶼のグリーン（再生）エネルギー、ゼロエミッション、持続可能観光・農業・技術・教育、生物多様性、気候変動などに関する事例研究論文を相互に利用可能にする試みである。すでに Global Green Growth Institute, Knowledge Platform, Green Economy Coalition, Green Economy International, Green Growth International, Partnership for Action on Green Economy のサイトが参加して、島嶼に関する数千件の論文が利用可能になっている。

　Reseau d'Excellence des Territoires Insulaires（RETI）は、島嶼教育に関する島嶼間大学ネットワークの構築を目指して、2010 年にフランスのコルシカ大学でスタートした。2017 年現在、16 か国・地域の 27 大学が加盟している。

ISISA 会議と連動して、会議やサマースクールを開催し、島嶼教育・研究のプロジェクトや課題にとりくんでいる。2017 年 2 月には「島嶼地域の展望：持続性と自立性」をテーマに、琉球大学で開催された（桑原 2018 年参照）。

3　沖縄におけるネットワークの実例と構想

(1) ウチナーンチュ・ビジネス・アソシエーション（UBA）

　戦前の沖縄は、とくに食料需給を調整すべく、かぎられた土地資源と人口増加のバランスをうまくとっていた。人口規模を経済の持続可能な水準に保つ基本的なしくみとして、「海外移民」があり、その調整メカニズムによって、戦前の沖縄の人口は 50 万人程度でほぼ一定規模に維持されていた。ところが戦後は、終戦直後を除いて、海外への「社会移動」によるこうした人口流出がほとんどなくなった（Kakazu 2016）。

　沖縄からの海外移民は、1900 年頃にハワイから始まったが、その後北米、南米、東南アジア及び南太平洋等の地域へと広がった。沖縄から海外へ移住した人の数は、初めてハワイへの移民が始まった 1899 年から 1993 年までに 9万 2,000 人を記録しているが、その子孫を含めると推定約 40 万人にのぼるとされている（石川 1997 年）。とくに戦前、戦後を通してのブラジル、ペルー、アルゼンチン、ボリビアなどの南米移民は群を抜いている。移住先で成功した沖縄県系移民（ウチナーンチュ）は、終戦直後まで「母国」へ送金し続け、これによって沖縄の貿易赤字がそっくり相殺された一時期もあった（嘉数 1983年 b）。

　しかし、そうした海外「ウチナーンチュ」が、互いの国境を越えて「ウチナーンチュ・アイデンティティ」を確立すべく積極的に組織作りを始めたのはごく最近のことである。1990 年に沖縄県で「第 1 回世界のウチナーンチュ大会」が開催され、17 か国から 2,000 人余のウチナーンチュが初めて一堂に会した。本大会は 5 年ごとに開催されることになり、2016 年には 6 回を迎え、世界 28 か国・地域から約 7,000 人が参加した。

　この大会を契機にして、1997 年にハワイで結成されたのが「世界ウチナーンチュ・ビジネス・アソシエーション（通称 WUB）である（図 5-6）。WUB

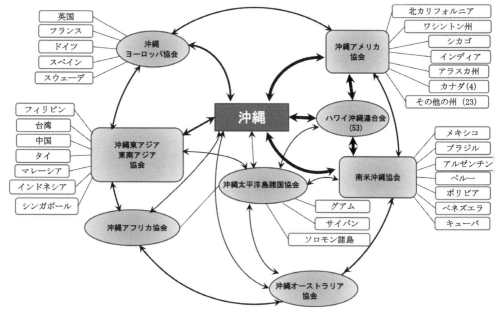

図5-6　世界ウチナーンチュ・ビジネスネットワーク、2018年
注：カッコ内は、支部数。

は南太平洋からアフリカに至る5大陸をカバーしたグローバルなネットワーク組織に成長した（http://www.wub.gr.jp/japanese/con01/frameset.html）。WUBは毎年、各国持ち回りで大会をもっており、インターネットを活用して、まだ実績は小さいが、県産品の貿易・流通を行うグローバル企業も誕生している。これは特筆すべきことである。なぜなら、中国人、インド人、ユダヤ人は、広く認識されている彼らの世界ネットワークを構築するのに数百年もの歳月を要しているからである。このWUBネットワークモデルは緒についたばかりだが、移民送金が主要な外貨獲得源になっている多くのアジア太平洋島嶼国にとっても参考になるはずである。

　また、全世界に約1億人も存在するといわれている空手愛好家を、空手の「聖地」である沖縄を「ハブ」としてネットワーク化する構想も検討中である。たとえば最も権威のある「空手昇段試験」を沖縄で実施することが考えられる。空手は、スポーツとしての側面だけでなく、教育効果、観光効果、空手用具類

などの製品効果はむろんのこと、空手の「聖地」としての地球規模での「沖縄ブランド化」につながるはずである。2013年に開催された「沖縄伝統空手道世界大会」に続いて、2018年10月には「第1回沖縄空手国際大会」が開催され、世界50か国から1200人の選手が出場し、伝統空手と古武道の「型」5部門40種目で技を競い、交流を深めた実績がある。空手が2020年の東京オリンピックの競技種目に採用されたこともあって、沖縄空手がにわかに注目されている。

(2) シマンチュの動態的ネットワーク

沖縄は島々で成り立つ日本唯一の県だが、現在南北1,000 km、東西400 kmの広大な海域に約40の有人島が散在している。大きく分けて沖縄本島圏域、宮古島嶼圏域、八重山島嶼圏域に分類できる（図5-7）。伊良部島を含めて、復帰後16の有人離島が橋や海中道路など圏域の本島とつながった。

図の矢印は、圏域間の人口移動の方向と大きさを概略示している。予想され

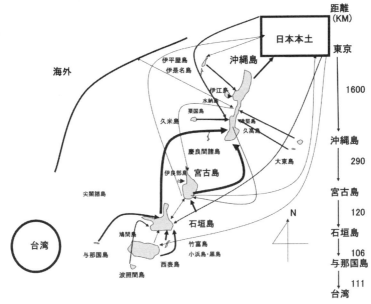

図5-7　沖縄の島嶼間人口移動概略図
注：矢印の太さは人口流動の大きさを示している。

ることだが、人口は、八重山島嶼圏域周辺の小離島から石垣島に純移動（流入－流出）し、宮古島、石垣島から沖縄本島に純移動する傾向にある。沖縄本島から日本本土への純移動はマイナスから最近はわずかながらプラスに転じている（図 5-8）。

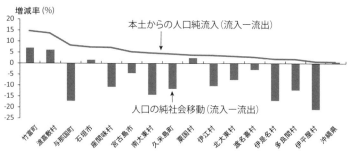

図 5-8　沖縄県離島市町村の人口移動、2000〜2012 年
注：人口純流入＝人口流入－人口流出
（総務省「国勢調査」、沖縄県「市町村別人口増減」より作成）

　なお興味深いことは、宮古、八重山島嶼圏域には本土からの人口純流入を記録していることである。とくにグリーン、ブルーツーリズムのメッカ、竹富町と渡嘉敷村への本土からの純流入は過去 12 年間（2000 年〜 2012 年）に群を抜いて高い。この背景には、おそらく日本本土からの「島フェッチ」と定年退職者移住者の増加、グリーンツーリズムの隆盛などがある。他方、与那国、伊平屋、伊是名、大東島などは、本土からの純流入人口はかろうじてプラスを記録しているものの、主として沖縄本島への流出が止まらず、人口減少対策が最大の課題となっている。もしこのような人口流動パターンが今後も継続すると、島々の経済社会を担う「シマンチュ」の構成が大きく変化することが予想される。

　島嶼間の人口流動の方向と大きさは、グラビティモデルである程度説明することが可能である。グラビティモデルは、ニュートンの「万有引力の法則」の応用で、人口移動のみならず、地域間のネットワークの強さ、貿易依存度（結合度）、観光客などの予測によく用いられる手法である。万有引力とは「太陽と惑星間にはたらく引力は、太陽の質量と惑星の質量に比例し、太陽と惑星間の距離の二乗に反比例する」というものであり、太陽の質量を M、惑星の質

量を m、その間の距離を r とすると、引力 F は、以下の単純な式で表すことができる。G は、「万有引力定数」である。

$$F = G\ (Mm/r^2)$$

これを八重山島圏（y）から沖縄本島（o）への人口移動に当てはめると、以下の式で表すことができる。

$$Poy = G\ (YyYo/Dyo)$$

すなわち、y から o への人口移動の大きさ（Pyo）は、Y の総所得（Yy）と o の総所得（Yo）の積に比例し、両者間の距離（Dyo）に反比例する（万有引力の法則と異なって距離の二乗にはなっていない）。つまり両者間の経済規模が大きければ大きいほど、両者間の人の移動は活発になると同時に、両者間の距離（または旅行コスト）が大きければ大きいほど、移動は困難になる。対数を使って上式を書き直すと以下の通りとなる。

$$LogPyo = a + bLogYyYo - cLogDyo + E$$

a、b、c は万有引力の G に相当する定数項（パラメータ）で、E は誤差項である。グラビティモデルの最も単純化した式を用いて、2000 ～ 2005 年の「国勢調査」によるクロスセクションデータにもとづいて、八重山島嶼圏、宮古島嶼圏と沖縄島間との人口移動を推計した（Kakazu 2012）。

八重山島嶼圏から沖縄島への人口移動は、モデルの想定通りで、パラメータも 5 ％水準で有意である（表 5-2）。沖縄島と八重山島嶼圏の総生産（YyYo）が 1 ％成長すると、八重山から沖縄への純人口移動が 0.89％ 増加し、両者間の距離（D）が 1% 延びるごとに、沖縄島への純移動人口は 0.41% 減少する。

表 5-2　沖縄島と八重山島圏・宮古島圏間の人口移動、2000 年～ 2005 年（単位：人）

	沖縄島	日本本土	海外	合計
八重山島圏				
人口流入	2,647	2,758	111	5,516
人口流出	3,301	2,115	0	5,416
純社会移動	-654	643	111	100
	沖縄島	日本本土	海外	合計
宮古島圏				
人口流入	2,844	1,650	73	4,567
人口流出	3,204	1,537	0	4,741
純社会移動	-360	113	73	-174

八重山島圏 (y) から沖縄島 (o) への人口移動

$$LogPyo = 0.54 + 0.89LogYyYo - 0.41LogDyo$$
$$\qquad\quad (0.045)\quad (2.860)\qquad (-0.780)$$

宮古島圏 (m) から沖縄島 (o) への人口移動

$$LogMmo = 0.12 + 0.56LogYmYo + 0.46LogDmo$$
$$\qquad\quad (0.023)\quad (0.520)\qquad (0.223)$$

（『国勢調査』より嘉数啓作成）

しかし、宮古島嶼圏域から沖縄島への人口移動はより複雑な説明が必要である。所得との関係では八重山と同様、モデルの想定通りだが、距離に関してはまったく逆になっている。つまり、宮古島嶼圏域では八重山島嶼圏域と異なって、沖縄との距離が遠ければ遠い離島ほど、宮古島より沖縄本島への移動志向は強くなっている。これにはおそらく、宮古島嶼圏域の島々から沖縄本島へのアクセスの容易さと、教育、雇用、縁故などの要因がより強く働いていると思われる。八重山島嶼圏域の小離島は石垣島に移動する傾向が強いのに対して、宮古島嶼圏域の場合は宮古島をスキップしていきなり沖縄本島への移動志向が強いのではないか。その証拠に石垣島は人口増加が続いているが、宮古島は減少傾向にある。

　両先島嶼圏域とも、人口移動は距離よりも所得の変化に敏感に反応するという推定結果になっている。このことはきわめて常識的だが、遠隔離島からの人口流出を防ぐには、まずは島々での雇用機会を増やし、所得を向上させることが何よりも有効であることを示している。

　ここで最も単純な推計方法を紹介したが、説明変数の取り方によってもっと正確に推計することが可能である。たとえば物理的な距離に加えて、雇用機会、物価、島嶼間の交通コスト、便数などの利便性、自然環境、文化、歴史的な関係などである。空港の整備、格安航空機（LLC）の導入などで、同じ距離でも移動に対する抵抗は減少するはずである。

(3) 情報（ICT）ネットワーク

　観光に次ぐ沖縄のリーディング産業として情報通信産業（ICT）が注目されて久しい。1998 年に NTT の 104 コールセンターが設置されて以来、2015 年までに 387 の ICT 会社が立地し、2 万 6,000 人余の雇用の場を提供している（図 5-9）。生産額では 4,000 億円を記録し、6,000 億円の観光収入に次ぐ、沖縄のリーディング産業に成長した。

　最近の ICT 産業は、量的な成長に加えて、質的にも進化してきた。NTT のいわゆる「ホワイト・ベルト」、つまり低スキルの ICT 技術から、最近は顧客サービス（CS）、ソフトウェア開発、コンテンツ制作、アウトソーシング事業（BPO）、データサービス、バックオフィス、金融サービス、遠隔教育などと高

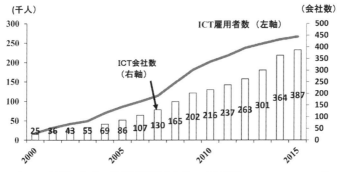

図 5-9　沖縄における情報通信関連企業の立地状況、2000 〜 2015 年
（沖縄県情報産業振興課調査資料より作成）

度化してきた。とくにソフトウェアと通信・ネットワーク産業が急成長し、進出会社数の 3 割強を占め、コールセンター会社の数を大きく上回るようになった。最近は、首都圏の直下型地震対策もあって、データセンターの設置も相次いでいる。沖縄は必ずしも無地震地帯ではないが、日本本土とは遠隔にあるという地の利を生かし、危険分散する狙いがある。すでに Canon、NTT、金融機関などがデータバックアップセンターを設置している。

　復帰後、沖縄県が行った産業育成政策で最も成功したのがこの ICT 産業育成事業であるといえる。NTT のコールセンターがスタートした 1998 年に沖縄県は「マルチメディアアイランド構想」を策定し、税制、回線補助を含む企業誘致優遇措置を実施した。その後 24 市町村を「情報通信産業振興地域」に指定、さらに 2002 年には名護市・宜野座村を含む 3 地区が「情報産業特別区」に指定され、税制、施設などで特別自由貿易地域並みの優遇措置が講じられた。2008 年には ICT を活用して、沖縄とアジアを情報ビジネス、人材育成で「津梁＝ブリッジ」する拠点として、うるま市に設置された「沖縄 IT 津梁パーク」も注目されている。

　アジアを視野に入れた ICT ビジネスの目玉として、沖縄 GIX（グローバル・インターネット・エクスチェンジ）の活用も検討されている。沖縄には 6 系統の「海底ケーブル」が陸揚げされており、この大容量の回線を活用しない手はない。とくに 1999 年に陸揚げされた SEA － ME － WE3 回線は、アジアの

ほとんどの国、オセアニア、ヨーロッパをネットワークしており、沖縄が GIX 集積地として重要な役割を果たせる位置にある。GIX の活用は、通信速度のアップだけでなく、通信コストの低減にも貢献する。沖縄の通信費は、香港の 5.8 倍、台湾の 2.2 倍も割高になっているのだ。

　沖縄県の小島嶼地域（遠隔離島）は、地理的不利性と ICT 関連民間事業者の欠落もあって、本島との情報格差が拡大してきた（沖縄県企画部 2012 年）。その解消に向けて沖縄県は国の 8 割補助を得て、2016 年度までに全離島を 915 km の海底ケーブルでネットする超高速通信整備事業に着手した。これによって各離島は大容量、低価格の高速通信が可能になり、その活用によっては「距離の暴虐」を克服して、教育、医療、災害対策、企業創出などではずみがつくことが期待される。ただ、光ファイバーを直接引き込む FTTH（Fiber To The Home）方式を全離島採用する必要はなく、島のサイズ、ニーズに応じて、ADSL（アナログ固定電話回線接続）や無線通信（wireless）システムなどの島に適した技術の採用を検討すべきである。セキュリティの問題はあるが、無線通信技術が最も設置費用、利用料金がやすく、水納島、由布島などの極小離島では前章で議論した「適正技術」ではないか。

　ICT は既存の産業、制度の活性化にも不可欠である。たとえば、「ニューズウィーク」（2012 年 11 月 7 日号）によると、アメリカでは ICT をフルに活用した「オンライン講義」で大学の授業のあり方が劇的に変化しつつある。数年前に、マイクロソフトのビル・ゲイツは、5 年以内に世界の最高の講義がウェブで、しかも無料で受講できると予言したが、これがすでに現実になりつつある。さまざまな科目の授業を無償で提供する講座「MOPC」が、MIT とハーバード大学で提供され、参加希望大学が殺到している。「ニューズウィーク」誌（前掲）によると、「学費の価格破壊が起き、キャンパスごとなくなる大学もあるかもしれない。最も深刻なのは教員だ。一人の人気教授が 10 万人の学生を集めれば、残りの大半の平凡な教授は学生から見放されかねない」（pp.50-51）。

　ウエッブ（オンライン）教育は、通常の対面教育と併用することによって教育効果が高まることも実証されている。囲碁の世界で前人未踏の 7 冠を制覇した井山裕太棋士は、小学校時代から囲碁のオンライン対戦をしていた。沖縄本島うるま市に属する人口約 300 人の伊計島では、廃校になった小中学校を

拠点にして、全国初のネット活用による「N 高等学校」が 2016 年にスタート
した。出版大手の KADOKAWA と地元自治体が連携した島活性化ノウハウで、
全国から 5,000 人程度の生徒を募集する計画だ。沖縄県では、県内での教育
格差の拡大もあって、全国一の「子どもの貧困率」を記録しているが、N 高校
の開校はその解消にもつながることが期待されている。

　オンライン教育は目新しいものではないが、動画、双方向、低コスト、ユビ
キタスの ICT 技術の飛躍的な進歩により、最も変わりにくい大学教育分野でも
「革命」が起こりつつある。アメリカでのこのような動きは、社会のニーズに
応えきれず、「ムラ社会」を形成して、質的にも劣化を続けている日本の大学
にとってもよそ事ではないはずである。

　島嶼、遠隔、情報過疎地を逆手にとって、ICT をフルに活用して、沖縄から
日本の教育革命を先導する時代を迎えている。これはちょうど、不便でコスト
のかかる固定電話が普及する前に、モバイル時代を先取りし、「後発の有利性」
を活用した中国や発展途上国に類似している。

　島嶼地域は、自然に恵まれ、空き家にも恵まれ、人情も厚く、アクセスも容
易である。唯一の課題は、無線 LAN を含むブロードバンド環境の整備が遅れ
ていることである。徳島県には前述の「神山モデル」以外に、ICT を活用して
高齢者にユニークな働く場を提供している「上勝町モデル（いろどり）」もある。
「葉っぱビジネス」として全国の話題をさらった。「ユビキタス時代」とは、ど
こにいても、アイデアで勝負できる時代の到来を意味している。

　この際、ICT 過疎地である沖縄の離島や北部広域圏を「ユビキタスモデル地
域」に指定し、すべての施設を光ファイバーでネットする大胆な試みもあって
よい。

(4) 物流ネットワーク：位置の悲劇から位置の優位へ

　2009 年に、全日空（ANA）が国際貨物基地を那覇空港に開設して以来、沖
縄がアジア太平洋をにらんだ貨物ハブとしてにわかに注目を集めている（図
5-10）。ANA のグローバルネットワークを活用して成田、羽田、関西国際空港
などから積み込まれた貨物を那覇空港で目的地別に仕分けされ、香港、ソウル、
上海、台北、バンコクなどのアジア主要都市に 1 日で配送する物流システム

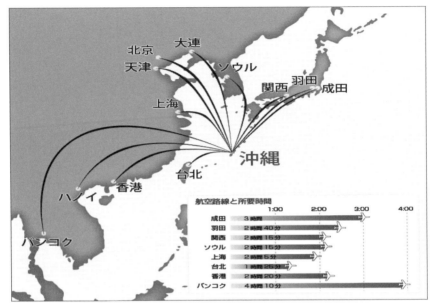

図 5-10　沖縄からアジアへの貨物ハブ構想（沖縄県企画部）

が稼働している。

　これらの都市は那覇から4時間圏内にあり、24時間稼働空港のメリットを生かして、旅客機と競合しない、空港使用料も安い夜中に離着陸が行われている。沖縄と東アジアとは1〜2時間の時差があることもメリットになっている。ANAは現在9機の貨物機を使用しているが、将来は30〜40機に増やす計画がある。ANAの貨物基地の稼働により、沖縄からアジアへの航空貨物量は2008年の900トンから、2010年には7万トン強まで増加した。その後アジア経済の不振もあって若干落ち込んだものの、2015年はヤマト運輸がANAの貨物基地を活用して国際クール宅急便を始めたこともあって、貨物量は8万トン強に増加した。那覇空港は成田、関西空港、羽田についで国内第四位の貨物基地となった。ANAの計画によると、将来貨物取扱量を現在の6倍の42万トンに増やす予定である。貨物のほとんどは「通過（トランジット）」であるが、沖縄発の食材、菊なども出荷され始めた。後述するように、輸送コスト高、マーケット開拓不足で出荷できなかった農畜産物、海産物、食材、工芸品

などが沖縄からアジア向けに出荷できるインフラが整ったといえる。

　しかしながら、沖縄の貨物基地が今後も順調に拡大するにはいくつかの課題を克服する必要がある。最大の課題は、日本各地からアジアへの「格安航空機（LCC）」などによる直行便の就航が激増するなか、沖縄での貨物の積み替えによる運航コストと時間面での不利性の克服と、沖縄発の貨物をどう確保するかである。中長期的には、貨物ターミナルスペースの狭隘さの課題がある。那覇空港のキャパシティは、10年後の航空需要に対応できないことが予想されており、現在2020年の運用を目指して、既設滑走路の約1.3km沖合側に新滑走路の建設が進んでいる。しかしこれによる滑走路処理容量（離着陸回数）の増加率は現状の1.11倍で、貨物ターミナルの併設計画もないことから、将来の航空需要に対応できるかどうか疑問である。現在の那覇軍港の早期返還か、那覇空港の背後に広がる自衛隊基地の整理・移転も検討してよい。ANAの貨物事業が黒字転換し、将来にわたって持続可能であるためには、一定規模のボリュームの確保が不可欠である。

　ANA貨物基地の稼働と並行して、沖縄にはすでにANA系列のバニラエア、ピーチアビエーション、JAL系のジェットスター、世界最大級のLCCであるエアアジアなどが就航している。ちなみに那覇―成田間の片道航空運賃は6,000円、那覇―台北間は8,000円程度である。これで、「太平洋の要石（Keystone）」の地理的優位性を活かしたアジアへのネットワークハブに向かってスタートを切ったことになる。ICTとLCCを主とする交通ネットワークの集積は、沖縄経済の最大のハンディの一つであった、遠隔島嶼地域であるがゆえの高交通コストを克服する重要な手だてを得たことになる。

4　奄美・沖縄の島々連携軸―「島の道」ネットワークの構築

（1）「道の島」ネットワーク

　奄美と沖縄は「兄弟島」とよばれ、地理的にも歴史的にも切っても切れない関係にある。地理的には、沖縄諸島と奄美諸島を含めて「琉球列島」とよばれ、約1,000万年前は大陸の一部であったが、地盤の沈降に伴って大陸から切り離され、弓状の島々を形成したことが明らかにされている（木崎編著1980年）。

琉球列島は「東洋のガラパゴス」ともよばれているように、外界から隔絶した島独自の環境に適応した動植物の固有種が数多くみられる。琉球列島の島々は、北緯 20 〜 30 度に位置し、熱帯と温帯をつなぐ「亜熱帯」に属している。世界の亜熱帯地域には砂漠や草原がひろがっているが、琉球列島は亜熱帯海洋性気候の影響をうけて、比較的降雨量が多く、海底には世界一美しいといわれている珊瑚の森、陸上には「奇跡の森」とよばれている多様な動植物が生息している。

　歴史的にも奄美と沖縄は「兄弟」の関係にあった。初代琉球国王の尚巴志（第一尚氏）が三王国（北山、中山、南山）を統一（1429 年）する以前から与論島と沖永良部島は沖縄北部の北山王国の領土であった。琉球王国は沖永良島以北に進軍し、15 世紀の中頃には徳之島、奄美大島、喜界島までその統治下に置き、薩摩の琉球侵攻（1609 年）に至るまで、琉球は政治・行政的にも奄美の島々を含む概念であった（鹿児島県 HP、2016 年）。薩摩藩は琉球王国から奄美群島を割譲させて直轄地とし、トカラ列島から琉球列島の最西端に位置する与那国に至る弧状の島々を「道の島」とよんだ（吉成・福 2007 年）。文化的にも、とくに沖縄本島に近い与論島、沖永良部島は琉球文化の影響を強く受け、いまだに鹿児島より沖縄に対するアイデンティティが強いといわれている。しかし、旧ソビエト連邦の指導者がその同盟国を「兄弟」とよびながら仲が悪かったように、沖縄と奄美とは屈折した歴史があり、必ずしも良好な関係を築いてきたとは言い難い（佐野 2008 年）。

　奄美群島は戦後ふたたび政治・行政的に「琉球列島（Ryukyu Islands）」の一部として米軍統治下にあったが、米軍基地がなかったこともあって 1953 年には本土に復帰し、鹿児島県下の「大島郡」として国の「奄美群島振興開発特別措置法（奄振）」にもとづいて、現在第 6 次振興開発計画（2014 〜 2018 年）を実施中である。奄美群島が本土復帰して 60 年余が経過したが、27 年間米軍統治下にあった沖縄とは大きく異なる発展経路をたどった（詳しくは、山田編著 2005 年参照）。

　経済発展の基本指標である人口の推移をみると、過去 60 年間（1955 〜 2015）に沖縄県、八重山群島がそれぞれ 77%、19％も増加したのに対して、奄美群島の人口は約 4 割減少した。とくに喜界島、徳之島、沖永良部島は約

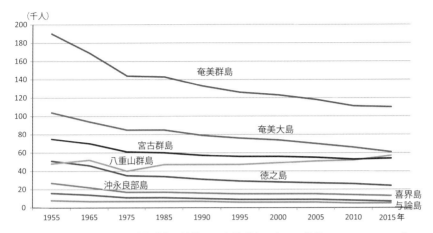

図 5-11　宮古群島、八重山群島と比較した奄美群島の人口の推移、1955～2015年
注：奄美群島には、奄美大島、徳之島、沖永良部島、与論島、請島、加計呂麻島が含まれる。

半減した（図 5-11）。奄美の島々の大幅な人口減はこれまで奄振が目指した未来像とは大きく乖離しており、これまでの振興策のあり方が問われている（鹿児島大学編 2004 年）。奄美群島の合計特殊出生率（2010 年で 2.13）は、都道府県ベースでは全国一の沖縄県（1.79）を大きく上回ってきたが、自然増加を上回る島からの人口流出にいまだに歯止めがかかっていない。結果として 65 歳以上人口の占める高齢化率は 3 割近くを記録し、沖縄県の約 2 倍の数値である。家計の非自立度を示す「生活保護率」も約 50％と、沖縄県の倍以上を記録している。奄振に当初から書き込まれている経済自立への道のりは、沖縄の島々より厳しいといわざるを得ない。

2010 年度の一人当たり奄美群島郡民所得は、継続的な人口減もあってほぼ沖縄県の水準に相当し、全国の 7 割強に向上してきた。しかし沖縄県と異なって、島・島間の所得格差は改善されてない。奄美大島の一人当たり所得を 100 とすると、徳之島が 90、一番小さい与論島が 78 である。第 2 章でみたように、沖縄県で最も小さい島の一つである北大東島の一人当たり所得が県内で最も高く、人口や土地面積と一人当たり所得はむしろ逆相関関係にあることを考えると、奄美のケースはもっと立ち入って解明する必要がある。

奄美群島内の所得格差の背景には、沖縄とは異なる産業構造の変化があるこ

とに気づく。奄美の主要地場産業である大島紬の生産額は、過去20年で6分の1に激減し、基幹作物である砂糖キビも同様な傾向にあるが、観光資源は豊富にあるにもかかわらず、後述する交通及び情報インフラの未整備もあって、沖縄のような島嶼型観光産業は発達してない。奄美の所得を支えた主エンジンは、公共支出であった。沖縄県も県民総生産に占める公共支出の割合（財政依存度）は2010年度で38％（全国24％）と高いが、奄美群島ではそれが58％にも達している。従来の奄美振興策の延長線上では、奄振に盛られた自立への道は「見果てぬ夢」に終わる（鹿児島県地方自治研究所編2005年）。

　私は「奄美・やんばる広域圏推進協議会」設立総会基調講演（1999年）及び日本島嶼学会久米島大会会長講演（2009年）で、奄美群島の八つの有人島間の分業・補完を推進する一つのアイデアとして、「奄美・沖縄島々連携軸－島の道」構想を提案した。「島々ネットワーク」の構築による有機的島・島自然観光ルートの形成、補完的な「島々間分業体系」の形成、島々間複合連携型経済の創出である（図5-12）。

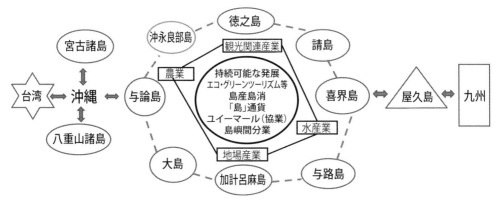

図5-12　沖縄・奄美「島々」連携軸の概念図（著者原図）

「奄美群島振興開計画」にも詳述されているように、ここでのキーワードは島内外との「ネットワーク」、「自然との共生」、「島産島消」、「島産外消」、「島資源の活用」、「ICTの活用」、「エコツーリズムの促進」などであり、第3章で論述した沖縄の島嶼発展戦略と重なっている。奄美群島は沖縄以上に農水産資源に恵まれており、複合循環型の第六次産業化による発展の可能性は高い。す

べての島で栽培されている砂糖キビの高付加価値活用をベースに、奄美大島では大島紬、黒糖焼酎、クロマグロの養殖がブランド化されている。とくに大島紬の復活は最大の課題である。奄美8島のなかで耕地面積が最大の徳之島では畜産、野菜などの生産が盛んである。「花の島」とよばれている沖永良部島では「えらぶゆり」はむろんのこと、馬鈴薯などが「かごしまブランド」として市場に出回っている。加計呂麻島や与路島ではソテツの実を活用した産物や真珠の養殖が盛んである。沖縄本島からわずか23 kmに位置する与論島は海洋レクレーションを中心とした「観光の島」として脚光を浴びつつある。

与論島以外にも観光産業はどの島でもリーディング産業として成長する可能性がある。沖縄のマスツーリズムとは異なる、奄美群島の手づかずの自然と豊かな文化を生かしたエコツーリズム、スポーツツーリズムを柱にした「自然との共生・癒し・健康・食」を売りにした長期滞在型観光ではおそらく沖縄と補完関係にある（須山編著2014年）。これからの課題は、島々の特性を生かした分業・補完関係をいかに島嶼間でネットワーク化し、ウイン・ウインの関係を構築するかである。その最大のネックが島嶼間交通の問題と、人口減少に伴う若手後継者の不足である。前述の「グラビティモデル」でみた通り、交通量は島嶼間の距離と経済規模（人口、所得）、輸送コスト、それに空港、港湾などの交通インフラの整備とその利用率にほぼ依存して決まる（日本の離島交通に関する詳細な分析については、奥野2002年〜2011年参照）。

奄美8島と沖縄の島々とでは、交通量において格段の格差がある。たとえば県庁所在地の那覇―石垣島間、鹿児島市―奄美大島はほぼ同じ距離に位置しており、人口、面積とも奄美大島のほうが石垣島より大きいが、2014年12月現在で航空便数では那覇―石垣が1日往復20便運航しているのに対して、鹿児島―奄美大島間は8便でしかも小型のプロペラ機（サーブ機、DHC-8）である。この差はむろん航空需要を反映している。石垣島の観光客数は2014年で100万人を突破したが、奄美大島はその3分の1強程度である。

航空運賃でも格段の格差がある。名瀬―鹿児島が片道2万5,000円であるのに対して、那覇―石垣はJTAで片道8,000円である。与論島や沖永良部島から大阪、東京への直行便はなく、沖縄経由のほうが便利でしかも割安である。島々間航空路でも奄美より沖縄の便数が多く、割安である。沖縄の離島空路運

賃が安い背景には、「離島空路維持対策」の名の下に、国、県、地方自治体による奄美よりも手厚い種々の補助事業がある。たとえば「生活維持路線」に対する赤字補填、機体購入費補助、航空燃料税の軽減措置、着陸料の軽減措置、固定資産税の軽減措置などである（詳しくは沖縄県『離島関係資料』2015年参照）。奄美でも同様な補助事業を実施しており、「奄美群島交流需要喚起対策特別事業」による新たな路線補助事業がスタートして、低コスト航空会社（LCC）の就航も決定されていることから、沖縄との運賃格差は今後若干縮小するものと思われる。しかし、運賃格差の主要因は路線の「需要規模」である。沖縄の場合、その大半は観光客需要である。奄美における住民の「生活路線」は人口減少により、今後ますます減少することが予想されることから、魅力ある観光事業や図5-12で示した島々間の交流事業をほりおこし、とくに若者をどう島々にひきつけるかが鍵を握っている。

（2）世界自然遺産コリドー

屋久島から奄美、沖縄の島々を結ぶ「世界遺産コリドー」は、最近現実味を帯びた議論に発展している（図5-13）。日本政府は2013年に「奄美・琉球」として、ユネスコの世界遺産暫定一覧表に記載することを決定し、同年、環境省、林野庁、鹿児島県及び沖縄県が共同で設置した「奄美・琉球世界自然遺産

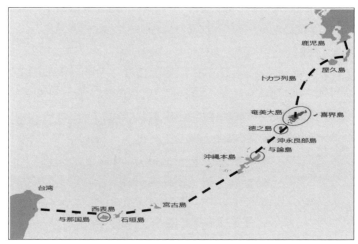

図5-13　琉球列島をつなぐ「世界遺産コリドー」概念図
（鹿児島県庁ホームページより作成）

候補地科学委員会」が、奄美大島、徳之島、沖縄本島北部、西表島を登録候補地として選定し、2018 年の実現を目指した。しかし国連教育科学文化機関（ユネスコ）は対象地域の絞り込み求め、正式候補登録への保留となっている。主管する環境省は 2019 年に対象とする島を絞り込み、再申請する方針である。

　奄美大島から北上したトカラ列島にはすでの世界自然遺産に選定された屋久島があり、「世界遺産コリドー」としてイメージしやすい。先述した琉球列島の多様で固有性の高い生態系、珊瑚礁を含む海中、陸上の景観や絶滅危惧種の世界規模での生息地であることを考えると、すでに世界自然遺産に登録されている「知床」や「小笠原諸島」と比較しても遜色はない。奄振では以前から、「奄美群島自然共生プラン」の指針を作成し、県や地元市町村が一体となってとりくんできた。プランの基本理念として、「共生への転換」、「地域多様性への転換」、「地域主体性への転換」を打ち出し、「自然共生ネットワークの形成」、「希少な野生動植物と森林の保全」、「エコツーリズムの推進」などの具体的な施策を盛り込んでいる（「奄美群島振興開発計画（平成 26 年度〜平成 30 年度）」参照）。

　「世界遺産コリドー」構想は、地球規模での環境保全活動と一体をなす。たんに観光振興や島々ネットワークだけではこのコリドーを維持・活性化するのは難しい。そこで地球温暖化の元凶である二酸化炭素（CO_2）の削減を目的とした世界規模での「排出権取引」の活用という大胆な提案をすることになる。先ず広大な海域を有する琉球列島の実効支配領域（陸地面積＋ EEZ 面積）を確定し、「二酸化炭素吸貢献度」を科学的に査定して排出権を獲得し、その権利を市場で売り出すことによって財源を調達することである。国連環境計画（UNEP）は、「ブルー・カーボン・イニシアティブ（Blue Carbon Initiative）」を提唱し、日本を含む各地でとりくみが始まっている。その報告書（UNEP 2009）によると、海は人間活動で放出された CO_2 の 4 分の 1 を吸収していることから、CO_2 排出権取引の対象になっている陸上の森林と同じように、沿岸に生えるアマモ、マングローブなどの植物や海藻類などを増やして「海の森」の創出を提案している。干潟・湿地滞での海藻場などの増殖による CO_2 の吸収は、排出削減よりとりくみやすいはずである。

　「海の森」事業は、サンゴの白化現象、漁獲量の減少などの深刻な問題になっている海の酸性化を防ぎ、健康な海と漁場を取り戻す意義もある。そのとりく

みでは韓国が一歩進んでいる。黄海に面し、韓国の島々が集中する全羅南道の「曽島（チュンド）」には、世界的にも珍しい民間の塩田会社が維持・管理する「塩生植物園」があり、ユネスコ・エコパークにも指定されている（Kakazu 2018）。なかでも干潮時に広大な干潟から顔を出すピンクの花をつけた「アッケシソウ」の群落は圧巻である。日本では「サンゴソウ」ともよばれ、食用にもなるアッケシソウは、日本では絶滅危惧種に指定されている。

　日本政府は、2015年に開催された第21回気候変動枠組み条約締約国会議（COP21）で、温室効果ガス排出量を2030年度に2013年度比 -26.0% の水準（約10億4,200万 t-CO$_2$）とすることを提案した。この目標値には、原子力発電による温室効果ガスの削減効果を含めてないが、京都議定書の基準とされていた1990年の排出量比では18％程度の削減になり、国際公約としては後退した。

　日本の島嶼地域は、環境保全だけでなく、国境に位置するがゆえに国の安全保障、シーレーン、海洋資源の確保においてもきわめて重要な役割を果たしている。すでに第1章で詳述したように、日本は国土の12倍、447万 km^2 という広大な EEZ 面積を有しているが、海洋政策研究財団の推計（2008年：2）によると、離島がその6割を占めている。沖縄県は面積では、全国37位（東京、大阪、香川県より大きい）だが、EEZ では、九州の面積に匹敵（4万 km^2）している。

5　台湾・沖縄・上海・香港自由貿易圏構想（TOSH-GT）

(1) 成長の三角地帯（GT）モデルの応用

　関税法上は「外国」のステイタスを活かして、沖縄の自由貿易地域を含む「成長の三角地帯（GT）」構想が議論されて久しい（嘉数1995年；Kakazu, et al. 1994参照）。GTは、「政治・経済形態を異にする2か国（地域）以上の隣接地域が、立地を含む生産要素及び市場の補完性を強化しながら、域内及び域外貿易、投資を促進し、地域の政治的安定・経済発展を達成する目的で設置される多国籍経済地域」と定義されており、新しいタイプの「地域経済圏」である。

　GTは、いわゆる「自然発生的な経済圏」（Scalapino 1992）でもある。なぜなら、

経済的に補完関係にある国境を共有する隣接地域が、自然なかたちで相互に交易、浸透、拡大して形成された経済地域だからである。このような柔軟な形態の経済統合は、ナショナリストの台頭で揺れ動いている欧州連合（EU）や北米自由貿易協定（NAFTA）、最近の環太平洋戦略的経済連携協定（TPP）のように、気の遠くなるような長期の交渉を積み上げてできあがる「固い」経済統合とは異なったものである。GTはゆっくりとした自然なプロセスを経て、地域のコンセンサスを汲み取りながら多様に進展する「アジア型経済統合」といえるかもしれない。

「GTプロセス」が導入され、GT単位で交渉が行われるようになれば、経済統合についてもコンセンサスが得やすく、参加地域のニーズによりマッチした取決めが可能であろう。ここで留意すべきなのは、GTは現在流行りの多角間及び二国間自由貿易協定での「開かれた地域主義」を補完し、サポートするものであるということである。アジアに隣接した沖縄が地域連携をリードしうる唯一のモデルはこのGTプロセスであるといってよい。図5-14のような「台湾・

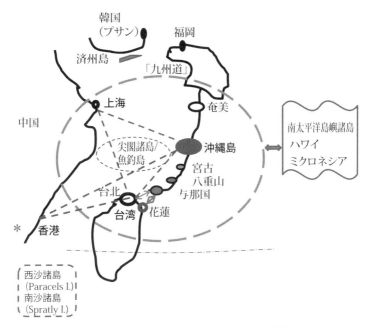

図5-14　台湾-沖縄-上海-香港「成長のトライアングル（GT）」概念図（Kakazu 2015a）

沖縄・上海・香港経済連携圏（TOSH-GT）」が実現できれば、解決への糸口さえつかめていない尖閣諸島をめぐる国境紛争の早期解決にも威力を発揮する可能性がある（Kakazu 2015a）。「要するに日中間の歴史的対話を、そのスケールと歴史の広がりのちがいから、地域にスポットを当てるかたちで組みなおす。尖閣海域と関連島嶼、地域を軸とした日中と台湾・沖縄を交えて歴史を議論する場をつくれば、何かがみえるだろうか。」（岩下 2013 年：198）。

　沖縄―台湾間の距離（630 km）及び沖縄―上海間（820 km）の距離は、沖縄―九州間（1,000 km）または経済的に強く依存している沖縄―東京間（1,600 km）の距離よりはるかに近く、沖縄―香港間（1,500 km）も東京より近い。IT 革命によって、距離が意味なさなくなりつつあるとはいえ、先述のグラヴィティモデルでみたように、近距離という条件は旅行、人的交流、物資輸送の分野で低コストの商取引条件を意味すると考えれば、地理的な距離は地域経済の連携のための鍵となる要素であるはずである。すると至極当然ながら、沖縄は東京よりも台湾やその背後にある中国華南地域とより緊密な経済的つながりをもてるといえよう。

　しかし現実は逆になっている。台湾からの輸出物資はいったん横浜や神戸に出荷され、その後に沖縄に入るというじつに奇妙な慣習が何年にもわたって続いている。このような状況を正当化する主な理由として、カボタージュ（Cabotage）規制（自国船優先使用）を含む種々の「国境措置」や、台湾―沖縄間の積荷貨物が不足していることなどが挙げられている。2010 年に沖縄の物流特区からのカボタージュ規制は緩和されたものの、実績はほとんどあがってない。積み荷不足が主因で、台湾―沖縄間を往復する定期タンカー便は現在のところ皆無で、2014 年に琉球海運が台湾のハブ港である高雄港にコンテナ船ではなく、車両を自走させて積み込む RO-RO 船を就航させている。琉球海運はこの高雄港を「中継基地」としてフィリピンに中古車を輸出し始めた。従来の大阪経由より運賃は 4 割、日数も半減した。先述した経済特区間の経済活動が拡大すれば、当然参加地域間の相互貿易量も拡大し、輸送頻度も高まり、結果として輸送コストの低減につながるはずである（Kakazu 2015b）。

　2008 年まで、中国本土と台湾の「直行貿易」が閉ざされていたため、石垣港がいわゆる「クリアランス・シッピング（積荷の出港手続き）」の拠点として、

台湾－中国本土貿易を中継していた。その数、ピーク時には 6,000 隻にも上った（嘉数 2000 年）。「クリアランス船」は、沖縄への経済効果はかぎられていたものの、台湾・沖縄・上海を結ぶ海上輸送の実験ルートとしての意義もあった。先述したように、台湾は沖縄の観光、輸出市場として存在感を増しつつある。これまで貿易収支は沖縄側の大幅黒字であったが、最近はほぼ均衡している。沖縄と中国との貿易量は台湾よりはるかに少なく、尖閣諸島問題で一時的な停滞はあるとしても、工夫の仕方ではこれから大幅に伸びることはまちがいない。中国運輸大手の申通快逓が沖縄の物流ハブを活用して、沖縄発で東南アジアだけでなく、ロシアやヨーロッパの国々へ向けての物流ビジネス開始することが報じられた（『沖縄タイムス』（2014 年 12 月 18 日）。これが実現すると追い風になることはまちがいない。

　TOSH-GT 構想の成功は、参加地域の補完的関係によって決まる。とくに沖縄が当該地域でどのような経済的役割を担うかが最も重要である。地域における沖縄の戦略的位置だけでは、GT 参加地域にとってビジネス機会を保証することにはならない。すでに説明したように、沖縄は当該地域の情報ネットワーク及び物流中継地としての「ハブ」機能に加えて、「ヘルシーリゾート」の役割を分担しうる。多くの分析結果は、アジアで一般化している大型製造業における「産業内分業」の網の目に、沖縄が首尾よく収まることはあり得ない。かぎられた資源、資金をいかに長期、効率的に配分していくかがここでも問われている。

　「地域に根差したグローバル経済化」という時代の要請のなかにあって、アジア太平洋地域における戦略的な位置及び歴史的遺産を活用して GT を促進できることは沖縄にとって千載一隅の機会であることは確かだが、この戦略を実現する前に解決しなければならない多くの障壁及び問題があるのも事実である。最も扱いづらい問題は、最近とみに悪化した地域情勢のなかにおける政治・安全保障関係である。「地方分権一括法」が成立し、地方自治に弾みがついたとはいえ、沖縄県が独自の「外交」を展開し、台湾や中国と経済交渉を行うにはかなりの制約がある。むろんその終局的な解決策は、装いも新たに復活した「琉球独立論」（松島 2014 年）だが、「見果てぬ夢（idle dream）」ではないにしても、その実現に向けては「重荷を負うて遠き道を行くがごとし」を否めな

い。これまでも時代の節目節目に琉球独立論が提起されてきたが、「居酒屋談義」と揶揄されているように、そのいずれも多くの場合、講壇からの上から目線の独立論で、民衆の鬱積した内なるエネルギーを吸収し、組織的な独立運動にはつながっていない。2018 年の沖縄知事選で、第三の選択肢として「独立党」の候補が出てきてもおかしくなかった。なぜか、まず自問自答から始めるべきである。独立は一種の革命であり、民衆の内部から湧き出る政治革命運動である。独立にジャンプする前に、沖縄独自の単一道州制、あるいはハワイ王国が選択した連邦制（state）の導入などによる正真正銘の「一国二制度」の実現に向けた「オール沖縄」のとりくみが不可欠であると思っている。

　地方分権の切り札として、本土でも沖縄でもあれほど熱気をもって議論されてきた道州制論議がここにきてなぜしぼんでしまったのか不可解である。人とカネ、モノ、情報の流れを東京から沖縄に逆流させる最も現実的で有効な方法は中央発ではない、沖縄独自の設計による道州制を構築し、中央省庁が握る権限や財源をまず沖縄に移すことではないか。

　沖縄をはじめとして多くの島嶼地域は、グローバル化による悪影響を「遮断」するために、経済社会を「閉じた体系」で運営することは不可能に近い。ならば、「国境に位置する」地理的好条件を活かして、島嶼の持続可能な発展を探る試みがあってもよい。2007 年の日本島嶼学会与那国大会では、「与那国の国境交流特区構想と国境政策」のテーマで、台湾からの研究者を交えて議論した。以下はその成果の一つである。

(2) 与那国：GT モデルのフロンティア

　上述の「GT 構想」を実現するフロンティアとして注目を浴びているのは与那国島である。ミニ島嶼でありながら、「国」の名前がついている与那国は、日本の最西南端に位置し、石垣市より台湾花蓮市に近い。かつて台湾との国境貿易で栄えた輝かしい歴史がある（奥野 2005 年）。台湾が日本の統治下にあった太平洋戦争前は、与那国と台湾間に国境の壁はなく、自由貿易・自由往来圏であった。「植民地支配の終わった戦後に台湾との間に国境線が引かれたため、台湾との間の復興貿易は「密貿易」とよばれながらも隆盛し、人口は最大で 1 万 5,000 人に達した。密貿易という用語は、行政当局の視点からの言葉であり、

島人にとっては合理的なボーダレスの経済行為にすぎなかったものの、人為的に国境線が引かれたため、無許可の国境をまたぐ経済活動は違法な密貿易とよばれたのである。つまり、与那国と台湾の間には生活圏レベルの草の根交流が先にあり、国境はその後に設定されたにすぎなかった」（大城 2005 年：2）

　双方の国境障壁の強化もあって、台湾―与那国のネットワークは衰退し、2014 年の与那国の人口は 1500 人を下回り、往時の 10％程度まで激減、与那国は日本最西端の辺境の小島へと変貌した。与那国と台湾の花蓮市は、1982 年に姉妹都市盟約を締結し、チャーター便が就航するなど、島嶼間交流の再構築に向けた動きが始まっている（Kakazu 2015b）。2005 年には、経済の再活性化、島の自立に向けた「与那国・自立へのビジョン」構想が策定された。ビジョン実現に向けた戦略して「国境交流特区」構想を策定し、「国境交流を通じた地域活性化と人づくり」戦略を打ち出した。国境交流のパートナーは当然隣の台湾である。戦前、終戦直後に台湾との交流によって繁栄を謳歌した与那国をいま一度取り戻そうという発想である。とくに台湾から低コストで資材や物資が調達できると同時に、与那国産の特産品の輸出、観光客の受入促進は与那国だけでなく、八重山島嶼圏域、沖縄全体にとっても大きな利益につながるはずである。与那国は沖縄のアジアへのフロントランナーとしての役割を果たせる位置にある。

　しかし、「国境交流特区」構想の実現にはいくつかのハードルを乗り越える必要がある。たとえば、与那国の祖納港を外国航路の就航も可能にする法制度の改正である。県管理の祖納港は小規模で外国貨物取扱量が少なく、港湾・税関施設も未整備のため、関税法第 20 条でいう「不開港」の位置づけである。那覇港のベースポート指定要件と同様、貨物取扱量の「実績」が開港への重要な要件だが、与那国のような小規模離島で開港せずして実績を挙げることは不可能に近い。開港については財務省の管轄だが、国際航海の人命安全確保を規定する国際条約（SOLAS）にもとづく国内法令（船舶安全法等）があり、これは国土交通省の管轄である。この条約・法令で定める安全基準をクリアしないかぎり、与那国の小型船舶は近場の花蓮港にも入港できないことになっている。

　与那国が提案している「国境交流特区」構想は、外国がからむことから、国内特区構想よりはるかにハードルは高い。「与那国が国境の島であることから

密輸リスクが他の地域に比べて高いという理由から、財務省は外国貿易船が自由に入港可能な開港に指定するのは困難と判断している。しかし、与那国のねらいは領海の保全、国境地域の安全、隣国との平和的交流であり、地震や津波等の災害相互支援協定を締結する計画ももっている。国境に隣接しているという理由で密輸リスクが高いと判断するのは短絡的な見方である」（大城 2005年：8）。

　第7章で詳述するように、与那国町の特区構想が国の「岩盤規制」で暗礁に乗り上げている間に、島を二分する論争のなかで、陸上自衛隊の沿岸監視部隊の配備が着々と実行されている。自衛隊配備は国の島嶼防衛の一環で、与那国から約 150 km 離れた尖閣諸島（中国名：魚釣島）の中国軍への監視が主目的である。むろん与那国町としては、自衛隊配備をテコに経済の活性化、人口激減への歯止めをねらっているが、尖閣諸島の領有権を主張してホットなにらみ合いが続いている中国、台湾との関係悪化は避けられない。

第6章 島嶼における文化と観光

―バリ島と竹富島の事例を中心に―

1 はじめに

　私が「文化と観光」について論文を書くきっかけとなったのは、1996年6月に開催されたユネスコ本部主催の会議であった。本会議には、観光学のトップジャーナルである *Annals of Tourism Research* の編集長でウイスコンシン大学教授の Jafar Jafari 教授、エジプト考古学（Egyptologist）の重鎮で、エジプト遺跡省大臣を務めた Zahi Hawass、フィリピン観光大臣の Narzalina Lim、博物館学（museologist）で著名なメキシコ国立大学の Yani Herreman 教授、スイスローザンヌ大学教授で、世界観光機構（WTO）ヨーロッパ委員会会長の Peter Keller、オタワ大学教授でカナダ文化観光協会会長の Claude Moulin、オランダ観光・交通研究所所長の Frans Schoutren、前ケニア政府観光局長の David Muslia などの 11 名がパネリストとして参加した（UNESCO 1996）。東アジアと島嶼地域から唯一私が招待を受けた。沖縄で最初の国際島嶼学会が開催された 1994 年に、アメリカ Westview Press から出版され、専門誌に多くの書評がでた *Sustainable Development of Small Island Economies* （Kakazu 1994）が関係者の目に止まったと思われる。

　この UNESCO 会議の 2 ヶ月後に、名古屋大学国際開発研究科（GSID）の大学院生 24 人を引率して、インドネシアの古都、ヨックジャカルタ（Yogyakarta）で、当地のガジャマダ大学（UGM）と連携協力して、1 ヶ月近くの海外実地研究（Overseas Fieldwork）を実施する機会があった。この実地研究は GSID の目玉プログラムで、今日まで継続している。実地研究は「京都学派」の地理学・文化人類学者で東工大名誉教授の川喜田二郎博士が開発した「KJ 法」に依拠して行われた。川喜田博士の頭文字をとった「KJ 法」は、今日でも学際的なフィールドワーク、企業研修、ワークショップなどで活用されている。「KJ 法」は、フィールドワークで集めた膨大なデータをカードやチャートを使って重要

課題を整理、浮き彫りにし、グループ討議（ブレインストーミング）を通して多様なアイディアを統合し、新たな発見を生み出す手法である（詳しくは川喜田1967年参照）。GSIDでの私の前任者であった（故）長峯晴夫教授が「KJ法」にもとづく実地研究要領を作成し、事前研修を経て、実践に活用していた（長峯1985年）。

ヨックジャカルタの実地研究では、テーマごとに五つのワーキンググループを編成し、その一つに地域文化（local culture）班を設けた。地域文化がどのように地域の発展と関連しているかを探るためであった。私はヨックジャカルタでのフィールド調査の成果を踏まえて、文化と観光産業について以下のモデルを構築して小論をまとめた（Kakazu 1996）。観光と文化活動に影響を与えると思われる主な要因を「観光需要」を決定する「外部要因」と、与えられた「自然・エコシステム」を前提に、経済・政治・社会・文化活動を構成する「社会経済システム」の「内部要因」とに分け、相互の因果関係を定性的、定量的に分析する手法である（表6-1）。以下の論説は必ずしもこの分析フレームに依拠したものではない。

表6-1　観光と文化の分析フレーム

内部要因			外部要因
自然・エコシステム	社会経済システム		観光需要
地理・風土 立地 土壌・気候	経済的要因 生産・所得 分配・雇用	政治的要因 意思決定 安心・安全	交通アクセス 価格 アトラクション
生物 動物 植物	社会的要因 観光客 社会システム	文化的要因 価値観・伝統 慣習・遺産	国境政策 外交 規制

2　文化の両義性と島嶼文化

(1) 文化とは何か

英語のCultureを「文化」と訳したのは『小説神髄』、『当世書生気質』などの作品で知られている明治時代の作家、翻訳家の坪内逍遥だといわれている。この日本語訳からは、Cultureの語源で、ラテン語で「耕す」、「培養する」、「洗練したものにする」などを意味するコレール（colere）をイメージすることは

むずかしい。これはまったく私の勝手な解釈だが、いつの時代にも知的流行語というのが存在し、いく分かのいかがわしさといく分かの説得力、あるいはかっこよさを適度に混合しながら時代の気分形成にあずかるとしたら、明治時代のそれは、「文化」とか「文明開化」ではなかったのか。近年の時代を映し出す知的流行語はむろん「グローバル化」、「情報化」、「人口頭脳（AI）」などある。日本語の文化概念はたぶんに「洗練されたもの」、「すすんだもの」、「教養」などの意味合いが強く、ぼう漠として気分的につかわれていることが多い。終戦直後に沖縄で流行った「文化風呂」、「文化鍋」などはそのいい例だし、いつ頃から流行したのか私には定かではないが、日本語として定着した「文化人」なる「人種」は、日本で誕生したものではないか。最近インバウンド観光客に、安くて快適だとして人気があるラブホテルは、「素晴らしい日本の文化」として好評らしい。参考までに、文化の構成要素として、ライシンガー（Reisinger 2009）は以下23の要素を挙げている（図6-1）。

図6-1でみるように、文化の構成要素は、明示、非明示的要素を含むあらゆる社会事象、産物、精神世界を含む概念であるといえる。文化の基本要素は、歴史の風雪にたえた伝統、価値様式、人類の未来創造につながる行為の産物で

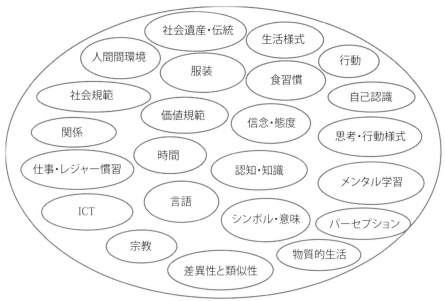

図6-1　文化の構成要素（Risinger 2009）

あるといえる。

　高校の教科書には、「文化」と「文明」は異なると記述されている。前者は、「歴史的に形成された社会のなかでの人間集団の生きざま・精神的活動の所産」と定義され、後者は「普遍的な科学技術、制度の進化によってもたらされた物質的活動の所産」と定義されている。しかし、著名な日本文化研究者であるルース・ベネデクト（Benedict 1946）が、文化には「優劣」はなく、相対的な概念であると論陣を張っても、「ヨーロパの進んだ文化がキリス教の普及でもたらされた」と記述されるように、文化と文明は表裏の関係にあることを「文化人類学の父」とよばれているテイラー（Taylor 1871）は論じている。時代とともに変容しないとされる「基層文化」といえども、人間集団の営みのなかで歴史的に形成された所産であることはまちがいない。だとすれば、あらゆる文化所産は、その優劣は別として、長い時間をかけて変容し、変質するものであると考えたほうが妥当である。「文化は、無定形の自然に、絶えず新しい秩序を与えることによって成り立つ。そういった意味で、文化の枠として成立している世界観は、絶えず新しく形成される混沌を秩序のなかに組み込む装置として働く。したがって文化のプラクシスは決して固定したものではなく、流動的でダイナミックである。秩序と混沌の接点は何時も固定しているものではなく、それは絶えず移動している。文化は、そういった視点からみると、絶えず増大するエントロピーとの葛藤過程としてとらえることができる。その能力を失うと、エントロピーの増大によって文化は無為と退行に追い込まれる」（山口1975年：95）。「文化の死」についての山口の仮説は、私も参加したユネスコ会議でのF. ショウテンの報告にもあった。わかりやすいので原文のまま引用する（Schouten 1996：42）。

> "Culture is a phenomenon constantly in development, a living identity. Culture is a dynamic pattern and when it is forced into a static pattern, it will cease to be a source of inspiration. When conservation of culture is turning into conservatism, the treatment will be worse than the disease and will eventually kill the "patient."

　余談になるが、この「文化の死」については、私が学習してきた新古典派経済学と相通ずるものがある。グローバル化が成熟（エントロピーの増大）した暁には、市場経済が貫徹した経済世界は、「一物一価」の均衡（静止）状態が

成立し、経済のダイナミズムを失って、「経済の死」を意味する。経済発展とは資本と人口増加・流動の論理に沿って、際限のない技術革新と格差を生み出すダイナミックなプロセスだからだ。資本のダイナミズムを欠き、人口減少に突入している今日の日本経済のありようは、まさしく「経済成長の死」を迎えているといってよい。文化のダイナミズムに対する私の見方は、かぎりなく山口・ショウテン仮説に近い。しかし、縄文文化を賛美し、文化の異質性の本質をその純粋培養の土着性に求め、沖縄で「忘れられた日本」の源流を「発見」した岡本太郎の文化論もあることを記しておく（岡本 2002 年）。

　島嶼の特質、イメージについての「両義性」は、文化についても同様に成立する（嘉数 2017 年）。前述の山口（1975 年）によると、すべての宇宙は中心と周縁で成り立ち、両者の有機的な組織化によって豊穣で多義的な社会を再生産し続ける。世界の周縁と国境に位置する小島嶼や少数民俗の存在が豊かな文化を生む土壌となるのではないかとの期待をもっている。

(2) 島嶼文化―チャンプルー（複合）文化

　島嶼文化は、ハワイでは「サラダボール（salad bowl）文化」（Menton and Tamura 1999）、カリブ海では「クレオール文化」（石塚編 1991 年）、南太平洋では「ビーチコンバーズ（beachcombers）文化」（Gunson 1978）、イギリスでは「シーファラーズ（seafarers）文化」（ICON Group 2008）、沖縄では「チャンプルー文化」（嘉手川 2001 年）などとよばれている。どの概念も主に海上から島から島へと放浪し、あるいは生活の糧を求めて島々に集結した多民族によって「複合的」に形成された文化を意味する。ここでは主に、私の生活拠点である沖縄のチャンプルー文化をとりあげる。

　沖縄方言でチャンプルーは「ごちゃまぜ」という意味があり、用語の代表例として、ニガウリ（ゴーヤ）を主食材に、ポークランチョンミート、豆腐などの食材を一緒にして炒め合わせた「ゴーヤチャンプルー」、豆腐を主食材にした「豆腐チャンプルー」などがある。「チャンプルー」の語源については諸説がある。2016 年に沖縄で開催された国際小島嶼文化会議で基調講演したおりに、ケバンサン大学（マレーシア）のシャリーナ・ハリム博士から、マレー語で「チャンプルー（campur）」は料理などの「混ぜたもの」との意味があると

の指摘を受けた。マレー語の兄弟語といわれ、オランダの植民地だったインドネシア料理にも「ナシチャンプル」という、ご飯とおかずを混ぜた料理がある。鎖国時代にオランダ人が出入りした長崎の出島には「チャンポン」料理があり、そのルーツはマレー・インドネシアかと思わせる。しかし、長崎のチャンポンのルーツは福建省料理の「湯肉絲麺」だといわれている。郷土研究家の東恩納（1980年）も、チャンプルーは中国語の「炒腐児」に由来し、豆腐を炒める料理を指すとしており、まだまだ語源論争は続きそうである。

　チャンプルーの語源はどうであれ、沖縄の文化を各地の異文化が融合した「チャンプルー文化」、あるいは「複合文化」とするよび方は定着していると考えてよい（比嘉2003年、外間2000年参照）。柳田（1925年）は、初めて沖縄を訪ねて『海南小記』を著し、日本文化の源流を沖縄の島々を経て日本本土へと北上したとする「北上説」を唱えた。逆に、「沖縄学の父」とよばれている伊波（1939年）は、沖縄文化の基層をなす言語や民俗は九州から時をへて伝播したとする「南漸説」を唱えた。私は歴史や文化に疎いが、ここでは以下の外間守善が唱える複合・混合説、つまり「チャンプルー説」を採用したい。

　「沖縄の地理的位置を斟酌すれば、文化が単に一方から一方へのみ伝わることはありえない。また、伝わってきたままの単純な姿であり続けるというものでもありえない。実態として、北から南からの伝播を示すさまざまの文化要素を含みこんだ「複合文化」であることである。沖縄の文化のもつ多様な特性は、そのような複合文化としてとらえるとき、一見矛盾にみえる個別的偏差も無理なく生きてくるし、全体の見渡しが楽になってくるようである」（外間2000年：18）。

　「チャンプルー文化」は、沖縄だけの「島嶼文化」ではない。沖縄以上に多様な文化が出会い、衝突、融合、葛藤している地域は島嶼地域にかぎらず、世界のいたるところに存在する。たとえば、カリブ海のフランス旧植民地、アンティル諸島には、「クレオール（Creole）文化」がある。「クレオール」は、フランス海外領で、コロンブスが「世界で最も美しい島」とよんだマルティニーク（Martinique）島生まれの詩人・作家であるエドゥアール・グリッサン（Édouard Glissant）が提唱した文化概念で、「さまざまな人間社会のさまざまな要素の混交現象」を意味し、具体的には植民地で生まれた白人、黒人、アジ

ア系などの人種間に生まれた子どもを意味したが、さらにはそれを超えて、言語、産物、習慣などの植民地生まれのあらゆるものを含む概念として使われている。クレオール文化は差別されながらも、植民地思想の敗北、ナショナリズムの高まりもあって、クレオール語の復権を中心に独自の文化概念として進化している（遠藤・木村 2002 年）。

　日本人にとって最も身近な海外の島であるハワイは、沖縄以上に「チャンプルー文化＝サラダボール文化」の典型例である。ハワイは、人種や文化が混ざっている社会状態を意味する「文化の坩堝」と表現する人もいる。「サラダボール文化」とは、社会を構成する複数の文化がそれぞれの文化的特性を失うことなく、島のなかで共生している状態を意味する。余談になるが、私はハワイに長期滞在し、数十年にわたってハワイ大学、ハワイ東西文化センターなどで講義、共同研究を実施した経験がある。ハワイの歴史、文化については門外漢だが、偉大な文化人類学者であるハワイビショップ博物館の（故）篠遠喜彦博士とは長いおつきあいをしていた。篠遠博士は古代ポリネシアの航海術の世界的な権威で、笹川太平洋島嶼基金の自主事業として奄美でスタートした「やしの実大学」の初代学長を務め、日本の島々にも精通していた。篠遠博士のあとをついで、私が学長に就任したが、実際にプログラムを実施したのは、当時琉球大学アジア太平洋島嶼研究センター長の任にあった大城肇（のちに琉球大学学長）であった。事業の成果として、「沖縄・太平洋教育ネットワークイニシャティブ事業」の一環として、高校生、大学生を中心に水問題をテーマとした学習交流会をミクロネシア、沖縄、奄美の島々で開催した。

　篠遠博士によると、ハワイの基層文化は典型的な「移民」文化で、先住民とよばれているハワイアンも 4 世紀から 8 世紀にかけて、双胴のカヌーでマルケサス諸島から移動してきたポリネシア人であった（篠遠・荒俣 1994 年）。その後、1778 年にイギリス人キャプテン・クックが三度目の太平洋航海の折に「サンドウィッチ諸島（現在のハワイ諸島）」を発見し、先住民と白人との接触がはじまった。クックは、レゾリューション号の修理でハワイ島に戻ったところ、先住民と争い、ケアラケクア湾で殺害された。皮肉なことに、クックがもち込んだ銃器を使って、1795 年にカメハメハ大王によって、統一国家がハワイ諸島に誕生する。1800 年初頭から 1900 年初頭にかけて、砂糖キビ、

180

パイナップルのプランテーション栽培が始まり、中国人、日本人を中心とした組織的な移住が始まる。戦後は、観光業の発達にともなって、フィリピン、ベトナムなどからの移住者が急増し、ハワイは人種の「ルツボ」、あるいは「サラダボール」とよばれるようになった。米国の「国勢調査（2000 年）」には、ハワイ州の人種・民族別の統計が掲載されている。これによると、アジア系が約 4 割、白人系が 2 割強、ポリネシア系は 10％以下、黒人は 2％以下である。アジア系ではフィリピン系が全体の 15％を占めて最も多く、次いで日系14％、中国系が 4％を占めている。むろん世代の交代によって、先住民も含めて、いくえにも人種間の「混合」が進み、「純血」の人口はセンサスごとに減少して、人種別統計も意味をなさなくなりつつある。ただ、選挙になると、この人種構成が大きな意味をもつ。州知事はかつての白人（Haole）から、1970 年代に日系人に変わり、その間一回だけフィリピン系に変わったが、現在の知事は、日系沖縄移民三世のデービッド・ユタカ・イゲ（David Yutaka Ige）知事である。「混合文化」の代表例として、ハワイ女性の正装である「ムームー」は、キリスト教の宣教師がもたらし、「アロハシャツ」は日系人が普及させたものである。人種の数だけ、「文化・文明の衝突」が起こりそうだが、1959 年の州昇格以前から言語、制度を含めて欧米流の「法の支配」が確立しており、基本的にはアメリカの近代文化・文明が支配的であるといえる。

3　沖縄のチャンプルー文化

(1) チャンプルー文化の形成プロセス

　図 6-2 は、当然異論はあると思うが、私が考える沖縄を例にした「チャンプルー文化」の形成過程である（Kakazu 2006；Kakazu 2016）。まず沖縄の人々が完全な自給自足的社会を営んでいた縄文時代に土着（基層）文化が存在し、この社会のなかで種々の集団、あるいは島々間で種々の交流、紛争を通してお互いの文化を学習していく。文化人類学の用語では「文化化（enculturation）」あるいは「社会化」とよばれている。このプロセスは内部からの文化変容である。

　沖縄内で豪農が台頭して、内紛、合従連衡が起こり、地域ごとの統治制度が確立（三山王統時代、1320 年頃～ 1429 年）すると、組織的な対外交流が

始まる。沖縄では13世紀頃から日本本土との経済交流が盛んだが、三山王統時代から中国や東南アジアとの貿易を通した交流が隆盛した（高良1998年）。やがて三山は琉球王によって統一され、奄美地域を含む琉球全土をその支配下においた。薩摩の琉球侵攻と統治は、琉球へのヤマト文化の導火線となり、明治維新政府による琉球王朝の廃止

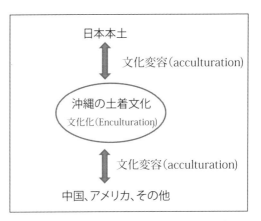

図6-2　チャンプルー文化の形成プロセス概念図

は、沖縄の「ヤマト化」を加速した。第二次世界大戦後、27年間の沖縄は米軍支配下にあり、「アメリカ文化」の洗練をうけた。図6-2で示した対外異文化との接触による土着文化の変化を「文化変容（acculturation）」とよんでいる（Redfield and Herskovits 1936）。

　沖縄の年配の人々は、この長期、持続的な文化変容を「唐（中国）世」、「ヤマト世」、「アメリカ世」とよび、竹中労が「島唄の神様」と称した嘉手苅林昌の「時代の流れ」と題する琉歌によく表現されている。

　「唐の世から　大和の世　大和の世から　アメリカ世　ひるまさ変たる　この沖縄」（意味：中国の世から大和の世、大和の世からアメリカ世、不思議に変わったこの沖縄」（上原2010年）。

　雑駁ながら、沖縄のチャンプルー文化は、中国・朝鮮・アジア、アメリカ、日本本土（大和）などの文化が沖縄の土着文化に吸収、融合して主体的に選択、変容・洗練

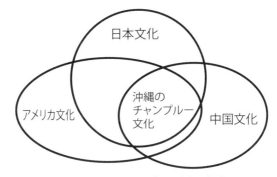

図6-3　沖縄のチャンプルー文化の概念図

された世界に誇る「複合文化」ということができる（渡邊 1993 年）。概略図 6-3 で示すことができる。

(2) 中国文化の影響

沖縄の歴史書をひもとくと、中国文化の導入なくして沖縄の文化は語れない（渡名喜 1986 年；高良 1998 年；赤嶺 2006 年参照）。とくに貿易や人的交流で琉球王朝の「黄金時代（14 〜 16 世紀）」には、砂糖、甘藷、工芸などの物質文化の導入にとどまらず、政治、芸術、教育、宗教に至る儀式、精神文化に至るまで中国の影響を受けた。以下はその例示である。

❉ 祖先崇拝：沖縄の宗教？

世界的に著名な文化人類学者で、「沖縄の宗教」を著したリーブラ博士は沖縄の宗教の特質はアニミズムから進化した祖先崇拝で、たぶんに中国仏教の影響を受けていると指摘している（Lebra 1966）。リーブラによると、仏壇で祖先を祀り、信仰する慣習や、盆、旧正にまつわる行事などは中国由来のものである。

祖先崇拝のシンボルとしてよく話題になるのが日本では沖縄だけにみられる中国式の「亀甲墓」である。東恩納（1980 年）によると、亀甲墓は 17 世紀末に中国福建省からきた僧侶によってもたらされた。首里石嶺町にある琉球王朝の伊江御殿墓が県内最古の亀甲墓として、国の重要文化財に指定されている。墓の外形は亀の甲羅で、現生と未来を生きる子孫の長寿と繁栄を意味するが、人類が誕生する女性の子宮をも意味し、死後もそこに帰して新しい命を得るとする仏教の「輪廻」の教えに沿っている。亀甲墓も時代とともに姿を消しつつあるが、戦時中は防空壕としての役割も果たした。

写真 6-1　左：沖縄の古墳、中：亀甲墓、右：現代の墓

祖先の霊を迎える旧暦8月の盆は、沖縄最大の宗教行事であり、幾世代にもわたって引き継がれてきた。霊をもてなす盆踊りは、カタカナの「エイサー」とよばれ、新たな振り付けと音楽に乗って、今や沖縄を代表するパフォーマンスに進化した。福建省からもたらされた盆踊り、琉球舞踊、三味線（サンシン）を主体とする琉球古典音楽は世代ごとに洗練、進化し、今や文化観光の不可欠な資源となっている（山内 1959 年、Yamamoto 2004）。

❋ 爬龍船

沖縄で古くから年中行事として各地で行われている爬龍船（ハーリー）は、安全と豊魚を祈願する「海神祭」で、中国伝来のものである。ハーリーは、梅雨の終わり、夏の到来を意味しており、とくに漁業の盛んな「糸満ハーリー」と「那覇ハーリー」は伝統がある。琉球列島各地でみられるハーリー行事は、今やリゾートホテルが主催する観光行事になっているが、海のかなたから豊穣の神が訪れるとする古琉球の「ニライカナイ」信仰と深く結びついており、単純に中国文化を受容したわけではない（比嘉 2003 年；崎原 1989 年）。

❋ 建築様式

チャンプルー文化を象徴する建築物として首里城がある。首里城は尚巴志王（1407-1469 年）から尚泰王（1866-1879 年）の 25 代にわたる琉球王の居城であった（高良・田名 1993 年参照）。建築の外見、素材は、中国、朝鮮、日本、琉球のチャンプルー様式といえる。城壁や屋根は琉球石灰岩、琉球羽瓦を用い、外見は北京の紫禁城を模し、正面玄関は日本の寺院を彷彿させる。首里城は、沖縄の城（グスク）に共通する広場や信仰上の聖地を保持しながら、中国や日本との長い交流の歴史があったため、随所に中国や日本の建築文化の影響を受けている（首里城公園 HP（ttp：//oki-park.jp/shurijo/)）。戦前「国宝」

写真 6-2　左：紫禁城、中：戦前の首里城、右：現在の首里城

に指定されていた首里城は沖縄戦で消失し、1992年に再建され、その跡地と周辺遺跡群は2000年に沖縄初の世界遺産の一部となった。後述するように、首里城は観光客を最も引きつける文化遺産である。

❋ 石敢當とシーサー

小玉の『石敢當(いしがんどう)』（1999年）によると、沖縄の魔除けの石敢當は、18世紀の初期に中国からもたらされ、沖縄から北海道（函館）に至るまで広まっている。私は1年近く台湾各地に滞在し、調査研究に従事したが、澎湖諸島の種々の石敢當には興味をもった。澎湖諸島では、巨大な石敢當（石塔）も散見された（写真）。石敢當は直進してくる悪霊を入り口で防ぐとする中国の古代信仰により、下図のごとく道路の角や突き当たりに設置されている。

沖縄文化のシンボルともいうべき魔除けのシーサーは、14～15世紀に中国から導入され、今や魔除けを超えて芸術作品にまで進化している。シーサーは日本各地でも姿を変えてみられるが、沖縄ほどシーサーの「棲みか」としてふさわしいところはないと思っている。

写真6-3　左端：沖縄石敢當、左：澎湖諸島の石敢當、右：沖縄のシーサー、右端：金門島のシーサー

❋ 言語

日本はいわずと知れた漢字文化圏だが、琉球は文字を超えて中国の影響を受けた。15世紀の三山統一後、「首里方言」が沖縄本島の標準語になった。首里方言は日本語の系統だが、中国語や東南アジア言語の影響を受けて独自の発達を遂げた。たとえば現在でも普通に使われている中国語として、雲菜（ウンチェ）、香片（サンピン）、筍子（スンシ）、闘鶏（タウチー）、大人（ターリー）、

酵酵（ポーポー）、金楚糕（チンスコウ）などがある（比嘉 1983 年）。金楚糕は沖縄を代表する銘菓である。

✿ なぜ「チャイナタウン」は消滅した？

察度王時代の 1392 年に、当時闡とよばれた福建省から商人、学者、建築士、航海士などの職業集団（その多くは客家）が琉球に渡来し、チャイナタウンに相当する「久米村（クニンダ）」を形成した。これらの中国人は、「大勢」を意味する「久米三十六姓」とよばれ、約 500 年間、外交、貿易、商業、教育などに従事した。琉球の歴史で最も著名な人物の一人である蔡温は、久米村出身の士族で、首里王府の最高行政官である三司官にまで上り詰めた（田名 1992年；Kerr 2000）。久米村の痕跡がわずかに残っているのが中国式庭園の「福州園」で、その「孔子廟」の敷地内には琉球初の教育機関であった「明倫堂」がある。日本本土を含む多くの地域にチャイナタウンが存在し、今でも増え続けているのに、久米村のような中国人村はなぜ存続しなかったのであろうか。ある国際会議でこのパズルを提起したら、カナダの研究者から「沖縄は中国そのものだ」という返事が戻ってきた。私は沖縄のチャンプルー文化が、中国文化を消化し、内部化、あるいは前述の「文化化（enculturation）」したとする仮説を立てている。

（3）日本（大和）文化の影響

薩摩の沖縄侵攻（1609 年）以前から、沖縄と日本とは種々の交流があった。たとえば、沖縄方言は日本語体系の一部を構成し、古い日本語が数多く残っている（伊波 2000 年）。言語以外でも日本と共通した数多くの文化遺産を共有している。しかしながら、ヤマトンチュ（本土人）とウチナンチュ（沖縄人）は、多くの相違点もみられる。外人などの第三者の観察によると、ヤマトンチュと比較してウチナンチュは「毛深く、浅黒で、大きな目をし、素朴で友好的」である。ヤマト文化の沖縄への浸透は、1879 年の廃藩置県後に顕著になった。薩摩支配から明治初期にかけては「旧慣温存策」がとられ、琉球の文化、諸制度は手付かずのままだったが、廃藩置県後は一県として、本土との一体化政策が推進された。その原動力になったのは、近代化、富国強兵を目指した教育制度の抜本改革であった。全国的な義務教育制度の下で、すべての児童生徒に標

準語励行が強制された。私が育った沖縄本島北部の小学校では、日本政府の指示というより学校側の方針で、戦後しばらくまで学内で方言を使う生徒に「方言札」なる罰則が課された。伊波普猷などの帝国大学で教育を受けた沖縄のエリートは、本土での「沖縄差別」を解消する最も有効な策として、標準語の普及を推進した（Smits 1999）。標準語励行は、逆に沖縄の本土に対する劣等感を助長した（比嘉2003年）。1972年の復帰後に沖縄県知事に就任した西銘順治は「ウチナンチュは19世紀以来よき日本人を目指したが、いまだに実現していない」との名言を残した。フィールド（Field 1991）によると、差別意識を生む根源的なものは経済というより文化的なものだが、その最大のものが言語であると断言している。

　沖縄方言（ウチナグチ）といっても、各地で相当異なる。沖縄本島方言と宮古、八重山方言とではほとんど理解不能である。沖縄本島内でも首里とヤンバル（山原）とよばれている恩納以北の言葉は異なる。伊波（2000年）の「P音考」によると、沖縄語での音韻の発達は濁音のPからはじまり、Fになり、Hに進化したとしている。たとえば、「墓」は、ヤンバル方言で「paka」、首里方言で「faka」、奄美大島では「haka」となる。この言語進化論は、伊波が師事した上田万年博士の研究によるものだが、伊波はフィールドを通してこの言葉の変遷と分類を試み、「思うにこれらの言葉は確かに琉球人の祖先が大和民族と手を別ちて南方に移住した頃に有っていた言葉の遺物である」（伊波2000：483）と述べ、伊波持論の社会進化論と「日琉同祖論」を正当化する根拠としている。確かに、「paka」「faka」「haka」を順序に発音してみると、P音の発音が一番やさしく、のどの奥から発生するH音が一番難しい。

　P音考には異論もあるが、私が生まれ育った本部地域のヤンバル方言は、まさしく万葉時代のPa, Pi, Pu, Pe, Po文化だった。たとえば17世紀初頭に鉄砲で武装した薩摩軍が沖縄に侵攻した頃の逸話として、以下ヤンバル方言が語り継がれている。
「ぽーぬさちからぴーぬいじてぃ、わーぱな、ぴりぷがち」。これを首里方言に直すと以下の通りとなる。
「ほーぬさちからひーぬいじてぃ、わーはな、ひりふがち」。
直訳すると、

第6章　島嶼における文化と観光 —バリ島と竹富島の事例を中心に—　　*187*

「棒（鉄砲）の先から火が出て、私の鼻に穴を開けた」。

　私はヤンバルを離れるまで家庭ではこのパピプペポ言語を使っていた。ところが昔の首里城跡に創設された琉球大学に入学し、その城下町で育った生粋の首里人と交流しているうちに、ヤンバル方言を使うのを躊躇した。なぜなら首里方言はすでにハヒフエホ文化に進化しており、劣等意識をもつようになったからだ。首里では方言は使わず、標準語の「ヤマトグチ」を使うことにした。「標準語励行」によって私の首里での劣等感は払拭された。

　同様なことは沖縄から遠くはなれた宮古、八重山でもおこった。沖縄では先島方言は通用しないから、先島人はいち早く標準日本語を修得し、日本本土でも活躍しうる人材が育った。しかし大学時代から専用使用した私の「ヤンバルヤマトグチ」は、東京で通用するかどうか大いなる疑問をもったことがある。琉球大学の講師の頃、全国学会で幾度か論文を発表する機会があったが、その都度論文の内容よりも言葉の練習に時間を費やしていた。ただ東北出身の研究者と交流して知ったことだが、彼らも同様な悩みをかかえていることを知り、時代背景の変化もあって、言葉への劣等意識は徐々に消滅していった。

　このささやかな体験からして、文化の基底をなす言語には社会力学的に作られた序列があるのでないかと思うようになった。それを最も理解していたのは、沖縄を代表する文化人、伊波普猷ではなかったのか。東京帝国大学で過ごした明治時代の伊波は、われわれ以上に沖縄と本土との言語文化のギャップに苦悩したはずである。彼は沖縄に戻り、「クシャミの仕方までヤマトに倣え」と熱心に沖縄のヤマト化を提唱した。言語による階層化（差別化）は、沖縄だけでなく、海外でもよく観察されることである。「外国語音痴」の三大大国はアメリカ、イギリス、フランスである。文化論の視点から言語のもつ権力支配構造を解き明かしたのはポストモダンの人類学者、クリフォードである（Cliford 1988）。

　琉球の「日本化」政策は、廃藩置県によって急激にすすめられた。そのシンボルとなったのが、「現人神」であった天皇を頂点とする国体であった。琉球人もヤマト人同様、天皇の臣民としての義務が課された。各地の学校敷地内に敷設された奉安殿には天皇の「御真影」と並んでいま再び話題になっている「教育勅語」が奉納され、日章旗が学校や家庭に配られた。

写真 6-4　沖縄市知花に現存する戦前の奉安殿

(4)　アメリカ文化の影響

　すでに触れたように、アメリカ、もっと正確にはアメリカ合衆国国防総省は、27年間（1945-1972年）沖縄を軍事統治した。ウチナンチュが公式に初めてアメリカと接触したのは1853のペリー提督の琉球遠征のときであった。しかし沖縄へのアメリカ文化の影響は、沖縄の米軍基地活動を通してだった。極東最大の空軍基地である嘉手納基地に隣接し、「基地の街」とよばれたコザ市（現在の沖縄市）は、海兵隊仕込みの過激な「ロック音楽」の発祥の地であった。そこから、「紫」や「コンディショングリーン」などの全国ブランドのロックバンドが誕生した。ロックと沖縄独特の「島唄」が融合して新たな音楽スタイルに発展した。日本やアジアの音楽舞台を席巻した安室奈美恵、Kiroro、SPEED、DA PUMP、MAX、喜納昌吉、ORANGE RANGE、ビギンなどはその代表例である。とくに安室奈美恵は、「アムラー」とよばれる沖縄発の音楽文化を創造した。

　食文化でも、アメリカのハンバーガーが日本本土に先駆けて登場した。今日でもファストフードのレストランとして人気のある「A&W」は、ハンバーガーの元祖である「Papa Burger」とアルコールを含まない炭酸飲料の一種である「Root Beer」を提供した。終戦直後に米兵向けに導入されたアメリカフォーモスト社の「ブルーシール（Blue Seal）」アイスクリームは、いまや沖縄観光の定番商品になった。

第6章　島嶼における文化と観光 —バリ島と竹富島の事例を中心に—　　　*189*

　おそらく、今日まで続くアメリカ文化の遺産は、「反戦平和」活動である。そのシンボルになっているのが、沖縄戦50周年を祈念して建造された「平和の礎」である。そこには、国籍、軍人、民間人の区別なく、沖縄戦で散った25万人余の英霊が祀られている（大田1996年）。その内訳は、沖縄県民が15万人、本土出身者が77万人、アメリカ人1.4万人、英国82人、韓国365人、北朝鮮82人、台湾34人である。2000年の沖縄サミットで、ビル・クリントン大統領は、この平和の礎を訪れ、平和への誓いを新たにした（Kakazu 2000）。基地の存在は、県民の心に常に沖縄戦を連想させ、一つの「文化コード」を形成した。そのシンボリックな表現が「命ど宝」である。

　反基地運動は、反戦平和の視点のみならず、環境汚染、軍人による犯罪によって強化されてきた。ハワイ生まれのカリフォルニア大学教授のハマモト（Hamamoto 2006）によると、米軍基地の存在を「ソフト植民地主義（soft colonialism）」とよんでいる。これは、従来の「新植民地主義」、「ポスト植民地主義」と異なり、不平等で搾取的な政治関係を維持するための文化的、生理的機能装置として機能している。

　米軍基地は、ガーデンボーイ（草刈り少年）、メイド、運転手、売春婦などの「職業」を生み、「混血児」あるいは「アイノコ」とよばれる子どもを出現させた（Shigematsu 2002）。「アイノコ」は、多くの場合、沖縄にかぎらず単一民俗の日本社会で差別された。しかし時がたつにつれて、彼（彼女）らは社会で認知され、「ハーフ」、「ダブル」、「アメラジアン」などとよばれるようになった。アメラジアンとは、アメリカの最初のノーベル文学賞を受賞し、『大地』を書いたパール・バック（Pearl Buck）の造語だが、Suzuki（2003年）の調査によると、現在沖縄に3,000人程度のアメラジアンの子どもが存在しており、そのための学校も創設されている。

　伊波普猷は、沖縄の古いことわざ「むぬきいするわ―主（人々に物資を与える人こそが私たちの主人）」を引用して、沖縄の精神構造を「不本意な娼婦精神」とよんでいる（伊波1939年）。そのメンタリティは戦後も引き継がれ、フィールドは沖縄経済のありようを「娼婦経済」と表現している（Field 1991）。私の親戚に「ギブミー村長」の異名をとった上本部村（現在の本部町に併合）の村長がいた。彼は珍しく英語が使え、米軍基地の司令官を訪ねては物資の贈与

を受けていた。戦争ですべてを失った村民にとって、彼は救世主にうつったに
ちがいない。伊波のいう「娼婦精神」は、敵対する勢力と争わずにうまく利用
する島国のしたたかな文化であるともいえる。同様な指摘は伊波より一世代も
若い大城（1972年）や太田（1980年）によってもなされている。沖縄を代
表する文化論者、大城立裕によると、沖縄文化の本質は、海洋民族のもつ「や
さしさ（softness）」と同時に、その「したたかさ」にある。強権に対しては
真正面から対決などしない。かといって相手のいいなりなるかというとそうで
もなく、逆に相手を利用してうまく生き抜くしたたかな知恵を備えている。社
会学者の大田昌秀は「沖縄の民衆は、台風などのように宿命的に襲ってくる天
然の災害にさんざんな目にあってきたにもかかわらず、また久しく厳しい搾取
と貧困にたえてきながらも明朗さを捨てることのなければ、それほどこだわり
もありません、天然災害に加えて政治などの人工災害などによって、生活が土
台からひっくりかえされたことも数かぎりなくありました。そのたびに、いつ
も出直し、再生してきたのです。つまり、民衆は“永遠を生きぬき、生きつい
できた”ともいえるのです。その民衆の“ありよう”こそが土着文化の本質で
はないかと思います」（大田1980年：35）。

　このようなしたたかさは、多くの小島嶼国でも観察され、「事大主義」とも
よばれている。沖縄がアメリカの生活文化である「チップ」の風習に染まらな
かったのは、厳しい時代を乗り切るための「主体的」選択であったと同時に、
土着文化のしたたかさを意味しているのではないか。伊波の「不本意な娼婦精
神」もこの文脈で解釈したい。米軍は日本の軍国主義に終止符を打ち、とくに
沖縄では戦後の復興にとって不可欠の存在だった。しかし民主的な憲法に復帰
した後まで、民意に反して沖縄に居座り続けたのは大きなまちがいであった。

4　島嶼における文化と観光

(1) バリ島のケース

　日本が観光立国を宣言し、観光産業振興による地域活性化を鮮明にするにつ
れて、「文化観光」とか「観光文化」というやや意味不明な言葉が頻繁に使わ
れるようになった。よく調べてみると、「観光文化」とは、観光によって新た

な文化が生み出された事象である。たとえば、観光客誘致を目的として、新たに生み出された「モノ、コトづくり」や、「場おこし」などがこれにあたる。日本観光文化協会（2017年）によると、「観光は単なる経済活動ではなく、広く社会や文化のあり方に関わる総合的現象」である。文化人類学的な視点から観光文化を研究している橋本（2003年：55）によると、「観光者の文化的文脈と地元民の文化的文脈とが出会うところで、各々独自領域を形成しているものが本来の文脈から離れて、一時的な観光の楽しみのために、ほんの少しだけ、売買される」のが観光文化開発の本質であり、ホスト（地元）とゲスト（観光客）の相互接触によって新たに生成されるが観光文化である。この分野の研究は緒についたばかりといえる。大学のカリキュラムにも登場するようになった「観光文化学」とは、この観光文化を追及する学問のことである。沖縄の観光文化については、その歴史、類型、真正性を含めて、梅田（2003年）が詳しい。他方、「文化観光（cultural tourism）」とは、文化を対象とした観光のことで、最近すぐれた研究業績が利用可能である（Smith 2003; Smith and Robinson 2006; Richards 2007 参照）。たとえば世界遺産観光、芸術観光、祭事観光、伝統文化イベント観光などである。むろん常識的に考えても両者の差異はあやういが、「文化観光」がここでの主テーマである。

　ショウテンによると、アジア太平洋における観光客の大半は、「異文化を貪欲に消費する観光客（culture vulture tourists）」である（Schouten 1996）。文化を消費する観光客が増大すると、いつの時代のどの地域でも伝統文化の維持と観光客の嗜好に沿った文化変容との間に葛藤が生ずる。たとえば、有数の島嶼観光地であるインドネシアの伝統的な「ケチャ（kecak）」、別名「ラーマーヤナ・モンキーチャント（the Ramayana Monkey Chant）」で知られている舞踏劇がそのよい例である。ケチャの原型は、疫病や凶作を追い払う秘儀的な「サンヒャン・ドゥダリ（Sanghyang Dedari）」舞踊で、男性と女性の合唱にのって初潮前のトランス状態の少女が踊り子になっていた。ケチャの「芸能化」を提案したのは、ヒンズー教のバリ島に在住したドイツ人芸術家、ヴァルター・シュピースであった（Vickers 1989）。彼はサンヒャン舞踊に、ヒンドゥー教の壮大な叙事詩「ラーマーヤナ」の物語と、インドネシアの民族音楽「ガムラン（gamelan）」とを融合させ、男性合唱のみの「観賞用」舞踊に発展させた。

現在のケチャの様式は、1950年代に確立したといわれている。民族音楽研究家、小泉文夫東京芸術教授の指導の下で、1970年代初頭に日本で初めてケチャを演出したのは、「芸能山城組」であった。現在でも毎年、「芸能山城組ケチャまつり」と称して、新宿三井ビルディング55広場で上演を行っている。その頃、小泉教授の「ケチャ」の講演を琉球大学で聴く機会があり、そのときの講演内容はDVDにも収められている（小泉2002年）。小泉教授によると、一分のすきもないケチャのアンサンブルとハーモニーは、バリ特有の水田を共有する、全員参加、平等分配型の村落共同体（バンジャール（Banjar））の存在なくしては不可能である。

　1970年代の後半、私も学生を引率して、バリ芸術の中心地、ウブッド村（Ubud）を訪ね、共同体組織とケチャ祭りについて直に見聴きする機会があった。当時はまだ屋根もない広場で、上半身裸で腰布を巻いた100人ほどの村の男たちが女性の踊り子を囲んでいくえにも円陣を組み、両手を空に突き出し、「チャッチャッチャッ」とリズミカルに掛け合う独特の合唱で「ラーマーヤナ」の物語を演じていた。その素朴さとダイナミックなハーモニーに圧倒された記憶がある。だが、数年経って再訪したときには屋根付きの音響装置のととのった劇場できらびやかな衣装をまとったプロと思われる人たちによるパフォーマンスを鑑賞したが、観客はすべて観光客であった。

　私の友人でインドネシア大学の著名な文化人類学者、バクティアル・アラム（Bachtiar Alam）教授によると、ケチャを含む伝統的なバリ舞踏は、時代とともに大きく変化し、いまや観光客を対象にして外貨を稼ぐ「商業芸能」になった。しかし「芸能の商業化」あるいは「芸能のコモディティ化」（Cliford 1988；平田2001年）は、農業以外に生活を維持する手段をもたないバリ島民にとって、伝統芸能を維持発展するうえで必要不可欠であった。アラム教授によると、バリ農民が自らのアイデンティを確認する秘儀的な営みが観光客を惹きつけ、生活を支える価値があると広く認識されたのは1960年代後半頃からである。確かにこの頃から日本人を中心にした観光客が増加し、観光客向けのケチャ舞踏がバリ各地で上演され、近代化された舞台装置のなかで舞踊そのものも変質、洗練されてきた。観光誘致を目指すインドネシアおよびバリ政府も芸術大学などを創設して正統（authentic）なバリ伝統芸術の普及と深化をサポートしてき

第 6 章　島嶼における文化と観光 ―バリ島と竹富島の事例を中心に―

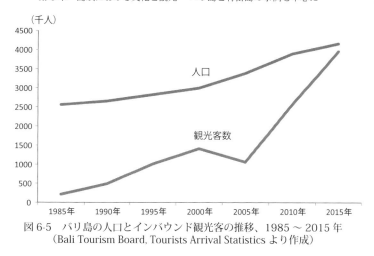

図 6-5　バリ島の人口とインバウンド観光客の推移、1985 〜 2015 年
（Bali Tourism Board, Tourists Arrival Statistics より作成）

た。ちなみに、統計の利用可能なバリ島のインバウンド観光客数と人口の推移をみると、図 6-5 の通りで、2002 年と 2005 年のバリテロ事件にもかかわらず、両者とも急増している。とくに 2000 年以降の人口増加は、観光産業での雇用需要の増大よってインドネシア各地からの社会移動によるところが大きい（永野 2007 年）。

　バリ島に関する観光と伝統文化の変容に関する研究は数多く蓄積されている。Picard（1983）やエイドリアン・ヴィッカーズ（Vickers 1989）の『演出された「楽園」―バリ島の光と影―』（中谷訳 2000 年）はその代表例である。日本では、山下（1999 年）；鏡味（2000 年）；吉田（2004 年）などのフィールドにもとづくすぐれた研究成果がある。私が読んだこれらの文献のほとんどがグローバリゼーションと観光化によるバリ伝統文化の変容を肯定的に受け止めている。ヴィッカーズによると、楽園バリのイメージはオランダ植民地政府やインドネシア政府の観光地宣伝によって創出されたものだが、それがバリ人自身のイメージとして定着、再生、強化されている。

　山下（1999 年）は、観光化（グローバリゼーション）がバリの伝統文化を破壊するという視点は、伝統文化と西欧近代文明を対置するオリエンタリズムであると批判する。つまり、バリの伝統文化の魅力は、西欧近代文明に毒されない本質的世界の存続ではなく、むしろ外界の刺激にたいし、柔軟でしたたか

な対応のなかで生成、発展していく点にこそ求められるのである。「バリ島に近年起こっている変化は、これまで強調されてきたツーリズムのなかで創出される伝統文化や、国民国家とのかけひきのなかで自覚される地域住民のアイデンティティといった側面をはるかに越え出ており、内部にあってはバリ人の生活様式を変容させ、バリ社会にこれまでとは異なるあらたな変化の局面をもたらしつつある。同時に、グローバル・ツーリズムは、バリ島の外からの移住者を増加させ、バリ人と外部社会とのあいだにかなりの緊張を醸成してきていると考えられる」(永野 2007 年：164)。地域社会の慣習的な在り方を政府が指導し評価するバリの「慣習村」コンテストをとりあげ、地域の伝統文化が、観光や近代的な政府の政策といった外部世界とのつながりから切り離された固有で自己完結的なものではなく、バリ島民の外部世界との自覚的な関与のなかで生成・進化してくると思われる。国民文化の構築を目的とした中央政府の種々の政策は、発展途上の国家のなかで独自の地位を確保するべく画策するバリ人の執拗なアピールの場でもあり、同じ土俵で、インドネシア国家とバリ地域住民のせめぎあいが展開されているのである（鏡味 2000 年）。

(2) 竹富島のケース

沖縄でもビーチ観光から、文化観光への移行が顕著に観察される。私はハワイと沖縄の観光産業の比較分析を行ってきたが、同様なチャンプルー文化を形成しながらも、文化観光資源は沖縄が豊富にあると思っている（Kakazu

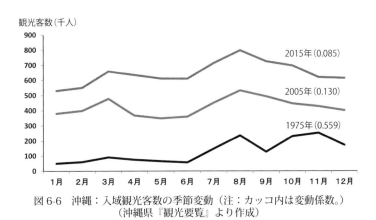

図 6-6　沖縄：入域観光客数の季節変動（注：カッコ内は変動係数。）
（沖縄県『観光要覧』より作成）

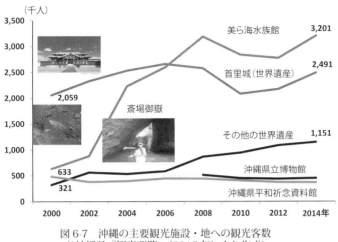

図 6-7　沖縄の主要観光施設・地への観光客数
((沖縄県『観光要覧』(2015 年) より作成)

2017)。文化観光へのシフトは、観光産業の地理的、空間的多様性と持続性を高めると同時に、観光産業の季節性を平準化する働きがある。復帰後の月別観光客数を比較すると、明白な季節性は観察されるものの、季節変動の大きさを示す変動係数は、1975 年の 0.559 から、2005 年に 0.13、2015 年には 0.085 へと低下し、通年観光化への傾向がみられる（図 6-6）。この傾向はアジアからの観光客、リピーター及び家族連れ観光客の増加に伴って増大すると思われる。沖縄はビーチ中心のハワイやグアムの「楽園観光」のイメージからすでに抜け出しているのではないか。「(反) 楽園観光」については吉田（2013 年、2016 年）のすぐれた論考があるのでここでは触れない。

　沖縄の観光施設のうち、最も人気があるのは美ら海水族館だが、文化施設では世界遺産（琉球王国のグスク及び関連遺産群）の一部になっている首里城が群を抜き、琉球王朝時代に最も神聖な場所とされていた「斎場御嶽（せーふぁうたき）」や各地の城跡などを含む「その他の世界遺産」は魅力ある観光資源になっている。図 4-7 でみるように、とくに 2000 年の世界遺産登録に伴って、これらの文化遺産への観光客の関心が高まってきている。梅村哲夫の 2013 年調査によると、80％以上の観光客が文化観光を経験し、また経験したいと思っている（Umemura 2015）。

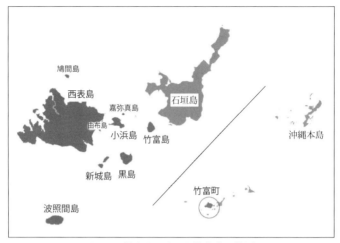

図 6-8　竹富町の島々と竹富島の位置
（竹富町役場 HP:http://www.town.taketomi.lg.jp/ より転載）

✣ 竹富島の種子取祭

　「竹富町概要」(2017 年) によると、竹富町は琉球列島の最南端八重山郡に属し、石垣島の南西に点在する 16 の島々（うち有人島 13）から構成されている（図 6-8）。沖縄本島に次ぐ大きな島である西表島を含み、東西約 42km、南北 40km の広範囲に及ぶ。町役場を八重山経済の中心地（石垣市）に置く特異な行政形態となっている（地図参照）。「住民基本台帳（2016 年 1 月 1 日）」による竹富町の人口は 4,061 人で、人口の大きい島の順に、西表島（2,270 人）、小浜島（604 人）、波照間島（538 人）、竹富島（351）、黒島（209 人）、鳩間島（61）、新城島（上地）（14 人）、由布島（10 人）、新城島（下地）（2 人）、嘉弥真島（2 人）となっている。波照間は日本最南端の島で、由布島は沖縄最小（0.15 km^2）の有人島である。竹富町は過去 15 年で人口が増加した数少ない離島である。

　人口規模で 4 位の竹富島がなぜ町名になったのであろうか。西塘は竹富島出身で、首里王府の官吏になった歴史上島最大の英雄で、島では「神」として祀られている。その西塘が首里王府に八重山諸島全体を治める「総督（頭職）」に任ぜられたことで、鎌倉時代の 1524 年に竹富島に総督府（蔵元、うら）が置かれた（亀井 1990 年）。竹富島には蔵元発祥の碑がある。つまり竹富島は

かつて八重山諸島の政治経済の中心地だったわけである。竹富島に人々が定住したのは、隣の石垣島と西表島ではマラリアなどの風土病がまん延していたためである。竹富島出身の医者で、八重山総合病院長などを務めた崎山毅によると、土地や用水確保の争いで負けた村人は、西表島や石垣島に移住したが、数年を待たずに全滅した（崎山 1972 年：42）。第二次世界大戦時に軍名によって波照間島から西表島へ強制疎開させられた一般住民のほぼすべてがマラリアに罹患し、戦争による犠牲者よりはるかに多い 550 人余が犠牲になった「戦争マラリア」の悲劇を忘れてはならない（八重山平和祈念館資料）。マラリアは戦後まもなくほぼ撲滅されたものの、今日でも竹富島の農家は、水が豊富にある西表島に渡って稲を栽培している。司馬（1975 年）によると、運天港の為朝伝説同様、竹富島には平家の落武者が流れ着いて住み着いたという伝説がある。また島の中心部に位置する仲筋には、室町時代に八重山諸島に多くにその活動拠点をおいた倭寇の遺跡があり、古くから島嶼間、あるいは東アジアとの交流があったことを物語っている（稲村 1980 年）。

　1955 年に 789 人を記録した竹富島の人口は、2000 年には 279 人まで激減したが、その後は増加傾向にある。人口増に転じた最大の要因が観光サービス産業の進展である。観光客は復帰直前の約 3 万人から、1995 年には 10 万人台を記録し、2014 年には 50 万人を突破した。人口増加は観光客の増加と連動していることがわかる（図 6-9）。観光産業の進展に伴って、産業構造も激変した。復帰前、人口を支えたのは農漁業だったが、復帰後は観光関連業種が集積し、2010 年の第三次産業就業者が全体の 85％に達し、そのうち「飲食・

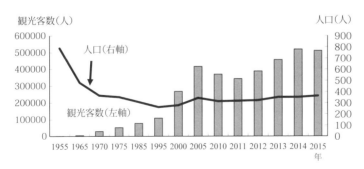

図 6-9　竹富島の観光客数の推移、1955 〜 2015 年
（竹富町「観光統計資料」より作成）

宿泊業」就業者が 42％を占めている。

　竹富島の観光資源は、日本のトップクラスの星砂ビーチの存在もさることながら、「沖縄の原風景」とよばれている島の景観、民俗文化にある。景観的には、砂浜の道にサンゴの石垣、シーサーとヒンプンで守られた赤瓦屋根の家々、名物の水牛車にゆられても 2 時間程度で島の集落を一周でき、石垣島と「東洋のガラパゴス」とよばれている西表島に挟まれた好立地条件も観光にプラスになっている。民俗文化では、司馬（1975 年）が「沖縄の心の宝庫」と絶賛している豊かな伝統文化が生活のなかに生きづいている。全国的にも有名になった「安里屋ユンタ」は、竹富島で歌い継がれてきたユンタ（語源は「読み歌」、「結い歌」）が元歌になっている。八重山諸島の民俗芸能のなかも、最も観光客を惹きつけているのは、600 年の歴史をもつといわれている「種子取祭」である。竹富島の民俗芸能のほぼすべてがこの祭りに集約されている。私はこの祭りの主催者と職場を共にしたこともあって、2 度見学する機会があった。「種子取祭」の詳細な記述については、喜宝院の住職で民俗学者であった上勢頭亨が設立し、2006 年に「国指定重要有形民俗文化財」に指定された民族資料館「喜宝院蒐集館」で閲覧することができる。「種取り祭り」は格好の論文テーマにもなり、これまで数多くの学術論文も蓄積されてきた（上勢頭 1976 年；全国竹富文化協会 1998 年；森田 2003 年；狩俣 2004 年；谷沢 2011 年参照）。竹富島は、観光開発と伝統文化および景観保存のせめぎ合いを考えるよい事例を提供している。

　狩俣（2004 年）の記述によると、「種子取祭」は「タネドリ」や「タナドゥイ」ともよばれ、1977 年に国の重要無形民族文化財に指定された。「種子取」の名が示すように、稲（もともとは粟）の種を蒔き、それが無事に育ってその実りを収穫することを「弥勒神」に祈願する祭りである。祭りは、「ニーラスク・カネーラスク（沖縄地方ではニライ・カナイ）」から訪れた「弥勒神」から穀物の種子を授かり、八重山中に種子を配る儀式である「世迎い」から始まり、奉納芸能の準備・リハーサル、奉納芸能、祭りが無事終了したとする報告、外部参加者との交歓会で終了する。「種子取祭」というと、7 日目と 8 日目に行われる奉納芸能を想起することが多く、70 を超える芸能パフォーマンスこそが沖縄にあまたある豊年祭と異なり、竹富島を「民俗文化の宝庫」にしている

ゆえんである。竹富島はいまや観光の島になり、農業とはほとんど無縁になったが、豊作を祈願する奉納芸能は時代とともに進化し続け、多くの観光客を惹きつけている。奉納芸能は男性による狂言、女性踊りが主な演目で、広場で行う「庭芸能」と「舞台芸能」がある。奉納芸能の1日目は玻座間村（部）、2日目は中筋村（部落）で行われるが、古くから両者が競い合って伝統芸能を維持している趣がある（狩俣2004年）。玻座間村では、代々国吉家が芸能の「ホンジャー（長者）」、つまり主催者を務めている。その当主の（故）国吉英二氏から種子取祭の変遷と現代での意義について訊く機会があった。国吉氏によると、農業がほぼ消滅した現代でも三つの重要な役割がある。その一つは新しい時代にマッチした島共同体の維持発展である。竹富島は厳しい島の生活が育んだ「うつぐみの島（沖縄でいう「結マール」）」で、すべての島民が助け合う精神と気高さがある。後述するように、竹富島は過去に何度か観光開発と伝統文化の維持をめぐって、島民が分断され、共同体崩壊の危機に直面したが、最後はこの力を合わせて助け合うという「うつぐみの精神」で島の自然と文化を守ってきた。二つは、島の誇りとする伝統芸能を内外に発信し、島のアイデンティティと価値観を共有することである。種子取祭には、島民全員が参加し、それぞれ役割がある。わずか350人余の人口で、これだけの民俗芸能を維持できているのは驚きである。三つは、竹富島から離れて生活している「シマンチュ」を呼び戻し、交流を図ることである。竹富島郷友会が日本各地に結成されており、祭りはかつての島民家族が帰省して交流を深めるだけでなく、彼・彼女ら

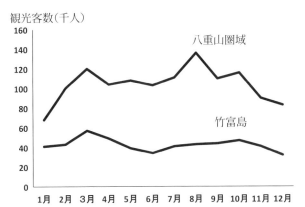

図6-10　八重山圏域および竹富島の月別入域観光客数、2016年
　　　（沖縄県『八重山観光統計』及び竹富町資料より作成）

も奉納芸の演者でもある。さらに重要なのは祭りにかかる費用の大半は島外に居住する竹富島出身者の寄付によるものである。里帰り客を含む竹富島の観光客は、種取祭開催期間の10月に、3月に次いでピークを迎える。八重山圏域への観光客が8月をピークに漸減しているのと対照的である（図6-10）。

✽ 種子取祭と観光文化

　種子取祭は時代とともに内容が変化し、いまや島民だけの宗教行事ではなくなった。島を離れた元島民家族や観光客の参加によってその持続性が担保されているといっても過言ではない。祭りが行われる10月の観光客は、島の総人口の100倍を超しており、島民もまた観光客の祭りへの参加を歓迎している。前述の通り、観光客は島の「宝」である伝統芸能を島外にアピールする重要な媒介でもある。図6-2のモデルで示したように、「島のよさ」は、外部の評価・受容を通してシマンチュがその良さを再認識するというプロセスを通して維持発展してきたといえる。むろんほとんどの村の祭り事は、もともとは外部の受容とは関係ない共同体のアイデンティティ維持のための純然たる神事・祈願であり、種子取祭もその例外ではない。「そこでの芸能は、演者と観客、経験と実践の複雑な往復運動のなかにあり、それぞれの立場で演じる、かつて演じた、みる、みられるもので、毎年多くの話題を生み出す可能性をもっている」（森田2003年：193）。

　しかしバリ島のケースでもみたように、伝統的な祭りが幾世代にもわたって持続していくには、時代の変化に沿って少しずつ変化するのが常である。2010年の種子取祭への参与観察調査を許され、多くの関係者をインタビューした谷沢（2011年：19）は、宮本常一の言葉を借りて次のように論述している。「種子取祭は、「国指定重要無形民俗文化財」であるものの、伝統的な芸能の形を踏襲することにこだわっていない点が面白い。「伝統」を守るとは、何も、古いものを意味もなく踏襲することではない。民俗学者・宮本常一は、「伝統」について、次のように語っている。「ものを生み出してゆき、変えていく力ですね。それがぼくは本来の伝統っていうものだと思うんです」その時代、時代に対応して変わっていくことが大切である。また、それを必要とするエネルギーが新たなものを生み出していく。そこが文化継承にとって大切である」、という見解である。種子取祭は、まさにそのようなエネルギーに満ちた祭である、

といえよう」。

✿ 竹富島の文化と原風景を守る「竹富島憲章」

1986年に島民が自主的に制定した「竹富島憲章）」（竹富公民館1986年）は、いまや持続可能観光開発のモデルケースになった。私は、この憲章を海外に紹介したことがある（Kakazu 2011）。憲章制定に至る竹富島民の詳細な活動については、「喜宝院蒐集館」で閲覧することができる。その前文と基本理念は以下の通りである。

「われわれが、祖先から受け継いだ、まれにみるすぐれた伝統文化と美しい自然環境は、国の重要無形民俗文化財として、また国立公園として、島民のみならずわが国にとってもかけがえのない貴重な財産となっている。全国各地ですぐれた文化財の保存と、自然環境の保護について、その必要性が叫ばれながらも発展のための開発という名目に、ともすれば押されそうなこともまた事実である。われわれ竹富人は、無節操な開発、破壊が人の心までをも蹂躙することを憂い、これを防止してきたが、美しい島、誇るべきふるさとを活力あるものとして後世へと引き継いでいくためにも、あらためて「かしくさや　うつぐみどぅ　まさる」の心で島を生かす方策を講じなければならない。われわれは今後とも竹富島の文化と自然を守り、住民のために生かすべく、ここに竹富島住民の総意にもとづきこの憲章を制定する。」「うつぐみどぅ」とは「一致協力の精神」を意味し、神に祀られている島の偉人、西塘の遺訓といわれている。

✿ 基本理念

竹富島を生かす島づくりは、すぐれた文化と美しさの保全がすべてに優先されることを基本理念として、次の原則を守る。

① 「売らない」　島の土地や家などを島外者に売ったり無秩序に貸したりしない。

② 「汚さない」　海や浜辺、集落等島全体を汚さない。また汚させない。

③ 「乱さない」　集落内、道路、海岸等の美観を、広告、看板、その他のもので乱さない。また、島の風紀を乱させない。

④ 「壊さない」　由緒ある家や集落景観、美しい自然を壊さない。また壊させない。

⑤ 「生かす」　伝統的祭事行事を、島民の精神的支柱として、民俗芸能、地場産業を生かし、島の振興を図る。

この憲章が評価され、竹富島は国の「町並み保存地区（1987年）」に指定

された。むろん憲章制定に至る過程は平坦ではなかった。前述の通り、竹富島を含む沖縄の離島は、1950年代から人口減少と過疎化に見舞われていた。復帰前後には1975年の沖縄国際海洋博開催の決定もあって観光ブームを予感した県外資本が各地で異常な土地買い占めが横行した（田里ほか1974年）。憲章制定にかかわった竹富公民館館長の上勢頭芳徳（2017年3月死去）の証言によると、竹富島でも島全体の15％にあたる80ヘクタールが買い占められた。この動きに拍車をかけたのが八重山諸島を襲った大干ばつと大型台風の追い打ちだった。農業や牧畜が壊滅的な被害を受けた多くの島民が想定外の価格に魅せられて、土地売却に走ったのだ。島では当然土地買い占めに対する反対運動が巻き起こった。この運動を主導したのが、上勢頭芳徳公民館長の兄で、喜宝院住職の上勢頭亨であった。上勢頭亨らは、1971年に制定された長野県の「妻籠宿を守る住民憲章」をモデルに、復帰の年に「竹富島を生かす憲章案」を作成し、島の集落保全を内外に宣言した（上勢頭1976年）。

　「竹富島憲章」制定から約20年後に、島を揺るがす大型観光開発プロジェクトが明るみにでた。2007年、県外にわたった80ヘクタールの土地を、ホテル事業を全国展開する星野リゾートが買い戻し、竹富島に高級リゾートホテルを開業するプロジェクトだ。当然ながら、「竹富島憲章」守る側と、時代にマッチした観光産業への転換を主張する側とで島を二分する論争が巻き起こった。2年にわたる島ぐるみの議論の末、憲章の精神をリードしてきた竹富島公民館の有志は後者を選び、島民の大半も「民宿主義」を捨て、プロジェクトを容認した。容認の背景には、外資系ファンドにわたった土地の保有とホテル経営を分離し、土地買い戻し代金返済後の土地は竹富島の観光振興のために使うことと、開発プロジェクトを縮小して、集落内の景観保存を重視する「竹富島憲章」の基本理念を踏襲し、民宿とも競業しないという協定書が結ばれたことであった。赤瓦屋根の木造平屋様式という既存集落の景観に合わせた星野リゾート施設は、50棟の高級滞在型客室などを備え、2012年6月に開業した。沖縄県『八重山要覧（2016年）』によると、竹富島の観光施設は、復帰時の民宿4件（収容人員96人）から、2015年には旅館・ホテル9件（同349人）、民宿等23件（同402人）に増加し、従来の石垣島からの日帰り観光地から滞在型観光地へと変化してきている。

竹富島の観光地としての魅力は年々高まってきており、株式会社アールジェイエステートによるコンドイビーチに 47 室を備えた新たなリゾート事業計画も持ち上がっている。沖縄県は事業計画を許可したが、島の自治組織で祭事行事を執行する竹富公民館は 2 万 6,000 人余の署名を集め、「竹富島憲章」の精神に反するとして反対活動を展開している。島の景観保全、インフラ、水、廃棄物処理などの環境容量が果たしてこれ以上の大型観光開発にたえられるかどうか、「竹富島憲章」は再び試練に晒されている。

5　結び：島嶼の持続可能観光に向けて

ここで検討したバリ島や竹富島にかぎらず、沖縄本島を含めて、島嶼の観光開発はおしなべてその「持続性」が問われて久しい（Kakazu 2007; Kakazu 2009）。沖縄は「観光立県」を目指しているが、2017 年の観光客数はハワイを抜いて 900 万人弱に達し、常時 8 万人程度の観光客が沖縄に滞在していることになる。県の「観光振興基本計画」で目指している観光客 1000 万人（うち国外 200 万人）目標（2021 年）をクリアすることはほぼまちがいない。果たしてこの数は、沖縄の観光客受け入れ容量（キャリング・キャパシティ）からして持続可能だろうか。竹富島に至っては、面積 5.42km^2、400 人弱の常住人口の島に年間約 50 万人の観光客がやってくる。季節変動はあるにせよ、単純に計算しても、島でみかける人の大半が観光客である。すでに多くの事例でみるように、観光客を野放図に受け入れていると、島のキャリング・キャパシティを超え、深刻な環境破壊、文化遺産の劣化、水不足、物価の高騰などにより、島民の生活苦を招く恐れがある(Kakazu 2017)。このようなオーバーツーリズムの「悲劇」を未然に防ぐにはどうすればよいか。沖縄県内のいくつかの島で「環境税」、「入島税」などを実施したり、あるいはホテルの建設を制限したりして観光客数を制限する動きがある。これらの政策が果たして意図した効果があるのかどうか検証する時期にきている。

これまで論じてきたように、文化遺産が観光資源として注目されるにつれて、「文化と観光」についての論議が高まってきている。観光は島の経済を支えているだけでなく、島民の誇りとする伝統文化を島外に発信し、その維持発展に

貢献しているとする見方が大半を占める反面、伝統文化を商業目的に活用するのは文化の「真正性（authenticity）」を損なうとする議論も古くからある。しかし、グローバリゼーションが進展し、島をとりまく環境が大きく変化するなかで、何が真正（ホンモノ）文化で何がニセモノ文化かを判定することはプロでも難しい。すでにみた通り、「チャンプルー文化」そのものがもともとは「輸入文化」を沖縄の風土に「加工」したものではなかったのか。ここでは世代間にまたがる「文化の継承」が問題になるはずである。とくに竹富島のような小島嶼では、人口の高齢化が急速に進展しており、伝統文化を継承する担い手をどう育成していくかが喫緊の課題である。伝統文化に海外文化を取り込むだけではホンモノの「チャンプルー文化」にはならないはずである。地元の人々や観光客が感動しない伝統文化はいずれ「消滅」するのではないか。クリフォードのいう「文化の生成」、つまり純粋で真正な文化などはなく、文化は常に新たな変化を吸収して「チャンプルー」的に創造されとする視点を重視したい（Cliford 1988）。

　島嶼地域や少数民族地域での文化観光のインパクトについては、マルクスや近代化理論を含めて、数多くの研究蓄積がある（Jafari 1989 による文献サーベイ参照）。なかでもコーサー（Coser 1956）の「社会紛争理論 （Theory of Social Conflict）」の応用が注意を集めている（Yang, Ryan, and Zhang 2013 参照）。西表島や竹富島などでの観光施設建設をめぐる、外部勢力を含む島内紛争を解決するには、従来の紛争解決枠組みでは限界がある。島嶼研究者の使命の一つは、新たな分析枠組み（paradigm）にむけた理論構築ではないか。

第7章　国境の島をめぐる領土紛争と解決策
―尖閣諸島および南シナ海諸島を中心に―

1　国境とは何か

　ユヴァル・ノア・ハラリ（Yuval Noah Harari）の壮大なベストセラー歴史書 *Sapience*（2011）によると、人類が「境界領域」の意識をもつようになったのは、1万年前に起こった「農業革命」によって、食料を求めて移動する狩猟生活から土地を囲って食料を確保する定住生活を営むようになってからである。その震源地は「世界の三大穀物」とよばれている小麦、米、トウモロコシを栽培し始めたメソポタミア地方、中国の揚子江流域、メキシコ高地などであった。定住生活は人口増加に伴って農耕用地のフロンティアを求めて拡大し、各地で優良土地の確保をめぐって紛争が多発した。争いに勝った種族は、自らの土地を守るために柵をめぐらし、武装した見張りを配置した。多くの場合、柵の役目を果たしたのは、自然に形成された海、川、山、砂漠、島などであった。今日でも「国境」は自然のバリヤーによって仕切られているところが多い。むろん万里の長城、1989年に崩壊したベルリンの壁、2002年に建設されたパレスチナの「分離壁」、トランプ大統領の公約であるメキシコとアメリカの「壁」は、人工的な国境防護壁を意味する。人類の歴史からすると、南極大陸を除く世界の陸地が主権国家によって分割され、地図上で表現された「国境線」が引かれるようになるのは、大航海時代を経て、植民地争奪戦が終息するここ一世紀半程度の出来事である（Gregory *et al.* 2009）。日本国内でも統一国家体制が完成するまでは、各地に「国」が存在し、「国境」が存在した（村井ほか編著1997年）。

　「広辞苑」によると、国境を①異なる国家間の境、②国家と国家との版図を区画する境界線、③国家領土主権の行われる「国家領域」の限界などと定義している。「国家領域の限界」とは、一国の領土・領海・領空の限界を意味する。すでにみた通り、人類誕生の大半の時代は、絶対的空間である地球上を自

由に移動できた。そこに明確な領域を必要とする主権国家なる「フィクション（虚構）」が登場し、本来連続的な広がりである生活空間が「有界化」して、国境線が引かれるようになった（Johnston 1994）。それを主権国家間で確認したのが近代国際法の元祖とよばれている 1648 年の「ヴェストファーレン条約（Peace of Westphalia）」である。この条約はカトリックとプロテスタント間で 30 年間続いた、いわゆる「三十年戦争」に終止符を打つと同時に、西ヨーロッパにおける主権国家の領土をほぼ確定した。

　ここでの主題である「領海（territorial sea）」についても歴史は古い。紀元前にさかのぼるローマ法は、「海は万民共有物」であるとして、何人も海を所有することができないとしたが、中世に入り海の秩序確保のために沿岸国に警察権や裁判権を認める動きがでてきた。1493 年に、スペインとポルトガルはユネスコの世界記憶遺産にも登録されている「トルデシリャス条約（Tratado de Tordesillas）」を締結し、ヨーロッパ以外の新領土の分割方式を取り決めた。カーボベルデ諸島の西 370 リーグ（1,770 km）の海上において子午線にそった線（西経 46 度 37 分）の東側の新領土がポルトガルに、西側がスペインに属することが定められた。これに対してイギリス、オランダは「海洋の自由」を主張し、アルマダ海戦（1588 年）に発展した。この海戦でスペインの無敵艦隊を撃破したイギリスは、オランダとともに世界初の株式会社といわれている東インド会社（1602 年）を設立して植民地経営、海外交易に乗り出した（杉原ほか 2008 年）。オランダ東インド会社は商業活動に加えて、条約の締結権、軍隊の交戦権、植民地経営権など種々の国家特権を与えられた勅許会社であった。

　この頃から海洋権益をめぐる学術論争が起こった。オランダのグロティウスは『自由海論』（1609）を刊行して、海はその自然的性質から境界を確定することが困難であるため、所有や領有の対象とはなりえず、万民による利用のために開放されるべきというローマ法に類似した「海洋の自由」を主張した。これは現在、中国が実効支配する南シナ海で、アメリカ、日本などが「航行の自由（freedom of navigation）」を主張しているのと類似している。18 世紀に入り、重商主義や通商自由主義が高まっていくと、海洋権益論争は「狭い領海」と「広い公海」の二元構造を認める方向に落ち着いていった。こうした考え方は当時

の国際社会で受け入れられ、批准などの手続きを経て適用される条約とちがい、すべての国々に普遍的に適用される「慣習国際法（customary international law）」として確立した（杉原ほか 2008 年）。しかしながら、「領海」と「公海」の境界線をどこに置くかは各国の主張が異なり、未決着のままだった。境界線、つまり領海の幅をめぐる議論は 1950 年代に設置された国連海洋法会議に引き継がれ、1982 年の国連海洋法会議で現在の領海 12 海里（約 222km）、排他的経済水域（EEZ）200 海里（約 370km）が「海の憲法」とよばれている国連海洋法条約（UNCLOS：United Nations Convention on the Law of the Sea）第 3 条に明記されることになった（山本 2003 年）。

　領海 12 海里とは第 1 章の図 1-1 で示したように、領海の幅を測定するための「基線＝起算点」となる線のことで、地形のよっては基線の内側に「内水＝内海」がある。図は最も多く採用されている「通常基線方式」だが、多数の島で構成される群島国家の場合は「群島基線方式」が採用されている。この方式だと、群島の最も外側に位置する島々を直線基線で結ぶ方式である。基線が引かれたら、「領海」、「接続水域」、「EEZ」、「公海」は第 1 章の図 1-1 の通りとなる。「無害通航（Innocent Passage）」といって、領海といえども、沿岸国の平和・秩序・安全を害さないことを条件として、沿岸国に事前に通告をすることなく、他国船舶が沿岸国の領海を通航することができる権利を有することが定められている（海洋政策研究財団 2013 年）。むろん「内水」では、この権利は認められない。また、インドネシアやフィリピンのような数多くの島嶼群で成り立っている島嶼国家には主権の及ぶ「群島水域（archipelagic waters）が認められている」（村田 2001 年）。領海、EEZ の範囲が重なる場合は、重なった部分を等分した「等距離中間線」によって線引きが行われる。

　国連海洋法条約は採択までに 10 年かかったが、それが各国の批准を得て発効したのは 1994 年であった。その背景には、「人類の共同の財産」とされる深海底の管理・開発に関する規定をめぐって利害が対立し、多くの先進国が批准に消極的だったことがあげられる（外務省 2010 年）。中国は本条約締結国だが、太平洋国家を自認するアメリカは非締結国である。本条約は、海域分類（領海や排他的経済水域など）や権利義務関係、海洋環境の保全、紛争解決手続などを具体的に規定していることもあって、約 500 の条文から成り立ち、国際

条約では異例の長さになっている。2018 年 3 月現在、160 の国・地域が海洋
法条約を締結しているが、このなかには深海底の資源開発や海上輸送といった
観点から参加している内陸国も含まれている。条約発効に伴って、海洋関連の
紛争を解決する国際海洋法裁判所や、深海底における活動を管理する国際海底
機構、大陸棚の範囲を審査する大陸棚限界委員会も設置された。しかし尖閣諸
島紛争でみるように、本条約の発効によって国境紛争が逆に激化したところも
ある。

2 世界の島嶼国・地域での主要な国境紛争

(1) インド洋
フランス VS コモロ諸島など

　インド洋のマダガスカル島北西に位置するマヨット島（Mayotte）は、フラ
ンスの海外県だが、コモロ諸島に属する島（面積 374km^2、人口約 22 万人）
である。1974 年に、コモロ諸島が「連合国家」としてフランスから独立した
際に、マヨット島だけは独立に反対し、フランスの属領を維持している。コモ
ロ諸島はマヨット島の主権を主張し、国連の判決を仰いだ結果、コモロ帰属が
決定したが、フランスは島民の民意を重視して国連決議にしたがっていない。
フランスは、同海域に点在するグロリオソ諸島（Glorioso Islands）、ユローパ
島（Île Europa）などの無人島でマダガスカルと、バサス・ダ・インディア 環
礁（Bassas da India）でモザンビークと、トロメリン島（Tromelin Island）を
めぐってモーリシャス共和国と領土紛争がある。

イギリス VS モーリシャス共和国

　オランダ、フランス、イギリスの植民地を経て、1968 年に独立したインド
洋のマスカレン諸島に位置するモーリシャス共和国（面積 2040km^2、2017
年人口約 130 万人）は、チャゴス諸島（Chagos Islands）の領有をめぐってイ
ギリスを争っている。チャゴス諸島は、60 以上の島で構成されているが、唯
一の有人島はディエゴ・ガルシア島（Diego Garcia）である。この島は 1971
年以来、イギリスがアメリカに貸与し、島全体が米軍基地となっていて、イン
ド洋におけるアメリカ軍最大の基地である。湾岸戦争やアフガニスタン攻撃、

イラク戦争ではここから米軍戦略爆撃機が出撃したことで知られている。

(2) エーゲ海：ギリシャ VS トルコ

1960 年代初頭より、ギリシャとトルコは地中海のキプロス島（共和国）内における両民族による別々の国家づくりめぐって対立しているが、エーゲ海東部に位置する無人島のイミア島（ギリシャ名は Imia、トルコ名は Kardak）の領有でも両者は争っている。とくに 1996 年には島を挟んで両軍が対峙し、一触即発の状況だった（Royle 2001；中俣 2018 年訳：204-205）。ギリシャが加盟している欧州連合（EU）やアメリカ人による紛争調停で戦闘は避けられたものの、トルコはイミア島周辺の島々においても領有権を主張するようになった。最近では、トルコ内でクーデターを画策し、ギリシャに逃れた首謀者のトルコへの送還をめぐって島周辺での緊張が再び高まってきている。ギリシャは、1923 年に連合国と敗戦国となったオスマン・トルコとの間に締結された「ローザンヌ講和条約（Treaty of Lausanne）」によって、これらの島々はギリシャの領土となったと主張しているが、トルコ側は島の名前は条約に明記されてないと譲らない。多くの小島嶼でみられる国境紛争は、歴史の産物でもある。

(3) 地中海：スペイン VS モロッコ

ペレヒル島（Isla de Perejil）は、ジブラルタル海峡の南岸にある無人島だが、2002 年には、島の領有権をめぐって、スペインとモロッコが武力衝突した。スペインの軍事基地になっているアルボラン海に位置するチャファリナス諸島（Islas Chafarinas）でも領有権をめぐって両者は争っている。

(4) 南太平洋
バヌアツ共和国 VS ニューカレドニア

南太平洋のニューヘブリディーズ諸島（New Hebrides Islands）を構成するバヌアツ共和国（Republic of Vanuatu）は、1980 年にイギリス・フランス共同統治から独立したが、最も南に位置する無人島のマシュー島（Matthew）とハンター島（Hunter）をめぐってフランス海外領土のニューカレドニアと領

有権争いがある。余談だが、バヌアツ共和国の首都ポートビラ（Port Vila）にはアジア開発銀行（ADB）の南太平洋本部があり、私はここを拠点に調査活動をした経験がある。

アメリカ領サモア VS トケラウ諸島

　スウェインズ島（Swains Island）は、アメリカ領サモアが実効支配する2.6km²の有人島である。地理的にはニュージーランド領トケラウ諸島（Tokelau Islands）に近接しており、トケラウが領有権を主張している。2006年2月にトケラウ諸島で行われた国民投票で、スウェインズ島はトケラウ諸島の一部であるとする主張が採択された。

アメリカ合衆国 VS マーシャル諸島

　南鳥島の東南東約1,400 kmに位置するウェーク島（Wake Island：面積6.5km²、人口約200人）は、世界で最も孤立した島の一つで、アメリカが100年以上も実効支配しているが、隣国のマーシャル諸島共和国も領有権を主張している。この島は、第二次世界大戦開始時に日本が占領、「大鳥島」と命名して直轄統治した経緯がある。大戦後は米軍基地として使われ、現在は軍用機・旅客機の緊急着陸飛行場として使われている。

（5）ペルシャ湾

イラン VS アラブ首長国連邦（UAE）

　アラブ首長国連邦（UAE）とイランは、ペルシャ湾に位置し、イランが実効支配するアブー・ムーサ島（Abu Musa）、大トンブ島（Greater Tunb）、小トンブ島（Lesser Tunb）の領有権をめぐって紛争関係にある。この海域での国境問題のほとんどにイランが当事者になっている。もともと領域概念のない遊牧民族で、宗教、異なる政治体制、国際石油利権などが複雑にからんでいることもあって、この地域での国境画定問題は複雑を極めた（堀抜2010年）。「ペルシャ湾岸地域は、領土紛争の地雷原である。そもそもイラン・イラク戦争が1980年に発生したのも、両国間国境のシャットル・アラブ川のどこを境界とするか、歴史的にくり返しもめ続けてきた結果、起きたものだ。湾岸戦争も、イラクがクウェートは歴史的にイラクに相当する行政区域の管轄下だったと主張して、これを併合したことに始まる」（酒井2012年10月18日）。

サウジアラビア（スンニ派盟主）は、2016年にイラン（シーア派大国）と国交断絶したが、2017年6月には、エジプト、UAE、バーレーンなどがイラン同様、テロリズムを支援しているとしてカタールと国交断絶した。UAEは1971年の連邦国家として独立するまで、イギリスの保護領であった。イギリスはイランが実効支配する上記3島をイラン領土として認めるかわりに、イランが長年自国領土と主張してきたバーレーンの独立を認めさせたいきさつがある。ここでも列強による植民地支配とその後の政治的混乱、対立が領土問題を複雑にしており、歴史を遡って紐解いても根本的な解決にはならないことを物語っている。

バーレーン王国 VS イラン

1971年にイギリスから独立したバーレーン王国（Bahrain）は、ペルシャ湾のバーレーン島を主島として大小33の島々から構成されている。イランは、ペルシャ帝国時代から、バーレーン島を固有の領土だったと主張している。ついでながら、バーレーンは、隣に位置するカタール（Qatar）ともハワー諸島（Hawar Islands）の領有をめぐって争っていたが、2001年に国際司法裁判所の判決を両者が受け入れ、解決した。36の島・岩礁を両者で面積をほぼ折半する形で決着したのは、アラブ諸国の領有権争いでは初めてケースであった（Wiegand 2012）。

(6) 大西洋・カリブ海
ベネズエラ VS ガイアナ

コロコロ島（Corocoro Island）はバリマ川の河口にある面積690km^{2}の広大な中洲だが、島の上を国境線が走っていて、大部分はベネズエラ領だが、東側の一部はガイアナ領になっている。しかしベネズエラとガイアナの間の国境線は係争中で、両国ともコロコロ島すべての領有権を主張している。これは両国の国境になっているアマクロ川の河口をどう解釈するかによるもので、アマクロ川がバリマ川と交差した後、直接大西洋に注いでいると考えればコロコロ島はベネズエラ領になるし、アマクロ川はバリマ川に合流して大西洋に注いでいると考えれば、島はガイアナ領ということになる。暫定的には、二つの川の合流地点から西経60度線へまっすぐ引かれた線が国境になっている。中南米

の大半はかつてスペインかポルトガルの植民地だったが、入植が遅れたガイアナ一帯には17世紀からオランダの西インド会社が進出し、続いてフランスやイギリスも進出して150年にわたる争奪戦を繰り返した後、1814年のパリ条約で英領ギアナ、蘭領ギアナ、仏領ギアナに分割された。英領ギアナは現在のガイアナ、蘭領ギアナはスリナムとして独立したが、仏領ギアナは今もフランス植民地のままだ。1966年にイギリスからガイアナが独立すると、油田が発見されたコロコロ島周辺をめぐるベネズエラとガイアナの国境紛争は激化し、国連が紛争仲介に乗り出している。

イギリス VS アルゼンチン：フォークランド紛争

　西大西洋に位置するフォークランド諸島（面積1万2200km^2、2012年人口2840）の領有権をめぐって、イギリスとアルゼンチンが1982年に軍事衝突した事件は、歴史上フォークランド紛争（Falklands War/Conflict/Crisis）」、アルゼンチンでは「マルビナス戦争（Guerra de las Malvinas）」とよばれている（Sunday Times 1982）。同諸島を最初に発見したのは、フエゴ島（Tierra del Fuego）の先住民だったが、16世紀末にイギリスの探検家ジョン・デイヴィスが島を探検、記録し、これがイギリスの領有権の根拠となった。1833年以来、イギリスが実効支配し、イギリスの経済圏である。アルゼンチンはフォークランド諸島が旧スペインの植民地だったため、早くから諸島の領有権を主張し、イギリスを挑発していた。紛争の発端は、アルゼンチン海軍艦艇がフォークランド諸島に寄航、イギリスに無断で民間人を上陸させ、その後アルゼンチン正規陸軍が同島に侵攻したことである。

　フォークランド紛争は、これまで実戦で試されたことのない兵器による戦闘であった（堀本1983年）。皮肉にもアルゼンチンがイギリスから輸入した新兵器もあった。紛争は約3ヶ月続き、イギリスが勝利して決着がついた。イギリス軍の死傷者1033人、アルゼンチンの死傷者2082人を記録した。敗戦によって、ガルチェリ・アルゼンチン大統領が失脚したものの、両国の国交が再開され戦争状態が正式に終結したのは1990年2月だった。両国はフォークランド諸島海域での油田の共同開発に合意したものの、領土問題は未決着のままである。このことは、武力でもって領土問題は解決できないことを物語っている。

アメリカ合衆国 VS ハイチ共和国

　ナヴァッサ島（英：Navassa Island）はカリブ海の西インド諸島に位置する5.4km^{2}の岩礁である。アメリカとハイチ共和国が領有権を主張して争っている。フランスの植民地だったハイチは、1804年に南米で最初に独立した国だったが、統治をめぐって国が混乱し、南北アメリカ大陸の盟主を主張するアメリカ合衆国が軍事介入して1934年まで軍事占領した。ナヴァッサ島は、アメリカ軍の撤退後もアメリカが未編入地域（insular area）に指定して実効支配し、黒人労働者を導入して大規模なグアノ（化学肥料の原料）の採掘を開始した。現在はアメリカ内務省島嶼局管轄の無人島である。

（7）日本海
日本 VS 韓国：竹島（韓国名：独島）

　外務省等の資料（外務省2017年；下條2004年）によると、島根県に編入されている竹島は、遅くとも17世紀半ばには、日本の領有権が確立していた。明治政府は、1905年の閣議決定により竹島を官有地台帳へ登録し、韓国の抗議を受けることなく、主権の行使を行ってきた。しかし韓国は、サンフランシスコ平和条約（1952年4月発効）を起草していた米国に対し、日本が放棄すべき地域に竹島を加えるように求めてきた。米国は、「竹島は朝鮮の一部として取り扱われたことはなく日本領である」として韓国の要請を明確に拒絶した。韓国は、平和条約発効直前にいわゆる「李承晩ライン」を一方的に設定し、そのライン内に竹島を取り込んだ。韓国はその後、竹島に警備隊員などを常駐させ、宿舎や監視所、灯台などを構築して実効支配をしてきたいきさつがある。これに対して日本政府は、竹島の領有権問題を国際司法裁判所に付託することを提案してきたが、韓国側は応じていない。2012年には、現職大統領として初めて李明博（イ・ミョンバク）大統領（当時）が竹島に上陸し、竹島問題は慰安婦問題と並んで日韓紛争の最大の火種となった。ここでは外務省の主張を支持する下條（2004年）、歴史資料から批判している内藤・朴（2007年）、中立的な視点から考察した池内（2012年）の文献を挙げておく。また、日韓の対話を重視し、未来志向の視点から竹島問題を考察している岩下（2013年）の文献も一読に値する。

(8) 北太平洋・オホーツク海

日本 VS ロシア：北方領土

　北方領土問題とは、第二次世界大戦後、現在に至るまで、ソ連・ロシア連邦が占領・実効支配している択捉島、国後島、色丹島、歯舞群島（北方四島）について、日本政府が自国領土だと主張して返還を求めている領土紛争である（外務省 2017 年）。

　日本の降伏文書であるポツダム宣言の受諾（1945 年 8 月 14 日）後に、ソ連軍は北方領土に上陸、占領した。日本は独立を回復したサンフランシスコ講和条約（1952 年）にしたがって、南樺太・千島列島の領有権を放棄したが、この条約にソ連は調印しなかった。1956 年の「日ソ共同宣言」で日本はソ連と国交回復したが、北方領土の帰属については合意に達しなかった。ソ連は歯舞群島・色丹島の 2 島返還を日本に提案したが、日本が択捉島・国後島を含む「四島返還」を主張したため、交渉は頓挫し、度重なる首脳会談での提案・協議・合意がなされたにもかかわらず、日ロをとりまく地政学的変化もあって、解決への展望すらないまま現在に至っている。

　しかし最近になって、日本政府は平和条約締結に向けた相互の信頼醸成のステップとして、資源開発、漁業、観光、医療、環境、人材交流などの広範囲にわたる共同経済活動に関する協議と官民合同の現地調査を開始した。私は2017 年の 10 月初旬に、国後島まで 16km の位置にある根室市を中心に共同経済活動に関する漁業、観光関係者および市役所関係者から意見聴取した。これまで日本政府は、ロシアの実効支配を認めることになるという理由で共同経済活動を認めていなかった。ここにきて発想を転換したのは、ロシアの実効支配が軍事面にも及び、日本側の領土返還交渉に手詰まり感が強まってきたという背景があるとのことである。共同経済活動を優先して、その先に国境線の画定・平和条約の締結につなげるとする実利先行への転換は、地元の漁業関係者、商工会などにも積極的に受け入れられ、市を中心に共同プロジェクトの策定にとりくみ始めている。とくにロシア側が管理する海域での漁業が解禁となれば、漁業振興はむろんのこと、世界自然遺産に指定されている知床半島をめぐるエコツアーにもつながるとの期待がある。むろん主権問題を棚上げにして、どのような制度的枠組みで共同経済活動を実施するかはこれからの課題となり、実

第7章 国境の島をめぐる領土紛争と解決策 ―尖閣諸島および南シナ海諸島を中心に― *215*

現に向けてのハードルは高い。

(9) 東シナ海（尖閣諸島については後述）
韓国 VS 中国：離於島または蘇岩礁
　離於島（韓国名）、蘇岩礁（中国名）は、済州島の南西に位置する「暗礁」、つまり干潮時にも水面下にある岩である。済州島大学で集中講義をした折に、島嶼研究仲間の高昌勲教授から、「この島をみたものは生きて港に帰れない」という伝説があると聞いた。両国は、国際海洋法にもとづく「島」ではなく、したがって「領有権」は主張してないが、排他的経済水域（EEZ）をめぐって争っている。国際海洋法の判例に従うと、蘇岩礁は韓国の EEZ 内（済州特別自治道に属する馬羅島から 200 海里以内）にあるが、中国は中国側の大陸棚の延長上にあると主張し、大型巡察艦を派遣して韓国の実効支配の阻止をめざしている。同島は、現在中韓両国の暫定的な経済水域内にある。

(10) シンガポール海峡
シンガポール VS マレーシア：ペドラ・ブランカ島
　ペドラ・ブランカ島（Pedra Branca）は、地政学的に重要なシンガポール海峡に位置する 8,560 m² の無人島である。その戦略的位置から、シンガポールとマレーシアが領有権を主張していた。この島は、もともとジョホール（現マレーシア）の領土だったが、イギリスはマレーシア、シンガポールを植民地統治において島を占有し、島の灯台をシンガポールに管理させていた。1965 年にシンガポールはマレーシアから分離独立したが、島の領有権については確定してなかった。その後、マレーシアが同島を自国領土として地図に記載したことで、領土問題が浮上した。両国間での協議で解決できず、両国は国際連合の最高司法機関である国際司法裁判所（ICJ）に判断を委ねることに合意した。裁判所の判決は、島を実効支配しているシンガポールに領有権を認めるものだったが、島の近くに位置するミドル・ロックス岩礁（The Middle Rocks）はマレーシア領土とし、30 年近くの論争に終止符が打たれた。シンガポールの実効支配に加えて、シンガポール政府が提出した「島の所有を主張しない」とするジョホール王国がイギリス植民地政府に提出した書簡などがシンガポール

の勝訴に大きく貢献した。

しかし、最近のシンガポールの The Straits Times (2017) によると、マレーシア政府は新しい証拠がみつかったとして、ペドラ・ブランカ島に関する ICJ の判決をみなおすように文書で要請した。この証拠となったのが、1958 年にイギリスのシンガポール総督が本国に送った書簡に、「ペドラ・ブランカ島はシンガポールの領土ではない」とする記述である。領有権問題は関係国間の政治的利害に左右され、一筋縄ではいかないいい例である。

3　尖閣諸島をめぐる国境紛争

尖閣諸島は、石垣島と台湾から約 170km、中国から約 330km に位置し、総面積がわずか 5.53 km^2 の島々で構成されている（図 7-1、表 7-1）。そのなかで一番大きな島が魚釣島（3.81 km^2）で、残りの 7 島は、1 km^2 以下の「岩」である。

図 7-1　尖閣諸島周辺略図
（外務省ホームページ 2017 より作成）

表 7-1　尖閣諸島概要

日本名	中国名	面積 (km^2)
魚釣島	釣魚島	4.3200
北小島	北小島	0.3267
南小島	南小島	0.4592
大正島	赤尾嶼	0.0609
久場島	黄尾嶼	1.0888
沖ノ北岩	大北小島 / 北岩	0.0183
沖ノ南岩	大南小島 / 南岩	0.0048
飛瀬	飛礁岩 / 飛岩	0.0008

（外務省ホームページ 2017 より作成）

尖閣諸島海域は、1960 年代に豊富な石油・ガス田の可能性が報告されていたが、1969 年に国連アジア極東経済委員会（ECAFE）の海洋調査で、推定 1095 億バレルという、イラクの埋蔵量に匹敵する大量の石油埋蔵量の可能性が報告されるに及んで、世界的に注目された（尾崎 1972 年）。とくにこの海域を管轄する米軍統治下の沖縄において、尖閣諸島沖の海底油田の発見は、降って湧いたような油田開発騒動を巻き起こした。県内の開発業者はいち早く尖閣

諸島海域に鉱業権を設定し、琉球政府主導による沖縄石油資源開発株式会の設立準備がすすめられたが、県内開業業者間の確執、本土開発業者及び日本政府の介入、台湾および中国の領有権の主張もあって、復帰時には幻の大規模プロジェクトに終わった（宮地（2017年）。

　油田開発には台湾も素早く行動し、アメリカのパシフィック・ガルフ社に周辺海域の大陸棚探査権を与える動きがあった。ちょうど「佐藤・ニクソン会談」で沖縄の日本復帰が決まった時期で、尖閣諸島の帰属をめぐる議論が台湾内でも活発になりつつあった。復帰前年の1971年には、台湾に続いて中国が同諸島の領有権を主張し始めたこともあって、外交権のない沖縄側の熱意は急速にしぼんでいった。中国は、2004年に中国が主張する排他的経済水域内（日中中間線の内側）の春暁（日本名：白樺）で、ガス田開発に乗り出し、その後中間線周辺地域で複数のガス田からの採掘を行っている。政府は日本側の資源まで吸い取られてしまう可能性が高いとして開発作業の中止を申し入れたのに対して、中国は日中中間線より日本側の領域のみの共同開発を提案したので、日本政府は受け入れを拒否したいきさつがある。最近になってわかったことだが、国策会社の国際石油開発帝石などの探査によると、尖閣諸島海域の石油の埋蔵量は国連調査よりはるかに少なく、領有権紛争に採算問題も加わり、日本の石油開発業者も採掘に乗り気ではない（産経新聞2010年5月16日）。

　1978年になると、中国船団が領海侵犯を繰り返し、台湾、香港でも「保釣活動」が活発化した。2004年には、中国の反日活動家が島に上陸、出入国管理法で沖縄県警に逮捕され、2010年には中国の漁船が日本の領海内で日本の警備船に衝突し、その生々しい映像を世界のマスコミが報道した。

　尖閣諸島の領有をめぐって中国と日本の対立がいっそう激化したのは、2012年9月に当時の民主党政権化で3島（魚釣島・北小島・南小島）を日本政府が20億5,000万円で民間人から購入し、国有化してからである（外務省2017年；Kakazu 2016；琉球新報・山陰中央新報2015年参照）。中国本土で反日デモが沸騰し、日本車が壊され、日本関連の商店が襲撃された。中国外務省は尖閣問題を「核心的利益（core interest）と」と認定し、2013年には、尖閣諸島含む海域を中国の「防空識別圏」に指定した。中国公船が頻繁に日本の領海を侵犯し、日中関係は戦後最大の危機的状況を迎えた（Campbell, *et al.*

2013）。外務省条約局長を務め、領土問題に詳しい東郷和彦は、日本政府による尖閣諸島の国有化は、中国に日中の歴史問題をよび覚ませる契機となり、戦後日本外交の大失敗だったと発言している（東郷 2015 年）。また中国政治に詳しい朱建栄は、当時の野田佳彦首相と胡錦濤国家主席との間に「領土紛争の棚上げ」が合意されたにもかかわらず、日本側がそれを反故にしたとしている（朱 2012 年）。

　すでにみたように、この種の領土問題には「土地はもともと誰のものだったか」という土地の「占有」―「権源」を過去に遡って「掘り起こす」やっかいな作業がからむと同時に、現在の地政学的な国益と過去の植民地政策、侵略戦争、相互不信を色濃く反映した国のメンツが複雑にからみあい、決着は容易ではない。かつて中国の改革開放の旗手、（故）鄧小平副総理は、1978 年の日中平和友好条約締結の折に、尖閣問題の解決は急ぐに及ばず、現状維持で「棚上げ」し、現世代で解決できなければ次世代に解決を委ね、当面は共通の開発課題にとりくむべきだと発言していた（Taylor 2010）。

　尖閣諸島の帰属をめぐる歴史の「掘り起こし」については、国内外で数多くの文献がある。たとえば、国内では井上（1972 年）が、1534 年の「冊封使録」の記述をもとに、尖閣は日本が中国から盗み取ったものであるとしている。中国側はしばしばこの文献を持ち出して、尖閣諸島（中国では「釣魚島」）は1368 年から始まる明の時代から中国固有の領土だと主張し、後述する南シナ海の島々を含めて、中国の固有の領土であることを 1992 年に制定した「領海法」に明記した。元外務省国際情報局長の孫崎亨は、1945 年の「ポツダム宣言」では尖閣諸島を含めて、清の時代に日本が奪った領土はすべて中国に返還することになっていたとし、同諸島は歴史的にみると「係争地」であると断じている（孫崎 2012 年）。他方、原田（2006 年）は、同じ「冊封使録」を詳細に読み解き、尖閣は中国の領土ではないとしている。日本政府外務省も、1819年に琉球王族が尖閣諸島に上陸して「実効支配」を開始し、日清戦争の最中の1895 年に無人島であった尖閣諸島の現地調査にもとづいて、中国の支配が及んでいないことを確認して日本の領土に編入したと中国側に反論している（外務省 2017 年）。

　尖閣諸島の領有権帰属問題を国際法の視点から論じている奥原（1978 年）

も井上説に反論して、外務省の主張を支持している。私と研究会を開催したこ
ともある Eldridge（2014）は、一次、二資料を駆使して日本外務省の主張を支
持しつつ、沖縄の本土復帰時におけるアメリカの尖閣諸島領有権に対する曖昧
な「中立政策」、つまり尖閣諸島が日米安全保障条約第 5 条の適用地域である
と明言したにもかかわらず、島の領有権については「中立策」を固持したこと
が中国の領有権主張を強化したとしている。日本と中国及び台湾の主張を第三
者的な視点から比較研究した最近の文献として、Shaw（1999）；Drifte（2014）；
Courmont（2015）を挙げておく。また、日本人研究者などの発表済みの論文
をまとめた Baldacchino（2017）も参考になる。

　琉球新報・山陰中央新報（2015 年）は、日本、中国、台湾の主張をコンパ
クトに表にまとめて提示している。台湾の国民党系は中国同様「固有の領土」
を主張するが、民進党系は領有権の「棚上げ」による資源の共同開発を求める
意見が多い（Rhode 2016）。もともとこの海域は、台湾の漁船が自由に操業
できる豊富な漁場であった。戦前は日本人だったとの発言をくり返す李登輝元
台湾総統は、「尖閣諸島は沖縄県に所属し、国際法的にみても中国の主張は根
拠がない」（沖縄タイムス 2014 年）とくり返し発言し、台湾内でも物議をか
もしている。

　日本による尖閣諸島の「実効支配」については、日本側に多くの資料が残っ
ている（尖閣諸島文献資料編纂会 2010 年・2014 年）。「明治 29（1896 年）
年尖閣諸島が沖縄県に領土編入されて以降、同諸島は現在まで一貫して沖縄県
の県土である。1896 年以降同諸島は那覇の寄留商人古賀辰四郎によって開拓
され、同諸島開墾の他、アホウドリの羽毛採取を経てアジサシ類の剥製製造、
鰹魚と鰹節の製造といった経済活動が営まれてきたが、東シナ海洋上の孤島で
あり、人々が住むには厳しい自然環境という条件の下に開拓は思うように進ま
ず、太平洋戦争が激化するなか、ついに無人島の状態に戻り現在に至っている」
（尖閣諸島文献資料編纂会 2010 年 42：77）。緑間（1984 年）は、国際法の
視点から沖縄県に属する沖縄と尖閣諸島との関係をまとめたすぐれた研究成果
を残している。

　古賀辰四郎の尖閣諸島の久場島開拓事業は、最盛期には 247 名、99 戸が生
活する「古賀村」を形成していた（Kakazu 2016）。「久場島には水がないので、

水タンクを設置した。久場島には久場樹（ビロウ）が生え、アホウドリの羽毛は神戸へ輸出され、莫大な利益を得た。石垣島に古賀支店があり、宮古島の漁民が漁をしていた。古賀は、八丈島の玉置半右衛門より前に大東島の開拓も試みているが、上陸に失敗している。古賀は鰹節製造にも従事し、慶良間諸島を含む県内各地で製造されていた鰹節の仲買も行っていた。古賀は福島県より7〜11歳の子どもを雇い入れ、尖閣諸島で働かせていた。「糸満売り」という言葉があるが、これは要するに尖閣売りである」（『琉球新報』1908年5月13日）。

　尖閣諸島文献資料編纂会（2014年）によると、石垣島初代測候所長で、気象観測のかたわら、八重山の民俗・歴史・生物などを研究者であった岩崎卓爾の影響をうけて、琉球大学の高良鉄夫が1950年に魚釣島の初の学術調査を行っている（高良1954年・1977年）。

✿ 尖閣諸島紛争：日本と台湾

　すでに触れたように、台湾も尖閣諸島領有権紛争の当事者である。中国は尖閣諸島を中国の一部である「台湾省」に帰属するとみており、台湾が中国の意に反して日本と交渉するのを警戒しつつも、台湾側の動きを牽制する様子はない。そのよい例が尖閣諸島の漁場をめぐる台湾と日本の「日台漁業協定」の締結である。漁業協定に向けた協議が加速したのは、日本政府が尖閣諸島を国有化し、日中間の緊張が極度に高まった2012年以降である。当時の馬英九中華民国（台湾）総統は、尖閣諸島周辺の平和的解決を目指す「東シナ海平和イニシャチブ」（東海和平倡議）を2012年8月に提唱した（Ministry of Foreign Affairs of the Republic of China 2012）。ついでながら、馬総統は同海域の「平和と生活圏」の視点から、自らのハーバード大学に提出した博士論文でも同様な提案をしている（Ma 1980）。このイニシャチブは紛争が激化したのを逆手に取って、日中台の緊密な協議を経て、尖閣諸島海域を平和で環境にも優しく、漁場の保護育成や海底資源の共同開発などを含む共同事業を推進する場にするというものであった（Kakazu 2016）。その一環として、日台間の漁業協定の早期締結を促した。この漁業協定の締結は、日本が「国連海洋法条約」を批准した1996年以来の懸案事項でもあった。なぜなら海洋法条約の批准によって、日本の領土である尖閣諸島を基点とする排他的経済水域（EEZ）、つまり日本が水産資源や海底鉱物資源を開発する権利が及ぶ範囲（境界）を策定

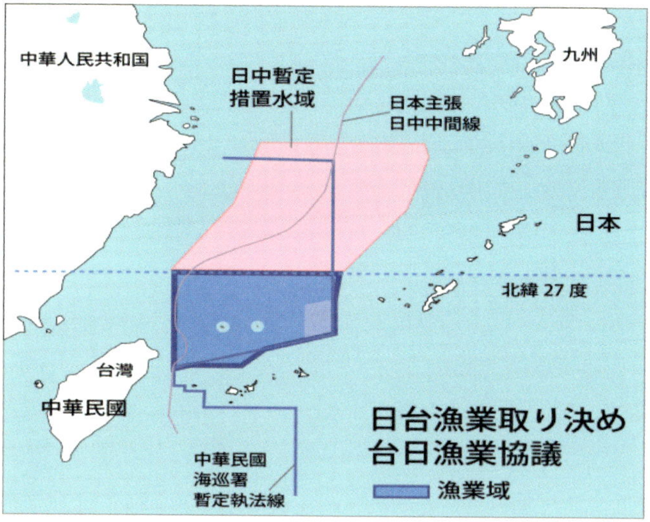

第 7 章　国境の島をめぐる領土紛争と解決策 —尖閣諸島および南シナ海諸島を中心に—　*221*

図 7-2　尖閣諸島周辺の日台漁業取り決め海域
(Goldenseasun, The Fishing Area of Japan-Taiwan Fishery Agreement
2013 年 4 月 14 日より許可を得て転載)

する必要があったからだ。この地域では、古くから沖縄、台湾の漁業者が操業
しており、操業水域、操業方法をめぐってのトラブルが続発していた（Rhode
2016）。台湾はこの水域に「暫定執法線」（図 7-2）を設定して台湾漁船の操
業を認めてきたが、日本の海上保安庁はこの水域で操業する台湾漁船を排除し
てきたいきさつがあった。

　公益財団法人交流協会（日本の台湾外交窓口で、2017 年に「公益財団法
人日本台湾交流協会」に改称）と台湾の「亜東関係協会」（日本、アメリカな
ど、台湾の国交のない国との外交窓口）は 2013 年 4 月に漁業協定に署名し、
2015 年には常設された「日台漁業委員会」で操業方法などについて合意に達
した（Ministry of Foreign Affairs of the ROC 2013）。その結果、日本の領海
12 海里を除いて、北緯 27 度より南側の水域（日本の EEZ 内）に限って、台
湾の漁船の操業が可能になった（図 7-2）。台湾側はその成果を高く評価したが、
沖縄側の漁業者には不満が残り、今後の協議課題となっている。日本政府も領
有権をめぐって中台が連携することをおそれ、両者間に楔を打ち込むねらいが
あり、台湾側に大幅な譲歩をしたといわれている（Kakazu 2016）。日台漁業

交渉を中国が静観した背景には、一つの中国を掲げて中台関係を大きく前進さ
せてきた馬総統に対する信頼があったためである。なお、北緯27度より北側
には、日中漁業協定（1975年締結）で定められた「日中暫定措置水域」があり、
一応日中間の漁業問題に関しては暫定的な解決をみている。

　台湾と沖縄を含む漁業関係者がイニシャチブを取って「日台漁業協定」締
結に至った経緯は、紛争解決に向けた一つのモデルを提示している。周辺漁業
者にとっては、尖閣諸島海域は、太古の昔から誰でも自由に出入りできる「生
活の場」であったが、領土紛争によりそれが一変した。「超歴史的に、国境を
考えたとき、国と国との関係ほどぎくしゃくしない世界がそこにはある。人と
人との関係も、生態系環境的な棲み分けに似た、平和を願わざるを得ない。琉
球列島・千島列島のなかにある生態系境界は、人間世界の古代から現在に至る
活動と重なってみえる。国境域とそのような、文化・行政・民族の境界以上の、
多様な境の場でもありうる」（長嶋2010年：63）。国境紛争解決にむけた「地
ならし」段階として、この「生活圏」アプローチが古くから提案され、有効と
されてきた（Scalapino 1992；嘉数1995年；田村2010年；新崎2012年）。

　すでにみた通り、尖閣諸島紛争の解決については、日本による実効的支配の
強化から国際司法裁判所への提訴、日本による国有化以前の維持、現状棚上げ
論など種々の解決策が提案されている。解決への基本は互いの挑発による偏狭
で危険なナショナリズムに訴えることではなく、時間はかかっても相互の信頼
醸成にもとづく対話による「ウイン・ウイン」の解決への道を探り出すことで
ある。

4　南シナ海諸島をめぐる国境紛争

　南シナ海には約250の無人島、岩、岩礁、環礁が存在する。その多くが満
潮時に水面下に沈む「暗礁」である。領有権争いをしている場所を地図で示す
と、西沙諸島（Paracel Islands）、中沙諸島（Zhongsha Islands）、スカボロー
礁（Scarborough）を含む南沙諸島（Spratly Islands）に区分することができ
る（Hayton 2014；浦野2015年；嘉数2016年）。図でみるように、西沙諸
島は中国とベトナム、中沙諸島は中国とフィリピン、南沙諸島は中国・台湾・

ベトナム・フィリピン・マレーシア・ブルネイが領有権を主張している。現在、ブルネイを除く5か国が入り乱れて複数の岩礁・砂州を実効支配しており、その多くに各国の軍隊・警備隊などが常駐している。中国は南沙諸島・中沙諸島・西沙諸島などを総称して「南海諸島（Nanhai zhudao）」とよび、1,600 kmに及ぶ南シナ海全域の主権（領有）を主張している。中国が主張する境界線は、その線の数から「九段線」、その線の形から「U字線」あるいは「赤い舌＝牛舌線」ともよばれている（図7-3）。九段線の一部がインドネシアのナトゥナ諸島（Natuna Islands）のEEZと重なっており、係争海域となっている。

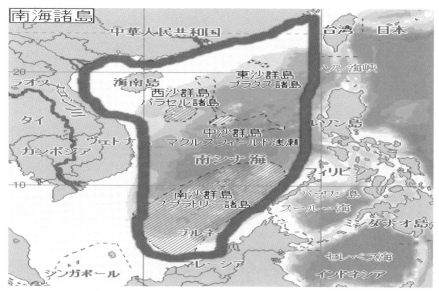

図7-3　中国が領有権を主張する「南海諸島」（中国国防部資料より作成）

　ベトナム沖からマレーシア沖、フィリピン沖をとりまく九段線は、中国が1950年頃から主張しはじめ、西沙諸島から南沙諸島へと実効支配を正当化する根拠としてきた。「九段線」の歴史的根拠は曖昧だが、多分に中国の大陸棚の範囲を指しているのではないかと私は推察している。

　日本にとって、南シナ海は日本の経済、安全保障上の生命線ともいうべき「シーレーン」で、エネルギー資源を含む、日本の国際貨物の6〜7割は図の「第

図7-4 中国の海軍発展戦略図とシーレーン
(YAHOO! Japan ニュース、THE PAGE 2014年9月26日より許可を得て転載)

一列島線」で示されている「赤い舌」を通過する(図7-4)。

「第一列島線」は最近よく耳にする地政学的な用語だが、中国の海軍発展戦略の概念で、台湾有事の際の作戦海域を意味すると同時に、米軍の侵入を阻止する防衛ラインでもある(Campbell 2013)。台湾の独立気運が高まるにつれて、中国は防衛の海域を「第二列島線」まで広げる可能性も否定できない。「第二列島線」は、アメリカ本国の防衛ラインであるグアムを含み、日本の小笠原諸島も含まれている。中国の海洋調査は、第一列島線付近までに留まっていたが、このところは第二列島線付近でも調査を行っていることが報じられている。海洋調査は他国の排他的経済水域内では行えないため、第二列島線付近にある沖ノ鳥島問題が持ち上がっている。中国は以前から沖ノ鳥島はEEZが成立がしない「岩」であると主張している(嘉数2014年)。

図7-4で示すインド洋には「真珠の首飾り(String of Pearls)」と称する、日本のシーレーンと完全に重なる中国の軍事・貿易戦略ラインがある。インド洋航路の発見は、アダム・スミスが国富論(1776年)のなかで、「人類史上最も重要な出来事」と書いたように、古くからアジアとヨーロッパを結ぶ重要な交易路である。とくに狭いマラッカ海峡は、中国にとっても経済のライフラ

インで、胡錦濤元国家主席は海峡をコントロールできない状況を指して「マラッカジレンマ（Malacca Dilemma）」とよんだ。

　中国はインド洋でも米軍と対抗しうる海軍基地を建設している。中国海軍は以前からこの海域で、インドと仲が良くないパキスタン軍と合同軍事演習を展開している。最近では、マラッカ海峡の出口に近いミャンマーに属する「ココ諸島（Coco Islands）」の港湾を中国の支援で整備し、その一部を海軍基地にしていると報じられている。私は2013年に、コロンボ大学・ペラデニヤ大学（スリランカ最古の大学）の招聘を受けて数週間スリランカに滞在する機会があったが、その年に中国の潜水艦が初めてインド洋のスリランカ港にドック入りし、インドが猛反発した。スリランカの前ラジャパクサ大統領は中国志向が強く、中国支援で港湾建設や高速道路建設などの巨大なインフラプロジェクトを請け負っている現場を目の当たりにした。現在のシリセナ大統領は、中国の「真珠の首飾り作戦」をよしとせず、中国と距離を置いている。スリランカは南インドにかぎりなく近く、しかもインドも利用するすぐれた港湾施設を有しており、中国の現代版「シルクロード経済圏構想＝一帯一路（OBOR：One Belt, One Road）」実現に向けた戦略的位置と重なっている（Kakazu 1995）。「一帯」は陸のシルクロード、「一路」は海のシルクロードとよばれ、習近平国家主席が2013年に提唱し、2017年5月には一帯一路構想実現に向けたサミットフォーラムが開催された。習近平主席は、一帯一路の建設を通じて開放的で皆が利益を得るグローバル化を実現しなければならないと、トランプ大統領の保護主義に対抗して自由貿易体制の推進を訴えると同時に、構想沿岸国を中心に、14兆円余の融資・援助を行う方針を示した。歴史は皮肉なもので、経済格差の温床とみなされているグローバリゼーションの主役が、資本主義国家の雄であるアメリカではなく、毛沢東思想を端的に表現する「鉄飯碗（iron rice bowl）」、つまりかつてのコチコチの「平等主義」社会主義国家であった「中国流国家資本主義」に取って代わられたのだ。グローバリゼーションを否定し、人権を踏みにじるポピュリストのトランプ大統領の登場によって、国際的な信認が最も高まったのはロシアのプーチン大統領と習近平国家主席であるともいわれている。

(1) 中国 VS ベトナム、台湾：西沙諸島（パラセル諸島）

　中国、ベトナム、台湾が領有権を主張する西沙諸島は、50近い無人のサンゴ礁の島と岩礁で構成されている。島嶼の領有権をめぐって、1974年に中国とベトナムが武力衝突し、中国海軍はベトナムが実効支配していた西部の島嶼を制圧して支配下においた。そのなかの永興島（Woody Island）にはすでに地対空ミサイルが配備され、2018年の5月には戦略爆撃機が初めて離着陸訓練を実施した。

(2) 中国 VS ベトナム：南沙諸島（スプラトリー諸島）

　中国は、ベトナムが実効支配してきたジョンソン岩礁などが武力で奪取した経緯があるが、1988年には同じくトナムが実効支配していた南沙諸島のスビ礁（Subi Reef）、ファイアリー・クロス礁（Fiery Cross Reef）、クアテロン礁（Cuarteron Reef）、ヒューズ礁（Hugh Reef）を実力行使で手に入れ、大型滑走路を含む軍事施設を完成させ、ベトナムとの間に一触即発の緊張関係にあった。

(3) 中国 VS フィリピン：南沙諸島

　南沙諸島のミスチーフ岩礁（Mischief Reef）は、もともとはフィリピンが実効支配していたが、アメリカ軍のフィリピン撤退後の1994年に中国が実効支配し、巨大アンテナなどの建造物を構築した。2012年には、フィリピンが実効支配していたスカボロー礁（Scarborough Reef）周辺で、サンゴなどを密漁していた中国漁船を取り締まったことをきっかけに、両軍が衝突し、その結果スカボロー礁は中国に奪われ、現在中国が実効支配している。

　2013年、フィリピンのアキノ政権（当時）は中国の強権的な実効支配に対して、国連海洋法条約（UNCLOS）にもとづいてオランダ・ハーグの常設仲裁裁判所（Permanent Court of Arbitration）に提訴した。南シナ海における領有権を巡る初の提訴となった。中国が合意しない国際海洋法裁判所でなく、ハーグ常設仲裁裁判所に提訴したのは、前者の場合は当事国双方の合意が要求されるが、後者の場合は一国だけで提訴が可能だからだ。2016年7月、仲裁裁判所の判決結果は中国の全面敗訴となった。判決の骨子は以下の通りである。

① 中国が南シナ海に設定した独自境界線「九段線」には主権、管轄権、歴史的権利を主張する法的根拠はない。

② 南沙諸島で中国が実効支配する場所は排他的経済水域（EEZ）を設けられる「島」ではなく、中国は EEZ を主張できない。

③ 中国がスカボロー礁でフィリピン漁民を締めだしたのは国際法違反である。

④ ミスチーフ礁とセカンド・トーマス礁はフィリピンの EEZ 内にある

⑤ 中国は南沙諸島で人工島を建設するなど、珊瑚礁などを破壊しており、国連海洋法条約の環境保護義務に違反している（日本経済新聞 2016 年 7 月 13 日朝刊）。

この判決は、私のような島嶼研究をライフワークとしている者にとっても画期的なものであり、南シナ海域を超えて、「島」とは何か、国際海洋法とは何か、領有権とは何か、EEZ とは何かなどをめぐって、今後論争が続くと思われる。

仲裁裁判所の判決は、中国の南シナ海での主権と排他的経済水域の設定を全面的に否定すると同時に、中国が主張してきた歴史的な権利と海域の埋め立てによる軍事拠点化を「一方的で国際法違反」と断じた。自国中心主義の歴史的な権利より、国際社会での新しい紛争の枠組みである海洋法条約が優先されると判断されたのだ。敗訴を予想していた中国は、最初から仲裁に反対し、仲裁結果（判決）には従わないと明言していた。

中国は、UNCLOS 加盟国としての仲裁裁判所の判決を遵守する義務を負うが、判決には強制力はなく、中国が今回の判決を受け入れるかどうかは中国次第である。予想された通り、仲裁判決に対して中国は猛反発し、国民のナショナリズムに火をつけ、フィリピンを支持してきたアメリカ製品の不買運動も起こった。中国外務省、マスコミは揃って「法律の衣をまとった茶番劇」、「読むに値しない紙くず」だと判決結果に従わないことを鮮明にし、その背景に日米の謀略があるとまで示唆した。中国海軍の呉勝利司令官は、南シナ海は「中国の核心的利益であり、我々が譲歩することはない」と主張し、軍事施設の建設や軍事演習を継続する意向を示した。この動きは、現在の地政学的なパワーバランスを考えると、予想されたことでもあった。

中国が仲裁判決を無視して、とくにフィリピン領土とされたスカボロー礁に新たな軍事基地を構築し、周辺海域に防空識別圏（ADIZ）まで設定すると、

アメリカの防衛戦略と真っ向から対決することになることから、南シナ海周辺での緊張が一挙に高まることは必至である。事実、アメリカは中国が埋め立てた12海里以内に米軍艦隊を派遣する「航行の自由（freedom of navigation）」作戦を実施しており、中国が徹底抗戦を宣言している。アメリカのトランプ大統領も、北朝鮮の核・ミサイル問題が最優先課題で、この地域での島をめぐる紛争で過度に中国を刺激したくない。

　仲裁裁判所の判決が出る一月前に就任したフィリピンのロドリゴ・ドゥテルテ（Rodrigo Duterte）新大統領は中国寄りといわれ、判決を歓迎したものの、裁判で勝ち取った水域を取り戻すような発言は控えている。過去のいきさつからして、フィリピン国民、とくに漁民は判決の即実効を望んでいると思われることから、中国の経済支援、水域の共同開発をちらつかせた二国間交渉の提案に、中国が主張する「判決がなかったこと」にして、応ずるかどうか、ドゥテルテ新大統領の対中国政策が試されることになる（嘉数2016年）。

　南シナ海での領有権をめぐる対立の構図は、台湾を除けば東南アジア諸国連合（ASEAN）加盟国と中国だが、ASEANも対中国スタンスでは一枚岩ではない。2014年のASEAN首脳会議で採択された「ネピドー宣言」では、「南シナ海の平和的解決」をうたっただけで、中国非難では合意に達しなかった。仲裁裁判判決直後に、モンゴルで開催されたアセム（ASEM）＝アジア欧州会議でも「国際法にもとづいた紛争解決が重要」とする文言が盛り込まれただけで、中国を名指しすることを避けた。2017年5月に中国とASEANは、この海域での紛争予防ルール、いわゆる「行動規範」を策定したが、その実効性を担保する法的拘束力は明記されてない。全会一致を基本とする「ASEAN外相会議」でも、中国への法令順守を迫る共同声明はたぶん今後も出せない。紛争とは余り関係がなく、中国との貿易・投資が急増し、中国から多額の経済支援を受けているラオス、カンボジア、ミャンマー、ブルネイなどは中国を支持するか中立を決めており、全会一致を基本とするASEANの意思決定ルールからして、中国との対決は各国の立場によって異なる。しかし、ベトナムが実効支配し、軍を駐留させているスプラトリー島も今回の判決で「島」とは認められず、今後判決をめぐって異論が出る可能性もある。インドはこのスプラトリー島でベトナムと共同でガス・油田開発を行っており、今回の判決を全面的に支持している。

仲裁判決を受けて、中国は今後その経済パワーを駆使して、中国支持の仲間を増やす外交と実力行使の両面戦術を採用するものと思われる。

　仲裁裁判所の判決に対する台湾政府の反応はASEANとは異なる。判決がでた当初、蔡英文新総統は判決を尊重すると明言した。ところが、台湾が滑走路を建設して実効支配し、海上保安庁の職員が常駐する太平島（面積0.51km²）が「島」ではなく、「岩」と位置づけられたことに不満を表明し、住民の「不満加熱」を抑えるねらいもあって、海域に軍艦を派遣した。「一つの中国」を国是とする中国は、島の領有権争いでは台湾と共同戦線を張りたいところだが、独立志向の強い蔡政権がやすやすと中国の提案に乗るとは思わない。太平島は、日本台湾統治時代（1895〜1945年）の50年間、「長島」とよばれ、海軍基地が設置され、民間業者による硫黄の採掘が行われていた。私は2015年に台湾学術フェローとして、台湾の有人島をすべて回り、沖縄とゆかりのある澎湖諸島と金門諸島には長期滞在したが、この長島へのエクスカーションは安全が保障されないという理由で当局に制止された。長島は日本の撤退後、ベトナムを統治していたフランス軍が占拠したが、インドシナ戦争終結で島を放棄、戦後はフィリピンの民間業者が硫黄の採掘を行っていた。このような複雑に絡み合う歴史の産物として、また地政学的な権益確保として、中国、台湾、ベトナム、フィリピン、マレーシアが島々の領有権を主張しているという背景があることを国際社会は理解すべきである（嘉数2016年）。

　竹島を実効支配している韓国も、今回の仲裁判決を全面的には支持していない。理由は中国との政治経済分野での緊密化もさることながら、根底には韓国が「島」と指定して実効支配している竹島が今回の仲裁判決に従うと、「岩」になることはほぼまちがいないからである。

5　国境の島をめぐる紛争解決事例

(1) バングラデシュ VS ミャンマー：ベンガル湾紛争

　海洋の境界線をめぐる紛争で国際海洋裁判所が下した初の判決がある。バングラデシュ、ミャンマー間で30年以上も対立してきたベンガル湾の海洋領海確定に関する紛争である。海洋法裁判所は、図7-5のように、両国間の「中間

図7-5　ベンガル湾国境画定図（国際仲裁裁判所　(ITLOS) 資料より作成）

ライン」を基本に、境界付近の島などの個別事情を考慮した判決を下した。バングラデシュは当初、自国の「大陸棚延長論」を主張し、ミャンマー寄りの海域部分も自国に帰属すると主張していた。しかしバングラデシュが実効支配していた $8km^2$ の有人島であるセント・マーチン島（Saint Martin's Island）が同国所属の「島」として認められたこともあって、両者は判決を受け入れ、紛争にめでたく終止符を打った。

　このケースは紛争当事国が長年解決に向けた交渉を行い、最後の手段として国際海洋法裁判所に仲裁を仰ぎ、その決定に従うことになっていた。紛争当事国はこの最終的な判決に従う法的義務を負うものの、罰則などの強制力はない。海洋法条約は、この種の国家間紛争を仲裁する機関として、国際海洋法裁判所、国際司法裁判所、ハーグ常設仲裁裁判所のいずれかを紛争当事国が選ぶことができるとしている。

(2) フィンランド VS スウェーデン：オーランド諸島紛争

　バルト海のボスニア湾入り口に位置する約6,500の島々からなるオーラン

ド諸島（Orlando Islands）は、もともとフィンランドの領土であった。しかしフィンランドそのものが中世には「バルト帝国」とよばれたスウェーデン王国の一部になった。その後スウェーデンが帝政ロシアとの戦争で敗れ、フィンランドはロシアに割譲されるが、1917年に独立国家となったいきさつがあり、大国間紛争の狭間でオーランド諸島を含むバルト海域の島々の帰属は幾重にも揺れ動いた。すでに第1章でみたように、両国はオーランド紛争の解決策を国際連盟に委ね、1921年の「オーランド諸島特別自治」を前提にした「新渡戸裁定」により、フィンランドへの帰属が決まった（石渡1992年；長谷川2002年参照）。「オーランド諸島問題は、スウェーデンとフィンランドという2国間枠組みで解決できなかったので、イギリスにより国際連盟という多国間枠組みの場に持ち込まれ、解決をみた国際紛争である。私は北方領土問題も、多国間の枠組みで解決が模索されるべきだと考えている」（原2010年:93）。「オーランド・モデル」は島の国境紛争を解決する一つの知恵を提供している。ただ、紛争当時国だったフィンランドとスウェーデンは、ルクセンブルクのシェンゲン村で署名し、EUを中心に26か国が加盟する「共通国境管理の漸進的撤廃に関する協定（シェンゲン（Schengen）協定」に加盟しており、住民は両国を自由に往来できて、事実上の「単一国家」に等しい。特別自治権を得たオーランド諸島住民には、現状維持に対する不満は少ない。

（3）中国とロシア：河川国境の島紛争

　中国とロシアは4,300kmの国境をもつが、そのうち3,500kmが「河川国境」で、その中洲には2,444の島がある。その半数以上の島をロシア側が実効支配していた。中国とソ連（現ロシア）は、19世紀の後半から、これらの河川に浮かぶ国境の島々をめぐって紛争をくり返してきた（岩下2003年）。1960年代の後半に、アムール川の支流、ウスリー川（江）の中洲に浮かぶ「珍宝島（ロシア名はダマンスキー島）」の領有権をめぐって、中国とソ連との間に核爆弾の使用までささやかれた軍事衝突が起こったのは記憶に新しい。1991年のソ連崩壊後、「河川を国境にする場合は主要航路を国境線とする」との国際法の原則に沿って、中国が実効支配していた珍宝島とロシアが実効支配していた銀龍島（ロシア名はタラバーロフ島）は中国領となった。領土の線引きで最後

まで難航した黒瞎子島（ロシア名は大ウスリースキー島）とアバガイド島（ロシア名ボリショイ島）は、それぞれの地政学的活用実態を勘案して、中国とロシアで分割することになり、島の上に国境線が引かれた。島によっては、国境線が引かれて後、相互に往来し放牧や漁業が継続できる「共同利用」が決まり、前世紀末までにすべての領土問題に終止符が打たれ、両者とも「ウイン・ウイン」の決着を内外にアピールした。その背景にはむろん、両者の信頼関係の造成と危機管理への切迫感があった。この「フィフティ・フィフティ」をベースにした段階的紛争解決方式が北方領土問題解決への教訓なるかどうかについては岩下（2006年）が丁寧な考察を行っている。

6　結び

　島嶼をめぐる領土紛争がもっとも激しくなっている東シナ海や南シナ海の岩、岩礁、環礁のほとんどが国際海洋法条約第121条に規定される「人間の居住又は独自の経済的生活を維持できる陸地」ではなく、「島」とはみなされない（島の詳細な定義については、第1章参照）。したがってこれらの「島々」を基点に、独自の「EEZや大陸棚」は設定できない。先述したハーグの常設仲裁裁判所の判決は、中国が実効支配し、領土紛争の渦中にある南シナ海のほぼすべての海域はだれでも自由に往来できる「公海」ということになる。このことは竹島についてもいえる。日本政府は韓国が実効支配している竹島を国際仲裁裁判所への提訴を通告したが、韓国が応ずることはない。仲裁裁判所の判決に従うと、日本が実効支配する尖閣諸島も、かろうじて水面に浮かぶ沖ノ鳥島も島ではなく、EEZの基点にはならないからである。沖ノ鳥島の存在によって、日本の国土の約6〜8割に相当する領海が広がり、漁業資源や海底資源の開発権を有することになる。韓国や中国が沖ノ鳥島の領有権をめぐって仲裁裁判所に提訴しても、たぶん日本は応じないでしょう。つまり、実効支配している国が裁判所の判決に応じることが解決の条件となる。先述したベンガル湾紛争のように、もし紛争当事国が仲裁裁判所の判決を素直に受け入れるのであれば、これらの海域での主権争いはすべて落着することになる。

　すでにみたように、島をめぐる領有権争いのほとんどが列強による植民地政

策か、戦争による占領政策、または一方的な軍事力を背景にした実効支配の産物である。竹島、尖閣諸島紛争は、日本の軍国主義の結果として日本が領有権を主張していると韓国と中国はみなしており、侵略された側の「憎しみの記憶」が、外交交渉上も絶えずよびさまされてくる。「釣魚島はまさしく屈折した歴史の焦点なのであり、そこには中国民衆の屈辱に満ちた記憶と怒りが凝縮されています」（孫歌 2002 年：164）。過去の軍国主義、植民地主義を清算しないかぎり、歴史問題は必ずつきまとい、堂々巡りの応酬が果たしなく続くと思ってよい。島嶼にかぎらず、領土紛争の解決への王道は、当事者の信頼関係の造成と平和構築に向けた対話である。

　南シナ海における中国の軍事、経済力を背景にした島々の占有は、新しいタイプの領土問題を提起している。中国は仲裁裁判所の判決を完全無視したが、軍事力で実効支配しているフィリピンのスカボロー諸島を埋め立て、この海域での軍事基地化を強行するかどうかが一つの試金石となる。中国高官のこれまでの発言からして、この危ない方向に進む可能性は否定できない（*The Economist*, March 30, 2016）。唯一歯止めになるのがアメリカの抑止力だが、内政で多事多難に直面し、外交でも方向が定まらず、北朝鮮の核、ミサイル開発阻止をめぐって中国、ロシアと駆け引きし、主要国と貿易戦争を仕掛けている間に、この海域での中国の実効支配は動かしがたいものになりつつある。むろんアメリカは、周辺国の要請もあって、「航行の自由」を求めて、艦船や航空機を派遣して中国を牽制する行動にでているものの、中国の実行支配を実力で阻止しる意図はない。中国の軍事、外交面での強行策は、減速傾向にあるとはいえ、グローバル規模でばく進する経済拡張に支えられてきた。この点ではすでにいい尽くされているが、参考までに過去 10 年間における南シナ海周辺国の経済力の変化を表 7-2 に掲げておく。

　物価水準を勘案した購買力平価（PPP）での名目ドル表示による GDP は、中国がすでにアメリカを抜いて世界一になり、2016 年で日本の約 4 倍になったが、その拡大スピードは過去 16 年（2000 ～ 2016 年）で約 6 倍になり、日本の 4 倍強の速度で成長した。一人当たり GDP でも日本の 3 倍以上のスピードで向上している。中国経済は、貧富の格差の拡大、シャドウーバンキング、不良債権、住宅バブルなど多くの課題を抱え、減速しながらもこの傾向はここ

表 7-2　南シナ海周辺諸国の経済パワーの推移、2000 ～ 2016 年

	GDP（購買力平価、名目 US 1 億ドル）			一人当たり GDP（PPP, US ドル）			人口（百万人）		
	2000	2016	2016/2000	2000	2016	2016/2000	2000	2016	2016/2000
中国	37,037	214,171	5.8	29	155	5.3	1,267	1,383	1.1
インドネシア	9,735	30,321	3.1	47	117	2.5	206	259	1.3
台湾	4,806	11,330	2.4	217	482	2.2	22	24	1.1
マレーシア	2,997	8,633	2.9	128	273	2.1	23	32	1.3
フィリピン	2,611	8,065	3.1	34	78	2.3	77	103	1.3
ベトナム	1,511	5,955	3.9	19	64	3.3	78	93	1.2
（参考）									
日本	33,988	52,625	1.5	268	414	1.5	127	127	1.0
韓国	8,501	18,321	2.2	181	358	2.0	47	51	1.1

（ADB, *Key Indicators* より作成）

当分続くと考えられる。この膨張する経済力を背景にした外交は説得力があり、ASEAN 加盟国にかぎらず、多くの発展途上国が中国寄りになびいている現実がある。

　最近アメリカの中国専門家の間で好んで使われている「ツキジデスの罠（Thucydides trap）」という歴史的教訓がある（Ratner 2017）。紀元前 5 世紀、既存覇権国スパルタに対抗して新興勢力のアテネが挑戦し、ペロポネソス戦争に発展したことから、歴史家のツキジデスは「新興の大国は必ず既存の大国へ挑戦し、既存の大国がそれに応じた結果、戦争がしばしば起こってしまう」との法則をみいだした。この法則を「ツキジデスの罠」という。30 年も続いたこの戦争の結果、両国とも滅亡するのだが、この法則は 20 世紀のイギリス帝国に対するドイツの挑戦を含めて過去に 15 回も起きたといわれている。スパルタを米国、アテネを中国と対比させて「新冷戦」の用語も飛び交う現在のあやういパワーゲームを描く中国専門家もいる。たしかに、2017 年 10 月の第 19 回共産党大会で、「新時代の中国の特色ある社会主義」という独自の思想を掲げて二期目の政権基盤を盤石にした習近平国家主席は、「新型大国間関係」を打ち出し、「世界を両国で分け合おう」と米国に提案している。トランプ政権の反多国間主義、保護貿易政策には危うさもあるものの、米中とも密接な相互依存関係を築いていており、両国が「ツキジデスの罠」に陥ることはないと思う。しかし、日中関係が過度に緊張しても、また両大国が過度に仲よくなっ

ても日本を含む周辺国にとっては悩ましいことであることにはまちがいない。

　仲裁裁判所の判決を受けて、習近平国家主席はくり返し、「国際法による秩序を順守」すると明言しており、周辺国はいたずらに中国包囲網を画策せずに、対話を通してこの言葉を行動で示すように仕向けるのが東・南シナ海での平和と安定と実現する最善の方向である。

第8章　島嶼の政治経済学
―島嶼経済自立への挑戦―

1　グローバリゼーションと島嶼経済

　島嶼経済をマーケットという「神の見えざる手（invisible hand）」を前提にする近代経済学の手法で分析するのはまちがいである、とする指摘がたまたまなされている（平恒 1982 年）。他方、島嶼経済ほど、その貿易依存度の高さ、1〜2の国際市場の変化に晒されやすい輸出商品への特化、遠隔地小規模生産・消費ゆえに国際価格変動を受け身の形でもろに受けるとする実証分析も数多くある（Kakazu 1994）。しかし、いずれの見方も部分的には正解である。島嶼経済のありようは、島の位置と成り立ち、歴史・文化、政治形態（ガバナンス）、資源の有無などによってすべて異なるといってよい。たとえば、オフショア・ビジネスの中心地で、世界トップクラスの一人当たり所得を稼いでいるマイクロ島嶼のバーミューダやケイマン諸島は、国際金融市場の影響をどこの国・地域よりも受けやすい環境にある。他方、国際金融市場が皆無である多くの島嶼地域では、アジアからラテンアメリカまで広がった 1990 年代後半の金融バルブの崩壊とは無縁であった。

　グローバルな金融バルブの直接の影響は受けなかったものの、ナウルやパプアニューギニア、フィジーなどで観察されたように、国際相場に左右される砂糖や鉱物資源などを輸出して外貨を稼いでいる多くの島嶼国経済は、石油輸出機構（OPEC）のように自らカルテルを結んで価格を維持できないことから、これらの価格変動の影響をもろに受けることになる。さらに重要な点は、島嶼国は輸出依存以上に輸入依存経済であることである。消費財から生産財に至るおよそありとあらゆる商品を輸入に頼っている。輸入商品は国際マーケットを通して供給されていることから、輸入に関しては価格操作ができないオープンな小島嶼経済が最も影響を受けることになる。イギリス海軍の主要基地のあったマルタ島のように、第二次世界大戦中、ナチス・イタリア枢軸軍の猛爆によ

る海上封鎖によって島への物資補給路が断たれ、全島民とイギリス軍が餓死寸前にまで追い込またれた島もある。私はマルタ大学滞在中に、イギリスで作製された「マルタ島攻防戦」の記録映画を、うろ覚えの体験しかない「沖縄戦」とダブらせながら首都バレッタで観たことがある。同様なことは台風、地震、津波、温暖化による海面上昇などの自然災害でも起こりうる。島嶼地域はこのようなマーケット依存の生存リスクを抱えながらも、輸入依存度は高まってきている。また、島嶼経済を特徴づける移民、出稼ぎ、観光産業にしても世界的な地域間競争に晒されており、世界のマーケット動向に大きく左右されることはいうまでもない。

　しかし、マーケット依存が高いから、島嶼経済分析には成熟したマーケットを前提にした近代経済学の手法が有効であるとはかぎらない。北欧の知的巨人、グンナー・ミュルダールは、その大著『アジアのドラマ』(Myrdal 1968) で、先進工業経済でのみ有効性をもちうる理論を条件のまったく異なるアジアの発展途上国経済にもあてはまるとした推論の危険性を「誤れる具体化の誤謬」とよんで厳しく批判している。つまり、成熟した競争的市場経済でしか有効でない理論モデルを発展段階の異なる他の経済に応用できるとする思考の誤りである。このことは、市場経済モデルだけでなく、「中心―周辺理論」、「従属理論」、「世界システム理論」、「内発的発展理論」（詳しくは西川潤 2000 年参照）などについてもいえることである。これはなにも島嶼経済にかぎったことではない。チュチェ（主体）思想にもとづく国際経済舞台からほぼ遮断された北朝鮮経済の分析には市場経済分析手法はほとんど役立たない。ここでとりあげたほとんどの島嶼経済は、国際貿易に先進市場経済以上に依存しており、すでに詳述したように、地域によっては生存経済と市場経済との二重構造が濃厚に観察されるものの、基本的には市場経済を前提にして政策運営がなされている。であれば市場を前提にした分析は有効である。課題はどのような市場分析ツールが有効で、しかも歴史的、科学的な検証に耐えうるかである。

　経済発展におけるマーケット主導（invisible hand）か、政府主導（visible hand）か、はたまたその最適ミックスかの政策論争は政治経済学（political economy）と称して、経済学の歴史より古い。近代国際貿易論の基礎を築いたデビット・リカードの著書名は『政治経済学および課税の原理』(Ricardo

1817) となっており、当時はマーケット主導より政府主導によって経済発展の方向が決定されていたことを物語っている。

　国際政治経済の有力な調査機関である「KOF スイス経済研究所」は、世界 182 の独立国について、グローバリゼーション総合指標（経済＋社会＋政治）を作成し、ランク付けしている。この指標は経済社会がどの程度グローバル化、つまり国際スタンダードを満たしているかを知るうえで参考になる。主要島嶼国のみの最近時（2015 年）の調査結果は図 8-1 の通りである。

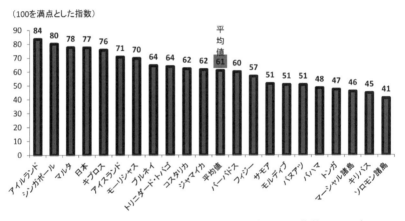

図 8-1　調査対象になった主要島嶼国のグローバリゼーション指数、2015 年
(The KOF Swiss Economic Institute, *Annual Report 2018* より作成)

　最もオープンな島嶼経済社会はアイルランド、シンガポール、マルタなどで、次いでカリブ海、南太平洋島嶼地域などの国々が続いている。ジャマイカやバルバドスが世界の平均値（61）に近く、キリバス、ソロモン諸島、マーシャル諸島、トンガなどが最下位グループである。過去のデータと比較しても、貧富の格差を助長しながら、島嶼地域のグローバリゼーションは確実に進展している。大陸市場に近い島嶼地域ほどグローバリゼーションの進展度合いは大きいといえる。ちなみに日本の経済社会の「開放度」は 182 か国中 35 番目で、島嶼国ではマルタ、キプロス並である。

　第 2 章で詳述した「ミラブ（MIRAB）経済」の提唱者であるバートラム・ワッターズも指摘しているように、島嶼経済は内的要因より外的要因の影響を

第 8 章　島嶼の政治経済学 ─島嶼経済自立への挑戦─　　　*239*

受けやすく、その分、むろん島嶼によって大きく異なるが、政府の経済政策、とくに「経済外交」の役割がマーケット以上に重要であることはまちがいない（Bertram and Watters 1985）。ここに政治経済学的分析手法が要請されるゆえんである。国際関係論の巨匠、ロバート・ギルピン（Gilpin 1987：9）によると、政治経済学的アプローチとは、「政治の決定プロセスが、いかに富の生産、分配活動に影響をあたえ、また市場及び経済力がいかに政治及び軍事力に影響与えるかを研究する手法である。政治もマーケットも単独では決定的な影響力にはならず、その循環的な相互作用を解明」することが重要であるとしている。

2　島嶼地域の脱植民地化と国際関係

　大航海時代の幕開けは、島嶼地域にとって悲劇の始まりであると同時に、市場経済への参入による機会の創出でもあった。市場経済といっても、当初はイギリスに始まる重商主義政策にもとづく一方的な資源収奪的取引であった。カリブ海では、金、銀などの鉱物資源、砂糖、コーヒーなどの農産物資源がアフリカからの奴隷労働力の導入で開発・輸出された。太平洋でもナウルやツバルの燐鉱石、フィジーの金、砂糖などの収奪的開発がインドからの移民労働力の導入で行われ、今日まで続く政治経済・文化の二重構造の基層部分を形成した（塩田 1994 年）。列強による植民地化の時代は島嶼によっては今日まで形を変えて続いており、政治経済構造の形成を超えて、文化・生活様式、教育・思考様式まで劇的に変えた。

　表 8-1 は、経済大国（アメリカ・日本）、中規模国（オーストラリア・ニュージーランド）、太平洋島嶼国のミクロネシア（MI）、ポリネシア（PO）、メラネシア（ME）間の政治・経済の依存と相互依存関係について、マトリックス手法を使って示している。たとえば、AJAJ は、アメリカ・日本の大国間の関係を表し、AJAN は大国間と中規模国間の関係、AJMI、AJPO、AJME はそれぞれ大国とミクロネシア、ポリネシア、メラネシア間の関係を示している。同様に、ANMI、ANPO、MIME は、中規模国とそれぞれの島嶼地域との関係を表している。また、対角線上の AJAJ、ANAN、MIMI、POPO、MEME はそれぞれの地域

表 8-1　太平洋諸国における政治経済関係モデル

	アメリカ・日本	オーストラリア ニュージーランド	ミクロネシア	ポリネシア	メラネシア
	(AJ)	(AN)	(MI)	(PO)	(ME)
AJ	AJAJ	AJAN	AJMI	AJPO	AJME
AN	ANAJ	ANAN	ANMI	ANPO	ANME
MI	MIAJ	MIAN	MIMI	MIPO	MIME
PO	POAJ	POAN	POMI	POPO	POME
ME	MEAJ	MEAN	MEMI	MEPO	MEME

（嘉数啓作成）

内の関係を表している。このマトリックスモデルを使って太平洋島嶼国の地政学的、政治経済的相互依存、依存関係を解明する（資料はアジア開発銀行、世界銀行データベース、2012 年）。まず、購買力平価（PPP）で測った国内総生産（GDP）（10 億ドル）では：

AJ（18,744）＞ AN（1,075）＞ ME（26）＞ PO（2）＞ MI（1）

となり、AJ の経済パワーが圧倒している。この経済力の序列は、域内での交渉力、軍事力序列を決定すると考えてよい。生活の豊かさの指標である一人たり所得（PPP、ドル）では：

AJ（42,352）＞ AN（39,631）＞ PO（5,099）＞ MI（3,685）＞ ME（2,921）

となる。この格差は地域間の貧富の落差を表し、所得の高い地域に移民・出稼ぎ労働が移動し、逆に政府開発援助（ODA）は所得の低い貧困地域に流れると想定される。

人口規模（千人）では：

AJ（442,600 ＞ AN（27,100）＞ ME（8,928）＞ PO（323）＞ MI（295）

の関係にあり、AJ が AN の 16 倍、AN が ME の 3 倍、ME が PO、MI の約 3 倍となっている。AJ は MI の 1,500 倍の人的資源を有している。太平洋島嶼

国間でもこの地域人口の 76% を占めるパプアニューギニアと、1％にも満たないツバルやナウルがある。

相互貿易（輸出入量、百万ドル）で測った経済の相互依存関係では：

AJ（4,314,900）＞ AN（507,477）＞ ME（15,348）＞ MI（851）＞ PO（632）

となっている。AJ 間は製品貿易における「水平分業」が主流をなし、補完関係というより、競争的関係にある。AJ-AN 間は、農産物貿易では競争的だが、製造業分野では補完的である。AJ-ME・PO・MI 間の貿易は、前者（AJ）からの製品輸出と後者（ME・PO・MI ）の原材料輸出が主流である。後者からの製品輸出（一次産品、鉱産物、縫製品）の多くは前者の特恵措置によって可能になっている。島嶼国間の貿易は相互の市場アクセスの困難性と同種財を生産していることもあって、皆無に等しい（嘉数 2015 年）。

　二国間政府開発援助（ODA）は、島嶼国と ODA 供与国（ドナー）との歴史・地理、政治経済関係を読み取るのに役立つ（表 8-2）。ミクロネシア地域は、アメリカの信託統治を経て、「自由連合協定」を締結していることもあって、当然アメリカからの支援がトップを占めている。表にはないグアム、北マリアナ連邦（サイパン、テニアン、ロタ島）など、アメリカの自治領は、社会保障を含むアメリカの支援なしでは現在の生活水準を維持することは不可能である。この地域はドイツの植民地のあと、太平洋戦争前まで「南洋諸島」とよばれて日本の委任統治下にあり、日本からの移民・出稼ぎ労働者が現地人口を上回っていた時期もあった（矢内原 1935 年；三木 1991 年）。現在でも日系人を名乗る住民が多いこともあって、日本の ODA が第 2 位を占めている。

　日本は歴史的なつながり以外に、ミクロネシアを無期限に同盟国であるアメリカの戦略的支配下におくための「物質的な支援」の役割も果たしている（塩田 1994 年）。むろん日本の ODA は、漁場やシーレーンの確保、国際連合などでのマイクロ島嶼国の支援を得たいとする思惑もある。日本の漁業外交に造詣の深いサンドラ・タート（Tarte 1999）によると、日本は当初、200 カイリ排他的経済水域に反対する勢力の急先鋒であったが、それが 1994 年に発効した「国連海洋法条約」で認められると戦略を変更し、漁業協力を条件とした

242

表 8-2　主要島嶼国への ODA 供与実績国別順位、2010 ～ 2012 年

	1位	2位	3位	4位	5位
太平洋島嶼国					
ミクロネシア連邦	米国	日本	オーストラリア	ニュージーランド	ドイツ
マーシャル諸島共和国	米国	日本	オーストラリア	カナダ	韓国
パラオ共和国	米国	日本	オーストラリア	ドイツ	韓国
キリバス	オーストラリア	ニュージーランド	日本	カナダ	韓国
ナウル	オーストラリア	日本	ニュージーランド	イタリア	韓国
ツバル	日本	オーストラリア	ニュージーランド	カナダ	韓国
サモア	オーストラリア	日本	ニュージーランド	米国	カナダ
クック諸島	ニュージーランド	オーストラリア	韓国	日本	フランス
トンガ	オーストラリア	日本	ニュージーランド	米国	韓国
ニウエ	ニュージーランド	オーストラリア	韓国	日本	ドイツ
PNG	オーストラリア	ニュージーランド	日本	米国	ノルウエー
ソロモン諸島	オーストラリア	日本	ニュージーランド	フランス	カナダ
バヌアツ	オーストラリア	ニュージーランド	日本	米国	フランス
フィジー	オーストラリア	日本	ニュージーランド	米国	ドイツ
カリブ海島嶼国					
セントビンセント	日本	オーストラリア	カナダ	米国	フィンランド
ベリーズ	日本	米国	オーストラリア	カナダ	スペイン
ジャマイカ	ベルギー	カナダ	英国	スペイン	オーストラリア
ハイチ	米国	カナダ	スペイン	フランス	日本
ドミニカ共和国	スペイン	米国	韓国	カナダ	フランス
アンティグア・バーブーダ	日本	オーストラリア	スペイン	米国	ギリシャ
ドミニカ国	日本	フランス	オーストラリア	イタリア	カナダ
セントルシア	日本	オーストラリア	英国	カナダ	ニュージーランド
バルバドス	日本	カナダ	オーストラリア	米国	ドイツ
トリニダード・トバゴ	米国	フランス	オーストラリア	ドイツ	カナダ
インド洋島嶼国					
マダガスカル	フランス	米国	ドイツ	ノルウエー	日本
コモロ	フランス	日本	イタリア	カナダ	米国
モーリシャス	フランス	英国	オーストラリア	ノルウエー	米国
セーシェル共和国	フランス	スペイン	日本	オーストラリア	ドイツ
モルディブ	日本	デンマーク	オーストラリア	米国	ニュージーランド
スリランカ	日本	オーストラリア	フランス	韓国	ノルウエー
東チモール	オーストラリア	ポルトガル	日本	米国	ドイツ

資料：外務省「国別援助実績」（2014 年）等より作成。

ODA 供与を積極的に実施した。この地域での日本の漁業関係無償協力資金は、無償資金協力全体のじつに 7 割強にも達している。

　ポリネシア、メラネシアは、ツバルを除いて、南太平洋の大国、オーストラリアとニュージーランドからの ODA が圧倒している。これは両国が 13 の太平洋島嶼国とオーストラリア、ニュージーランドで 1971 年に創設された「南

太平洋フォーラム（South Pacific Forum：SPF）」（2000 年に改称して「太平洋諸島フォーラム（Pacific Islands Forum：PIF）」）の構成員であるという地政学的な理由だけでなく、イギリスが植民地化した南太平洋地域の負の遺産を払拭し、イギリス流の統治システムをこの地域に定着させたいとする、一貫した外交政策にもとづいている（竹田 1990 年）。「多国間植民地」を経て、幾重にも屈折した政治経済構造を形成している南太平洋島嶼国と旧（現）宗主国とのODA を含む経済関係については、ウォラスティン流の世界システム論的アプローチを試みた佐藤（1998 年）の論考が参考になる。

　最近 PIF 地域への中国の経済支援攻勢が話題になっているが、中国は以前からこの地で「金銭外交（checkbook diplomacy）」とよばれている援助を台湾と競ってきており、1997 年にはキリバスに軍事目的の衛星追跡基地を建設して周辺国を警戒させた（Wallis 2012）。中国は ODA を実施する経済協力開発機構（OECD）の開発援助委員会（DAC）の加盟国（現在 EU を含む 29 か国）ではないため、公式な統計データはなく、中国の発展途上国援助の実態はつかみにくい。

　中国の援助目的は、台湾承認国（PIF 諸国では、キリバス、マーシャル諸島、ナウル、パラオ、ソロモン諸島、ツバルの 6 か国）を離反させる目的があったが、最近はこの海域における軍事的、地政学的優位性の確保と漁業を含む海洋資源確保にシフトしつつある。台湾を承認するパラオの国別観光客数は、日本人を抜いて中国人が筆頭になっていたが、台湾での独立志向政権の誕生に伴って激減している。同様なことは私が最近訪問した金門島でも観察された。胡錦濤前中国国家主席は、1990 年代以降の中国と日本の関係を「政冷経熱」と表現し、両国の経済活動は政治力学の及ばない分野だとみていた。しかし最近の中国経済の膨張は、政治と経済が一体化した「政冷経冷」を、とくに小国に対しては思うがままに演出できるようになっている。

　中国にとって、「フィジーは“アンザスの湖”に打ち込んだ戦略的楔」（塩田・黒崎 2012 年）と称されているように、2006 年の軍事クーデターによるフィジーの政変は、中国にこの地域への積極的な関与を与える絶好のチャンスとなった。同じ年に中国の温家宝首相（当時）がフィジーを訪問し、インフラ整備や水力発電所、娯楽施設に至る支援を約束した。フィジーに続いて、トンガ

でも中国の援助攻勢が始まっており、中国の海洋進出の拠点になりうる大型桟橋の建設に加えて、宮殿の整備まで支援している。国際通貨基金（IMF）によると、トンガへの中国融資は、同国 GDP のじつに 30％にも達している。パプアニューギニア（PNG）、バヌアツ、ソロモン、フィジーで構成するメラネシア先鋒グループ（MSG）の事務所建設費までもが中国の支援で完成したのだ。

　さらにミクロネシア連邦、バヌアツ、フィジー、クック諸島、トンガ、ニウエなどが中国からの援助で港湾建設を行っている。PNG では、中国漁船が港湾施設を建設し、独占使用する契約まで締結している。中国によるこれらの港湾関連施設への投資は「太平洋の島々を結ぶ鎖」となり、アメリカを無力化する戦略的な野望があるとの専門家の見方もある（『朝日新聞』2018 年 5 月 15日）。中国は、インド洋のスリランカやパキスタンでも港湾整備を行っており、アメリカのシーレーン封鎖に対抗するために、インド洋とつなぐ太平洋側の海域を確保する意図を読み取る専門家もある（Brant 2013）。アメリカやオーストラリアの「裏庭」に相当する南太平洋への中国の進出に対抗して、2012 年の PIF ラトトンガ会議に国務長官（当時）として初めてアメリカのヒラリー・クリントンが参加し、オーストラリアとともに中国を牽制すると同時に、フィジーに対する制裁の緩和を含むこの地域への関与を強める発言をしている。PIF 島嶼地域に位置する 13 か国のうち、ニウエを含めて 7 か国が中国と外交関係を樹立しており、中国の「金銭外交」が実を結びつつあることも事実である。

　フィジーの政変は太平洋島嶼域内だけでなく、この地域における域外大国間の権益争奪戦にも発展しつつある。フィジーの軍事政権が約束した民主化への動きが止まると、PIF のメンバーで最大のドナーでもあるオーストラリアとニュージーランドが主導して、2009 年にフィジーのイギリス連邦と PIF の加盟資格停止の制裁を下した。これに対抗してフィジーは、両ドナー国を含まない「太平洋関与首脳会議（Engaging with the Pacific Leaders Meeting：EWTP）」を主宰し、PIF 加盟島嶼 10 か国と東ティモールが参加した。この会議の発足によって「太平洋島嶼地域の中核的地域機構としての PIF の位置づけは大きく揺らぐことになった。」（小柏 2013 年）。EWTP の事務局機能を担う「太平洋開発フォーラム（Pacific Islands Development Forum：PIDF）」が2013 年に発足し、PIF への挑戦を鮮明にした。私も上級研究員として所属し

第 8 章　島嶼の政治経済学 —島嶼経済自立への挑戦—　　　245

たことがあるハワイ東西文化センター内に設置されている「南太平洋開発プログラム（PIDP）」の研究者は、これまで長い間、太平洋島嶼国の経済開発は旧宗主国の価値観と助言で行われてきたが、地域が目指す成果を生み出せなかったと評価し、PIDF はカミセラ・マラフィジー元首相がその国連加盟（1970 年）時に唱えたパシッフィク・ウェイ（The Pacific Way）の原点に戻り、島々の多様な伝統文化と共通の価値観、連帯にもとづく独自の発展を目指す新たな地域フォーラムとして、PIDF の発足を好意的にみている（Tarte 2013）。しかし、PIDF 事務局の運営費は中国、ロシア、クウェートが負担することが決まっており、PIDF に参加していな地域の島嶼国との関係も含めて、この組織がパシッフィク・ウェイの理念と合致するかどうかは疑わしい。『PNG ポスト』（2014 年 12 月 1 日）によると、フィジーでの民主的な選挙の実施によって、PFI のフィジーに対する制裁を解除したが、フィジー政府はオーストラリアとニュージーランドが PFI に加盟しているかぎり、PFI への復帰はないと明言している。むろん大半の PIF 加盟国は、両ドナー国を PIF から追放する勇気も資力もない。

　カリブ海島嶼地域は、地政学的にはアメリカの支配領域だが、ODA 供与ではとくにミニ島嶼国に対しては日本が首位を占めている。援助額はそれほどでもないので、おそらく同盟国であるアメリカの対外政策をサポートして、国際舞台での日本の存在をアピールし、国際連合などでの支持を得たいとする狙いがある。ここでも旧植民地宗主国のベルギー、スペイン、フランスなどが国によっては最大の ODA 供与国である。この地域の大半を植民地支配したイギリスは、いまだにケイマン諸島、バージン諸島、バーミューダ諸島、タークス・カイコス諸島などの自治領を手放してないものの、政治・経済関係での存在感は失っている。この地域への ODA 供与国としてまだ上位の位置を占めていないものの、存在感を増しているのは台湾である。ハイチ、ベリーズ、セントルシア、セントビンセント・グレナーディーン、セント・クリストファー・ネービスが台湾からの援助と引き換えに台湾との国交を樹立している数少ない国であるからだ。この原稿を書いている最中（2018 年 8 月）に、カリブ海の大国、ドミニカ共和国（人口約千万人）とエルサルバドルが中国との国交樹立を宣言し、台湾と断交した。皮肉にも台湾政府は中国の「金銭外交」が原因だとして強く譴責した。国際関係は経済の利害関係で急変するという良い証拠がここに

ある。とくに大国と小国との関係では経済的利害が外交交渉の切り札となる。この時点で、台湾が外交関係を有する国は17か国となったが、その大半は小島嶼国である。

　カリブ海地域でも1962年にジャマイカ、トリニダード・トバゴがまずイギリスから独立し、1980年代までに12の英連邦からの独立国が誕生して、二つの英国自治領が加わって「カリコム（Caribbean Community Common Market：CARICOM）」と称する「カリブ共同市場」を1973年に創設した。加盟国のうち、ガイアナ、スリナム、ベリーズは、カリブ海に面した南アメリカ大陸の一部である。カリコムは、1968年に設立された「カリブ自由貿易連盟（CARIFTA）」を発展させ、経済統合、外交政策の調整、保健医療・教育等に関する機能的協力の促進を目的としており、2002年に域内の最貧国ハイチが加盟して、現在14の域内独立国で構成されているが、そのうち島嶼国は11か国である（表8-3）。「共同市場」の名の通り、カリコム域内では原則関税ゼロ、域外に対して共通関税を課している。

表8-3　カリコム島嶼諸国の概要、2016年

国名	首都	独立年	面積 (km²)	人口 (千人)	GNP (百万ドル)	備考
バハマ	ナッソー	1973	13,878	379	9,660	約700の島々から構成
ジャマイカ	キングストン	1962	11,424	2,729	13,483	人口、経済規模でカリコム諸国第2位
ハイチ	ポルトープランス	1804	27,750	10,981	8,079	カリブの最貧国
トリニダード・トバゴ	ポートオブスペイン	1962	5,128	1,357	21,382	カリコム諸国で最大の経済規模
バルバドス	ブリッジタウン	1966	431	283	4,625	第3回世界島嶼会議 (1992年) 開催地
アンティグア・バーブーダ	セントジョンズ	1981	442	890	1,305	小アンティル諸島に位置する連邦国家
ドミニカ国	ロゾー	1978	750	68	487	西インド諸島に位置し、「カリブ海の植物園」
グレナダ	セントジョージズ	1974	345	104	866	小アンティル諸島の「スパイスの島」
セントクリストファー・ネーヴィス	バセテール	1983	262	46	764	セントキッツ島とネイビス島からなる立憲君主制国家
セントルシア	カストリーズ	1979	616	172	1,364	ウインドワード諸島に属し、双子のピトン山は世界遺産
セントビンセント・グレナディーン	キングスタウン	1979	389	110	732	サンゴ礁の島で、セーリングスポット

（国連ラテンアメリカ・カリブ経済委員会 (ECLAC) 及び日本外務省資料より作成）

第 8 章　島嶼の政治経済学 —島嶼経済自立への挑戦—

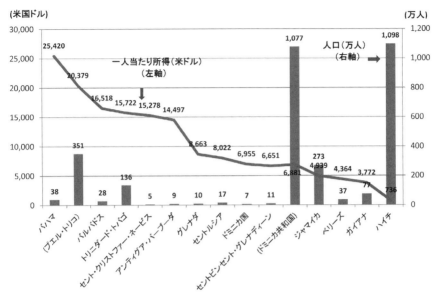

図 8-2　カリコム加盟国の人口と一人当たり所得、2016 年
注：スリナムのデータは入手不可。（　）内はカリコムオブザーバー国・地域
(World Bank Data Base and ECLAC 資料より作成)

　図 8-2 でみるように、人口はハイチの 1,000 万人超からセント・クリストファー・ネービスの 5 万人まで、相当な落差がある。一人当たり所得もバハマの 2 万ドルからハイチの 700 ドル強までの格差があり、産業構造も多様である。石油・ガス資源の豊富なトリニダード・トバゴ以外の国はすべて大幅な貿易赤字を記録し、太平洋島嶼国同様、ODA、送金、観光、自由貿易地域からの輸出を含むオフショア・ビジネスなどからの収入で赤字を埋め合わせている。カリコムは、域内貿易の促進も目的としているが、加盟国間の貿易額は輸出で全体の 19％、輸入で 14％にとどまっており、近接する米国への貿易、投資依存度が高い。今井（1990 年）による 1980 年代の経済構造分析が、太平洋島嶼国との比較も含めて、今日でもほぼ当てはまる。一人当たり実質所得では、カリコム平均が 6,707 ドル（2016 年）で、太平洋諸島フォーラム平均の 2,520 ドルを大きく上回っている（図 8-2・表 8-4）。
　カリコムは、米国の政治経済動向に大きく左右され、観光や自由貿易地域か

248

らの米国への輸出、バハマやバルバドスのようなオフショア・ビジネスの拠点になっていることもあって、2001 年の同時多発テロ、1998 年のリーマン・ショックによる影響をストレートに受け、1990 年代後半の経済成長率が半減した。むろん域内経済統合では、大国の地政学的思惑に影響されやすい PIF と異なって、地理的近接性もあって域内結束は強く、単一市場を目指して着実に進展しているといえる。

　カリブ海の大アンティル諸島に属し、世界の島のなかで 23 番目に大きい「イスパニョーラ島」は、歴史のアクシデントで西側の 3 分の 1 をハイチ共和国（旧フランス植民地）、東側 3 分の 2 をドミニカ共和国（旧スペイン植民地）によって統治されているが、後者はカリコムの正式加盟国ではなく、オブザーバー参加である。両国とも人口 1,000 万人を越してカリブ海の「大国」で、植民地時代にはハイチがドミニカ共和国を経済・軍事力で圧倒していた。しかし独立後の地位は逆転した（図 8-2）。ハイチの 2016 年の一人当たり所得は 736 ドルで世界の最貧国の一つになっているのに対し、ドミニカ共和国は 6,881 ドルで、ハイチの 9 倍も豊かになっており、人材、文化、環境面でも大きな落差がついた。なぜこのような貧富の逆転が起こったのか？

　ダイアモンド（Diamond 2010）は「実験歴史学」と称する手法でその謎を解明している。逆転の主要因は、宗主国による「負の遺産」の蓄積と、独立後の独裁者の統治能力の差にあるとしている。フランスが植民地化したハイチは、奴隷人口が 85％を占め、欧米の投資家はクレオール語を理解できず、独立後の政情不安もあって、海外投資家に見放され、独立前の生産性の低い農業依存型の経済構造が定着した。イスパニョーラ島はコロンブスが最初に上陸した島とされており、その後の島の過酷なまでの激変を描いた著書がベストセラーになった（Mann 2011）。

　カリコムのオブザーバーで、私が調査対象の島にしているのが大アンティル諸島の最も東側に位置するプエルトリコ（Commonwealth of Puerto Rico）である。プエルトリコの統治形態については第 1 章でふれた。プエルトリコが一躍島嶼発展のモデルとして世界の注目を浴びたのは、「靴ひも作戦（Operation Bootstrap）」とよばれた工業化路線が成功し、カリブ海の「貧民窟」がまたたくまにカリブ地域の最富裕国に変貌したからであった（嘉数 1983 年 a；西野

1970 年；Carrión 1984 参照）。私は広大な米軍基地の存在、特異な島嶼政治・経済形態などから、プエルトリコが沖縄と類似していることもあり、プエルトリコに長期滞在して実態調査を実施したことがある。プエルトリコ経済の躍進は、米国経済の一部でありながら、米国の内政自治領というその特殊な統治形態によってもたらされたものであった。プエルトリコ住民はアメリカ市民で兵役の義務もあるが、連邦税を免除されているため、プエルトリコに居住しながらアメリカの国政に参加できない。それ以外は社会保障、関税、労働、資本の移動などでは他の州と変わらない。つまりアメリカドルを使い、労働と資本の移動の自由があり、プエルトリコに対する税制、金融、企業立地面での優遇措置を活用すべく、製薬や飲料などの多くのグローバル企業がプエルトリコに進出し、アメリカからのレジャー客も殺到した。また、連邦利子所得税が免税という優遇措置もあって、多くの米国市民がプエルトリコ政府・公企業の発行する債券を購入し、プエルトリコへ大量の開発資金が流入した。プエルトリコ経済は、1950 年代から 70 年代にかけて、年率 9％の経済成長率を記録し、一人当たり所得でも沖縄を上回り、カリブ海島嶼地域でトップクラスを維持してきた。

　プエルトリコ経済破綻の引き金となったのは、これまで経済を支えてきた連邦法人税の優遇措置が 1996 年から段階的に縮小・廃止され、企業の撤退と人口流出をひきおこしたことである。2006 年に 381 万人の人口が、2016 年には 341 万人まで減少した。これに追い打ちをかけたのが 2007 ～ 2008 年に起こった「リーマン・ショック」とよばれている世界的な金融危機であった。2006 年にプエルトリコ経済は初めてマイナス経済に陥り、直近の 2 年間（2016 ～ 2017 年）はマイナス 3％弱の最悪の状況にあり、このマイナス成長が 2022 年まで続くと予想されている。経済のもう一つの柱である観光産業も、最近は中国からの観光客の急増で持ち直しつつあるものの、観光客数は 2006 年の 372 万人をピークに、2014 年には 320 万人に落ち込んだ。

　プエルトリコ経済の基本問題は、経済発展に必要な資金源をもっぱら外部投資資金とプエルトルコ政府や公企業発行の外債（借金）で賄ったことである。経済内部から創出された貯蓄は一貫してマイナスであった。これは私が調査したアメリカの自治領であるグアムや北マリアナ連邦でも同様な構造であ

る（Kakazu 1991；嘉数 2013 年 a）。当然ながら、外部依存経済は外部の衝撃波をもろに受けることになる。経済浮揚のために借金による支出は増大し、2015 年には公的債務残高が国内総生産（GDP）の約 7 割に当たる約 700 億ドル（約 88 兆円）にまで膨らみ、政府は債務不履行を宣言し、2016 年には借入金利さえ返済できない「デフォルト（財政破綻）」に陥った。プエルトリコのきわめて深刻な状況を踏まえ、連邦政府は「プエルトリコ監視・管理・経済安定化法」(PROMESA)を制定し、経済支援策の検討に着手した。皮肉なことに、プエルトリコ経済の躍進を支えてきた「特別自治」制度が、経済の持続可能性危うくしていることである。後述するように、種々の「特別措置」に甘んじている沖縄にとってもプエルトリコの教訓は他人事ではない。

　インド洋地域では、アフリカ大陸に近いマダガスカル、コモロなどの旧宗主国のフランスが主ドナーで、南アジアに位置するモルディブとスリランカ両国はイギリスの旧植民地であるにもかかわらず日本がトップドナーである。これも ODA の地政学的棲み分けである程度説明できよう。最近ポルトガルから独立した東ティモールは隣のオーストラリアがドナーの首位を占め、ポルトガルは 2 位である。オーストラリアが安全保障上最も重視する地域は、東ティモールを含むインドネシア、パプアニューギニアなどの周辺島嶼海域である。

3　相互依存と経済自立への苦闘

　相互依存とは、「お互いがお互いを必要とし、一方が倒れると他方も倒れる関係」と定義すると、前述のモデルで、経済大国及び中規模経済国と島嶼国との経済関係は、相互依存関係というより、一方的な依存関係である。むろん島嶼国でも人口と資源に恵まれたパプアニューギニア、ソロモン諸島、フィジーなどは経済的,政治的独立性が他の小島嶼国より高いといえる(嘉数 1989 年)。すでに詳述したように、依存・相互依存の概念を通り越して、資源枯渇や気候温暖化の影響で国そのものが崩壊の危機に直面してナウルやキリバスのような国もある。クーパー（Cooper 1968）によると、相互依存関係のメリットは、その関係を実際に断ち切ってみないとわからない。不平等で非対称な関係だからだといって、関係を断ち切ることのコストは大国よりもむしろ島嶼側のほう

が大きいことはまちがいない（嘉数 1986 年）。かつて新興工業経済地域（NIEs）とよばれた香港、シンガポール、台湾、韓国のように、これら小島嶼国が旧宗主国に従属しながらも、いずれは従属関係を脱して、自立経済、あるいは持続可能な経済社会を構築できるかどうかが問われている。

「自立」の意味を『広辞苑』でひくと、①他の力によらず自分の力で身をたてること、②他に属せず自主の地位に立つこと、と定義している。前者が経済的自立の概念に近く、後者が意思決定を重視する政治的・精神的自律の概念に近い。経済発展論の分野でほぼ「定説」になっている自立経済の状況とは、きわめて常識的でしかも明快である。つまり、「自ら稼いだ所得でもって自らの支出を賄うこと」である。これは、個人、家計、企業のミクロレベルから、セミマクロの地域、マクロの国レベルまで当てはまる。たとえば、個人または家計がその収入以上に支出すると「赤字」になるが、それを可能にしたのは、①預金などの「金融資産の取り崩し」、②親戚・友人などからの支援（贈与）、③返済すべき「借金」のいずれか、あるいはその組み合わせである。赤字が持続すると当然、金融資産を食い潰すことになる。贈与（ODA）依存経済とは「パラサイト（依存）経済」のことであり、そこから抜け出すのが自立経済の確立である。借金家計はむろん、返済の目途がたたなければ「自己（個人）破産」になり、借金の返済義務から免除されるものの、破産者が信用機関のブラックリストに登録され、資産の没収、職業選択の自由度などが制限され、「社会人」として自立しているとはいえない。

同様に、自治体レベルでの財政赤字の累積は、財政破綻につながり、「財政再建団体」に転落すると国や県の管理下に置かれ、2006 年に財政破綻した北海道の夕張市のように、自主的な財政運営は不可能となる。国も対外借金を返済できなければ「デフォルト（債務不履行）」宣言をし、IMF の管理下に置かれて、自立的な経済運営が大きく制約されるのは、過去にデフォルトに陥ったアルゼンチンや EU の金融救済で経済危機に見舞われたギリシャをみれば理解できる。島嶼の自立概念については、経済自立論争の火付け論文になった嘉数（1983 年 b）が詳しいが、その後の自立論は思考停止におちいっている。

島嶼の経済的自立とは、独立した経済が他の経済と接触する過程で発生する相対的概念であるから、市場経済以前の「自給自足的経済（autarky）」、ロビ

ンソン・クルーソーの「孤立・孤島経済」、トーマス・モアの「桃源郷（utopia）」的世界では問題にならない。貧しい国と豊かな国とのタテの政治経済関係、いわゆる「南北問題」に造詣の深い森田（1972年）によると、第二次世界大戦後、多くの植民地国が宗主国から独立し、自らの運命を自らの意志で決定しうる自決権を獲得したときにはじめて「自立的発展」が課題になった。確かに占領下の日本でも「ドッジ・ライン」と称する「経済運営原則」が実施されたが、その最大の目標がインフレーションの収束と自由経済の復位をはかり、将来の経済発展と、アメリカの援助依存から脱却して輸出主導によって経済の自立を達成することであった（経済企画庁1950年）。ここでの自立とは、アメリカの援助で穴埋めされていた貿易収支の赤字を黒字に転換し、外貨を持続的に増やすことであった。戦後の日本植民地から離脱した台湾、韓国、それにマレーシアから分離独立したシンガポールでも日本と同様の自立戦略が採用された（Kakazu 2012a）。

　19世紀の半ばに捕鯨船の補給基地として栄えた、沖縄よりちょっと面積が大きい西サモア（現サモア独立国、同じ民族で構成するアメリカ領サモアは現在もアメリカの属領）は、ドイツの植民地、ニュージーランドの国際連盟委任統治を経て、戦後国連信託統治地域になったが、1962年に太平洋島嶼国として真っ先に独立を果した。太平洋地域では、国連憲章にもとづく国連総会での「植民地独立付与宣言（1960年）」の可決と、西サモアの独立に刺激されて、ナウル（1968年）、トンガ、フィジー（1970年）、パプアニューギニア（1975年）、ツバル、ソロモン諸島（1978年）、キリバス、ミクロネシア連邦（1979年）、バヌアツ（1980年）、マーシャル諸島共和国、パラオ共和国（1986年）などが次々と独立を果たした。南太平洋島嶼国といってもこれらの人口、経済資源、一人当たり所得は多種多様である（表8-4）。

　すでにみた通り、ほぼ同じ時期にカリブ海島嶼地域でも次々に独立を獲得した。いずれの独立国でも、独立時の最大の課題は自立経済を確立し、政治・経済的な従属につながる外国援助（ODA）からの脱却が国是となったが、独立後は逆にODA依存が高まってきている。そのため、援助獲得のための経済外交が最も重要な「資源」に変質し、外交に長けた政治家、外交官を排出してきた（Crocombe 2001）。いや別言すると、これらの島嶼国が置かれている戦略

第 8 章　島嶼の政治経済学 ―島嶼経済自立への挑戦―

表8-4　南太平洋島嶼国の主要指標、2016年

国 / 地域	人口 (千人)	面積 (km²)	EEZ (千 km²)	一人当た り所得 (US$)	主要外貨収入源	統治形態 (独立年)
（メラネシア）						
パプアニューギニア	8,482	462,840	3,120	2,160	鉱業／農林業／観光	独立国（1975）
フィジー	871	18,272	1,290	4,840	砂糖／縫製／送金受取	独立国（1970）
ソロモン諸島	607	27,540	1,340	1,880	農漁業 /ODA	独立国（1978）
バヌアツ	283	240	680	3,170	農業／観光／金融サービス /ODA	独立国（1965）
計	10,243	508,892	6,430	2,399		
（ポリネシア）						
サモア	192	12,200	99	4,100	農漁業 /ODA	独立国（1962）
トンガ	104	2,850	720	4,020	農漁業 /ODA	独立国（1970）
クック諸島	19	488	1,800	15,886	農漁業／観光／金融サービス／送金受取 /ODA	独立国（1965）
ツバル	11	21	757	5,090	リン鉱石／農業 /ODA	独立国（1978）
計	326	15,559	3,376	4,795		
（ミクロネシア）						
キリバス	112	718	3,600	2,380	魚業 /ODA	独立国（1970）
ミクロネシア連邦	102	717	2,978	3,680	農魚業／観光 /ODA	独立国（1979）
マーシャル諸島	54	701	2,131	4,450	農魚業／観光／タックスヘイブン /ODA	独立国（1986）
パラオ	18	181	629	12,450	農魚業／観光 /ODA	独立国（1986）
ナウル	13	101	320	10,750	リン鉱石／観光 /ODA	独立国（1968）
計	299	2,418	9,658	4,167		
総計	10,868	526,869	19,464	2,520		
（参考）						
ハワイ	1,429	16,757	2,158	50,551	観光／米軍基地	米国ハワイ州
沖縄	1,433	2,274	1,160	27,522	観光／財政移転／米軍基地	沖縄県

（ADB, 外務省、沖縄県、ハワイ州政府資料より作成）

的位置が周辺大国の権謀術数の舞台になり、そのなかで政治家・官僚が生き延びる「術」として外交感覚を身につけざるを得なかったといえる。私はアジア開発銀行（ADB）のエコノミストとして、これらのADB加盟島嶼国の実態調査を担当したことがあるが、現地で入手した報告書や計画書のほぼすべてがODAを前提にした外部のコンサルタントに委託したものであった。アメリカの元フィジー大使ボデー氏によると、「南太平洋で最も必要な人材は優秀な外交官だ。豊富な外交資源さえあれば、大国に囲まれた島嶼国の生き延びる道は

いくらでもある」（嘉数 1985 年）。

　小島嶼国は一人当たり所得が低い発展途上国に比べて、平均して 9 倍の一人当たり政府開発援助を獲得している（Bertram and Poirine 2007：214-22）。しかしながら、政治・外交依存型の（外向き）開発政策は当然、政治・経済の自立化の基盤を逆に切り崩してきたといえる。外交資源による開発援助の獲得は、国民の自立化への痛みを伴わない生活水準の「水膨れ」を招き、それが日常生活での欲求水準を押し上げ、ますます援助依存型の体質を強化してきたといえる。このような非自立的経済体質からの脱却は、ドナー側の地政学的利害とも絡んで困難をきわめている。

　ソロモン諸島が独立して 5 年後、当時の大蔵次官トニー・ヒューズは、「独立売ります（Independence on Sale）」と題した論文で、自国を含むほとんどの南太平洋の島嶼国が、軍事基地の提供、漁業・海底資源開発権、航空権、排他的貿易協定等と引き換えに、長い闘争を経て勝ち取った「独立」を売らなければ生きていけない状況になりつつあると皮肉交じりに吐露している（Hughes 1983）。メラネシア島嶼国の政治と経済自立を研究しているブルックフィールドは、「開発とは依存する」ことであり、借金、援助に頼らない内生的な「自助努力」による自立経済の確立は、これらの弱小島嶼国にとって「見果てぬ夢（idle dream）」であるといい切っている（Brookfield 1972）。さすがに援助「麻薬論＝依存することの心地よさ」は今や影を潜めているが、自立と依存はどこからみるかによってまったくちがった解釈が可能であり、バルダチーノは、このような「自発的」依存経済をプロフィット（PROFIT ＝ Personal, Resource Management, Overseas Representation, Finance and Transportation）と称して一つの島嶼発展のモデルとして分析している（Baldacchino 2006）。

　宗主国の外交政策も島嶼国の自立的発展を阻害しているとする指摘もある。市場経済学的な論理からすると、ODA 無償援助は、対価を払う必要のない、機会費用ゼロの交換方式であることから、援助受け入れ側にとって最も理想的な取引形態といえる。しかし、私の共同研究者の一人で、ハワイ州開発局長を経験し、ハワイ大学で長らく島嶼研究に従事してきたマーク教授によると、アイゼンハワー大統領時代の 1954 年に、「平和のための食糧支援（Food for Peace）」と称した公法第 480 号（PL480）にもとづく米国の余剰農産物

の無償援助は、貧困国の食糧危機を救うのに役だった反面、ミクロネシア地域では農業生産意欲の減退につながり、経済の自立基盤を切り崩してドナーへの依存体質を強化した（Mark 1983）。とくに米国の属領であるグアム、サイパン、テニアンなどの北マリアナ連邦、アメリカ領サモアなどでは、「フードスタンプ（Food Stamp）」と称する米国内と同様の食糧無償支援が実施されており、島内で自給されてきたココナッツ、タロイモ、パンの木の実などの伝統的な農産物は見向きもされない。さらにこれらの属領では、アメリカの社会保障制度もストレートに適用されることから、消費が勤労所得を上回って水ぶくれし、内発的発展の必要条件である貯蓄率がマイナスを記録していることは先述した。

　台湾や韓国、シンガポール経済のような、援助依存から脱却し、経済自立を成し遂げた国は、すべて GDP の 3 割程度を貯蓄した。この貯蓄が生産的な投資の原資となり、輸出の原動力になったことはよく知られている（嘉数・吉田 1997 年）。サモアの著名な経済学者、フェアバーンがいみじくも指摘しているように、外国援助と経済自立は必ずしもトレード・オフ（負の相関関係）にあるとはかぎらない。課題は自前で策定した自立計画に沿った支援受入方式と、その活用の仕方である（Fairbairn 1985）。第 3 章で詳述したように、自立への確実な道は島嶼の地場資源の活用を最大化する制度・技術の構築と人的資源の活用であると思っている。

　経済的担保のない独立が「みせかけのもの」であることは南太平洋諸国にかぎらず、多くの島嶼国・地域で実証されている。南太平洋やカリブ海での独立島嶼国家の経済苦境を目の当たりにして、いまだに宗主国の属領に甘んじている島嶼地域では、独立よりも宗主国への併合を目指す動きが盛んになりつつある。たとえばアメリカのコモンウェルス（自治領）であるプエルトリコやアメリカの準州であるグアムでは、ハワイ諸島で実現した州昇格への動きが徐々に広まってきている。他方、独立の動きが活発になっている島嶼地域もある。ナポレオン三世時代の 1853 年に、当初囚人の流刑地としてフランスの海外領土に編入されたニューカレドニア（人口約 28 万人）では、祖先伝来の土地を奪われたメラネシア系先住民族であるカナック族とフランス系住民との熾烈な内紛を経て合意に達した「ヌメア協定（1998 年）」によって、大幅な自治権を

獲得し、2018 年 11 月には独立を問う住民投票が実施されることになっており、その行方が注目されている。フランス領の島々に詳しい長谷川秀樹からの聞き取りによると、カナック族が住民投票をボイコットすることも考えるが、世論調査では住民の大半が独立反対派であるという。ニューカレドニアの独立＝脱植民地化への背景については、尾立（2003 年）が詳しい。

　太平洋戦争の激戦地となったパプアニューギニアの自治州であるブーゲンビル島でも分離独立の動きがあり、近く住民投票が実施されることになっている。ニューカレドニアはニッケル鉱山、ブーゲンビル島は銅鉱山などの資源に恵まれ、フランス、オーストラリア企業によって開発が行われてきた。独立を求める原住民は、資源輸出によって独立後も経済自立が担保されると踏んでいる。2014 年にスコットランドの独立を問う住民投票が否決されたが、独立を目指す最大の理由の一つとして、北海油田の利権がイギリス政府に完全に握られていることへの不満であった。北海油田からの収入により、もし独立が達成されたならば 1 人当たりの所得が年 1,000 ポンド（約 17 万円）増えるとの主張である（The Scottish Government 2013）。これらの例は、自立経済の確立が島嶼地域における植民地解放への王道であることを物語っている。

4　島嶼経済の自立的発展を求めて―沖縄を中心に―

　島嶼経済の「持続可能性（sustainability）」については多くの研究成果が蓄積されている（Kakazu 2012a・kakazu 2018 参照）。ここで考察する自立的発展（self-reliant development）とは、持続的発展を担保する主体的発展プロセスと考えたい。

(1)「マルサスの罠」と島嶼社会
　島嶼によってそのありようは異なるものの、島嶼経済社会の主体的動員による持続的発展を考える最重要テーマが日本国内でも海外でも人口問題である。国土交通省（2013 年）が策定した離島振興対策の基本方針の第一に掲げられているのが、「無人離島の増加及び人口の著しい減少の防止並びに定住の促進を目的とした離島振興のための特別措置の推進」である。この方針を踏まえて、

第8章 島嶼の政治経済学 —島嶼経済自立への挑戦— 　　　257

　北海道から沖縄まで、「離島振興計画」で明記している基本施策は、人口減少に歯止めをかけ、産業活性化による雇用の場の創出と地域間格差の是正である。後述するように、海外の多くの小島嶼地域ではむしろ古典的な人口過剰が問題になっていて、日本とは対照的である（OECD 2015）。日本では人口は地域活性化に不可欠なボーナス（bonus）だが、多くの海外小島嶼ではむしろ活性化を阻害する重荷（onus）と考えられている。

　島嶼の人口問題を最初に学術的に論じたのは、イギリスの経済学者、トマス・ロバート・マルサス（Malthus1798）の『人口論』である。マルサスによると、①人類の生存には食糧（生活資源）が必要である。②異性間の情欲は必ず存在することを前提に、人口は制限されなければ一世代（25年）ごとに幾何級数的に増加するが食糧は算術級数的にしか増加しないので、食糧はいずれ必ず不足する。彼はこの結論をイギリスの第一次産業革命前後の観察から導き出して、大論争に発展した。マルサスはある島を事例にとって、次のように説明している（わかりやすくするために数値は私の修正値）。島の現人口を2万人とすると、人口は幾何級数的に、25年ごとに4万人、8万人、16万人と増加し、100年後には32万人に増加する。他方、食糧は算術級数的に、当初の4万人分から、6万、8万、10万、12万人しか増加しない。したがって、当初食糧が人口を上回っていた状況から、50年後には人口と食糧がちょうどバランスし、100年後には人口が32万人に増加するが食糧は12万人分しか供給できず、20万人分が不足することになる（図8-3）。

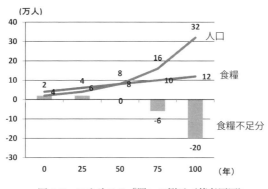

図8-3　マルサスの「罠」の例示（著者原図）

人口増加率は食糧増加率を上回って進行するため、上図でみるように、75年後に6万人分の食糧が不足し、島は相対的にも絶対的にも窮乏化することから、なんらかの人口抑制策を実施しないかぎり、繁栄（人口増加）は貧困化の原因となる。人類の繁栄そのものが貧困の原因となる。これが「マルサスの罠（Malthusian trap）」である。つまり、現在の生活水準を維持するには人口制限が必要だとする論理である。同様な論理を森嶋道夫（1994年）が「近代経済学の父」と称しているデビッド・リカード（Ricardo 1817）も展開している。すなわち、極端にかぎられた利用可能な土地や資源を有する小島嶼地域では、人口増加以上に開発が進めば、生産性の低い「限界土地」を耕作することになり、結果として一人当たり所得は減少し、社会の貧困化は避けれない。これを「リカードの罠」という。人類の悲惨な未来を予言したマルサスの『人口論』を読んだスコットランドの文学者、トマス・カーライル（Thomas Carlyle）は、経済学を「陰鬱な科学（dismal science）」とよんだ（Carlyle 1853）。

マルサスは人口増加抑制手法として、餓死、疾病、戦争、姥捨てなどの「積極的手段（死亡者数の増加）」と、晩婚、避妊、禁欲、移民などの倫理的な方法などによる子どもの数の制限を意味する「予防的手段（出生者数の減少）」挙げているが、英国国教会の牧師でもあった彼は、当然後者を推奨した（Winchi 1987）。

人口増と食糧供給のアンバランスから生ずる「マルサスの罠」は、産業革命、農業革命による生産力の飛躍的な増強によって世界規模では克服されたものの、地域的には現代でも紛争や天候不順、政治腐敗などで多くの栄養失調者や餓死者が出ていることから目をそらしてはならない。現代の「マルサスの罠」は、ローマ・クラブによって発表された『成長の限界』（Meadows *et al* 1972）によってあらためて学会の主要テーマとなった。この報告書は、マルサス「人口論」の現代版で、資源（食糧）の有限性と人口増加に着目し、地球規模での人口増加と環境汚染の傾向が続けば、100年以内に地球の資源は枯渇し、経済成長と人口増は限界に達すると警鐘を鳴らしている。現在地球規模で進展しつつある経済成長と貧富の格差・環境破壊のトレードオフは、「マルサスの罠」が過去の呪縛でないことを物語っている。とくに小島嶼国には、ナウル共和国やキリバス共和国のように、マルサスの予言が的中しているところもある。

海外の多くの小島嶼国・地域は、人口増加率が高いうえに、狭小な農地と温暖化、自然災害などの影響を受けやすく、利用可能資源に対する人口圧力は年々高まってきている。比較データが利用可能な29の島嶼国・地域の1960～2010年間の普通出生率（人口千人当たり）は、世界の低下トレンドを上回って低下してきたものの、まだ世界平均を上回っている（図8-4）。

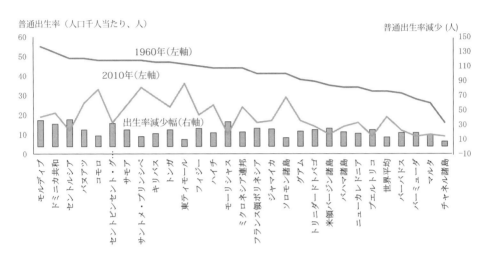

図8-4　主要島嶼国・地域の普通出生率（人口千人当たりの出生者）の推移、1960～2010年
注：「普通出生率減少幅」は「2010年普通出生率」－「1960年普通出生率」
(World Bank, *World Bank Open Data*. https://data.worldbank.org/ より作成)

とくにインド洋のモーリシャス、コモロ、西アフリカのサントメ・プリンシペ、東ティモール、ハイチ、キリバス、サモア、ソロモン諸島などの一人当たり所得の低い地域の出生率が高く、所得の高いバーバドス、バーミューダ、マルタなどは低い。これは所得と人口変動に関する経験法則に沿っているといえる。

総人口は、自然増減に加えて人の移動による社会増減によって変動する。アジア開発銀行（ADB）加盟島嶼国の過去16年間（2000～2016年）の人口増加率をみると、アジア諸国のなかでも島嶼地域の人口増加率はどの地域よりも高い。とくに自然増加率の高いモルディブ、東ティモール、バヌアツ、ソロモン諸島では4割強の増加をみている（図8-5）。一般に一人当たり所得の低

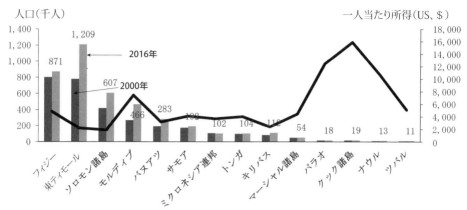

図 8-5　アジア開発銀行加盟島嶼国の人口の推移、2000 〜 2016 年
（ADB, Key Indicators より作成）

い国ほど人口の自然増加率は高いが、モルディブ、グアム、パラオのように、周辺の低所得地域からの人口流入による社会増加要因もある。逆に、ミクロネシア諸島、サモア、クック諸島のように、自然増加率は高いものの、移民・出稼ぎによる人口流出によって人口増加が抑えられている地域もある。

　狭隘な土地に対する人口圧力、失業を「輸出」し、貴重な外貨を獲得する方策として、多くの島嶼国・地域で採用されてきたのが、移民・出稼ぎ政策である。ほとんどの島嶼国・地域が列強の植民地であったこともあって、宗主国への移民・出稼ぎが許容されてきた背景もある。ミクロネシア島嶼国・地域では、米国との「自由連合協定」により、所得の高いグアムやハワイ、米本土への移動が比較的自由に行われている。クック諸島とニウエは、ニュージーランドと同様な自由連合協定を締結しており、今や後者に居住する島民がそれぞれの島の人口を上回っている。

　移民・出稼ぎによる送金は、経済の屋台骨を支え、トンガ、バーミューダ、ハイチなどでは GDP の 2 割強を占めている（図 8-6）。アジアの移民・出稼ぎ大国であるフィリピンの海外送金受取額が GDP の約 10%を占めていることを考えると、これらの島嶼国の海外送金依存度の高さがわかる。人口比でみて全国一の出移民県であった沖縄県でも、海外送金受取額は 1937 年にピークに達し、慢性的な貿易赤字の大半を賄っていた（石川 1968 年）。移民・出稼ぎに

第 8 章　島嶼の政治経済学 —島嶼経済自立への挑戦—

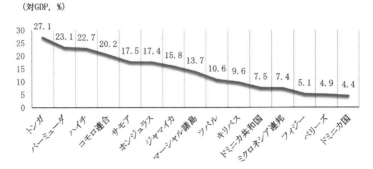

図 8-6　主要小島嶼国の海外送金受取額、2014 年（対 GDP, %）
(World Bank, *Migration and Remittance, 2016* より作成)

よる人口の海外流出は、たんに外貨獲得を可能にしただけでなく、過剰人口の圧力を和らげる効果もあった。そのこともあって、戦前の沖縄県の人口は 60 万人前後で安定的に推移していた。戦後の経済成長に伴って、1990 年代には沖縄県の総人口は終戦直後の倍以上に増大した。戦後人口が倍以上に増加したのは沖縄県のみである。

　島嶼地域からの移民・出稼ぎ受け入れ地域は、伝統的にはアメリカ、オーストラリアなどの新大陸だが、最近は資源開発に必要な労働力不足に見舞われている中東地域や一人当たり所得の高い島嶼地域である。図 8-7 は、外国人居住者割合の高い島嶼国・地域を高い順に並べたものだが、オフショアバンキング（タックス・ヘイブン）や観光産業で一人当たり所得が 3 万ドルを超すバージン諸島やケイマン島総人口の半分以上が移民・出稼ぎ人口である。イギリスの海外領土で、一人当たり GDP が世界最高水準にあるバーミューダ諸島には、イギリスやカナダなどからの国際金融を中心とした専門職人材と同時に、サービス産業部門へのカリブ海島嶼地域からの移民・出稼ぎが急増し、黒人系主導の自治政府は「経済のバーミューダ化」を掲げて移民規制に動いているが、ことは簡単ではない。なぜなら、バーミューダ経済の繁栄は、移民・出稼ぎ人口によって支えられているからだ（Forbes 2018）。

　カリブ海島嶼地域と同様な現象は、私が調査したサイパン島、ロタ島、テニアン島で構成する北マリアナ連邦（CNMI）、グアムなどでもみられる（Kakazu

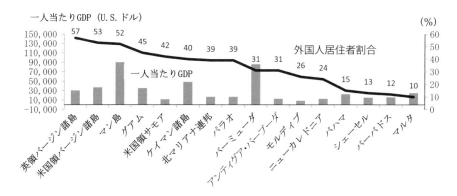

図8-7 人口に占める外国人居住者割合の高い島嶼国・地域、2015年
(U.N. Department of Economic and Social Affairs,
International Migration Report 2015 より作成)

1991)。CNMIでは、1980年代に入って、観光や縫製産業の分野で海外出稼ぎ労働者、とくにフィリピンからの労働者を受け入れ、1990年には4万人強の総人口のうち、半数以上が出稼ぎ人口となり、先住民のチャモロ・カロリン先住民と雇用、水資源、風紀、人権などをめぐる問題で軋轢が高まり、社会問題になっていた。CNMIの総人口は2000年には69,000人に達したが、その後はアメリカ合衆国政府による移民抑制策により、減少傾向にある。CNMIのケースは、伝統的なミニ島嶼社会に外部から資金、企業、人口が継続的にしかも大量に流入し、伝統的な統治システム、経済社会、文化が同化と異質のはざまでどのような変貌を遂げていくかをみるうえで貴重なモデルを提供しているといえる。

(2) 日本の小島嶼地域（離島）における人口問題

マルサスが提起した人口と食糧の悪循環による貧困化は、多くの島嶼地域でみられる。日本でも大正末期から昭和初期にかけて起こった世界経済恐慌は日本全土に波及し、とくに経済基盤の弱い農村部や島嶼部を直撃した。奄美や沖縄を含む南西諸島では、重税に加えて台風や干ばつもあって極度の貧困と食糧難に見舞われた。疲弊した農村や島々では口減らしの身売りが公然と行われ、

第8章　島嶼の政治経済学 ―島嶼経済自立への挑戦―　　　263

海外への移民や本土への出稼ぎが急増した（西原1983年）。飢えをしのぐのに、毒性をもつ蘇鉄の調理法を誤って食し、死者もでたことから、当時のジャーナリズムはこの未曾有の食糧危機を「ソテツ地獄」、またはソテツの種子を「ナリ」とよぶことから、「ナリ地獄」と名づけた（『沖縄朝日新聞』1927年（昭和2年）10月13日）。私は、終戦直後の食糧難の時代に、短期間ではあったが、このデンプンが豊富なソテツの幹、種子（ナリ）を食したことがある。ソテツは潮風の強い痩せ地でも自生し、昔から飢饉や災害、戦争に備えて備蓄、利用される「救荒食」として活用されてきた。子どもながらに母の調理法を観察していた。ソテツの有毒成分であるサイカシンは、水溶性なので十分水洗いし、発酵させて天日干し、臼で引いて粉にすると揚げ物や味噌などの加工食品に変身した。調理法の知識があれば、ソテツはタピオカ（キャッサバの根茎から製造したデンプン）と並んで重要な生命維持食品だった。奄美諸島では沖縄以上にソテツが重宝され、奄美大島龍郷町の安木屋場集落には、観光地にもなっているソテツの群落があり、現在でもナリの郷土料理にありつける（盛口・安渓2009年）。

　日本の周辺部・島嶼地域での人口の社会減少は、一部を除いて、戦前から継続している構造的なパターンである。とくに粟国島、渡名喜島、座間味、渡嘉敷島、伊平屋島などからの人口流出が激しく、1935年時点での粟国島出身者の35％が本土、台湾・南洋の旧日本植民地、南米などで暮らしている（宮内2010年）。人口流出の反面、日本の島嶼地域は、高い自然増加率（出生率－死亡率）を維持してきた。厚生労働省の人口動態調査（2008年～2012年）によると、1人の女性が生涯に生む子どもの平均数を示す合計特殊出生率は、徳之島の伊仙町が全国一（2.81）で、久米島（2.31）、宮古島市（2.27）、津島市（2.18）、石垣市（2.14）、壱岐市（2.14）と続いている。ちなみに全国平均は1.39で、沖縄県は1.86である。離島で出生率が高いのは、死亡率が高いのに加えて、「子どもは島の宝」という島特有の共同体的・社会保障的価値観にもとづく共助のしくみと、同様な価値観を次世代に託す願望があった時代背景によるところが大きい。しかし就学、就職などでいったん島を離れた次世代が島に戻ってくることは少なく、循環・自立的共助システムは維持できなくなった。島嶼部での自然増加人口は、社会移動を通して、とくに都市部への労働供給の役割を果たしてきた。しかし若年層人口の減少に伴って少子高齢化

が進行し、出生率はいまだに比較的高いものの、自然増加数（出生者数－死亡者数）がマイナスを記録する離島が続出した。近い将来においてもこの傾向は続くと想定される。その意味では、島は人口減少に見舞われている日本国の未来像を先取りしているともいえる。

　図 8-8 は、過去 5 年間（2008 年～ 2012 年）の薩南・琉球諸島の離島市町村別人口動態統計より作成した千人当たりの人口増減率、自然増減率（出生率 - 死亡率）、社会増減率（流入 - 流出）である。人口が増加したのは 31 の離島

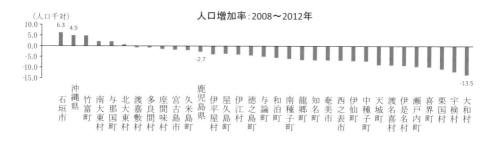

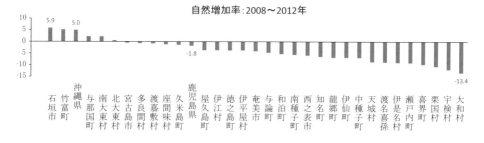

図 8-8　薩南・琉球諸島の人口の自然・社会増減率、2008 ～ 2012 年　（人口千対）
（厚生労働省、「人口動態総覧（数・率）・人口、都道府県・保健所・市区町村別」より作成）

市町村のうち、自然増加率でプラスを記録した石垣市、竹富町、南大東村、北大東村、与那国町のみである。26の市町村で自然減少になったが、減少率が最も高かったのは奄美大島の大和村（-13.5）で、次いで宇検村、粟国村が二ケタ台を記録した。6の離島市町村が社会増になったが、最も増加率が高かったのは北大東村（0.6）で、次いで石垣市（0.4）、龍郷町（0.3）、伊平屋村（0.2）などである。逆に社会減少率が最も高かったのは奄美市（-2.5）で、次いで宮古島市（-1.3）、西之表島（-0.8）、久米島町（-0.6）、徳之島町（-0.6）などである。これまで社会増だった竹富町はマイナスに転じている。

　『季刊リトケイ』（2017年：22）によると、多くの離島自治体で移住者支援、島留学、移住体験ツアーなどの施策展開で人口増にとりくんでおり、成功を収めている島もある。たとえば、小笠原の父島、鹿児島県の長島、硫黄島、諏訪瀬島、宝島、徳之島の伊仙町、沖縄県の座間味島、伊良部島、小浜島、与那国島などは最近になって転入増に成功している。沖縄県全体の社会移動では、従来のプラスから本土就職・就学増などによる若年層人口の流出などにより、マイナス0.1を記録している。若年層世代では、本土就職に対するメンタルな抵抗感が薄らいでおり、失業者が沖縄にこだわって滞留するという労働需給面での構造的な問題が解消される可能性がでてきたが、この傾向が今後も継続すると、沖縄の強みであった「人口ボーナス」は近い将来において消滅することになる。鹿児島県全体の人口純流出率は、同県の大半の離島市町村より高く、社会移動による人口減少は、離島よりも本島のほうがより深刻であるといえる。純流出率の高い那覇市、宜野湾市同様、鹿児島県の市部などでも高い純社会移動率を反映していると思われる。

　すべての離島振興計画に書き込まれているように、島の自立経済構築への最大の課題が経済社会の活力を支える一定の人口規模をいかに確保するかであるとすれば、日本の地方・島嶼自治体での持続的な人口減少と高齢化の進展は、計画の意図する経済社会の自立どころか、その消滅さえ真面目に議論されているのだ。2014年3月に元総務省大臣の増田寛也が座長を務める有識者会議「日本創生会議」が国立社会保障・人口問題研究所（人口研）の将来推計人口にもとづいて試算した全国自治体の2040年の人口減少のインパクトが、地方、都市圏を問わず衝撃を与えている。経済社会の自立の目安になる1万人規模の

人口を維持できない市町村が、現在の少子高齢化が持続すると仮定すると、全国で523、全体の29％に達し、経済社会の再循環機能を失っていずれ消滅するというショッキングな報告である。

この報告書のアピールポイントは、人口減少はたんに過疎地域や離島地域だけの問題ではなく、むしろ人口が集中する大都市の問題であることを明らかにしたことである。とくに出生率が全国最低を記録している東京都は、地方からの労働力の流入でひとり勝ちにみえるが、この流入もいずれ途絶え、同時に地方や離島で支えきれなくなった高齢者の流入も加わって一気に超高齢化社会に突入し、結果的に人口減少に見舞われると警告している。人口減による日本崩壊を防ぐ戦略として、報告書は地方中核都市を中心とした雇用の場の創出と、都心部人口の地方への分散政策を提言しているが、従来も多極分散型の国土形成、定住自立圏構想、地方創（再）生、地方と都市のネットワーク形成戦略が打ち出されたにもかかわらず実績が挙がっていない。このような中央発の脅しに近い構想が、地方圏や島嶼圏の人びとに深く浸透し、創生への新たなエネルギー源になることはもはや期待できない。国は今回同様、厳しいシナリオを示して「平成の大合併（平成11年）」の旗を振り、3千余あった市町村が10年後には約半分の数になった。20年余を経た今日、人口減、財政難などで最も悲惨な状況になっているのは離島市町村であるとの報告もある（島田2018年）。合併によって離島住民の暮らしはよくなったかどうか、詳しく検証する時期にきている。

図8-9は、沖縄の離島市町村及び奄美群島の2010年を100とした30年後（2040年）の「封鎖人口（人口研推計）」と社会移動を含む「総人口（沖縄県推計）」の変化をみたものである。封鎖人口では、多くの市町村が現在の9割前後の人口水準を維持しているものの、社会移動を含めた総人口では、石垣市を除くすべての市町村が人口減を記録し、久米島、伊江、奄美群島、渡名喜は現在のじつに6割台まで減少すると推計されている。宮古圏域は自然増加率が八重山圏域より高いにもかかわらず、継続的な社会減によってピーク時（1950年）の8万人弱から、最近時は5万人程度に激減しており、2014年で両地域の推計人口が逆転した。奄美群島の人口も6割台まで減少するが、とくに与論島と奄美大島の人口減が著しい。

第 8 章　島嶼の政治経済学 —島嶼経済自立への挑戦—

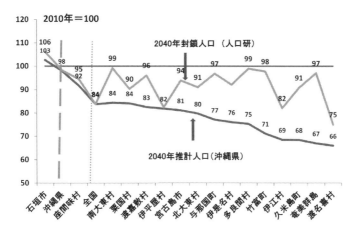

図 8-9　2010 年を 100 とした 30 年後の島嶼人口の変化（推計）
注：「封鎖人口」とは、社会移動（人口流出−流入）がゼロのケース。
（沖縄県「沖縄県人口増加計画」（2014 年 3 月）等より作成）

　沖縄県による 30 年後の人口推計には疑問が残る。過去 12 年間（2000 年〜2012 年）間に、すべての離島市町村において本土からの人口純流入（本土からの流入−本土への流出）が竹富町の 14.7％を筆頭にプラスを記録しており、島の人口減少に対する一定の歯止めになっている。本土からの離島への人口純流入は今後も持続するかどうか見極める必要がある。

　竹富町は本土からの大幅な人口流入もあって、過去 10 年以上も人口増を記録しているにもかかわらず、県の推計では、渡名喜島、久米島、伊江島に次いで総人口は現在の 7 割程度にまで減少する。これほどの大幅な減少は現時点ではとても考えられない。とくに本土からの社会移動人口の推計を再検討する必要があるのではないか。さらに最近顕著に増加している外国籍の人口流入をどうとらえるかである。

　1980 年代に沖縄の自立可能離島として、人口が概ね 1 万人規模かそれ以上の島であった石垣島、宮古島、久米島、伊良部島と、与那国が候補になった（若井 1983 年）。しかし、ここ 30 年で人口が増えたのは石垣島のみで、久米島、伊良部島は復帰後それぞれ 16％、39％減少し、高校の存続さえ危ぶまれている。伊良部島では、人口減少に歯止めをかけ、あわよくば人口を島に逆流させ

る思惑もあって、2015年に395億円かけて宮古島との間に総延長4310mの沖縄最長の伊良部大橋が完成したが、過去の経験からして、伊良部島への波及効果というより、宮古島や沖縄本島などへの人口流出の加速、つまり「ストロー効果」が懸念される。波及効果実現には、プライベートジェット機の拠点を目指す下地島空港の活用と周辺整備が鍵を握ると思っている。どの遠隔小島でも架橋は「島ちゃび＝離島苦」を解消する「夢のアーチ」である。架橋によって、通勤、通学、医療施設などへのアクセスが便利になり、観光客、釣り客、ジョガーなどの交流人口が増加することはほぼまちがいない（黒沼2018年）。しかし時が立つにつれて、小島嶼の生活体系は島民の期待に反して変容し、定住人口の減少につながることが観察されている（前畑2014年）。

　一定の人口規模の維持、あるいは増加は経済自立への必要条件であっても絶対条件ではない。自給自足経済時代の多くの島嶼地域では、かぎられた食糧資源を確保するために過酷なまでの人口抑制策を実施した（若林2009年）。なかでも日本の最西端に位置する29km^{2}の与那国では、人口増と尚豊琉球王府時代の1637年に始まり、約260年も続いた人頭税の重圧もあって、妊婦を「クブラ・バリ」と称する海岸に突き出た幅約3m、深さ約7mの岩石の割れ目にジャンプさせ、非力な妊婦と未来の子どもの間引きを行った非道な歴史がある（池間1959年）。産めや増やせの人口増加政策を打ち出している現在の国や地方自治体のありようとは隔世の感がある。与那国町の人口は、台湾との貿易で栄えた時代に一時1万人余に膨れ上がったが、1955年には5千人に減り、2010年には約1600人にまで激減した。人口消滅を食い止める「苦渋の選択」として、町は2016年に、賛否両論が渦巻くなか、陸上自衛隊沿岸監視部隊の配備を受け入れた。これはむろん、「南西諸島防衛」と称して、尖閣諸島周辺の東シナ海や南シナ海への中国軍の海洋進出に対抗する措置である。自衛隊員とその家族の移転により、与那国町の人口は2017年10月時点で2,000人を突破した。人口増に伴い、町会議員定数も6人から10名に増えた。配備賛成派は、人口増と経済効果に期待を寄せている。だがしかし私の聞き取り調査によると、人口増と経済効果は一時的で、有事の際には島が攻撃目標となる危険性を指摘する島民も多く、逆に自衛隊配備が人口流出を加速させるとする主張もある。国は今後、警備部隊とミサイル部隊を奄美大島、宮古島、石垣島にも

配備する計画である。

（3）沖縄島嶼の振興策と自立経済構築への挑戦
振興策の実績と評価

　米国の施政権下にあった沖縄が1972年5月に、日本へ返還されてから約半世紀の歳月が流れ、現在5期目（2013年〜2022年）後半の振興計画が実施されている。国の沖縄振興策は、本土復帰と同時に「沖縄の復帰に伴う特別措置に関する法律（復帰特別措置法）」、「沖縄開発三法」とよばれている「沖縄振興開発特別措置法（開発法）」、「沖縄開発庁設置法」、「沖縄振興開発金融公庫法（沖縄公庫）」などが施行され、政府の離島を含む沖縄政策はこれらの法制度にもとづいて展開された。復帰特別措置法は、9章、157条からなり、戦後27年間米軍統治下にあった沖縄の諸制度を本土並みにする移行期の措置が盛り込まれた。開発法は10章58条からなり、「沖縄の復帰に伴い、沖縄の特殊事情にかんがみ、総合的な沖縄振興開発計画を策定し、及びこれにもとづく事業を推進する等特別の措置を講ずることにより、その基礎条件の改善並びに地理的及び自然的特性に即した沖縄の振興開発を図り、もって住民の生活及び職業の安定並びに福祉の向上に資することを目的とする」とある。この法律の第2条で、「離島とは、沖縄にある島のうち、沖縄島以外の島で政令で定めるものをいう」と規定されている。第4条では、沖縄県知事が10年単位の「振興開発計画」の案を作成して、内閣総理大臣に提出し、内閣府沖縄振興開発審議会の議を経て振興開発計画を決定する、とある。振興開発の内容は、返還軍用地を含む土地利用から産業振興、離島振興、教育、人材育成、医療、インフラ、環境保全など多岐にわたる。政策の目玉として、国の直轄事業、補助事業、税、金融、開発特区などの種々の特別措置がうたわれている。離島地域については、とくに交通費補助、高齢者福祉の増進、小規模校における教育の充実、旅館業における原価償却の特例などがうたわれている。開発関連事業を統括・実施する機関として沖縄開発庁が設置され、その現地執行機関として沖縄総合事務局が設けられた。開発事業を金融・投資面からサポートする政策金融機関として沖縄公庫が復帰前の琉球開発金融公社、大衆金融公庫などを統合して新設された。

沖縄開発法はいく度も改正され、復帰から 40 年後の 2012 年 3 月に失効し、引き続き「沖縄振興特別措置法（新振興法）」として延長され、今日に至っている。2001 年には沖縄開発庁が内閣府の沖縄関係部局に統合されたが、沖縄総合事務局はそのまま残った。新振興法では、「開発」という文字が消え、本土との「格差是正」がトーンダウンし、県の自主性を重視する「自立的発展」が強調された。産業振興では、「選択と集中」の基本方針のもとに、観光、情報、物流産業の振興と、これらの産業を支える人材育成と並んで、軍用地の跡地利用の円滑化などが重点化された。新振興法では、内閣総理大臣の「沖縄振興基本方針」に沿って、振興計画が作成されることになった。離島振興については、「離島・過疎地域の活性化による地域づくり」と「圏域別振興の方向」の項目で触れられている。

私は、これらの振興（開発）計画の策定に長期にわたって深くかかわった。とくに第 4 次沖縄振興計画（2002 年～ 2011 年）の 10 年間は、内閣府沖縄振興審議会の会長代理、総合部会長、専門委員会座長、種々の調査委員会の座長として実施計画の策定、評価と新振興法にもとづく第 5 次振興計画（2012年～ 2021 年）の策定に奔走した。また、沖縄最大の内閣府所管の政策金融機関である沖縄公庫の代表権のある副理事長（1997 年～ 2001 年）として離島地域を含む振興策の実施にも深く関与した。沖縄県側の振興審議、種々の振興プロジェクトにも復帰直後から関与した経験からいえることは、とくに現在の第 5 次振興計画は、県審議会の案をほぼそのまま踏襲したとみてよい。国の審議会は形骸化し、解消してもよいのだが、そのためには沖縄振興特別措置法そのものを廃止する必要がある。本土他府県からすると、内閣府沖縄担当部局による予算の一括計上を含めて、沖縄優遇策にみえるこの「差別的」な暫定法を、半世紀近くを経た今日でも沖縄県側から廃止し、「本土並み」の振興策を要求する動きはない。沖縄は国の「振興策の罠」にはまっており、これを突破しないかぎり、以下で詳述する自立経済の構築はおぼつかない。沖縄振興策の功罪に関する論考は数多く蓄積されている（嘉数 1983 年 b・1992 年・2002 年・2013 年・2017 年；宮里 2009 年；島袋 2014 年；栗間 2015 年参照）。

表 8-5 に、復帰後の沖縄振興（開発）計画のパフォーマンスをまとめた。計画の基本指標である人口は、復帰時の 97 万人から 2017 年には 144 万人へと、

第8章　島嶼の政治経済学 —島嶼経済自立への挑戦—

表 8-5　沖縄振興（開発）計画の実績と目標値、1972 年（度）〜 2021 年（度）

	年（年度） 単位	復帰時 1972 1972年度	1次振計終了 1972〜1981 1981年度	2次振計終了 1982〜1991 1991年度	3次振計終了 1992〜2001 2001年度	4次振計終了 2002〜2011 2011年度	5次新振計 2012〜2021 2016年度	5次新振計目標値 2021年度
人口	万人	96	113	124	134	140	1,447	1,440
労働力人口	千人	375	469	566	625	666	710	719
就業者数	千人	364	446	542	573	619	664	679
完全失業者数	千人	11	11	25	52	47	31	28
失業率	%	3.0	4.9	4.3	8.4	7.1	4.4	3.8
県民総生産（実質）	億円	5,013	17,098	30,606	37,729	39,897	42,964	51,439
年平均実質県民総生産成長率	%	17.2	11.3	6.2	1.1	1.2	2.0	1.3
産業別就業者数	%	100	100	100	100	100	100	100
農林漁	%	17	12	9	5	5	5	5
建設	%	12	13	14	12	11	10	15
製造	%	9	7	7	5	5	5	
3次	%	61	66	70	77	79	78	80
サービス	%	25	23	29	35	41	42	
観光収入	億円	324	1,656	2,802	3,466	4,070	6,603	11,000
観光客数	万人	44	190	319	484	548	8,769	1,200
						（外国5%）	（外国24%）	（外国33%）
一人当たり消費額	10円	7,364	8,716	8,784	7,161	6,951	75,297	93,000
ICT産業								
県外からの企業数	件				52	237	427	
雇用者数	人				4,899	21,758	28,045	
国際航空貨物流	トン				10	71,017	84,448	
一人当たり所得（名目）	万円	44	136	204	203	204	210	271
（全国比）	%	60	74	69	71	72	72	
財政依存度（対県民総所得）	%	24	35	37	41	40	40	
（全国平均）	%	18	23	21	23	23	24	
沖縄関係予算	億円	1,806	3,329	4,288	5,241	4,020	5,885	
内閣府沖縄部局予算	億円	760	2,000	2,700	3,112	2,301	3,350	
内閣府沖縄部局予算（計画期間累計）	兆円		1.4	2.3	3.6	2.8	2.2	総累計 12.4兆円
離島国調人口（1975年〜2015年）	千人	138	131	129	129	128	131	
離島振興事業予算	億円	93	591	896	945	701	798	
離島振興事業予算（計画期間累計）	兆円		0.32	0.69	1.13	0.76	0.32	総累計 3.2兆円
大学進学率（2016年3月卒）	%	27	19	20	29	37	39	
（全国平均）	%	29	30	33	44	54	55	

（沖縄総合事務局「沖縄経済概況」、沖縄県「沖縄統計年鑑」より作成）

47万人（1.5倍）に増加し、全国の「国勢調査」ベースの総人口が2010年をピークに減少に転じたなかで、2030年まで沖縄県と東京都のみが増加し続けると推計されている（国立社会保障・人口問題研究所2018）。総人口は、各振計の計画値をたえず上回って増加した。沖縄県は独自の「人口増加計画」（2014年）を策定しているが、人口増加政策を前提にした2050年の総人口は162万人に達するとしている。しかし最近まで続いていた人口の社会増が、本土での人手不足による賃金の上昇と、正規雇用機会の上昇もあって、減少に転じていることからしても、この計画は「見果てぬ夢」に終わる可能性が高い。むしろ人口減少を前提にした経済社会システムの再構築を、地域社会包摂プロセスを経て議論しておくべきではないか。

人口増に伴って、労働力、就業者数も増加したが、雇用創出が追いつかず、最近まで高失業率の解消は最大の振興課題であった。復帰後7～8％を記録した高失業率は、労働需給の引き締まりに伴って最近は4％程度まで改善してきている。しかし改善の大半は賃金の安い非正規雇用の増加によるものである。総務省の『平成29年就業構造基本調査』によると、全就業者に占めるアルバイトやパートなどの非正規就業者の割合は43.1％で、沖縄が全国一高い。とくに観光関連サービス業では、有効求人倍率は高いものの、約7割が非正規雇用である。平均賃金も2000年をピークに大幅に減少しているのだ。雇用の質の劣化は、全国一の離職率を招き、生産性の向上につながる職場での技能蓄積を阻害している。

復帰後（1972～2016年度）の沖縄の実質県内総生産（GIP）は、全国平均を上回り、年平均3.7％で成長した。1970年代は「復帰需要」に支えられて年率10％の高成長を実現したが、1990年代初頭に起こった「バブル景気」の破綻、2007年の「リーマンショック」などにより、その後は大幅に鈍化し、「失われた20年」とよばれている過去20年間の年平均成長率1.4％、過去10年間は1％以下であった。これまで経済成長を支えてきた主なエンジンは、GIPの40％近くを占めてきた公的支出、観光収入（同10％）及び基地間連収入（同5％）であった。

分野別では、農林水産業、製造業が著しく衰退した。建設業も道路、港湾、ダム建設などへの政府主導の公共事業が一段落して、第4次振計からそのイン

パクトが減少した半面、観光や情報サービス（ICT）産業が予想以上に躍進した。いまや8割近くを占める第三次産業の4割近くをサービス産業が占めている。観光関連サービス産業就業者の7割強が低賃金の非正規雇用者が占めており、2000年をピークにその付加価値生産性は低下傾向にある。どうみても観光関連産業はミスマッチの多い過剰雇用で、後述するようにその持続性が問われている。政策的に最も成功したのが、ICT産業である。国や県の回線利用料の補助もあって、県外からの企業進出が急増した。ICT産業は「距離の暴虐」を克服し、使いようによっては離島の活性化にもつながるはずである。国際航空貨物物流も「特区」の新設によって大幅に伸長した。

　県民の豊かさを示す一人当たり所得は復帰時の42万円（全国の58%）から2016年度には210万円（全国の72%）まで向上した。全国最下位クラスの一人当たり所得といえども、世界水準でみた沖縄の一人当たり所得水準は、先進経済クラブとよばれている経済協力開発機構（OECD）加盟34か国中の23位前後に匹敵している。一人当たり所得水準でみるかぎり、人口140万人程度の小島嶼地域で、これだけの生活水準を維持している独立国はない。しかし一人当たり所得は、第2次振計以降からは増加が止まったままである。このことは人口増と平均賃金の減少を反映しており、この間のマクロの経済成長による豊かさの実感がない。言い換えると、後述するように、県内での貧富の格差が本土以上に開いていることをデータは物語っている。ただ一人当たり所得でみるかぎり、沖縄県と隣の鹿児島県とは大差がない。鹿児島県は過去10年で人口が10万人程度減少した半面、沖縄県は逆に7万人も増加した。その間の両者の名目県民総生産はほとんど増加してないことから、両者の一人当たり所得格差は、所得を算出す際の分母にあたる人口の増減でほぼ説明できる。つまり人口増減が両者で同じだったとすれば、両者の一人当たり所得水準は僅差である。さらに沖縄県は鹿児島県より世帯当たりの子どもの数が多いため、世帯当たりの実質所得でみると、両者の格差はほとんどないと考えてよい。

　一人当たり所得の向上と裏腹に、食生活、ライフスタイルの変化もあって、沖縄が世界に誇る「長寿ブランド」に危険信号が出て久しい。とくに戦後世代は、全国平均を上回る死亡率を示し、長寿再生にむけた「ポピュレーションアプローチ」と称する新たな戦略が必要である（等々力2017年）。むろん沖縄

県女性の平均寿命はいまだに世界トップクラスで、とくに北中城村の女性の平均寿命は 89 歳（2015 年）で、いまだに全国一を維持している。

　国の「格差是正」政策はある程度成功した。とくに財政投融資によって道路、ダム、空港、港湾などのハードインフラ、住宅、医療、生活環境などの生活インフラの整備は第 3 次振計終了後までに大幅に改善され、その後の格差是正を目的としたインフラ事業予算も大幅に削減された。これまで投下された政府振興予算の累計は 12 兆円を超えた。第 4 次振計以降は、整備されたインフラをいかに「自立経済の構築」に活用するかが焦点となった。この課題については次節で詳述する。

　「沖縄振興特別措置法」は、復帰前の「離島振興法（1962 年立法）」、「過疎地域対策緊急措置法」などを引き継いで、5 次にわたる「離島振興計画」を策定・実施し、現在第 5 次振計の中間地点にある。離島地域を 4 地域に区分し、主要島（沖縄本島、宮古島、八重山島）と周辺離島との社会インフラ、産業基盤分野での格差是正と、それぞれの島々の特性に沿った振興策が打ち出された。復帰後 44 年間（1972~2015 年）に離島地域に投下された公的事業資金は 3.2 兆円に達し、内閣府沖縄担当部局予算の 2 割強にも達している（表 8-4）。離島人口が県総人口の 10％前後であることを考えると、公共投資に関するかぎり、沖縄本島より離島に配慮した事業が行われたことを物語っている。離島人口は、復帰時の 13 万 8,000 人から第 3 次振計終了時の 2011 年には 12 万 8,000 人まで減少したが、最近は県外からの流入人口の増加もあって、やや持ち直しつつある。この間の沖縄県の総人口が 94 万人から 134 万人に 40 万人に増加したことを考えると、人口減少に歯止めをかけるとうたった離島振興計画は、八重山地区の一部を除いては成功したとはいい難い。

　第 1 次～3 次振計までの離島嶼圏域別事業費をみると、宮古（43.2％）、八重山（37.8％）、中南部（12.0％）、北部（6.9％）と、ほぼ人口に比例した配分がなされているが、第 3 次振計からは中南部、北部離島への配分が増大している。事業分野別では、各圏域とも「産業振興」が 4 割強で最も多く、「交通・通信体系の整備」が 3 割強を占め、宮古・八重山圏域では「生活環境の整備」が 2 割強を占めている。「産業振興」には、農業用水資源の開発も含まれている。とくに宮古圏域では、世界の島嶼地域でも類例がない大規模な「地下ダム」

事業が 2000 年には完成し、その事業総額は、現在進行中の伊良部地区事業を含めて 1 千億円超にもなる。すでに完成した 3 か所のダム用水の活用により、宮古島はサトウキビ、マンゴー、葉タバコ、野菜などの主産地に変貌した（内閣府沖縄総合事務局 2015 年；黒沼 2013 年）。第三次振計までに集中的に行われた農業基盤整備が意図した生産効果に結びついたよい例である。そのことは、2013 年に共用開始した新石垣島空港の観光客誘発効果についてもいえる。八重山地域への観光客数は、予想をはるかに超えて、2017 年で 138 万人に達し、5 年間で約倍増した。

「一離島一港湾」の方針の下に、ほぼすべての指定離島に港湾が整備され、空港も下地島を含めて 12 の離島に整備された。そのうち石垣、宮古、久米島、与那国空港には 2,000 m 級の滑走路が完成した。滑走路の整備は観光、物流の振興に効果を発揮しているが、人口減少が激しい遠隔小離島の粟国、波照間などは、国や県の補助なしでは空港が維持できないところもでてきている（沖縄県 2017 年 a）。通常の航空運賃は、距離と座席利用率（需要）でほぼ決まる。那覇〜粟国は距離で約 60 km だが、航空運賃は格安チケットが利用可能な那覇〜成田空港間（約 1,600 km）とほぼ同じだ。他県と比較して沖縄の場合は、米軍基地の存在もあって、空港使用料、航空燃料税の軽減、航空機購入補助に加えて、種々の運行補助が講じられている（沖縄県 2017 年 a）。たとえば離島コミューター路線である那覇〜与論間の普通運賃は、ほぼ利用率と距離が等しい奄美〜沖永良部間の運賃と比較して 3 割強も格安である。奄美諸島の観光振興には、この割高運賃体系をいかに是正するかが鍵を握っている。

「新沖縄県離島振興計画」と銘打った第 4 次振計（2002 年〜 2011 年）以降の離島振興策は、ハードを中心とした振興策から島の資源や特性を踏まえた「産業振興」、安心・安全・健康を重視した「潤い生活」、自然環境と開発のバランスを重視し、人材育成・文化振興・地域間交流による島の活性化を目指す「持続的発展」に軸足を移した。八重山を中心とした振興事業の効果などについては滝本（2012 年）が離島ごとに詳しい分析を行っている。第 4 次振計以降は、島々をとりまく環境が大きく変化し、政策も多様化してきたこともあって、島に投下された事業費の分類も以前と異なり、事業費効果の時系列分析ができなくなった。

島をとりまく環境変化で特筆すべきことは、2007年の「海洋基本法)」の制定と翌年の「海洋基本計画」の策定である。政府はその背景として、1996年に批准した「国連海洋法条約」にもとづく国内法の整備の一環としているが、実態は日本のEEZ内での海洋資源の開発、海洋環境の保全、シーレーン防衛、尖閣諸島、竹島、北方四島などの国境に位置する島々での領有権、安全保障などの確保を国際社会に明示する意図があった（内閣府海洋政策本部2018年）。海洋基本計画の第10章には、「離島の保全・管理」と「離島振興」がうたわれ、無名の無人島の命名から、漂着ごみ処理施設の設置、海洋資源・自然エネルギー開発、観光・漁業振興、交通網、医療機関の整備、サンゴ礁の保全、島嶼部の防衛態勢強化に至るまで、従来の離島振興事業を超える細部にわたる施策が盛り込まれている。政府は早速無名の島々を調査し、2014年には尖閣諸島を含む158の無人島に名称をつけて公表した。そのなかで「ヘソイシ」（青森県）、「ソビエト」（和歌山県）、「坊主」（鳥取県）、「茶釜」（兵庫県）などは話題になった。海洋基本法で明記された離島防衛についても、「改正自衛隊法（2017年）」による"日本版海兵隊"の創設と相まって、尖閣諸島をめぐる領土紛争が激化するなか、周辺に位置する八重山や宮古諸島での自衛隊配備が着々とすすめられている。海洋基本法は時限立法である離島振興法を異なって恒久法になっており、今後離島市町村はこの法律を根拠に振興予算を要求する事例が高まってくると思われる。

　海洋基本法を踏まえて、日本最南端の島嶼型海洋自治体で「国境離島」を自認する「ぱい（南）の島」竹富町では、2011年に日本の自治体初の海洋基本計画を策定し、「美ら海および美しいぱい（南）ぬ島々を守り、海洋立国に貢献する」と宣言している（竹富町2011年）。竹富町海洋基本計画を策定した背景には、沖縄振興計画が八重山圏域の振興課題に適切に応えてこなかったという不満がある（竹富町2011年)」。このことはデータでも確認できる。2001年度に県平均より9％も高かった竹富町の一人当たり所得は、2015年度には県平均レベルより3％も低下しているのだ。この間の竹富町の人口増加率が10.2％と、離島市町村では突出して増加し、観光客も倍近くを記録したことを考えると不可解である（図8-10)。つまり観光関連産業は繁盛したのに、多くの竹富町住民はその恩恵に浴してないのだ。このことは石垣市について

第 8 章　島嶼の政治経済学 ―島嶼経済自立への挑戦―

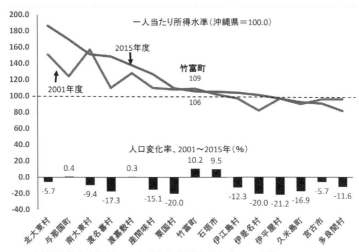

図 8-10　沖縄県離島市町村の一人当たり所得水準と人口の変化、2001 ～ 2014 年度
（沖縄県「離島統計資料」より作成）

も観察できる。沖縄県の観光基本計画では、2021 年度の目標入域観光客数を 1200 万人としているが、離島観光の現実は、量的拡大への警鐘と受け止めるべきである。観光が栄えて、そのホストである住民が貧しくなり、貧富の格差が拡大することにでもなれば、振興計画は悪夢である。

　図 8-10 でみるように、多額の基盤投資が行われたにもかかわらず、大半の離島で農漁業、製造業は衰退し、二けた台の人口減少を記録して、一人当たり所得も北大東島を除いて低迷または低下している。伊是名は二割を超す人口減少の負の要因により、一人当たり所得の増加をみているが、粟国、伊平屋村は、生産年齢人口比率の低下での所得減が顕著である。伊平屋村は漁業所得が伸びた唯一の離島自治体だが、建設業の大幅な落ち込みにより、所得が最も低下した。逆に隣の伊是名村は、最も人口が減少したものの、観光関連の建設需要に支えられて所得を伸ばしている。高齢化率一つとっても島によって多様である。たとえば、同じ竹富町でも竹富島の高齢化率は 3 割を超しているが、隣の西表島は若年層人口の流入により、2 割以下である。

　一人当たり所得、インフラ整備、セーフティネットの整備という視点からみるかぎり、復帰後における沖縄の生活水準は、離島も含めて、著しく改善され

たことはまちがいない。しかしながら、振興計画が当初から意図した「外部依存型」経済構造から「自立型」経済構造への転換、すなわち「過度の財政依存、基地依存から脱却し、自助努力による成長と所得でもって増大する失業者と貿易赤字を解消する」という意味での経済の「転換能力」の達成は道半ばであるといってよい。具体的には、復帰後、全国をやや上回る経済成長率の達成は、間断なく沖縄に流入した公的支出に負うところが大きい。しかし、こうした公的支出が、労働生産性や資本の効率を高めたという証拠はなく、競争力の基本指標である単位労働コスト（賃金等 / 労働生産性）の上昇をひきおこし、以下で詳述する自立経済の構築をますます困難にしたのは否めない（嘉数 2013 年b）。

経済自立への挑戦

　離島振興法の対象外地域である小笠原諸島（国土交通省 2006 年）；奄美群島（皆村 2003 年；山田 2005 年；喜山 2009 年）や北海道（北海道未来総合研究所編 1980 年）などでも多様な経済自立論が展開されてきたが、最も華々しく議論されてきた地域は沖縄である（嘉数 1985 年・2002 年・Kakazu 2012b；富川・百瀬 1999 年；新崎ほか 2005 年；宮里ほか 2009 年；太田ほか 2013 年；栗間 2015 年）。それには歴史・文化・地理・人口学的な背景がある。一つは、沖縄は奄美群島や小笠原諸島などと異なり、地理的にも日本唯一の島嶼県で、琉球王国誕生（1429 年）以来、独自の経済圏を形成し、復帰後も本土発ではない沖縄独自の「道州制」をめざしていることから、自立経済の構築へのインスピレーションは、その実現性はともかくとして、沖縄の未来を指し示す羅針盤としての役割を果たす。二つは、沖縄経済は日本のどの地域よりも持続可能性の低い基地収入と政府の財政支出に依存しており、「自助努力」による経済基盤を確立する必要がある。三つは、雇用失業問題の解決である。沖縄の本土復帰後の最大の課題の一つが雇用の場を創出し、全国平均のほぼ倍を記録してきた構造的な失業率を解消することであった。とくに沖縄の若年層失業者は県内就職志向が強く、全国レベルでの労働力の移動・流動性は低く、労働需給のミスマッチでも失業者が県内に滞留する傾向が持続している。したがって失業解消には、県内での職場創造が最も効果的である。四つは、本土の地方圏が危機的な人口減を経験しているのと対照的に、沖縄は全国一の人

口増加率を誇っており、世界経済をけん引しているアジアに隣接していることもあって、「日本のアジアへのフロントランナー」としての優位性を活かして、政策のありようによっては自立経済構築の実現性は夢ではない、とする県民のコンセンサスがある（沖縄県 2012 年）。

　沖縄が「独立経済圏」であったと想定すると、これまで沖縄経済を支えてきた日本政府からの財政支援や基地収入への依存度を下げることが自立への道であるとする考え方が沖縄県の基本的なスタンスである。2012 年に策定された「沖縄 21 世紀ビジョン基本計画（2012 年度〜 2021 年度）」の「基本方針」の第一番目に「自立」がうたわれ、「人や地域社会の自立とは、他人や他地域に依存せずに孤立的・自給自足的に歩んでいく姿ではなく、基本的には、自然と共生し、多様な他主体と補完しあい、支えあう関係のなかで、ともに未来に向かって歩みながら、自らの意志と力で成長、発展し、生活の質を高めていく姿をさす」（沖縄県 2012 年）としている。「基本方針」には、共生社会の実現と同時に、グローバル経済の進展のなかでの経済自立を構築するには、地方分権を確立して自立的な政策決定にもとづく移輸出型の競争的産業の育成が不可欠であるとも書き込まれている。しかし、「共生＝共同体」と「グローバル化＝国際市場競争」とをどう折り合いをつけるかはまったく不明である。

　「基本計画」には過去 40 年の振興計画以上に「自立」という言葉が頻繁に使われているが、自立政策の目安となる明確な定義はない。そのため、過去40 年間も自立経済構築を唱えながら、一体どの程度自立経済が達成されかの数値目標がまったく示されてなく、国から振興予算を引き出すための「呪文」に終わっているとしか思えない。「基本計画」の文面から推測するに、構造的高失業率、過度の移輸入依存、財政依存、基地依存型の経済体質を是正することが自立への道であると読み取れる。もしそうであるならば、これまで議論してきた多くの島嶼経済と沖縄経済は共通の課題を抱えていることになる。むろん「自立」を「自律」といい換えて、経済的に依存していても精神的に自律しておれば問題なしとする考えもあるが、これは島嶼および過疎地域に厳しい統治構造を直視しない神話の世界の物語である。沖縄の島々はもともと自立していないのだから経済自立論はナンセンスであるとする議論もあるが、これは生き方の根本に関わる「自立・自尊の精神」を放棄したものに等しい。

マクロ経済の自立度を定量化する式は種々あるが、ここでは、県内経済活動によって自立的に創出されていない「基地受取」と「財政純受取（財政受取−財政支払）」の合計が県内生産に占める割合で自立度を測った。式で表すと、1−（基地受取＋財政純受取）/ 県内総生産となる。「財政純受取」にしているのは、沖縄県も国税や社会保険料等の形で国に納付しているからだ。「基本計画」にも書き込まれているように、基地受取も財政移転受取も県民の自立的な活動によって創出された所得ではなく、またその持続可能性も疑わしい。むろんこの数値が高ければ高いほど、ここで定義した経済自立度は高いことになる。この自立定義で 100％自立しているのは、財政純受取で大幅なマイナスを記録している東京都のみである。ここで大事なのは、この自立指標の水準を持続的に高めていく方向での振興策のあり方を探ることである。

　図 8-11 は、上記の定義にもとづいた自立度の試算と、復帰後沖縄経済のエンジンとなった主要県外受取（収入）を示している。2016 年度は私の推計値である。財政移転受取（収入）と基地受取への依存度を低め、観光関連受取などの「自助努力」による内発的な経済活動にもとづく収入源を増やすことが島嶼経済自立への道であることはすでに詳述した。沖縄経済のマクロ的自立度は、復帰時（1972 年）の 59％から観光・情報関連産業の振興、経済活動の活発化による就業機会の増加、地場資源の供給増により、1990 年代には 7 割台にまで向上したが、その後は経済バブルの崩壊による経済活動の停滞、投資の縮減などにより、30 年近く停滞したままである。残りの 3 割近くは島嶼国の ODA に相当する国庫支出、補助金、社会保障などの財政移転受取や基地関係受取などの非自立的な資金流入で概ね経済が循環しているといえる。事実、県内総生産に対する財政純移転収入（国庫からの受取−国庫への支払）は、最近低下傾向にあるとはいえ、2 割強に達しており、国、地方の財政が逼迫するなかで、この依存度をいかに下げていくかが、沖縄にかぎらず日本の地方県及び島嶼圏の自立経済確立への鍵を握っている。いまだに「人口ボーナス」を享受し、成長のアジアに隣接して比較的勢いのある沖縄が日本の「フロントランナー」になって本土地方及び島嶼地域のモデルになりうる新しい時代を迎えているという発想の転換が要求される。

　図 8-11 でみるように、経済自立を推進する最大のエンジンは観光産業だが、

第 8 章 島嶼の政治経済学 —島嶼経済自立への挑戦— 281

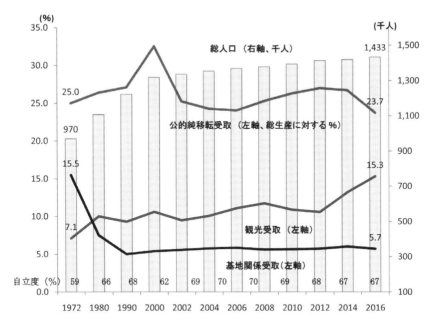

図 8-11 沖縄経済の主要エンジンと経済自立度、1972 ～ 2016 年度
注:「公的純移転受取」は「国庫受取－国庫支払＋財政以外の公的資金流入」で、対県民総生
　　産（％）。「自立度」は、1 －（公的純移転受取＋基地関係受取）／県民総生産（％）
　　人口、観光以外の 2014 年～ 2015 年度は実績見込、2016 年は筆者推計値。
　　　（沖縄県「県民経済計算」などより作成）

　県内総生産に占める観光受取（収入）の割合は最近になって増大傾向にあるものの、入域観光客数が復帰後 40 年余で 20 倍も増え、2017 年には 900 万人強に達し、2018 年には 1,000 万人の大台に達するのはほぼまちがいない。数では島嶼観光の先進地域であるハワイを追い抜いたというのに、経済全体への相対的なインパクトはハワイの半分程度である。このインパクトの差は、ハワイの観光客の平均滞在日数が沖縄の倍以上にあることによってかなり説明できるが、観光産業の「質＝付加価値」の面では沖縄はハワイに後れを取っている。県は東アジアのクルーズ船拠点を目指す「東洋のカリブ構想」をめざしているが、クルーズ船観光客の平均滞在日数は 1 日で、一人当たり消費額も 3 万円弱で、観光客平均消費額の半分以下である。この構想が成功すればするほどハワイとの観光収入格差は拡大することになる。

ハワイ州政府は 1987 年に「観光税」ともいうべき観光宿泊税（TAT）を導入して以来、数回にわたって税率を引き上げ、現在 9.25% になっている税率をさらに引き上げる議論がなされている。ハワイ州では宿泊税以外に、日本の消費税に相当する約 4% の「売上税（sales tax）」が課されている。ところが税率の引き上げによって観光客数は減少しておらず、税収はコンベンションセンターの建設費や交通などの観光インフラ、観光人材教育などに充てられている（Kakazu 2018）。沖縄（日本）では逆に観光客数を伸ばすために、観光客が消費する物資まで消費税が免税になっており、観光が地域住民の福祉やインフラ整備にどの程度貢献しているのかが疑わしい。2019 年度には消費税が現行の 8％から 10％に、各都道府県への配分（地方消費税）も 1.7% から 2.2% に引き上げられることになっており、「免税観光地」はますます不利になる。自前の税収で賄ったハワイのコンベンションセンター（10 万 m^2）は約 200 億ドル（250 億円）かけて 1998 年にワイキキの中心部に完成したが、最近になって単年度黒字を記録するようになった。2020 年の開業を目指す沖縄の大型 MICE（＝ Meeting、Incentive、Conference & Convention、Exhibition & Event）施設（12 万 m^2、総工費約 600 億円）の建設資金は、国の一括交付金が頼りである。新 MICE を自力で建設し、沖縄の自立経済構築へのシンボルにしたいものである。

　沖縄県が始めて実施した「県民の沖縄観光に対する意識調査」（2018 年 7 月）によると、8 割強の県民が観光振興の役割を重視しているものの、「観光が発展すると生活も豊かになるか」の設問に対して 37％が否定的で、肯定的な割合（29％）をかなり上回っている。沖縄県は 2017 年の観光客収入約 7 千億円（29％ は外国客消費額）のうち、その 7 割程度を県内の賃金、利潤、利子、税収などの付加価値創出に回っているとの推計を産業連関表手法を用いて算出して公表しているが、この数値はほぼまちがいなく過大推計である。同じ手法で推計した県全体の付加価値総額は総供給（需要）の 4 割程度である。観光需要は、免税商品、移輸入商品、県外資本による利益の本土移転、サービス産業などでの非居住者労働力の急増などを考慮すると、県民需要より県外への「所得の漏れ」は大きいとみるのが常識である。県の推計結果はこの常識とは真逆である。沖縄観光がピークを迎える前に、「観光サテライト勘定（TSA）」（嘉

数 2014 年参照）を作成し、観光支出の項目別県内付加価値額を観光支出項目毎に詳細に算出し、公表すべきである。そうすることによって、観光振興によってどこが利益を受けているかを含めて、沖縄観光の弱点を洗い出すことができる。自力で資金手当てすべき新たな沖縄コンベンションセンター建設費さえ国の一括交付金を当てしている状況は「観光立県」に相応しいとは思われない。その意味では、遅まきながらも那覇港管理組合議会が 2020 年からクルーズ施設料を徴収する条例を可決したことは一歩前進である。量を追及し過ぎた観光は「オーバーツーリズム」につながり、持続的ではなく、観光客、ホスト双方からそっぽを向かれ、観光産業の衰退を早めることになることは、フィリピンのボラカイ島（Boracay Island）やタイのピピ島（Phi Phi Island）など、多くの事例が示唆している（Kakazu 2018）。

　経済の財政依存度だけをみると、一人当たり所得水準で最下位を競っている鹿児島県や高知県などと大差ないが、沖縄の場合は「基地収入」と密接にリンクしていて、鹿児島、高知ほど単純ではない。基地収入は県内総生産の5％程度で推移しており、復帰時の3分の1程度に低下してきたものの、その財源の6割強は日本政府負担になっている。とくに軍用地料は、デフレによる継続的な地価の下落にもかかわらず、復帰後ほぼ一貫して上昇してきており、経済自立への重要な資源である土地の価格が市場メカニズムを無視して政策的に決定されているという問題がある（図 8-12）。よくいわれている「アメ」と「ム

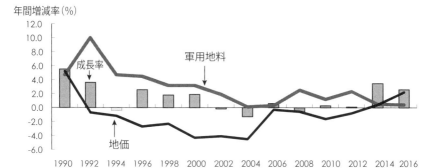

図 8-12　経済成長率、軍用地料、地価増減率の推移、1990-2016 年度
　　　　（沖縄県「地価調査」、「基地資料」、「沖縄統計年鑑」各版より作成）

チ」政策で、政府には軍用地主の機嫌を損なうと基地が維持できないとする基本認識があり、先述したアメリカ統治下の多くの島嶼地域と共通した島嶼政策のパターンがある。

　北谷町のアメリカンビレッジや那覇市の新都心のように、とくに都市部の軍用地の民間転用は基地の数倍の所得を生む「金の卵」に変質した。たとえば1987年に最終返還された牧港住宅地区（現在の那覇新都心地区193ha）は約19年かけて跡地利用事業が終了し、現在は商業・住宅施設を中心に人口2万人余の那覇新都心に変貌したが、野村総合研究所の経済波及効果分析によると、1999〜2013年における経済効果（直接＋間接）は年間874億円と推計され、基地として利用されていた効果の約10倍にも達している（野村総合研究所2007年）。米軍基地は地理的には沖縄と不離一体だが、県民所得統計及び国際収支統計からすると「非居住者」、つまり「外国」であり、基地内でいくら投資してもその波及効果はきわめて限定されたものになることを理解すべきである。基地の民間利用は軍用地主にとってもメリットがあることから、最近は地権者や一部財界人までが基地返還要求の先頭に立つケースも増えてきた。

　沖縄県が目指す自立経済構築の理念と、基地の安定的維持を前提にした財政操作は、経済合理性からみても整合的ではなく、沖縄県と日本政府との基地および予算配分のあり方をめぐる攻防が今後いっそう激化する可能性がある。なぜなら日本政府には、南北朝鮮間の和平が成立しても、日本政府にとって安上がりの沖縄の米軍基地なくして日本の安全保障は維持できないとする基本認識があるからだ。日本の国防費はGDP（国内総生産）の1%を超えたことはないが、かりにトランプ大統領がNATO諸国に要求しているように、GDPの2%（米国、ドイツは2017年度でそれぞれ3.2%、1.2%）を日本が国防費に計上するとなると、現在の倍の約10兆円にもなる。沖縄は約7割の米軍基地を不本意に引き受けており、そのお陰で国防費は半額程度で済んでいるという雑駁な計算も成り立つ。日本の防衛に沖縄の米軍基地が不可欠と主張するなら、県は振興予算として毎年1兆円程度を要求しても決して不合理ではない。1兆円もあれば、返還後の普天間基地（481ha）や牧港のキャンプ・キンザー基地（274ha）に安倍総理が提唱する未来型「実験都市（スマートシティ）」が実現できるはずだ。トランプ流の「ディール」も案外沖縄基地の県外移転に有効かもしれな

いのだ。これを英語で "Price military bases out of Okinawa" という。

　沖縄経済の自立達成に向けた切り札として、「全国初」を売り物にした「国際物流拠点産業集積地域（国際物流基地)」、「金融特区」、「情報特区」などが設置された。国際物流基地は、旧那覇及び特別自由貿易地域（中城湾）を統合・拡充して、2013 年度よりスタートした「新沖縄振興特別措置法」にもとづいた制度で、ANA の国際貨物ハブ事業の開始に伴って活発化した国際物流と貿易振興とが一体化し、以前より「使い勝手のよい」制度設計になったことはまちがいない。ただこの新制度を活かし、雇用、所得の創出につなげるには、沖縄側の種々の戦略と革新的なアクションが要請される。一つは、「沖縄発（made-in-Okinawa）」の貨物をいかに安定・持続的に国際物流に乗せ、とくにアジア市場に売り込むかである。2015 年の那覇空港の国際線貨物積込量は 8.6 万トンで、国内第四位に急成長した。しかし、この 9 割以上は「通過貨物（トランジット)」で、沖縄県内での雇用、所得を含む付加価値創造には必ずしも直結していない。また、旧特別自由貿易地域（中城湾 FTZ）内の企業立地数と出荷額は最近増加傾向にあるとはいえ、これまでの沖縄振興策の目玉事業にしてはインパクトが小さすぎる。

　FTZ のパフォーマンスが期待をはるかに下回っている背景には、制度の趣旨が十分に生かされていないことである。沖縄の FTZ は、主に輸出による外貨獲得を目的とした制度設計になっているにもかかわらず、実態は国内向けになっているからだ。FTZ からの出荷額 80 億円（2012 年）のうち、輸出割合は 3 割以下で、5 割は本土向け、残りは県内出荷になっているのだ。つまり「内向」の制度活用になっている。これを「外向」に転換する必要がある。原材料・中間財などを海外から調達し、沖縄で付加価値をつけて海外に売り込むという「外－外」取引こそがこの制度を活かす王道である。沖縄でどの程度の付加価値をつけるかは「イノベーション」の問題になる。どこにでもあるような汎用技術では、沖縄 FTZ の比較優位は出てこないし、立地企業はただ雇用、税制などの「優遇措置」を求めて進出するという目的と手段とが逆転する結果を招くことになる。

　FTZ の本来の目的である「外－外」取引を推進するには、海外の投資家とも連携して、沖縄が比較優位をもつ独自の技術と製品（原材料・中間財・最終財）

などを開発し、海外マーケットに乗せていく戦略が求められる。現状の「加工輸出型」よりもむしろ、食糧備蓄、航空機などの修理・部品供給ネットワークサービス、国際商談会、国際花マーケットの創設などが沖縄の立地を生かせる可能性があり、今後の検討課題である。貨物取扱量が一定量（年30〜40万トン）以上に達しないかぎり、上海、深圳、香港、シンガポール、プーサン、高雄などの毎年進化・拡大する国際物流基地に勝てる見込みはない。なぜなら物流コストは「規模・ネットワーク経済」に大きく左右されるからだ。

　沖縄県全体では、本土の地方圏と異なって人口が大幅に増加し、未来志向型の観光、情報、物流産業が順調に進展する可能性があり、経済自立への足固めができつつある。しかし沖縄県内の離島はどうであろうか。いくつかの「自立指標」を使って、沖縄離島市町村の自立度をみたのが図8-13である。すでに

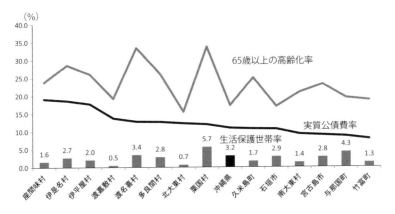

図8-13　沖縄離島市町村の自立指標、2012年度
（内閣府『沖縄経済概況』、沖縄県『市町村行財政概況』、
『市町村決算概要』、『沖縄統計年鑑』より作成）

みたように、島嶼経済は独立国、地域にかぎらず公的財政支出に大きく依存し、自主財源の割合は小さい。沖縄本島もそうだが、離島もその例外ではない。

　「実質公債費比率」は、地方自治体の借金に相当する公債費をどの程度自治体の収入で賄っているかを示す財政健全化判断指標の一つで、この比率が18％以上になると、「早期健全化団体」に指定され、国や県の指導を受けることになる。数年前までは座間味村、伊是名村が早期健全化団体に該当し、伊平

屋村、渡名喜村も危険水準にあったが、2015年度には大幅に改善された。伊江村、竹富町町などは超優良財政団体で、この指標でみるかぎり、多くの離島市町村が沖縄県よりも財政は健全である。世帯当たりの「生活保護率」もミクロ的な視点から島の自立を知るうえで役に立つ。生活保護制度の目的は「一日も早く自立できるよう手助けすること」と明記されているからだ。しかし図8-13をみるかぎり、財政難と生活保護世帯比率とはむしろ逆の関係にある自治体が多くみられる。生活保護世帯率の最も高い自治体は粟国村で、渡名喜村、与那国町、宮古島市、石垣市が2％を超えて高い。比較的財政難におちいっている渡嘉敷村は生活保護率が県内最低で、北大東村、竹富町、座間味村なども県平均をはるかに下回っている。これは後述するように、共助意識の高い小島は、手続きの煩雑さもあって生活保護の「補足率」の低さを反映している可能性がある。

『平成26年版高齢社会白書』（内閣府）によると、全国の65歳以上人口に占める生活保護受給者の割合は2.6％で、全人口に占める生活保護受給者の倍近くになっている。これはむろん、高齢化、退職などに伴う所得の低下を年金などで補償できていない状況を反映している。沖縄でも図8-13で観察されるように、生活保護率は公債比率よりもむしろ高齢化率（65歳以上人口の割合）と連動しているふしがある。粟国村の生活保護率は最も高いが、高齢化率も3割を超えてダントツである。北大東島の高齢化率は最も低いが、生活保護率も最も低い。そのことは、高齢者比率の高い島ほど、生活苦の世帯が多く、生活保護率も高いといえる。粟国、渡名喜の高齢化率は県平均の約倍に達しており、県平均を下回っているのは南大東と石垣のみである。今後少子高齢化は急ピッチで進行することが予想されることから、離島の生活保護率はいっそう高まり、結果として離島市町村の財政をいっそう圧迫することが予想される。であれば島の自立的発展はますます遠のくことになる。

　上記の指標を総合的に考慮すると、竹富島、南北大東島、久米島、石垣、宮古などが相対的に自立度は高いといえる。竹富、南北大東島は人口規模でも小離島だが、一人当たり所得でも県内トップクラスを維持している。このことから、島の経済的自立は、すでに詳述したように、島の人的、物的資源の活用の在り方と、「シマンチュ」のアスピレーションによるところが大きく、島の規

模（人口、面積）とはあまり関係ないともいえる。

　総体的にみて、経済発展に大きく寄与した公的投資は、同時に観光などのサービス貿易を含む貿易収支の赤字幅を拡大し、「負の貿易乗数」をもたらした主因でもあった。私の産業連関分析によると、公的投資 1 につき、0.046 の移輸出と同時に 0.459 の移輸入を誘発し、結果的には 0.413（0.459 − 0.046）の貿易赤字をもたらしたという計算になる（Kakazu 2012b）。赤字補填の手立てがないかぎり、このような移輸入超過型経済が持続可能でないことは、他の島嶼経済の経験からしても歴然としている。沖縄の自立経済構築に真剣のとりくむということであれば、世界に類例をみない日本の公的債務の累増のなかで、いま一度公的部門と民間部門との経済活動のバランスを冷静に分析し、成長のエンジンを「国」から、「地域」へとバトンタッチする壮大な「システム転換」を断行する必要がある。そのためにはむろん、中長期の展望を踏まえた政治的な決断と同時に、「沖縄 21 世紀ビジョン」でくり返し言及している民間、あるいは地域主導による「循環型経済」構築に向けた自助努力精神の発揚が不可欠である。身近な生鮮野菜ひとつとっても、遊休農地が拡大しているにもかかわらず、県内需要の半分も満たしてなく、県外移輸入が拡大している現状をどう改善するかだ。

　2012 年にスタートした「新沖縄振興特別措置法」では、県が要求した自主的経済運営が拡大され、一括交付金の創設、経済特区や軍用地跡地利用などでは使い勝手のよい制度設計になったことはまちがいない。このような公的サポートシステムも民間セクターが自発的に活用し、収益向上につなげる覚悟と意欲がないかぎり、生きてこない。自立的経済の構築に向けた復帰 45 年余からの教訓は、他所で成功している制度の導入で経済的自立が達成できるはずだとする「誤れる具体化の誤謬」である。多くの場合、制度活用の仕方に課題があったにもかかわらず、使い勝手が悪いと制度そのもののせいにする風潮があった。すでに指摘したように、「全国唯一」を売り物にしている沖縄特別自由貿易地域制度はその最たる例である。復帰特別措置による長期にわたる惰性的、温情的保護措置からも、多くの教訓を読み取ることができたはずだ。復帰後 45 年余も基地維持を目的とした「政治的配慮」によって、税・金融などでの優遇措置を受けてきた民間企業などが今後自立的発展を遂げるとはとても思えない。

過重な基地負担では明らかに「沖縄差別」だが、経済制度では「ウチナーびけん（沖縄だけ）」と称する沖縄優遇措置が半世紀近くも継続されており、本土の首長から「沖縄優遇」といわれても返す言葉がない。復帰後2017年度までの酒税軽減措置だけでも累計で1287億円に達しており、県・企業側が主張する優遇措置延長の理由が「自立した企業経営のためにも軽減措置の継続は不可欠」（『沖縄タイムス』（2018年5月19日）という理屈はおそらく沖縄だけでしか通用しない。沖縄には47の泡盛酒造所があるが、出荷量・売上高はここ数年減少し、今後も大幅な減少が予想さている。泡盛と同じ蒸留酒でも、本格イモ焼酎の「白波」を生産する薩摩酒造は1社でほぼ沖縄全酒造所の売上額に匹敵し、しかも売り上げ減に歯止めをかけているのだ。「軽減税率がないと泡盛産業は立ち行かない」とする発想がある。これは、政府の補助なしでは経営が成り立たないというのと同義で、沖縄優遇策の「罠」にはまっているとしか思えない。優遇策は永遠には続かない。この罠をいかに解くかが今後の振興策の課題となる。次期第6次振興計画（2022〜2031年）もおそらく策定されずはずだから、この期間に基地の本土並み負担と同時に、すべての沖縄だけの優遇措置を廃止する行程と覚悟を明記すべきである。むろん他地域同様、米軍基地の原状回復と転用コストは国の責任でなされるべきである。

　沖縄県は「国庫負担」の一人当たり公共（行政）投資額が本土で流布されているように、各県と比較しても格段に高くはないと公文書などで反論しているが、実態は九州各県の約2倍、全国平均の約3倍、福岡県の約4倍にもなっているのだ（総務省2018年）。沖縄県を上回っているのは、東日本大震災復旧事業が継続している岩手県と宮城県のみである。自立経済の構築というのであれば、振興財源の国庫依存度をまずもって各県並にするという目標があって然るべきではないか。基地負担の見返りとしての国庫財源の要求は、県の「21世紀プラン」に明記されている自立の理念とは真逆で、どうみても本末転倒である。

　経済自立の主役はいうまでもなく、民間企業である。複雑多岐にわたる種々の「制度的支援」よりも、イノベーションを鼓舞する「社会・経済的インセンティブ」を醸成し、活力のある新企業を育成する環境整備のほうがはるかに効果的であることがわかっている（Kanter 1995）。やや大げさにいうと、マイ

クロソフトのビル・ゲイツ、アップルのスティーブ・ジョブズ、フェイスブックのマーク・ザッカーバーグ、ソフトバンクの孫正義、楽天の三木谷浩史などは、新規性、創造性、自発性を最も重んじ、しかもこのようなフロンティア精神の発揚が社会的にも尊敬の的になる、という「社会的価値観」を背景に誕生した。

　沖縄は本土と比較して「ヨコ」のつながりの強固な社会である、とする見方が一般的である。つまり本土と比較して、新規企業を育む社会組織が醸成されているともいえる。このことが事実であるとすれば、ここでも島嶼県沖縄は日本の未来型社会システムを先取りしていることになる。短絡的だが、グローバル化に立ち向かうフロンティア精神の「土壌」はすでに存在しているとみてよい。問題はいつ、どのような形で、それが開花するかだ。

(4) 沖縄振興策の新しい課題―格差と子どもの貧困

　地域に根づいたグローバル経済活動の担い手は、くり返すようだが、柔軟性に富んだ高度の労働力である。沖縄の労働市場は、急速な経済構造の変化に人材供給が追いつけない需給のミスマッチが顕在化して久しい。復帰後、最大の経済問題となった若年失業者及び非正規雇用の増大は、単に労働力が十分に活用されていないという資源配分の是非を超えて、人間の尊厳、自尊心を著しく損ない、果ては社会からの疎外感、自立心、精神的・肉体的苦痛、犯罪、自殺をも伴う「社会病理現象」の指標にもなりうる。沖縄県は人口当たりの自殺率が全国一高いが、自殺者の6割強は無職者である。よくいわれる「存在・活動意義の喪失」が自殺者を生む最大の要因であるといえる。同様なことは、第3章で詳述したように、太平洋の島々でも観察されている。

　拡大しつつある労働需給のミスマッチは、とりわけ第六次産業、観光及び情報関連産業にターゲットを絞った人材育成で解決の糸口がつかめよう。人材育成機関の本体をなしている沖縄の大学は、質、量において時代の要請に応えているとは思われない。一人当たり所得やインフラ整備の分野での本土との格差は確実に縮小してきたものの、世代を超えて連鎖する大学進学格差と、後述する子どもの貧困率格差は一向に改善されていないという驚くべき事実もある。2016年の沖縄の大学等進学率は39%で、全国（55%）より16ポイントも低く、復帰時の2ポイントの格差から大幅に拡大しているのだ（表8-4）。東京の進

学率が70%を超えていることを考えると、東京一極集中を是正し、地方創生を確かなものするには地方、とくに多くの教育過疎離島を抱える地域の教育環境の整備が不可欠である。沖縄が付加価値の高い産業へ脱皮するためには、人的資源への投資が最優先課題であるだけでなく、こうした投資こそが、グローバル・ビジネスへの挑戦に必要なパワーを沖縄の将来を担う若者たちに獲得させる有効な手だてとなる。最近のデータによると、全就業者に占める大学卒の割合は、全国（22.7%）に対して、沖縄は17.7%である。高等教育のユニバーサル化が進み、大学の「全員入学」が達成しているにもかかわらず、職場での大卒は未だに「エリートクラス」である。離職率の「7・5・3現象」でみるように、大卒新規就職者の3年以内の離職率は3割で、高卒の5割、中卒の7割をはるかに下回っている。このことは、大学進学率の向上と同時に、社会のニーズにマッチした人材育成によって、沖縄の雇用環境が大きく改善することを意味する。

進学率や賃金格差などを反映して、総世帯数に占める最低生活費以下の世帯数の割合、つまり「相対的貧困率」は2012年で沖縄が34.8%を記録して全国一高く、全国平均（18.3%）の約倍を記録している（図8-14）。

しかも沖縄の貧困率は、ここ数年で全国以上に悪化しており、三世帯に一世

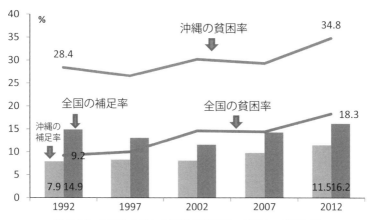

図8-14　全国と比較した沖縄の貧困率、1992～2012年
（戸室健作 2013年、2016年より作成）
注：貧困率＝最低生活費以下の世帯数 / 総世帯数（%）
補足率（生活保護受給率）＝生活保護を受けている世帯数 / 最低生活費以下

帯以上が貧困家庭である。もっと深刻なのは「補足率」、つまり最低生活費以下の困窮世帯のうち、実際に生活保護を受けている世帯の割合は1割強で、全国と比較してもかなり低いことである。沖縄県独自の調査（2015年）による「子どもの相対的貧困化率」は、生活保護給付金・種々の手当支給などの貧困世帯への所得再分配後の推計でも29.9％を記録し、全国（16.3％）のほぼ倍になっている（沖縄県2017年b；沖縄県こども総合研究所2017年）。所得再分配前の貧困率が32.4％で、再分配後と大差がないのは、生活保護・手当などの「捕捉率」の低さと関係があるにちがいない。子どもの貧困化は「貧困の悪循環」あるいは現世代を超えた「貧困の連鎖」を招き、沖縄の未来を暗くするが、その解消に向けた国や地方自治体の対策の多くは対症療法的で抜本的な解決策にはつながっていない（内閣府2018年）。沖縄の一人当たり所得は全国の最下位から脱しつつあるものの、家計の貯蓄額は全国平均の3割程度で、金融ストック面では格段の格差があることも指摘しておきたい。

　教育、貧富の格差に加えて、情報（デジタル）格差も懸念される。沖縄で将来にわたって開花すると思われる経済活動分野の一つが観光と並んで情報通信（ICT）分野である。公的サポートもあって、ICT分野における民間セクターの動きが活発化してきた。とくにインターネットやAI（人口頭脳）に代表されるデジタル・ネットワーク型時代の到来は、スピードと情報の海から「混沌」を読み取る「感性と機敏」さが勝敗を分ける。沖縄では本土以上に所得・資産格差が広がっているのに、情報ネットワークの有無が「デジタル・デバイド」という新種の格差につながる危険性についても、遠隔離島県であるがゆえに、情報通信過疎地域での無線ランの整備、クラウドの活用、人材育成などにより、十分に対策を講じておく必要がある。

　全国との格差に加えて、沖縄県内の所得、資産格差も全国平均を上回っており、しかも拡大する傾向にある。たとえば、所得の不平等度を示す「ジニ係数」（2004年）は、沖縄県内が所得、資産でそれぞれ0.344、0.632で全国（0.308、0.573）を上回っており、人口の高齢化に伴って、沖縄、全国とも格差が拡大傾向にある（Kakazu, 2012a；『厚生労働白書』2012年）。「結マール＝共助」を是とする沖縄でなぜ世帯間の貧富の格差が本土以上に広がっているのか、詳細に解明する必要がある。

所得および資産の格差を実証的に論じて世界的に話題になっているトマ・ピケティの『21 世紀の資本』(Piketty 2013) によると、格差の要因はさまざまで、地域によって大きく異なる。とくに本土と比較して沖縄における子どもの貧困率の高さは、高失業率、高離職率、低所得、高離婚率、高母子家庭率、低大学進学率、不安定な雇用環境と密接に関係していると思われ、今後大きな社会問題に発展する可能性がある。貧富の格差は当然「借金格差」につながる。金融庁の『貸金業関係資料（2014 年 11 月）』によると、沖縄県の千世帯当たりの貸金業者は 11.5 件で、全国（3.9 件）の約 3 倍を記録し、ほぼ同じ一人当たり所得水準の高知県や宮崎県の 2 倍にも達している。このことは基地問題と並んで、沖縄ではどの県よりも相対的な貧困問題が政治選択に大きな影響力をもっていることを意味する。

ここで詳しく論述する紙幅はないが、ヨーロッパで社会実験が進んでいる島嶼型の「ベーシック・インカム」(Sheahen 2012) や「ソーシャル・キャピタル」（カワチ・等々力 2013 年）制度の導入、さらには世界銀行が経済社会のグローバリゼーションによる貧富の格差の拡大、経済発展からの社会的弱者の排除を解消し、すべての人々に能力、機会、尊厳を向上させるプロセスとして提唱し、いくつかの国で実践している「ソーシャル・インクルージョン（social inclusion：社会的包摂）イニシアティブの島嶼地域での応用なども今後の研究課題である（World Bank 2013）。

（5）結語

沖縄を中心に、島嶼の経済自立構築に向けたやや楽観的なシナリオと戦略を描いてきた。しかしその実現にむけては、島の住民が社会の規範、合理性に沿って、自らの行為を律する「自律性」も同時に求められている。私が座長を務めた沖縄振興審議会専門部会でも話題になったが、一人当たり県民所得がほぼ同水準の島根県と比較した沖縄県の「自立指標」には大きな開きがある。たとえば、国民年金保険料納付率をみると、平成 22 年度で最下位の 38％であるのに対して、島根県は 71％（全国 1 位）、NHK 受信料支払率で沖縄 42％（最下位）、島根 92％（全国 2 位）、大学進学率（沖縄 37％、島根県 50％）、全国学力テスト正答率（沖縄 56％、島根 63％）、高校中退率（沖縄 2.1％、島根 1.2％）となっ

ており、復帰後40年を経ても、最近大幅に改善した小学校における学力向上を例外に、この差は縮小しているとは思えない。1985年度に男女とも全国1位（沖縄）、2位（島根）を競ってきた平均寿命でも、沖縄はとくに男性で大幅に順位を下げてきた。これらの指標以外に沖縄には離婚率、母子家庭率、少年犯罪率、肥満率、酒気帯び運転検挙率、生活習慣病率、自殺率、高校中退率・不登校率などでも全国一を記録しており、一人当たり所得水準、県民性、制度の後進性、軍用基地の集積だけでは説明できない。これらの格差指標はよくよく考えると、対本土というより、県内での格差を反映しているともいえる。基地を押しつける県外勢力に対しては断固立ち向かうべきだが、沖縄県民の自助努力でもって解決される課題も山積しているのではないか。自立的経済構築への社会倫理的側面を強調したのは、マックス・ウエーバー（Weber 1905）だが、沖縄が共生と科学技術の発展に根差した社会合理的（公正）な生活環境を構築できるかどうかも今後問われることになる。

すべての課題は、啓発された熟考によって解決策がみつかるはずだとする、ビル・エモット（Emmot 1999）の「啓発的楽観主義」にわれわれが立ち返るとき、悲観は無用である。これまでみてきたように、世界の島嶼地域で一般的にみられる現象は、拡大・悪化する貿易赤字を政府開発援助（ODA）や移民・出稼ぎ送金などによって埋め合わせする外部依存の深化である。外部資金に過度に依存する開発プロセスが、経済自立戦略と両立しないことは、良心的な政策立案者なら誰でも認めざるを得ない。島嶼の島々がこのような開発プロセスの「罠」におちいらないためにも、幾多の歴史の試練に耐えながらも自治の島を守り、世界トップクラスの一人当たり所得を実現しているマン島（The Isle of Man）に居住するゲーリック人の教えに謙虚に耳を傾ける必要があるのではないか。すなわち、「どこに放り出されても、私は自立できる（"Whatever I am thrown, I stand on my own feet."）」。

最後に、私および島嶼研究者にとって理論・実証面からとりくむべき課題として、国土交通省（2016年）による「離島の暮らしの満足度調査結果」を掲げておく。

第8章　島嶼の政治経済学 —島嶼経済自立への挑戦—

（1）離島で暮らす日頃の生活のなかの悩みや不安について思うことは何か。

島の人口減少や産業の衰退　　61.1（％）

老後の生活設計　　　　　　　59.3

自分・家族の健康　　　　　　53.2

今後の収入や資産の見通し　　40.4

現在の収入や資産　　　　　　28.8

（2）島の未来についてどう思うか

悪くなると思う　　　　　　　50.6

変わらない　　　　　　　　　28.4

よくなる　　　　　　　　　　 7.6

（3）離島で暮らしていくうえで最も重要なものは何か

所得・収入　　　　　　　　　25.4

就業環境　　　　　　　　　　17.1

医療環境　　　　　　　　　　12.4

交通　　　　　　　　　　　　11.1

注：調査対象は、2016年1月26日時点での離島人口の1％を無作為に抽出し、その途中集計（アンケート配布数 4,884, 回収率 18％）結果にもとづいている。ただし人口 500 人以下の島は 5 サンプルを無作為抽出。

エピローグ

　私の島嶼研究は 40 年余に及ぶ。その背景には私の生い立ちがある。私は沖縄で「ヤンバル（山原）」とよばれている本部半島で生を受けた。今日では半島の一部に国営沖縄記念公園があって観光客で賑わっているが、もともとは痩せ地で水源に乏しく、農業には適しない半農半漁の村であった。この地域に定住した人々の多くは、もともと首里から都落ちした貧窮士族で、「ヤードウイ（屋取＝他地に宿る意）」とよばれた人々だった。私の家系も 500 坪程度の耕作地を先祖から譲渡され、大家族を営んでいた。まだ記憶に新しいが、その日の食料をどう手当てするかが、最大の課題だった。主食はむろん痩せ地でも育つ琉球芋（サツマイモ）だった。苗を植えてイモ（塊根）が大きく成熟するまで待てない。1 ヶ月ぐらいして掘りにいくのだが、根（実）が小さくてとても皮がむけない。そこで母親たちが考えたのは、海水でまるごと洗って、皮ごと煮て、練り状にして食べていた。これを「ウムニー（芋煮）」とよんでいた。小学校低学年まで、イモとはそんなもんだと思っていた。イモ以外に痩せ地で育つ、今人気のタピオカドリンクの原料となる「キャッサバ芋」やソテツも食した。デンプンが豊富なソテツは、潮風の強い痩せ地でも自生し、島々では昔から飢饉や災害、戦争に備えて備蓄、利用される「救荒食」として活用されていた。ただ毒性をもっているので、調理法を誤ると死に至るといわれていたことから、マスコミは大正末期から昭和初期にかけての「ソテツ地獄」の再来を喚起した。むろん私もそうだったが、栄養失調する子どもも続出し、風土病や伝染病も流行っていた。戦時中米軍は裏の浜から水陸両用車で上陸すると同時に、わが家のすぐ隣に淡水化プラントを設置し、コンセントの兵舎を構えた。暫くすると住民を集めて、頭のてっぺんから白い粉状の薬剤を浴びせた。これが殺虫剤の DDT であったことは知る由もなかった。DDT は蚊が媒介するマラリア、日本脳炎、デング熱などの伝染病やシラミ、ハエなどの撲滅に効果があったものの、発がん性があり、環境ホルモン作用があることが判明して、のちに全面

使用禁止になった。

　ただ幸いだったことに、私の実家は半島でも最も海岸（東シナ海）に近接し、海辺は私たちの生活の大半を占める生活および活動の舞台だった。延々と続く白浜から北西9km沖に沖縄戦最大の激戦地であった伊江島が手に取るようにみえ、遠く北西には琉球王朝第二尚氏生誕の地として知られている伊是名島と伊平屋島を地元の高校を卒業するまで、ほぼ毎日眺めて育った。波打ち際では足を砂地にもぐらせ、蛤（はまぐり）を捕獲し、みわたすかぎり広がる遠浅のイノー（礁池（しょうち））ではサザエ、ウニ、ナマコ、アーサ、モズク、タコ、ミーバイ（ハタハタ）などの海産物に恵まれ、外洋の「防波堤」にもなっているピシ（礁嶺（しょうれい））を超えると、手漕ぎ船団を組んでスクガラス（アイゴの稚魚）やトビウオ漁に従事した。海水は、生活に欠かせない塩や豆乳を豆腐に変える凝固剤（ニガリ）の原料でもあった。浜辺はまた、レクリエーションの場でもあり、台風でかやぶき校舎が吹き飛ばされると、「臨海学校」にもなった。サンゴ礁の海は私たちに恵みをもたらしたと同時に、命を落とす危険な場所でもあった。熟練の漁師でも潮の満ち引きを見失ってイノーで孤立、船の座礁などで命の危険にさらされるケースもあった。島のイメージをかきたてるサンゴの海は、「島の両義性」の可視的具体例でもある。

　この海に囲まれた島での原体験がその後の私の思考様式に深く染みついていた。高校卒業と同時に占領軍によって首里城跡に創設された琉球大学に入学し、ガリオア（GARIOA：占領地域救済資金）奨学資金を得て、米国の大学院への留学を果たし、経済学の博士号（Ph.D.）を取得した。博士論文は「沖縄経済の産業連関分析」（1971年）であった。沖縄初となる産業連関表を作成し、島嶼経済の構造、基地経済の分析は多くの反響を呼んだ。博士号取得後、母校の琉球大学で約17年間教育研究に従事した。その間にイギリス、ハワイ大学、ハワイ東西文化センター（EWC）、フィリピン大学などに長期滞在する機会があった。とくに1970年代初頭のハワイ大学、EWCでの共同研究はライフワークとしての私の島嶼研究を決定づけた。ハワイ大学では沖縄研究、EWCでは南太平洋の島嶼研究が盛んで、すでにぼう大な研究成果が蓄積されていた。ハワイ大学、EWCとの学術交流は今日でも継続している。島嶼に関する私の初の単行本が『島しょ経済論』（1986年）である。

私の島嶼研究のもう一つの契機は、アジア開発銀行(ADB)への赴任であった。フィリピンにはフィリピン大学を含めて3年余滞在し、その間にフィリピン、インドネシア、マレーシアの島々を歩き回った。フィリピンではスルー諸島の南西に位置するタウイ・タウイ（Tawi-Tawi）島まで足を延ばした。ADBでは調査局に所属し、ADB加盟の太平洋島嶼国（当時フィジー、ソロモン諸島、西サモア、トンガ、キリバス、バヌアツ、ツバル、ナウルの8か国）を担当し、国別のミッション報告書を書いた。これにはEWCでの研究実績が活かされた。ADBから日本の財界が新潟県に創設した国際大学（IUJ）に招かれ、アジア経済論とプロジェクト評価論を担当することになった。当時環日本海研究が盛んで、私もその一翼を担った。とくに「成長の三角地帯」構想の事例研究と理論化は、シンガポールとインドネシアのバタム島、ビンタン島などの近接した島々を結ぶ地域経済圏構想からヒントを得たもので、ADB、国連地域開発センター（UNCRD），環日本海経済研究所などと連携して多くの共同研究、国際会議を主催した。成長の三角地帯構想の一環として、私が1995年5月に中国国務院主宰の会議で発表した「ランドブリッジ構想」は、習近平国家主席提唱の「一滞一路」構想のさきがけとなった。IUJ在籍中の1994年には、*Sustainable Development of Small Island Economies*（Boulder: Westview Press）を出版し、偶然にも同じ年に沖縄で「国際島嶼学会（ISISA）」の創設大会を私が実行委員長で開催した。

国際大学から名古屋大学国際開発研究科に移籍し、国内外での島嶼研究が拡大・深化した。これまで調査、講義、会議などで滞在した島々は大西洋、太平洋、東（南）シナ海、インド洋、アラビア海、カリブ海、北海、地中海、エーゲ海、アドリア海、バルト海、タスマン海、アンダマン海、ジャワ海、セレベス海、スルー海、黄海、日本海、瀬戸内海など、200を超す島々に及ぶ。私がこれまでに発表した島嶼に関する学術論文は100本以上に及ぶ。島ごとの旅行記やエッセイなどを加えると数百本にもなる。本著でとりあげた島々はその一部である。私の島嶼研究の拠点は当然ながら琉球諸島であり、とくに先島とよばれている宮古・八重山諸島は何度訪問したか数えたこともない。本著では現地での聞取り、文献資料などにもとづいて、琉球の島々との比較を通して他の島々を議論するという手法をとった。これが成功しているかどうかは読者

エピローグ　　*299*

の判断に委ねたい。

　本書を執筆するにあたって、国際島嶼学会及び日本島嶼学会の研究者、ハワイ大学、ハワイ東西文化センター、フィリピン大学、グアム大学、チェジュ大学、コロンボ大学、国立台湾大学、国立台湾師範大学、国立澎湖科学技術大学、マルタ大学、南太平洋大学、プリンスエドワード大学、タスマニア大学、中央フロリダ大学、ストラスクライド大学、ルンド大学などとの学術交流に負うところが大きい。とくに長年共同研究や会議などでご指導いただいたハワイ大学のヒロシ・ヤマウチ名誉教授、元ハワイ東西文化センター南太平洋開発プログラム主任研究員のテオ・フェアバーン（Te'o Fairbairn）博士、マルタ大学のリノ・ブリググリオ（Lino Briguglio）とゴドフレイ・バルダチーノ（Godfrey Baldacchino）教授、ADB の元同僚で南太平洋大学のジャヤラマン教授（T.K. Jayaraman）, グアム大学学長のロバート・アンダーウード（Robert Underwood）博士、島嶼発展に関する国際科学評議会（UNESCO-INSULA）事務局長のピエール・G・ダヤラ（Pier G. D'ayala）博士、ニューサウスウェールズ大学教授のグラント・マコール（Grant McCall）教授、クイーンズランド大学のクレム・ティスデイル（Clem Tisdell）教授、サザンクロス大学のフィリップ・ヘエイワード（Philip Hayward）教授、国立台湾師範大学の蔡慧敏教授、国立膨湖科技大学の千錫亮教授、国立済州大学校の高昌勲教授、国立木浦大学校の洪善基教授、それに本著のドラフト段階で貴重なコメントをいただいた国際島嶼学会及び日本島嶼学会会員の長嶋俊介、中俣均、上原秀樹、梅村哲夫、須山聡、奥野一生、宮内久光、黒沼善博、渡久地健学兄諸氏に謝意を表したい。本書の上梓にあたっては、古今書院の橋本寿資社長、編集部の関田伸雄氏にひとからならずお世話になった。記して感謝の意を表したい。本書を私の島嶼研究の師で、『島痛み―沖縄の離島に生きる』や『石敢當』などの著書で知られている第３代沖縄開発庁沖縄総合事務局長（のちに沖縄開発庁事務次官、国立公文書館長等歴任）の（故）小玉任人氏の霊前に捧げることをお許しいただきたい。

　　　2019 年如月　　　　　　　　　　　　　　　　　嘉数　啓

注および参考文献

第 1 章

伊藤公一郎 2017 年.『データ分析の力　因果関係に迫る思考法』光文社新書.

今福龍太 2008 年.『群島 — 世界論』岩波書店.

伊良波盛男 2004 年.『池間民族屋号集』ボーダーインク.

岡本太郎 2002 年.『沖縄文化論 — 忘れたれた日本 —』中公叢書 初版は 1961 年. 本版には外間守善の「沖縄文化論を読む」が収録されている。

海洋政策財団 2008 年.『海洋白書 日本の動き　世界の動き』成山堂書店.

嘉数啓 1983 年.「プエルトリコの政治的地位と経済発展」.『アジア経済』24-8: 48-62.

嘉数啓 1986 年.『島嶼経済論』ひるぎ社.

嘉数啓 1994 年.「国際島嶼学会の創立」.『アジア経済』35-12: 55-64.

嘉数啓 2013 年.「ミクロネシア概要 — グアム島の近況レポート —」. アジア近代研究所『IAM アジア・レポート』1: 63-71.

嘉数啓 2019 年.「島嶼学ことはじめ (九) — 島嶼学方法論 —」.『島嶼研究』20:1 近刊 .

加藤庸二 2010 年.『原色　日本島図鑑』新星出版社.

金森修 2015 年.『科学思想史の哲学』岩波書店.

木村政昭 2006 年.『新説ムー大陸沈没 — 沖縄海底遺跡はムー文明の遺産か ?』実業之日本社.

古坂良文 2014 年.「日本の離島 6852 の特定に関する調査」日本島嶼学会五島大会報告. 長崎県五島市.

小玉正任 1985 年.『島痛み — 沖縄の離島に生きる』文教図書.

小宮山宏 2004 年.『知識の構造化』オープンナレッジ.

鈴木勇次 2013 年.「離島振興の成果と限界」.『日本島嶼学会年報』15: 78-88.

須山聡 2003 年.「島嶼地域の計量的地域区分」. 平岡昭利編著『離島研究 1』海青社.

高橋美野梨 2013 年.『自己決定権をめぐる政治学 — デンマーク領グリーンランドにおける「対外的自治」明石書店.

竹内啓一 2008 年.「島嶼の国際比較研究についての若干の問題」.『島嶼研究』8: 39-48.

田辺悟 2015 年.『島』法政大学出版局.

辻村太郎・山口貞夫 1935 年.「日本群島附近に於ける島嶼の分類及び分布」.『地理学評論』11-9: 34-48.

渡久地健 2017 年.『サンゴ礁の人文地理学　奄美・沖縄 生きられる海と描かれた自然』古今書院.

中西進 2013 年.『日本神話の世界』ちくま学芸文庫.

中俣均 2013 年.「島に住むことに誇りの持てる離島振興を」.『日本島嶼学会年報』15: 89-92.

中俣均 2014 年.『渡名喜島』古今書院.

長嶋俊介・福澄孝博・木下紀正・升屋正人編著 2009 年.『日本一長い村　トカラ〜輝ける海道の島々〜』梓書院.

(財) 日本離島センター 2004 年.『日本の島ガイド：SHIMADAS』(第 2 版).

(財) 日本離島センター『離島統計年鑑』各年参照.

長谷川秀樹 2002 年.「オーランド諸島の自治権とその将来」.『島嶼研究』3:105-114.

平山輝男編 1982-1983 年.『全国方言辞典 1・2』角川書店.

三島由紀夫 1954 年.『潮騒』新潮社.

宮内久光 2006 年.「日本の人文地理学における離島研究の系譜 1」.『琉球大学法文学部紀要　人間科学』18-18:. 57-92.

宮本常一 1993 年.『民俗学の旅』講談社学術文庫.

村上陽一郎編 1989 年.『現代科学論の名著』中公新書.
柳田國男 1925 年.『海南小記』グーテンベルク 21. 角川書店（1956 年）.
柳田國男 1961 年.『海上の道』筑摩書房.

Baldacchino, G. 2007. Introducing a World of Islands. In Baldacchino, B. ed. *A World of Islands.* Canada: Institute of Island Studies, University of Prince Edward Island Press. 1-29.

Baldacchino、G. ed. 2013. *The Case for Non-Sovereignty: Lessons from Sub-National Island Jurisdictions.* London: Routledge.

Benedict, B. ed. 1967. *Problems of Smaller Territories.* London: Athlone Press.

Benedict, R. 1946. *The Chrysanthemum and the Sword: Patterns of Japanese Culture.* Boston: Houghton Mifflin.（長谷川松治訳 2005 年.『菊と刀』講談社学術文庫）.

Briguglio, L. 1995. Small island developing states and their economic vulnerabilities. *World Development.* 23: 1615-1632.

Clark, T. 2001. *Islomania.* London: Time Warner Books UK.

Dahl, A. C. 1986. *Review of the Protected Areas System in Oceania.* IUCN/UNEP. Cambridge and Gland.

Dahl, A. L. 1991. *Island Directory.* UNEP Regional Seas Directories and Bibliographies. UNEP 35:1.

Deparaetere, C. 2008. The Challenge of Nissology: A Global Outlook on the World Archipelago Part II: The Global and Scientific Vocation of Nissology. *Island Studies Journal.* 3-1: 17-36.

Deparaetere, C. and Dahl, A. L. 2007. Island Locations and Classifications. In Baldacchino, G. ed. *A World of Islands.* Canada: Institute of Island Studies, University of Prince Edward Island Press. 57-105.

Deparaetere, C. 1991. NISSOLOG: Base de Donnees des Iles de plus 100km^2. Presented at XVll Pacific Science Congress. Honolulu: Hawaii.

Diamond J. and Robinson J.A. eds. 2010. *Natural Experiments of History.* Cambridge: The Belknap Press of Harvard University Press.（小坂理恵訳『歴史は実験できるのか　自然実験が解き明かす人類史』慶応義塾大学出版会）.

Daily, G.C. and Ellison K. 2002. *The New Economy of Nature: The Quest to Make Conservation Profitable.* Washington, D.C.: Island Press.

Doumenge, F. 1983. *Viability of Small Island States: A Descriptive Study.* UNCTAD, TD/B/950.

Emory, K.P., Bonke W.J. and Shinoto Y.H. 1959. *Fishhooks.* Honolulu: Bishop Museum Press.

Freeman, D. 1999. *The Fateful Hoaxing of Margaret Mead: A Historical Analysis of her Samoan Research.* Boulder: Westview Press.

Myrdal, G. 1969. *Objectivity in Social Research.* New York: Pantheon Books.（丸尾直美訳 1971 年.『社会科学と価値判断』竹内書店）.

Kakazu, H. 1986. *Trade and Diversification in Small Island Economics with Particular Emphasis on the South Pacific.* Nagoya: United Nations Centre for Regional Development.

Kakazu, H. 1994. *Sustainable Development of Small Island Economies.* Boulder: Westview Press.

Kakazu, H. 2012. *Island Sustainability: Challenges and Opportunities for the Pacific Islands in a Globalized World,* U.S.A & Canada: Trafford Publishing.

Kakazu, H. March 2016. An Island Approach to the Territorial Disputes over the Senkaku/Diaoyu/Tiaoyutai Islands. *World Environment and Island Studies.* 6: 21-33.

King, R. 1993. The Geographical Fascination of Islands. In D.G. Lockharr, D. Drakakis-Smith and Schembri, J. eds. 1996. *The Development Process in Small Island States*. New York: St Martin's Press.

Kuhn, T.S. 1962. *The Structure of Scientific Revolution*. University of Chicago Press.（中山茂訳 1971 年.『科学革命の構造』みみず書房）.

McCall, G. 1994. Nissology: The Study of Islands. *Journal of the Pacific Society*. 17, 63-64:1-14.

Mead M. 1928. *Coming of Age in Samoa*. New York: William Morrow & Company.（畑中幸子・山本真鳥訳 1976 年.『サモアの思春期』蒼樹書房）.

Patton, M. 1996. *Islands in time, Island sociogeography and Mediterranean prehistory*. London: Routledge.

Popper, K. 2005. *The Logic of Scientific Discovery*. London: Routledge.（初版は 1934 年ドイツ語、1959 年英語、大内義一・森 博訳 1971 年. 上、1972 年. 下『科学的発見の論理』恒星社厚生閣）.

Shand, R. T. 1979. *Island Smallness: Some Definitions and Implications*. Paper presented to the Development Studies Centre Conference of the Australian National University：4.

Rappaport, J., E. Muteba, and Therattil, J. 1971. *Small States and Territories: Status and Problems*. New York: Arno Press, for the United Nations Institute of Training and Research UNITAR.

Royle, S. A. 2007. Island Definitions and Typologies. In *A World of Islands*. Baldacchino, G. ed. Canada: Institute of Island Studies, University of Prince Edward Island Press. 33-56.

Royle, S.A. 2001. *A Geography of Islands: Small Island Insularity*. London: Routledge.（中俣均訳 2018 年.『島の地理学　小さな島々の島嶼性』法政大学出版局）.

Stayman, A. P. 2009. *U.S. Territorial Policy: Trends and Current Challenges*. Honolulu: East-West Center.

Tanaka, Y. 2012. *The International Law of the Sea*. Cambridge: Cambridge University Press.

Taylor, C. L. 1971. Statistical Typology of Micro-States and Territories: Towards a Definition of a Micro-State. In Rappaport, J., E. Muteba, and Therattil, J. ed. *Small States and Territories: Status and Problems*. New York: Arno Press for the United Nations Institute of Training and Research UNITAR: 183-202.

UNESCO World Heritage List (http://whc.unesco.org/en/list 最終閲覧日：2014 年 12 月 3 日).

VanDyke, J. 1988. *New York Times*. 21 January.

United Nations Conference on Trade and Development UNCTAD 1974. *Developing Island Countries: Report of the Panel of Experts*. New York.

United Nations Conference on Trade and Development UNCTAD 1973. *Proceedings of the United Nations Conference on Trade and Development*. New York 1: 74.

United Nations Economic and Social Council UNECOSOC 1975. *Special Economic Problems and Development Needs of Geographically More Disadvantaged Developing Island Countries: Note by the Secretary-General*. New York.

Wallace, A.R. 1869. *The Malay Archipelago*. London: Macmillan.（新妻昭夫訳 1993 年.『マレー諸島 ― オランウータンと極楽鳥の国』筑摩書房）.

WCED (World Commission on Environment and Development) 1987. *Our Common Future*. New York: United Nations.

第 2 章

『朝日新聞』（2013 年 11 月 4 日）.

新川明 2005 年.『新南島風土記』岩波書店.

注および参考文献　　　　　　　　*303*

池澤夏樹 2005 年.「島への階梯」. 新川明『新南島風土記』「解説」.
梅村哲夫 2006 年.「国際観光と島嶼国の経済成長に関する情報分析」.『島嶼科学』1: 47-64.
岡本恵徳 1990 年.『「ヤポネシア論の輪郭：島尾敏雄のまなざし」』沖縄タイムス社.
岡谷公二 1981 年.『島の精神誌』思索社.
嘉数啓 1983 年.「沖縄自立経済への道」.『新沖縄文学』56: 2-53.
嘉数啓 1985 年.「島しょ国際経済会議に出席して」.『沖縄タイムス』(7 月 29 日〜 31 日).
嘉数啓 1995 年.『国境を超えるアジア 成長の三角地帯』東洋経済新報社.
嘉数啓 1986 年.『島嶼経済論』ひるぎ社.
嘉数啓編著 2014 年.『数量観光産業分析 — 観光学のあらたな地平 —』琉球書房.
小玉正任 1985 年.『島痛み：沖縄の離島に生きる』文教図書.
斎藤潤 2008 年.『吐噶喇列島：絶海の島々の豊かな暮らし』光文社新書.
塩田光喜・黒田岳大 2012 年.「浮上せよ！太平洋島嶼国 — 海洋の「陸地化」と太平洋諸島フォーラム
　　の 21 世紀」.『アジ研ワールド・トレンド』198: 50.
高良倉吉 1998 年.『アジアの中の琉球王国』吉川弘文館.
谷川健一 1972 年.『孤島文化論』潮出版社.
竹富町史編集委員会編 2018 年.『竹富町史第七巻 波照間島)』竹富町.
デフォー、ダニエル 1950 年.『ロビンソン漂流記』(吉田健一訳、新潮文庫).
豊見山和行 2004 年.『琉球王国の外交と王権』吉川弘文館.
ポパー、カール・ライムント 1959 年.『科学的発見の論理』(英語版) (大内 義一・森 博 訳 1971 年.
　　恒星社厚生閣).
三木健 1996 年.『沖縄・西表炭坑史』日本経済評論社.
宮本常一 1969 年.『宮本常一著作集 4：日本の離島　第 1 集』未来社.
宮良作 2004 年.『沖縄戦の記録 日本軍と戦争マラリア』新日本出版社.
村井章介 2014 年.『境界史の構想　日本歴史私の最新講義』敬文舎.
モア、トマス 1969 年.『ユートピア』世界の名著 17. (沢田昭夫訳、中央公論社).
森村桂 1966 年.『天国にいちばん近い島』角川書店.
柳田国男 1961 年.『海上の道』角川文庫.
Armstrong, H. and Read, R. 2002. Comparing the Economic Performance of Dependent
　　Territories and Sovereign Micro-states. *Economic Development and Cultural Change*. 48:
　　285-306.
Asian Development Bank ADB 1999. *Pursuing Economic Reform in the Pacific.* Pacific
　　Studies Series. Manila.
Asian Development Bank (ADB) 2017. *Key Indicators*. Manila
Baldacchino, G. ed. 2007. *A World of Islands.* Malta: Published by the Institute of Island
　　Studies of Prince Edward Island. This book gives the latest rich information on island
　　studies.
Benedict, R. 1946. *The Chrysanthemum and the Sword: Patterns of Japanese Culture*. Boston:
　　Houghton Mifflin Co. (長谷川松治訳 2005 年.『菊と刀』講談社学術文庫).
Bertram G. and Watters, R., 1995. The MIRAB Economy in South Pacific Microstates. *Pacific
　　Viewpoint* 26: 214-22.
Briguglio, L. 1995. Small Island Development States and Their Economic Vulnerabilities.
　　World Development. 23-9: 1615-1632.
Chaudhari, A. 1995, July. The Cost of Monasavu Power, the Review. *The News and Business
　　Magazine of Fiji.*
Commonwealth Secretariat 2007. *A Future for Small States: Overcoming Vulnerability.*
　　London: Commonwealth Secretariat.
Crocombe, R. 2001. *The South Pacific.* Suva: The University of South Pacific.
Doumenge, F. 1983. *Viability of Small Island States: A Descriptive Study United Nations*

Conference on Trade and Development. TD/B/950.

Gombrich, E.H. 2008. *A Little History of the World.* Yale University Press.

Intergovernmental Panel on Climate Change IPCC. 2007. Summary for Policymaker." In *Climate Change.* Cambridge: Cambridge University Press.

Kakazu, H. 1986. *Trade and Development of Small Island Economies with Particular Emphasis on the South Pacific.* Nagoya: The United Nations Centre for Regional Development.

Kakazu, H. 1994. *Sustainable Development of Small Island Economies.* Boulder: Westview Press.

Kakazu, H., Thant, M. and Tang, M., eds. 1998. *Growth Triangles in Asia: A New Approach to Regional Economic Cooperation,* Revised Edition, Hong Kong: Oxford University Press.

Kakazu, H. 2000. *The Challenge for Okinawa: Thriving Locally in a Globalized Economy.* Naha: Okinawa Development Finance Corporation.

Kakazu, H. 2012a. *Okinawa in the Asia Pacific.* Naha: The Okinawa Times.

Kakazu, H. 2012b. *Island Sustainability: Challenges and Opportunities for the Pacific Islands in a Globalized World.* U.S.A & Canada: Trafford Publishing.

Kindleberger, C.P. 1968. *International Economics.* Illinois: Richard D. Irwin.

Kuznets, S. 1965. *Modern Economic Growth and Structure.* New York: Norton.

Kuznets, S. 1960. Economic Growth of Small Nations. In E.A.G. Robinson ed. *Economic Consequences of the Size of Nations.* London: Macmillan 14-32.

Marshall, A. 1919. *Industry and Trade.* London: Macmillan. (佐原貴臣訳 1923.『産業貿易論』宝文館）.

McElory, J. L. Small Island Tourist Economies across the Lifecycle. *Asia Pacific Viewpoint* 47-1: 61-77.

Mead, M. 1928. *Coming of age in Samoa.* New York: Morrow. (畑中幸子・山本真鳥訳1976年.『サモアの思春期』蒼樹書房).

Oshima, T. 1987. *Economic Growth in Monsoon Asia: A Comparative Survey.* Tokyo: University of Tokyo Press.

Prasad, N. 2004. Escaping Regulation, Escaping Convention: Development Strategies in Small Economies. *World Economics.* 5-1: 41-65.

Rappaport, J. Muteba, E. and Therattil, J. J. 1971. *Small States and Territories: Status and Problems.* New York: Arno Press for the United Nations Institute of Training and Research: UNITAR.

Royle, S. A. 2001. *A Geography of Islands: Small Island Insularity.* London: Routledge. (中俣均訳 2018年.『島の地理学　小さな島々の島嶼性』法政大学出版局).

Schumacher, E. F. 1973. *Small is Beautiful: A Study of Economics as if People Mattered.* London: Blond & Briggs, Ltd. (斉藤志郎訳 1977年.『人間復興の経済学』佑学社).

Silberstone, A. and Maxcy, G. 1959. *The Motor Industry.* London: G. Allen & Unwin. (今野源八郎・吉永芳文訳1956年.『自動車工業論 — イギリス自動車工業を中心とする経済学的研究』東洋経済新報社).

Simon, A., et al. 2016. Interaction between Sea-level Rise and Wave Exposure on Reef Island Dynamics in the Solomon Islands. *Environmental Research Letters.* 11-5:1-9.

Smith, A. 1925. *The Wealth of Nations.* London: Methuen & Co. Ltd., 4th ed. (大内兵衛・松川七郎訳1982年.『諸国民の富』岩波文庫.第3章).

Stevenson, Robert Louis 1883. *TREASURE ISLAND.* The Ebook Project Produced by Judy Boss, John Hamm and David Widger (2006) にて無料で読むことができる。

United Nations Economic and Social Council UNESC. 1975. *Economic Problems and Development Needs of Geographically More Disadvantaged Developing Island*

注および参考文献　　　*305*

Countries: Note by the Secretary-General. New York: United Nations.
United Nations Conference on Trade and Development UNCTAD. 1974. *Developing Island Countries' Report of the Panel of Experts.* New York: United Nations.
United Nations Economic and Social Council UNECOSOC. 1975. *Special Economic Problems and Development Needs of Geographically More Disadvantaged Developing Island Countries: Note by the Secretary-General.* New York: United Nations.
Weber, Max 1905. *The Protestant Ethic and "The Spirit of Capitalism."* Translated by Stephen Kalberg 2002. Los Angeles : Roxbury Publishing Company.（中山元訳 2010 年.『プロテスタンティズムの倫理と資本主義の精神』日経 BP 社).

第 3 章

嘉数啓 1983 年.「沖縄経済自立への道」.『新沖縄文学』56:2-53.
嘉数啓 1986 年.「南太平洋島しょ地域の経済の自立化と国際協力」.『アジア経済』35-2: 1-2.
嘉数啓 1994 年.「対外不均衡と国内不均衡 ― 環境保全と開発は trade-off か」.『開発学研究』5:1-10.
嘉数啓 2010 年.「島嶼地域の持続可能性：太平洋島嶼地域の挑戦と可能性―沖縄・ハワイからの太平洋島嶼地域への島嶼発展ノウハウの移転・活用を中心にして―に関する調査報告書」.『名桜大学紀要』16:347-376.
嘉数啓 2016 年.「島嶼学ことはじめ（三）― 島嶼型持続可能発展モデルを求めて ―」.『島嶼研究』171- 89-105.
国連大学 1995 年.『島嶼における持続可能な開発』東京：国連大学.
長嶋俊介 2010 年.「硫黄鳥島の地政学と無人島化研究の意義 ― 避難・移住・移民顛末と移住後生活誌の総括 ―」.『島嶼研究』10:29-54.
西沢栄一郎・他 2000 年.「鹿児島沖永良部島の水、土地利用、食生活 ―「自足型社会」構築へ向けての予備的考察 ―」.『島嶼研究』創刊号 : 99-108.
竹内和彦・鷲谷いづみ・恒川篤史編著 2001 年.『里山の環境学』東京大学出版会.
速水裕次郎 1995 年.『開発経済学』創文社.
藻谷浩介・NHK 広島取材班 2013 年.『里山資本主義 ― 日本経済は「安心の原理」で動く』講談社.
『櫓舵』創刊号. 2016 年 4 月 : 2-3.
Auty, R.M. 2003. *Natural Resources, Development Models and Sustainable Development. Department of Geography.* Lancaster: Lancaster University, Environmental Economics Programme Working Paper 03-01.
Bedford, R. 1975. A Transition in Circular Mobility: Population Movement in the New Hebrides, 1800-1970. In H.C. Brookfield, ed. *The Pacific in Transition: Geographical Perspectives on Adaptations and Change.* London: Edward Arnold. 187-227.
Bellowwod, P.S. 1980. The Peopling of the Pacific. *Scientific American* 243: 174-185.
Ciriacy-Wantrup, S.V. 1968. *Resource Conservation Economics and Policy.* 3rd ed. University of California Press.
Corden, W.M. and Neary, J.P. 1982. Booming Sector and De-industrialisation in a Small Open Economy. *The Economic Journal* 92: 825-848.
Couper, A. 1973. Islanders at Sea : Change and the Maritime Economies of the Pacific. In H.C. Brookfield, ed. *Op.cit.* 229-248.
Crocombe, R. 2001. *The South Pacific.* Suva: University of the South Pacific.
Desai, A. B. 1975. Commercialization of Subsistence Agriculture. In *the Subsistence Sector in the Pacific,* ed. J. B. Hardaker. Suva: University of the South Pacific.
Duncan, R. *et al.* 1999. *Pursuing Economic Reform in the Pacific.* Manila: ADB.
Fairbairn, I. J. 1975. The Subsistence Sector and National Income in Western Samoa. In J. B.

Hardaker. *Op.cit.*

Fisk, E.K. 1982. Subsistence Affluence and Development Policy. In Benjamin Higgin ed., *Regional Development in Small Island Nations, Regional Development Dialogue*. Special Issue. 1-12.

Furmas, J.C. 1937. *Anatomy of Paradise: Hawaii and the Islands of the South Seas*. New York: William Sloane Associates, Inc.

Geertz, C. 1963. *Agricultural Involution. Chicago*: University of Chicago Press.

Graham, F.D. 1948. *The Theory of International Values*. Princeton: Princeton University Press.

Haberler, G. 1950. *International Trade and Economic Development*. Cairo: National Bank of Egypt.

Hald, E.C. 1975. Development Policy and the Subsistence Sector. In J. B. Hardaker, ed. *Op.cit.* 192.

Henderson, E. and Van En. 1997. *Sharing the Harvest: A Citizen's Guide to Community Supported Agriculture*. Revised and Expanded, Vermont: Chelsea Green Publishing Co. (山本 きよ子訳 2008 年. 『CSA 地域支援型農業の可能性 ― アメリカ版地産地消の成果』家の光協会).

Hezel, Francis. November 1989. Suicide and the Micronesian Family. *The Contemporary Pacific* 1-1: 43-74. フランシス・ヘーゼル神父は長年ミコロネシアを拠点に Micronesian Seminar (MiSem) を主宰し、経済から文化、政治に至る幅広い分野での執筆、広報活動を展開している (http://www.micsem.org/home.htm 参照) 及び、Hezel, Francis 1987. *The Dillemas of Development: The Effect of Modernization on Three Areas of Island Life*「開発のジレンマ：近代化が島民生活の３つの側面に与える影響」. ヤシの実大学第３回講義日英 (http://www.micsem.org/home.htm 参照).

Kakazu, H. & Fairbarin, T. I. J. 1985. Trade and Diversification in Small Island Economies with Particular Emphasis on the South Pacific. *The Singapore Economic Review* 30-2: 18-35.

Kakazu, H., Yamauchi, H. and Miwa, N. 1993. Long Term Strategy for Water Resource Management of Small Island Economies: The Case of Saipan. Insula: *International Journal of Island Affairs* 2: 39-47.

Kakazu, H. 1994. *Sustainable Development of Small Island Economies*. Boulder: Westview Press.

Kakazu, H. 2011. Challenges for Sustainable Tourism: The Case of Okinawa. In J. Carlsen and Butler, R. eds. *Island Tourism Development: Journeys to Sustainability*. London: CABI Publication. 171-185.

Kakazu, H. 2014. *A Little History of Rasa (Okidaito) Island.* Unpublished Draft. 1-37.

Kakazu, H. 2015. *Okinawa and Taiwan: Island-To-Island Networking*. A paper presented at the Center for Chinese Studies. Taipei, September 30. 1-23.

Luna, A. M. 1983. *Philippine Coconut Industry*. 琉球大学法文学部嘉数ゼミナール報告書.

Mark, S. M. 1979. *Agricultural Development of Small, Isolated Tropical Economies: The American-Affiliated Pacific Islands*. Honolulu: Hawaii Institute of Tropical Agriculture and Human Resources, University of Hawaii.

Myint, H. 1967. *The Economics of the Developing Countries*. London: Hutchinson University Library.

Myint, H. 1971. *Economic Theory and the Underdeveloped Countries*. London: Oxford University Press.

Organisation for Economic Cooperation and Development. 1975. *The Polluter Pays Principles*. Paris.

Pointer, B. A. 1975. Rural Migration in the South Pacific. In J.B. Hardaker. *Op.cit.*

Ricardo, D. 1817. *Principles of Political Economy and Taxation*. London: J. Murray.

Robertson, D. H. 1949. The Future of International Trade. Reprinted in American Economic Association, *Readings in the Theory of International Trade*. New York: Blasiton. 501-502.

Samuelson, P. A. and Nordhaus, W. D. 2011. *Economics*. 7th ed. Boston: McGraw-Hill. 299-306.

Schumacher, E.F. 1973. *Small is Beautiful: A Study of Economics as if People Mattered*. London: Blond & Brigges Ltd. (斉藤志郎訳 1976 年.『人間復興の経済学』佑学社).

Thaman, R. R. 1982. Deterioration of Traditional Food Systems: Increasing Malnutrition and Food Dependency in the Pacific Islands. *Journal of Food and Nutrition* 39-3: 109-120.

Watokins, M. H. 1963. A Staple Theory of Economic Growth. *The Canadian Journal of Economics and Political Science* XXlX-2:143-158.

World Commission on Environment and Development (WCED). *Our Common Future*. New York: Oxford University Press.

第 4 章

伊藤嘉昭 1980 年.『虫を放して虫を滅ぼす 沖縄・ウリミバエ根絶作戦筆者記』中公新書 (中央公論社).

『沖縄タイムス』2014 年 7 月 26 日. 「廃ガラス瓶リサイクルプラントの台湾への輸出」

嘉数啓 2010 年. 「島嶼地域の持続可能性：太平洋島嶼地域の挑戦と可能性 — 沖縄・ハワイからの太平洋島嶼地域への島嶼発展ノウハウの移転・活用を中心にして — に関する調査報告書」.『名桜大学紀要』16: 347-376.

嘉数啓 2013 年. 「沖縄：新たな挑戦 — 経済のグローバル化と地域の繁栄 —」.『公庫レポート』128: 1-120.

嘉数啓編著 2014 年.『数量観光学産業分析 — 観光学の新たな地平 —』琉球書房.

嘉数啓 2016 年. 「島嶼学ことはじめ（四）—「島嶼型」技術を求めて —」.『島嶼研究』17-2: 37-64.

久米島町 2011 年.『海洋深層水複合利用調査基本調査報告書』

黒沼善博 2013 年 a.「建設技術の複合による島嶼の総効用について — 沖縄県宮古島圏域の地下ダム建設効果を例に —」.『島嶼研究』13:7-22.

黒沼善博 2013 年 b.「島嶼の有限資源と建設技術の応用 — 沖縄県多良間島の地下ダム建設の検討にあたって —」.『島嶼研究』14:1-19.

坂井教郎・仲地宗俊・内藤重之・白玉久美子・久田沙織 2016 年. 「南西諸島における赤土流出防止政策の方向性」.『島嶼研究』10:1-12.

長峰さゆり 2011 年. 「ヤンバル・コーヒー・フォーラムの話」.『食の風』:50-52.

ニールセン北村朋子 2012 年.『ロラン島のエコ・チャレンジ：デンマーク発、100％自然エネルギーの島』野草社.

(社) 日本リサーチ総合研究所 2002 年.『離島における循環型社会形成に関する基礎調査』.

『毎日新聞』2018 年 8 月 19 日（朝刊）.「進む脱プラストロー 台湾、規制強化を商機にサトウキビなど代替品開発活況」.

独立行政法人科学技術振興機構研究開発戦略センター 2013 年.『俯瞰ワークショップ報告書「グリーンテクノロジー分野」.

独立行政法人新エネルギー・産業技術総合研究機構（NEDO）2014 年.『NEDO 再生可能エネルギー技術白書』:393.

内閣府沖縄総合事務局農林水産部 2013 年. 「地下水を活かした豊かな美ら島～地下水で潤う宮古島農業～」.

内閣府沖縄総合事務局経済産業部 2017 年.『平成 29 年度離島地域における海洋深層水を活用した地域活性化可能性調査』.

真栄城房子・宮城郁子・他「海洋深層水中の血圧上昇抑制物質」2-16. 第 6 回海洋深層水利用研究会全国大会発表論文 , 久米島.

308

『宮古新報』2016 年 2 月 22 日.「低濃度バイオエタノールで発電」.
ランドブレイン株式会社 2014 年.『沖縄県小規模離島における全エネルギー再生可能化可能事業報告書』.
『琉球新報』(2009 年 4 月 1 日) は以下のように報じている。
　「太平洋の小国・マーシャル諸島共和国は 31 日までに、エコ・エナジー研究所 (うるま市、仲村訓一社長) が開発した廃食用油を燃料に再生するプラントを導入することを決めた。同国に植生するコプラナヤシからの燃油製造に生かす。31 日に来県したケジオ・ビエン公共事業担当大臣はマーシャルの少ない資源を有効活用でき、環境保全にも生かせる高い技術だ」と評価し、導入を明言した。エコ・エナジーが開発した廃食油燃料化装置はエコ・ディーゼル燃料 (EDF)」を製造する。ケジオ大臣に対し、仲村社長は原料となる廃食用油と灯油を混合する課程で天然鉱石入りの触媒を使うため、グリセリンなどの 2 次廃棄物を出さず、環境に優しい工程を説明。同共和国で稼働しているコプラナヤシから燃油を精製するプラントで、油を搾る量の少なさが課題となっているため、2 次、3 次搾りによって圧搾率を高め、精製量を増やす仕組みなどを提案した。視察後、ケジオ大臣はすごく良いシステムだ。輸入に頼らずにココナツオイルを効率よく使用することは財政効果も生む。次世代に続く環境への優しさも魅力だ」と話し、仲村社長をマーシャルに招き、計画を進めていく」と語った。

Kakazu, H. 1990. Industrial Technology Capabilities and Policies in Selected Asian Developing Countries. *Asian Development Review* 8-2: 46-76.

Kakazu, H. 2003. Economic Evaluation of the Melon Fly Eradication Project in Okinawa. *INSULA: International Journal of Island Affairs* 12-1: 41-50.

Kakazu, H. ed. 2010. *Island Sustainability: Challenges and Opportunities for the Pacific Islands in a Globalized World: A Summary Report of Field Research and an International Symposium on the Potential for Transfer of Okinawa's and Hawaii's Sustainable Island Technologies and Innovations to the Pacific Islands.* Okinawa: Japan Society of Island Studies: 251.

Kakazu, H. and Yamauchi, H. 1985. *Agriculture: Its Long-Term Role in Hawaii's Economy.* Honolulu: College of Tropical Agriculture and Human Resources, University of Hawaii.

Kakazu, H. 2012. *Island Sustainability: Challenges and Opportunities for the Pacific Islands in a Globalized World.* U.S. & Canada: Trafford Publishing: 145-162.

Kakazu, H. 2013 *Okinawa: The Challenges Ahead － Thriving Locally in a Globalized Economy －*. The Okinawa Development Finance Corporation OECD REPORT 129: 115.

Kakazu, H. 2014. Okinawa's Green Technologies and Sustainable Development. A paper presented at the ISISA Islands of the World Xlll. Penghu Archipelago 22 to 27 September: 1-38.

Kakazu, H. 2015. A Growth Triangle (GT) Approach to Asian Regional Economic Integration: A Case Study of Taiwan-Okinawa-Kyushu Growth Triangle. *IAM e-Magazine*, 5: 2-29.

Koreker, S. 2010. Getting Technology Transfer Right: Considering Pacific Islands' Contexts. In Kakazu ed. *Op. cit.* 77.

Miwa, N., Yamauchi H., & Morita, D. 1988. *Water and Survival in an Island Environment: Challenge of Okinawa.* Honolulu: University of Hawaii: 121-126.

Sen, A. 1968. *Choice of techniques: an aspect of the theory of planned economic development.* Oxford: Blackwell.

Schumacher, E. F. 1973 *Small is Beautiful: A Study of Economics as if People Mattered.* London: Blond & Briggs, Ltd.: 128. (斉藤志郎訳『人間復興の経済学』佑学社 197 年).

Uehara, H. 2010. Biomass Technology in Okinawa and Hawaii. In H. Kakazu ed. *Op. cit.* 107-114.

第 5 章

岩下明裕 2013 年．『北方領土・竹島・尖閣、これが解決策』朝日新書：198.

大城肇 2005 年 7 月．「与那国の国境交流の国民的意義」．日本島嶼学会対馬大会報告：15.

石川友紀 1997 年．『日本移民の地理学的研究 — 沖縄・広島・山口』榕樹書林.

沖縄県与那国町・福山海運合資会社・財団法人都市経済研究所 2005 年 6 月．『沖縄県与那国町「国境交流特区」構想について — 国境離島型開港による島の再生・活性化と新しい国境都市の形成 —』.

沖縄県与那国町 2005 年 3 月．『与那国・自立へのビジョン　自立・自治・共生〜アジアと結ぶ国境の島 YONAGUNI』.

沖縄県企画部 2015 年．『沖縄県離島関係資料』.

沖縄県企画部 2012 年．『沖縄県離島地区情報通信基盤整備調査報告書』.

奥野一生 2008 年〜 2011 年．「離島の航空交通」．『大阪教育大学地理学会会報』55-58, 及び同会報 2002 年．沖縄の航空交通：43.

奥野修司 2005 年．『ナツコ　沖縄貿易の女王』文藝春秋.

ニューズウィーク 2012 年 11 月 7 日．オンライン講義で大学はどう変わるか．50-51.

海洋政策研究財団 2008 年．『海洋白書 2008 日本の動き 世界の動き』．日本の 本州、北海道、九州、四国の主要 4 島を除く EEZ の公式資料は存在しない．国際海洋法学者の加々美康彦氏によると、「境界未確定海域を多く含む島の面積を超える島の EEZ 面積を計算し公表することは、政策的にも機微に触れうるものであり、各省ともに及び腰」とのことである．海洋政策研究財団の数値は、寺島紘士氏の推計だが、加々美氏が以下の中原裕幸氏論文、及び米国 PEW 財団などのデータにもとづいて推計した結果、寺島氏の推計結果とほぼ同様な数値になった．加々美氏は、「南シナ海仲裁裁判で、EEZ を持てる島か、そうでない岩かに関する国連海洋法条約の解釈判断が示され、諸国がこれに沿って自国の EEZ を引き直せば、世界の海の境界線は一変すると」指摘している（加々美 2016 年 ; 中原 2015 年）．

加々美康彦 2016 年．「南シナ海仲裁裁判所における島の定義」．国際法学会エキスパート・コメント No. 2016-10 （nakahttp://www.jsil.jp/expert/20161116.html）.

嘉数啓 1983 年 a.「プエルトリコの政治的地位と経済発展」．『アジア経済』24-8: 47-62.

嘉数啓 1983 年 b.「沖縄自立経済への道」．『新沖縄文学』56: 2-53.

嘉数啓 1994 年．「国際島嶼学会の創立」．『アジア経済』35:55-64.

嘉数啓 1995 年．『国境を超えるアジア：成長の三角地帯』東洋経済新報社.

嘉数啓 1999 年 7 月 3 日．「奄美・沖縄ソフト連携軸」．大島新聞．「奄美・やんばる広域圏交流推進協議会」設立基調講演.

嘉数啓 2009 年 10 月 2 日．「島嶼学（Nissology）と島嶼問題：島嶼の課題解決にどう応えるか」．日本島嶼学会久米島大会会長講演.

嘉数啓 2000 年．『沖縄挑戦：経済のグローバル化と地域の繁栄 — 世界の目を沖縄へ、沖縄の心を世界へ—』沖縄振興開発金融公庫調査部.

嘉数啓 2016 年．南シナ海における領有権紛争をめぐる常設仲裁裁判所判決の波紋.『IAM アジアレポート』8: 1-14 （http://www.npo-iam.jp/cont02.html）.

鹿児島県地方自治研究所編 2005 年．『奄美戦後史—揺れる奄美、変容の諸相—』南方新社.

鹿児島大学プロジェクト編 2004 年．「島嶼開発のグランドデザイン」．『奄美と開発』南方新社.

鹿児島県ホームページ 2016 年．鹿児島概要．（http://www.pref.kagoshima.jp/pr/gaiyou/rekishi/index.html）.

鹿児島県ホームページ 2016 年．奄美群島振興開発計画（平成 26 年度〜平成 30 年）．（https://www.pref.kagoshima.jp/ac07/pr/shima/amami/amamikeikaku2.html）.

木崎甲子郎編著 1980 年．『琉球の自然誌』築地書館.

桑原季雄 2018 年 3 月 15 日．「RETI2017 沖縄シンポジウム」．ISISA Newsletter 57:10-12

桑原季雄 2018 年．「島嶼教育に関する島嶼間大学ネット（RETI）に参加して」．『日本島嶼学会年報』第 20 号.

佐野眞一 2008 年．『沖縄　だれにも書かれたくなかった戦後史』集英社インタナショナル.

須山聡編著 2014 年．『奄美大島の地域性 — 大学生がみた島 / シマの素顔 —』海青社．とくに第 10 〜

12 章参照.

田中絵麻 2013 年.「太平洋島嶼地域の高等教育機会改善に向けた ICT 利活用の可能性 — 国際的な環境変化と国際協力の役割視点から —」. 菅谷実編著『太平洋島嶼地域における情報通信政策と国際協力』慶應義塾大学東アジア研究所叢書収録. 第 10 章:181-198.

長嶋俊介・伴場一昭・安達浩昭 2006 年.「島嶼における通信環境の条件不利性〜行政・情報過疎相乗効果の克服〜」.『島嶼研究』6:83-128.

中原裕幸 2015 年.「わが国 200 海里水域面積 447 万 km² の世界ランキングの検証 — 世界 6 位, しかし各国の海外領土分を含めた順位では 8 位 —」.『日本海洋政策学会誌』5:117-135.

『日本経済新聞』(朝刊、2016 年 8 月 22 日).

『ニューズウィーク』(2012 年 11 月 7 日号).

松島泰勝 2014 年.『琉球独立論』バジリコ.

山田誠編著 2005 年.『奄美の多層圏域と離島政策』九州大学出版会.

吉成直樹・福 寛美 2007 年.『琉球王国誕生−奄美諸島史から』森話社.

依田高典 2001 年.『ネットワーク・エコノミックス』日本評論社.

Asian Development Bank (ADB) 2011. *Key Indicators*. Manila.

Carvalho, A. 2003. Nikkei Communities in Japan. In Roger Goodman, Ceri Peach, Ayumu Takenaka and Paul white eds. *Global Japan*. London: Routledge Curzon. 195-208.

Crocombe, R. 2001. *The South Pacific*. Suva: University of the South Pacific.

Crocombe、*op.cit.* 661.

Crocombe, *op.cit.* 259.

Economides, N. 1994. The Economics of Network. *International Journal of Industrial Organization*. 14: 651-662.

Fujita, M. Krugman, P. & Venables, A. 1999. *Spatial Economy: Cities, Regions, and International Trade*. Cambridge: MIT Press.

Higa, C. 2002. *The SCS/PEACESAT Integration Project: Bridging Satellite Networks and Evaluating Shared Program Areas Between Japan and the Pacific Islands*. A Study Report of the Open University of Japan, 1-132.

Hugo, C. 2004. *Circular Migration: Keeping Development Rolling?* Washington, D.C: Migration Policy Institute, 1-5.

Jayaraman、T.K. 2003. Is There a Case for a Single Currency for the South Pacific Islands? *Pacific Economic Bulletin* 18: 41-53.

Kakazu, H. and Oshiro H. 1994. Networking of Island Communities—The Case of the Ryukyu Island—. Paper presented at the First International Small Islands Studies Association. Naha, Okinawa: June 22-26, 1-34.

Kakazu, H. Thant, M. and Tang, M. eds. 1994. *Growth Triangles in Asia: A New Approach to Regional Economic Cooperation*. Hong Kong: Oxford University Press.

Kakazu, H. 2003. Networking Pacific Island Economy. Keynote Speech at the World Summit on Information Society (WSIS) Side Event. Tokyo: United Nations University. January 12: 1-12.

Kakazu, H. 2009. *Island Sustainability: Challenges and Opportunities for the Pacific Islands in a Globalized World. Victoria*, Canada: Trafford Publishing. Chapter 3.

Kakazu, H. 2012. *Okinawa in the Asia Pacific*. Naha: The Okinawa Times.

Kakazu, H. 2015a. A Growth Triangle (GT) Approach to Asian Regional Economic Integration: A Case Study of Taiwan-Okinawa-Kyushu Growth Triangle. *IAM e-Magazine* (Tokyo), 5: 1-29.

Kakazu, H. 2015b. Okinawa and Taiwan": Island-To-Island Networking. Paper presented at the National Development Council (NDC) of the Republic of China, April 16: 1-23.

Kakazu, H. 2016. *Okinawa: Japan's Front-runner in the Asia Pacific*. Indianapolis: Dog Ear

注および参考文献　　*311*

Publishing.

Kakazu, H. 2018. Island Sustainability and Inclusive Development—The Case of Okinawa (Ryukyu) Islands. A Keynote Lecture at the International Conference on 'Island Sustainability'—Case Studies － (August 8). Mokpo, Republic of Korea. (Forthcoming from *Journal of Marine and Island Cultures*).

Noris, P. 200. *Digital Divide: Civic Engagement, Information Poverty, and the Internet Worldwide*. Cambridge University Press.

PIDO (Pacific Island Digital Opportunity Research Committee) 2004. *A Report of Pacific Island Digital Opportunity: Towards Paradigm Shift of Pacific Islands*. Tokyo: Sasakawa Pacific Islands Nations Fund.

Prasad, S.N. 2004. Escaping Regulation, Escaping Convention: Development strategies in Small Economies. *World Economics*. 5: 41-65.

Samuelson, P.A. & W.D. Nordhaus 2001. *Economics*. New York: McGraw-Hill. Seventeenth edition.

Scalapino, R. 1992. The United States and Asia: Future Prospects. *Foreign Affairs*. Winter, 19-40.

UNEP 2009. Blue Carbon: *The Role of Healthy Oceans in Binding Carbon*. Nairobi: United Nations.

第6章

赤嶺 守 2004 年.『琉球王国 - 東アジアのコーナーストーン』講談社選書メチエ.

伊波普猷 1939 年.『日本文化の南漸』楽浪書院.

伊波普猷 2000 年.「Ｐ音考」, 伊波普猷・外間守善校訂『古琉球』375-386. 岩波文庫. 初版（1911 年）.

石塚道子編 1991 年.『カリブ海世界』世界思想社.

稲村賢敷 1980 年.『琉球諸島における倭寇史跡の研究』吉川弘文堂.

梅田英春 2003 年.「ローカル、グローバル、もしくは「ちゃんぷるー」―沖縄観光における文化の多様性とその真正性をめぐる論議」. 橋本和也・佐藤幸男編著『観光開発と文化 ― 南からの問いかけ ―』83-111. 世界思想社.

梅村哲夫 2006 年.「国際観光と島嶼国の経済成長に関する情報分析」.『島嶼科学』12 月号：47-64.

上勢頭亨 1976 年.『竹富島誌 民話・民俗篇』法政大学出版局.

上原直彦 2014 年.『琉歌百景 ― 綾なす言葉たち』ボーダーインク.

遠藤泰生・木村秀雄編 2002 年.『クレオールのかたち：カリブ地域文化研究』東京大学出版会.

岡本太郎 2002 年.『新版 沖縄文化論 ― 忘れられた日本 ―』中公叢書.

大城立裕 1972 年.『内なる沖縄 ― その心と文化』読売新聞社.

大田昌秀 1996 年.『平和の礎』岩波新書.

大田昌秀 1980 年.『沖縄人とは何か』グリーン・ライフ社.

嘉数啓　2017 年.『島嶼学への誘い ― 沖縄からみる「島」の社会経済学』岩波書店.

嘉数啓編著 2014 年.『数量観光産業分析 ― 観光学の新たな地平』琉球書房.

嘉手川学 2001 年.『沖縄チャンプルー事典』山と渓谷社.

鏡味治也 2000 年.『政策文化の人類学』世界思想社.

亀井秀一 1990 年.『竹富島の歴史と民俗』角川書店.

狩俣恵一 2004 年.『竹富島文庫Ⅰ・種子取祭』瑞木書房.

川喜多二郎 1970 年.『続発想法 - KJ 法の展開と応用』中公新書.

小泉文夫 1985 年.『小泉文夫民族音楽の世界』日本放送出版協会.

小玉正任 1999 年.『石敢當』琉球新報社.

崎原恒新 1989 年.『沖縄の年中行事』沖縄出版.

崎山毅 1970 年.『蟷螂の斧 ― 竹富島の真髄を求めて ―』錦友堂写植.

312

司馬遼太郎 1975 年.『沖縄先島の道 — 街道をゆく（6）』朝日新聞出版.

篠原喜彦・荒俣宏 1994 年.『楽園考古学』平凡社.

首里城公園 HP 2016 年.（ttp://oki-park.jp/shurijo/ 最終閲覧日：2016 年 6 月 10 日）.

全国竹富文化協会（編）1998 年.『芸能の原風景：沖縄県竹富島の種子取祭台本集』瑞木書房.

高良倉吉 1998 年.『アジアの中の琉球王国』吉川弘文館.

谷沢明 2011 年.「祭りをとおしてみる地域社会〜事例研究：〜沖縄県竹富島の種子取祭〜 (PDF)」. 愛知淑徳大学現代社会研究科研究報告 6: 1-20.

田里友哲・仲松弥秀・中山満・石川友紀・石井孝行 1974 年.「沖縄の土地利用と買占めの実態」.『沖縄の土地利用に関する研究』財団法人日本地域開発センター :15-35.

田名真之 1992 年.「久米村家譜と久米村」.『沖縄近世史の諸相』ひるぎ社.

渡名喜明 1986 年.『沖縄の文化－美術工芸の周辺から —』那覇：ひるぎ社　沖縄文庫.

長峯晴夫 1985 年.『第三世界の地域開発 — その思想と方法』名古屋大学出版会.

永野由紀子 2007 年.「インドネシア・バリ島におけるグローバル・ツーリズム下での移住者の増加と伝統的生活様式の解体 — デンパサール近郊プモガン村の事例 —」.『山形大学紀要（社会科学）』37(2):161-208.

日本観光文化協会 2017 年.（http://www.jtcc.jp/, 最終閲覧日：2017 年 3 月 15 日閲覧）.

橋本和也 2003 年.「観光開発と文化研究」. 橋本和也・佐藤幸男編『観光開発と文化 — 南からの問いかけ —』54-82. 世界思想社.

比嘉正範 1983 年.「沖縄の外来語」.『月間言語』12(4): 76-82.

比嘉政夫 2003 年.『沖縄からアジアがみえる』岩波ジュニア新書.

比嘉政夫 2010 年.『沖縄の親族・信仰・祭祀 — 社会人類学の視座から』榕樹書林（球弧叢書 22）.

比嘉佑典 2003 年.『沖縄チャンプルー文化創造論』ゆい出版.

東恩納寛淳 1980 年.『東恩納寛淳全集』8: 第一書房.

平田オリザ 2001 年.『芸術立国論』集英社新書.

森田真也 2003 年.「観光客にとっての祭礼、地域にとっての祭礼 — 沖縄竹富島の種取祭から」. 岩本通弥編著『現代民俗学の地平 3 記憶』179-203. 朝倉書店.

山内盛彬 1959 年.『琉球の音楽芸能史』民俗芸能全集刊行会.

山下晋司 1999 年.『バリ　観光人類学のレッスン』東京大学出版会.

山口昌男 1975 年.『文化の両義性』岩波書店.

吉田竹也 2004 年.『バリ宗教と人類学 — 解釈学的認識の冒険』風媒社.

吉田竹也 2013 年.『反楽園観光論 — バリと沖縄の島嶼をめぐるメモワール』人間社　樹林舎叢書.

吉田竹也 2016 年.「楽園観光地の構造的特徴」.『島嶼研究』17(1):1-19.

柳田國男 1970 年.『海南小記』グーテンベルク 21. 角川書店（1956 年）.

渡邊ům雄 1993 年.『世界のなかの沖縄文化』沖縄タイムス社.

外間守善 1986 年.『沖縄の歴史と文化』中公新書.

外間守善 2000 年.『沖縄の言葉と歴史』中公新書.

Benedict, R. 1946. *The Chrysanthemum and the Sword: Patterns of Japanese Culture*. Boston: Houghton Mifflin Co. 長谷川松治訳 2005 年.『菊と刀』講談社学術文庫.

Cliford, J. 1988. The Predicament of Culture: Twentieth-Century Ethnography, Literature, and Art. Cambridge: Harvard University Press. 太田好信他訳 2003 年.『文化の窮状 — 二十世紀の民族誌，文学，芸術』人文書院.

Coser, L. A. 1956. *The Functions of Social Conflict*. London: Routledge & Kegan Paul.

Greg, R. G. 2007. *Cultural Tourism: Global and Local Perspectives.* New York: Psychology Press.

Gunson, N. ed. 1978. *The Role of Beachcombers in the Caroline Islands.* Milbourn: Oxford University Press.

Field, N. 1991. *In the Realm of a Dying Emperor: Japan at Century's End*. New York: Vintage Book.

注および参考文献 *313*

Hamamoto, D. 2006. Soft Colonialism: A Nikkei Perspective on Contemporary Okinawa. *The Okinawan Journal of American Studies*. 3: 28-34.

ICON Group 2008. *Seafarers: Webster's Quotations, Facts and Phrases*. Las Vegas: *ICON Group International*.

Jafari, J. 1989. Sociocultural Dimensions of Tourism: An English Language Literature Review. In *Tourism as a Factor of Change: A Social Cultural Study*, ed. J. Bystrzanowski, 17-60. Vienna: International Social Science Council European Coordination Centre for Research and Documentation in Social Sciences.

Jafari, J. 1996. Tourism and Culture: An Inquiry into Paradoxes. *UNESCO Conference on Culture, Tourism, and Development: Crucial Issues for the XXI Century*. 26-27. Paris.

Kakazu, H. 1994. *Sustainable Development of Small Island Economies*. Boulder: Westview Press. 228.

Kakazu, H. 1996. *Tourism Development in Indonesia with particular Emphasis on the Yogyakarta Region*. Nagoya University, GSID. 1-35.

Kakazu, H. 2000. The Challenge for Okinawa: Thriving Locally in a Globalized Economy. Naha: Okinawa Development Finance Corporation.

Kakazu, H. 2006. Okinawa: *Champuru* Culture and Its Prospects. Hong Kong Colloquium on the Small Island Cultures Research Initiative. University of Hong Kong. November 30-December 1. 1-21.

Kakazu, H. 2007. Social Carrying Capacity for Island Tourism. A paper presented at the Inaugural Meeting of the IGU Commission on Island Geographies. 29-November 3. Taipei: 1-12.

Kakazu, H. 2008. Social Carrying Capacity for Sustainable Island Tourism: The Case of Okinawa. *The Journal of Island Studies*. 7: 53-85.

Kakazu, H. 2009. *Island Sustainability: Challenges and Opportunities for the Pacific Islands in a Globalized World*. Victoria, Canada: Trafford Publishing.

Kakazu, H. 2011. Challenges for Sustainable Tourism: The Case of Okinawa. In J. Carlsen and Butler, R. eds. *Island Tourism Development: Journeys to Sustainability*. London: CABI Publication: 171-185.

Kakazu, H. 2016. *Champuru* Culture and Cultural Tourism. A Keynote Speech at the 12th International Small Islands Cultures Conference (ISIC 12). Naha, Japan. 16-20 June. 1-24.

Kakazu, H. 2017. *Okinawa: Japan's Front-Runner in the Asia-Pacific— Thriving Locally in a Globalized World*. Indianapolis: Dog Ear Publishing.

Kerr, G.H. 2000. *Okinawa: The History of an Island People*. Revised Edition. Boston: Tuttle Publishing.

Kreiner, J. ed. 2001. *Ryukyu in World History*. Bonn: Bier'sche Verlagsanstalt.

Kuznets, S.1965. *Modern Economic Growth and Structure*. New York: Norton.

Lebra, W. 1966. *Okinawan Religion: Belief, Ritual, and Social Structure*. Honolulu: University of Hawaii Press.

McElory, J. L. Small Island Tourist Economies across the Lifecycle. *Asia Pacific Viewpoint*.47(1): 61-77.

Mckean, P. F. 1977. Towards a Theoretical Analysis of Tourism: Economic Dualism and Cultural Involution in Bali. In V. L. Smith ed. *Hosts and Guests: The Anthropology of Tourist*. 93-107. Philadelphia: University of Pennsylvania Press.

McKercher, B. and Du Cros, H. 2002. *Cultural Tourism: The Partnership Between Tourism and Cultural Heritage Management*. Philadelphia: Haworth Hospitality Press.

Menton, L. and Tamura, E. 1999. *A History of Hawaii*. Honolulu: University of Hawaii Press.

Shigematsu, M. S. 2002. *Amerasian Children: An Unknown Minority Problem*. Tokyo: Shueisha.

Picard, M. 1983. *Community Participation in Tourist Activity on the Island of Bali: Environment, Ideologies and Practices*, Paris: UNESCO/UREST-CNRRS.

Redfield, R., Linton, R. and Herskovits, M. J. 1936. Memorandum for the Study of Acculturation. *American Anthropologist*. New Series. 38(1): 149-152.

Reisinger, Y. 2009. *International Tourism: Cultures and Behavior*. Oxford: Elsevier.

Schouten, F. 1996. Tourism and Cultural Change. *UNESCO Conference on Culture, Tourism, and Development: Crucial Issues for the XXI Century*. 26-27. Paris.

Smiths, G. 1999. *Visions of Ryukyu: Identity and Ideology in Early-Modern Thought and Politics*. Honolulu: University of Hawaii Press.

Smith, M. K. 2003. *Issues in Cultural Tourism Studies*. New York: Psychology Press.

Smith, M. K. and Robinson, M. eds. 2006. *Cultural Tourism in a Changing World: Politics, Participation and (re)presentation*. Bristol: Channel View Publications.

Suzuki, M. 2003. *Empowering Minority Youth in Japan: The Challenge of the Amerasian School in Okinawa*. School of Education, Stanford: Stanford University, Monograph. 1-77.

Taylor E. B. 1871. *Primitive Culture: Researches into the Development of Mythology, Philosophy, Religion, Art, and Custom*. London: J. Murray. (比屋根安定訳『原始文化』誠信書房 1962 年). 比屋根安定は先祖が沖縄首里出身の宗教学者.

Umemura, T. 2015. Tourism Development and the Roles of the Culture in Okinawa ― Discussion on World Heritage and Its Effect ―. A Paper presented at the 3rd Asia-Pacific Ocean & Culture Conference. November 6, 2015. Seoul, Republic of Korea.1-18.

UNESCO 1996. *Culture, Tourism, and Development: Crucial Issues for the XXI Century*. Paris: 1-31.

World Tourism Organization 2008. *Measuring tourism: The UN-TSA approach vs the WTTC approach. Report prepared by the Department of Statistics and Tourism Satellite Account (TSA)*. Madrid.

UNESCO. 2002. *Universal Declaration on Cultural Diversity*. Paris.

Vickers A. 1989. *Bali: A Paradise Created*. Australia: Penguin Books（中谷文美訳『演出された「楽園」』2000 年 新曜社).

Yamamoto, N. 2004. A Study of the Ethnicity of Young Okinawans in Hawai'i. A paper presented at the ISLANDS of the WORLD VIII Conference, 1-7 November 2004, Kinmen Island (Quemoy), Taiwan.

Yang, J., Ryan, C. and Zhang, L. 2013. Social Conflict in Communities Impacted by Tourism. *Tourism Management*. 35: 82-93.

第 7 章

新崎盛暉 2012 年.「沖縄は、東アジアにおける平和の「触媒」となりうるか」.『現代思想』「特集　尖閣・竹島・北方領土」40-17:148-157. 本特集には、中国側研究者の論考も紹介されている.

石渡利康 1992 年.『オーランド島 ― 自治と中立』高文堂出版社.

井上清 1972 年.『「尖閣」列島 ― 釣魚諸島の史的解明』現代評論社.

池内敏 2012 年.『竹島問題とは何か』名古屋大学出版会.

岩下明裕 2003 年.『中・ロ国境 4000 キロ』角川選書.

岩下明裕 2006 年.「中ロ国境問題はいかに解決されたか ― 北方領土への教訓」. 岩下明裕編著 2010 年.『国境・誰がこの線を引いたのか ― 日本とユーラシア』第 7 章, 161-190. 北海道大学出版会.

岩下明裕 2013 年.『北方領土・竹島・尖閣、これが解決策』朝日新聞出版.

浦野起央 2015 年.『南シナ海の領土問題【分析・資料・文献】』三和書籍.

沖縄タイムス「尖閣」取材班編 2014 年.『波よ鎮まれ　尖閣への視座』旬報社.

尾崎重義 1972 年.「尖閣諸島の帰属について（上）」.『レファレンス』国立国会図書館調査及び立法
　　考査局 22-8:30-40.

外務省 HP 2010 年.　海の法秩序と国際海洋法裁判所「わかる！国際情勢」61.（http://www.mofa.go.jp/
　　mofaj/press/pr/wakaru/topics/vol61/index.html#mm05、最終閲覧日：2015 年 6 月 15 日）.

外務省 HP 2017 年.　日本の領土をめぐる情勢（http://www.mofa.go.jp/mofaj/territory/index.html、最終閲
　　覧日：2017 年 10 月 4 日）.

奥原敏雄 1978 年.「尖閣列島領有権の根拠」.『中央公論』97-7：66-76.

海洋政策研究財団 2013 年.『海洋白書』第 2 章.

嘉数啓 1995 年.『国境を超えるアジア　成長の三角地帯』東洋経済新報社.

嘉数啓 2014 年.「島嶼学ことはじめ（一）— 島の定義・アプローチ・分類 —」.『島嶼研究』15: 95-
　　114.

酒井啓子 2012 年 10 月 18 日（木）Newsweek（日本版）.

産経新聞 2010 年 5 月 16 日.

島田征夫 2017 年.「イスラーム諸国の海域紛争について」.『島嶼研究ジャーナル』6(2): 66-71.

下條正男 2004 年.『竹島は日韓どちらのものか』文春新書.

朱建栄 2012 年.「中国側からみた「尖閣問題」」.『世界』836-11,103-111.

杉原高嶺・水上千之・臼杵知史・吉井淳・加藤信行・高田映 2008 年.『現代国際法講義』有斐閣.

尖閣諸島文献資料編纂会編（新納義馬会長）2010 年.『尖閣研究　尖閣諸島の自然・開発利用の歴史
　　と情報に関する調査報告 — 沖縄県における地域振興・島おこしの一助として —』沖縄県対米請
　　求権事業協会・助成シリーズ、42:77.

尖閣諸島文献資料編纂会 2014 年.『尖閣研究　尖閣諸島海域の漁業に関する調査報告 — 沖縄県の漁業
　　関係者に対する聞き取り調査』国際印刷. 尖閣諸島海域での漁業や島の調査に従事した関係者の
　　聞き取り調査と文献を整理した貴重な資料である.

孫歌 2002 年.「眼前に迫る沖縄民衆の姿」.『現代思想』「特集　尖閣・竹島・北方領土」 40-17.

孫崎亨 2012 年.『検証　尖閣問題』岩波書店.　本書は尖閣諸島の日本政府による国有化直後に書かれ
　　たもので、孫崎の「棚上げ論」に対して、中国、国際法、領土問題の専門家との討議も収録して
　　参考になる.

宮地英敏 2017 年.「沖縄石油資源開発株式会社の構想と挫折 — 尖閣諸島沖での油田開発が最も実現に
　　近づいた時 —」.『経済学研究』84-1: 35-36.

高良鉄夫 1954 年.「尖閣諸島の動物相について」.『琉球大学農学部学術報告』1: 1-12.

高良鉄夫 1977 年.『自然との対話』琉球新報社.

日本経済新聞 2016 年 7 月 13 日朝刊.

長谷川秀樹 2002 年.「オーランド諸島の自治権とその将来」.『島嶼研究』3: 105-114.

原貴美恵 2010 年.「北方領土問題解決試案 — 北欧のオーランド・モデルから」. 岩下明裕編著『日本
　　の国境・いかにこの「呪縛」を解くか』93-113. 北海道大学出版会.

原田禹雄 2006 年.『尖閣諸島 — 冊封使録記録を読む』榕樹書林.

堀拔功二 2010 年.「湾岸諸国における国境と国家の存立構造 —UAE の国境問題の展開を事例に —」.
　　日本国際政治学会編『国際政治』162: 56-69.

堀元美 1983 年.『海戦 フォークランド―現代の海洋戦―』原書房.

緑間栄 1984 年.『尖閣列島』ひるぎ社.

山本草二 2003 年.『国際法【新版】』有斐閣.

村田良平 2001 年.『海洋をめぐる世界と日本』成山堂書店. 245-322.

村井章介・佐藤信・吉田信之 1997 年.『境界の日本史』山川出版社.

山本草二 2003 年.『国際法【新版】』有斐閣.

琉球新報・山陰中央新報 2015 年.『環りの海　竹島と尖閣 — 国境地域からの問い』岩波書店.

琉球新報 1908 年 5 月 13 日.

Baldacchino, G. ed. 2017. *Solution Protocols to Festering Island Disputes: 'Win-Win' Solutions for the Diaoyu / Senkaku Islands*. London: Routledge.

Campbell, C. *et al*. May 2013. "China's 'Core Interests' and the East China Sea. *China Economic and Security Review Commission. Staff Research Backgrounder*: Washington, D.C. 1-7.

Courmont, Barthélémy. August 2015. Diplomacy and Opportunism: Taiwan's position on the Diaoyu/Senkaku Dispute. A draft paper presented at the Meeting of MOFA Taiwan Fellowship Scholars. Taiwan Central Library. 1-12.

Drifte, R. July 2014. The Japan-China Confrontation over the Senkaku/Diaoyu Islands-Between "shelving" and "dispute escalation. *The Asia-Pacific Journal*. 12-3.

Economist. March 30, 2016.

Eldridge, R.D. 2014. *The Origins of U.S. Policy in the East China Sea Islands Dispute: Okinawa's Reversion and the Senkaku Islands*. New York: Routledge.

Gregory, D. *et al*. eds. 2009. *The Dictionary of Human Geography*. New Jersey: Wiley-Blackwell

Harari, Y.N. 2015. *Sapiens: A Brief History of Humankind*. London: Vintage（柴田裕之訳 2016 年『サピエンス全史文明の構造と人類の幸福（上下）』河出書房新社）.

Hayton, B. 2014. *The South China Sea: The Struggle for Power in Asia*. Yale University Press.

Johnston, R.J. *et al*. eds. 1994. *The Dictionary of Human Geography*, 3rd ed. Oxford: Basil Blackwell.

Kakazu, H. 1995. *Trade and Economic Cooperation of the Regions Along the New European Continental Bridge*. A paper presented at the International Symposium of Economic Development of the Regions Along the New Eurasian Continental Bridge. Beijing, May 7-9. 筆者が名古屋大学国際開発研究科在籍中に、「環日本海経済圏」構想について中国国務院主宰の会議で発表した論考である。「一帯一路」構想と大きく異なる論点は、そのスタート地点が日本だったことである。

Kakazu, H. March 2016. An Island Approach to the Territorial Disputes over the Senkaku/Diaoyu/Tiaoyutai Islands. *World Environment and Island Studies*. 6: 21-33.

Ma, Ying-jeou. 1984. *Legal Problems of Seabed Boundary Delimitation in the East China Sea*. Baltimore, MD: Occasional Papers/Reprints Series in Contemporary Asian Studies, School of Law, University of Maryland.

Ministry of Foreign Affairs of the Republic of China. 2012. East China Sea Peace Initiative Implementation Guidelines. (http://www.mofa.gov.tw/EnOfficial/Topics/TopicsArticleDetail/9d66bed6-16fa-4585-bc7c-c0845f2dfc39 最終閲覧日：2015 年 6 月 20 日).

Ministry of Foreign Affairs of the Republic of China. 2013. The Taiwan-Japan Fisheries Agreement-Embodying the Ideals and Spirit of the East China Sea Peace Initiative (http://www.mofa.gov.tw/en/default.html 最終閲覧日：2015 年 6 月 20 日).

Ratner, E. July/August 2017. Course Correction: How to Stop China's Maritime Advance. *Foreign Affairs*. 64-72.

Rhode, G. Summer 2016. Taiwan's 'Shelving and Sharing' Approach to Maritime Diplomacy: The Taiwan-Japan Fisheries Agreement and Implementation 2013-2015. *Institute for Advanced Studies in Humanities and Social Sciences Newsletter*. National Taiwan University. Rhode 博士はボストン大学の教授で、2015 年度台湾政府学術フェローとして台湾大学に在籍し、同年度のフェローだった私と濃密な交流があった。尖閣諸島海域における日台漁業交渉の経緯について台湾及び沖縄本島・八重山の漁業者をインタビューしてまとめたのが本論文である。

Royle, S.A. 2001. *A Geography of Islands: Small Island Insularity*. London: Routledge.（中俣

均訳 2018 年.『島の地理学 小さな島々の島嶼性』法政大学出版局).

Scalapino, R. Winter 1992. The United States and Asia: Future Prospects. *Foreign Affairs*. 19-40.

Shaw, Han-yi. 1999. *The Diaoyutai/Senkaku Islands dispute: its history and an analysis of the ownership claims of the P.R.C., R.O.C., and Japan.* Baltimore: University of Maryland School of Law. 64-68.

Smith, A. 1925(初版は1776).　*The Wealth of Nations*. London: Methuen & Co. Ltd., 4th ed.（大内兵衛・松川七郎訳 1982 年.『諸国民の富』岩波文庫).

Straits Times. February 3, 2017.

Sunday Times. 1982. *War in the Falklands: The Full Story*. New York: Harper Collins（宮崎正雄訳 1983 年『フォークランド戦争―"鉄の女"の誤算―』原書房).

Taylor, F. 2010. Explaining Stability in the Senkaku (Diaoyu) Islands Dispute. In *Getting the Triangles Straight*, eds. Cutis G., Kokubun R. and Wang, J. 145-167. Tokyo: Japan Center for International Exchange (JCIE).

Ward, J.D.T. June 28, 2017. The Emerging Geopolitics of the Indian Ocean Region. *Asia Pacific Bulletin* 386:1

Wiegand, K. E. Winter 2012. Bahrain, Qatar, and the Hawar Islands: Resolution of a Gulf Territorial Dispute. *Middle East Journal*. 66-1

第8章

『朝日新聞』（2018 年 5 月 15 日 朝刊).　中国、南太平洋で援助攻勢.

石川友紀 1968 年.「沖縄出移民の歴史とその要因の考察」.『歴史学研究』103：11-30.

池間栄三 1959 年.『与那国の歴史』（自費出版).

今井圭子 2008 年.「ミニ・ステートにおける集団的自立の模索 — 域内経済協力に関する南太平洋地域とカリブ地域の比較 —」.　西野照太郎・三輪公忠編『オセアニア島嶼国と大国』273-304. 彩流社.

太田昌秀・新川明・稲嶺惠一・新崎盛暉 2013 年.『沖縄の自立と日本「復帰」40 年の問いかけ』岩波書店.

小柏葉子 2013 年.「太平洋島嶼地域における国際秩序の変容」菅谷実編著『太平洋島嶼地域における情報通信政策と国際協力』17-30. 慶應義塾大学東アジア研究所叢書.

沖縄県 2012 年.『沖縄 21 世紀ビジョン基本計画（2012 年度〜 2021 年度)』.

沖縄県 2014 年.『沖縄県人口増加計画〜沖縄 21 世紀ビジョンゆがふしまづくり〜』.

沖縄県 2017 年 a. 離島関係資料.

沖縄県 2017 年 b. 沖縄県子どもの貧困実態調査結果概要について . (http://www.pref.okinawa.jp/site/kodomo/kodomomirai/kodomonohinkontyousa.html. 最終閲覧日：2018 年 3 月 30 日).「貧困率」は、厚生労働省「平成 25 年国民生活基礎調査」における貧困基準にもとづいて算出されている。つまり、世帯の収入から税金・社会保険料等を除いた「等価可処分所得＝手取り収入」(122 万円)を世帯人員の平方根で割って調整した所得の中央値の半分の額を物価指数で調整した値（126 万円）を貧困基準所得とし、等価世帯可処分所得がこの貧困基準より低い世帯を「相対的貧困」と定義した。 子供の貧困率は、子供全体に占める貧困世帯に属する子供の割合とした。データが利用可能な県内 8 自治体、県全体の子供の数で約 6 割をカバーしている。

沖縄県 2018 年.　八重山観光統計.

沖縄県こども総合研究所編著 2017 年.『沖縄子供の貧困白書』かもがわ出版.

沖縄朝日新聞 1927 年（昭和 2 年）10 月 13 日.「蘇鉄地獄の食料」.

『沖縄タイムス』（2018 年 5 月 19 日).「酒税軽減措置を要請」.

尾立要子 2003 年.「カナク人民の誕生：ニュー・カレドニア脱植民地化過程にみる共和主義の変容」.『島嶼研究』4: 77-97.

嘉数啓 1983 年 a.「プエルトリコの政治的地位と経済発展」.『アジア経済』24 (8): 48-62.

嘉数啓 1983 年 b.「沖縄経済自立への道」.『新沖縄文学』56: 2-53.
　本論考で種々の経済自立指標を作成した。マクロの経済自立度は通常、自前の供給（県内生産＝

生産力）が移輸入を含む総需要（県内消費需要＋県内投資需要＋県外需要）をどの程度賄っているかで算出される。式で表すと、1 －（移輸入／総需要）＝県内総生産／総需要となる。この式はまた、県内供給の「不足分＝移輸入」をどのような手段（資金源）で調達しているかを知る上でも意味がある。本式で算出した自立指標と本文で採用した自立指標とはほぼ同じ数値になっている。自立指標に使っている県民総生産の推計値は、復帰後幾度も改定され、時系列分析には工夫が必要である。現在の「県民経済計算」は 2001 年度（平成 13 年度）以後の推計値のみを掲載している。

嘉数啓 1985 年.「島しょ国際経済会議に出席して」.『沖縄タイムス』（7 月 29 日～ 31 日）.

嘉数啓 1986 年.「南太平洋島しょ地域の経済の自立化と国際協力」.『アジア研究』（別冊）1-20.

嘉数啓 1989 年.「相互依存と自立化 ― 島しょ経済の自立を求めて―」. 島袋邦・比嘉良光編『地域からの国際交流 ― アジア太平洋時代と沖縄 ―』65-86. 研文出版.

嘉数啓 1992 年.「位置の悲劇から位置の優位へ―復帰 20 年、そしてこれから―」.『世界』569: 217-225.

嘉数啓・吉田恒昭編著 1997 年.『アジア型開発の課題と展望』名古屋大学出版会.

嘉数啓 2002 年.「島嶼経済の自立をめぐる諸問題」.『島嶼研究』3: 1-16.

嘉数啓 2013 年 a.「ミクロネシア概要― グアム島の近況レポート―」. アジア近代化研究所『IAM アジア・レポート』1：63-71.

嘉数啓 2013 年 b.「沖縄：新たな挑戦―経済のグローバル化と地域の繁栄―」.『公庫レポート』128: 1-120.

嘉数啓編著 2014 年.『数量観光産業分析 ― 観光学の新たな地平 ―』琉球書房.

嘉数啓 2015 年.「島嶼学ことはじめ（二）― 島嶼経済社会の特性と可能性 ―」.『島嶼研究』16:79-100.

嘉数啓 2016 年.「島嶼学ことはじめ（三）」― 島嶼型持続可能発展モデルを求めて ―」.『島嶼研究』17-1:89-105.

嘉数啓 2017 年.『島嶼学への誘い ― 沖縄からみる「島」の社会経済学』岩波書店.

嘉数啓 2016 年.「南シナ海における領有権紛争をめぐる常設仲裁裁判決の波紋」.『AM アジア・レポート』18:40-50.

カワチイチロー・等々力秀美編 2013 年.『ソーシャルキャピタルと地域力 ― 沖縄から考える健康と長寿』日本評論社.

季刊リトケイ (ritokei) 2017 年 Winter, No.22.　有人離島の人口変動.

喜山壮一 2009 年.『奄美自立論―4 百年の失語を超えて ―』南方新社.

栗間泰男 2015 年.『沖縄の覚悟　基地・経済・"独立"』日本経済評論社.

黒沼善博 2013 年.「建設技術の複合による島嶼の総効用について ― 沖縄県宮古島圏域の地下ダム建設効果を例に ―」.『島嶼研究』13: 7-22.

黒沼善博 2018 年.「島嶼間の一体化が及ぼす定住効果 ― 効用理論による考察と沖縄・宮古島圏域の架橋化 ―」.『島嶼研究』19-2: 171-192.

経済企画庁調査局編 1950 年.『資料：経済白書 25 年』「はしがき」.

国土交通省 2006 年.『平成 17 年度小笠原諸島における経済構造及び自立化調査報告書』.

国土交通省 2013 年.『離島振興対策実施地域の振興を図るための基本方針』. (http://www.mlit.go.jp/kokudoseisaku/chirit/kokudoseisaku_chirit_fr_000004. 最終閲覧日：2018 年 4 月 10 日).

国土交通省 2016 年.『離島の暮らしの満足度調査』(http://www.mlit.go.jp/common/001122037.pdf. 最終閲覧日：2018 年 5 月 18 日).

国立社会保障・人口問題研究所 2017 年.　日本の地域別将来人口（平成 29 年推計）. (http://www.ipss.go.jp/pp-zenkoku/j/zenkoku2017/pp_zenkoku2017.asp. 最終閲覧日：2018 年 5 月 16 日).

新崎盛暉・比嘉政夫・家中茂編 2005 年.『地域の自立　シマの力（上）』沖縄大学地域研究所叢書 5.

若林敬子 2009 年.『沖縄の人口問題と社会的現実』東信堂.

島田慶次 2018 年.「分離独立できる制度を」.『朝日新聞』（9 月 20 日、朝刊）.

島袋純 2014 年.『沖縄振興体制を問う』法律文化社.

注および参考文献

サンドラ・タート 1999 年.「太平洋島嶼国と日本の漁業外交」. 小柏葉子編『太平洋島嶼と環境・資源』39-64. 国際書院.

佐藤幸男 1998 年.「近代世界システムと太平洋 ─ 島嶼国家の世界政治学序説 ─」. 佐藤幸男編『世界史の中の太平洋』13-68. 国際書院.

塩田光喜・黒崎岳大 2012 年.「浮上せよ！太平洋島嶼国 ─ 海洋の「陸地化」と太平洋諸島フォーラムの 21 世紀 ─」.『アジ研　ワールド・トレンド』198: 50. フィジーでは過去 20 年余に 4 回の無血クーデターが起きている。1987 年 5 月の軍事クーデターはシティベニ・ランブカ陸軍中佐の主導で起こり、フィジー共和国を宣言してイギリス連邦を離脱した。当時私は、アジア開発銀行 (ADB) の調査部エコノミストとして首都スバに偶然居合わせて政変を目撃する機会があった。2000 年 5 月のクーデターは文民クーデターであった。フィジーではインド系住民（約 44%）とフィジー系住民（約 50%）の民族間対立が続いており、過去の軍事クーデターは両住民の対立激化を鎮静化するという大義名分があったが、2006 年の軍事クーデターは、政府の先住民対策、腐敗、外交政策に対する軍の不満、軍内部での主導権争いなどが複雑にからんでおり、従来の対立構図では解明できない。

塩田光喜 1994 年.「ミクロネシア連邦の自立の過程」. 熊谷圭知・塩田光喜編『マタンギ・パシフィカ』311-342. アジア経済研究所.

総務省 2018 年.『平成 27 年度の行政投資実績』.
（http://www.soumu.go.jp/menu_news/s-news/01gyosei09_02000060.html. 最終閲覧日：2018 年 3 月 31 日）.

平恒次 1982 年.「沖縄経済の基本的不均衡と自立の困難」.『新沖縄文学』5: 56-65.

高橋明善 2001 年.『沖縄の基地移設と地域振興』日本経済評論社.

滝本佳史 2012 年.「八重山群島における人口変動と離島振興事業」. 杉本久未子・藤井和佐編著『変貌する沖縄離島社会 ─ 八重山にみる地域「自治」─』ナカニシア出版 168-175.

竹富町 2011 年. 竹富町海洋基本計画 ～日本最南端の町（ぱいぬ島々）から海洋の邦日本へ～ .(http://www.town.taketomi.lg.jp/ 最終閲覧日：2018 年 3 月 31 日）.「国境離島」をめぐる領土紛争や海洋資源の開発が激化するなか、領海保全と島民の生活支援をめざして「有人国境離島地域の保全及び特定有人国境離島地域に係る地域社会の維持に関する特別措置法（通称「離島保全法」）」(2016 年法律第 33 号）が議員立法で成立した。国境離島に指定されると、行政機関の設置、運賃助成、漁業支援、港湾、空港、道路などの整備、自衛隊の配備などに予算措置がなされる。現在離島振興法対象地域のうち、71 島が指定されている。詳しくは（https://www.kantei.go.jp/jp/singi/kaiyou/kokkyouritou/yuujin.html. 最終閲覧日：2018 年 4 月 10 日）。

竹田いさみ 1990 年.「オーストラリアの南太平洋関与と地域政策の展開」. 西野照太郎・三輪公忠編『オセアニア島嶼国と大国』彩流社 205-233.

等々力秀美 2017 年.「地域を巻き込む食育とヘルスプロモーション ─ 沖縄における食による長寿再生」.『一ツ橋ビジネスレビュー』8: 56-69. このアプローチは従来の生活習慣病予備軍のハイリスク集団をターゲットにした個別健康指導法と異なり、疾病リスクの少ない健常人大規模集団を対象にした種々の生体指標にもとづく健康増進戦略である。

富川盛武・百瀬恵夫 1999 年.『沖縄経済・産業自立化への道』白桃書房.

戸室健作 2016 年.「資料紹介：都道府県別の貧困率、ワーキングプア率、子どもの貧困率、捕捉率の検討」.『山形大学人文学部研究年報』13: 33-53.

長嶋俊介・伴場一昭・安達浩昭 2006 年.「島嶼における通信環境の条件不利性─行政・情報過疎相乗効果の克服─」.『島嶼研究』6: 83-128.

西川潤 2000 年.『人間のための経済学　開発と貧困を考える』岩波書店.

西原文雄 1983 年.「ソテツ地獄」. 沖縄タイムス社『沖縄大百科事典』(上) 630.

西野照太郎 1970 年.「アメリカのプエルト・リコ政策 ─ 沖縄の復帰準備手続に関する参考として ─」.『国立国会図書館レファレンス』234.

内閣府沖縄総合事務局 宮古伊良部農業水利事業所 2015 年.『宮古島における農業用水開発の歴史と農業水利施設の継承 ～地下ダムで潤う宮古島農業～』. (file:///C:/Users/User/Desktop/ 宮古水利事業 . 最終閲覧日：2018 年 3 月 28 日）.

内閣府 2017 年.『国における子供の貧困対策の取組について』. (http://www8.cao.go.jp/kodomonohinkon/forum/pdf/h29_ykhm/s1.pdf. 最終閲覧日：2018 年 5 月 25 日）.

320

内閣府海洋政策本部 2018 年.『「海洋基本法」及び「海洋基本計画」』.（https://www.kantei.go.jp/jp/singi/kaiyou/. 最終閲覧日：2018 年 3 月 31 日）.

野村総合研究所 2007.『駐留軍用地跡地利用に伴う経済波及効果等検討調査報告書』沖縄県.

北海道未来総合研究所編 1980 年.『北海道開発の新視点：自立経済への挑戦』日本経済新聞社.

前畑明美 2014 年.『沖縄島嶼の架橋化と社会変容 ― 島嶼コミュニティの現代的変質』御茶の水書房.

三木 健 1991 年.『原郷の島々 ― 沖縄南洋移民紀行 ―』ひるぎ社.

皆村武一 2003 年.『戦後奄美経済社会論 ― 開発と自立のジレンマ ―』日本経済評論社.

宮内久光 2010 年.「近代期における南西諸島の離島地域の人口変動」. 平岡昭利編著『離島研究Ⅳ』海青社 9-29.

宮里政玄・新崎盛暉・我部政明編著 2009 年.『沖縄「自立」への道を求めて－基地・経済・自治の視点から』高文研.

森口満・安渓貴子 2009 年.『聞き書き・島の生活誌（2）ソテツは恩人　奄美のくらし』ボーダーインク.

森嶋道夫 1994 年.『思想としての近代経済学』岩波書店（岩波新書）.

森田桐郎 1972 年.『南北問題』日本評論社.

矢内原忠雄 1935 年.『南洋群島の研究』岩波書店.

山田誠編著 2005 年.『奄美の多層圏域と離島政策 ― 島嶼市町村分析のフレームワーク ―』九州大学出版会.

琉球新報 2016 年 1 月 5 日. 子の貧困率沖縄 37％.

若井康彦 1983 年.『島の未来史』ひるぎ社.

Baldacchino, G. 2006. Managing the Hinterland Beyond: Two, Ideal-type Stratgies of Economic Development for Small Islaned Territories. *Pacific Viewpoint*. 47: 45-60.

Bertram, G. and Watters, R. 1985. The MIRAB Economy in South Pacific Microstates. *Pacific Viewpoint*. 26: 214-22.

Bertram, G. and Poirine, B. 2007. Island Political Economy. In G. Baldacchino, ed. *A World of Islands*. Institute of Island Studies, University of Prince Edward Island Press: 325-427.

Brant, P. 2013. Chinese Aid in the South Pacific: Linked to Resources? *Asian Studies Review*. 31 May 2013.

Brookfield, H.C. 1972. Colonialism, Development and Independence: *The Case of the Melanesian Islands in the South Pacific*. Cambridge University Press.

Carlyle, T. 1853. *Occasional Discourse on the Nigger Question.* London: Thomas Bosworth.

Carrión, A.M. 1984. *Puerto Rico: A Political and Cultural History*. New York: W. W. Norton & Company.

Cooper, R.N. 1968. *The Economics of Independence.* New York: Columbia University Press.

Crocombe, R. 1981. Power, Politics and Rural People. In *The Road Out: Rural Development in Solomon Islands*. Suva: University of South Pacific.

Crocombe, R. 2001. *The South Pacific.* Suva: University of the South Pacific.

Diamond J. and Robinson J.A. eds. 2010. *Natural Experiments of History.* Cambridge: The Belknap Press of Harvard University Press.（小坂理恵訳『歴史は実験できるのか―自然実験が解き明かす人類史―』慶応義塾大学出版会）第 4 章）.

Emmot, B. 1999. Survey: The 20th Century. *The Economist*. September 11th - 17th : 1-62.

Fairbairn T.I.J. 1985. *Island Economies: Studies from the South Pacific. Suva*: University of South Pacific.

Forbes, K.A. 2018. Bermuda's History from 2008 to 2010: Significant events that made the news in the three years shown above. (ttp://www.bermuda-online.org/history2008to2010.htm. 最終閲覧日：2018 年 4 月 11 日）.

Gilpin, R. 1987. *The Policital Economy of International Relations*. Princeton, New Jerseuy: Princeton University Press.

Hughes, T. 1983. Independecne on Sale. In *Foreign Forces in Pacific Politics. Suba*: University of South Pacific.

Kakazu, H. 1991. The Economy of the Commonwealth of the Northern Mariana Islands: Its

Structure, Absorptive Capacity and Diversification. *Bulletin of Sohei Nakayama IUJ Asia Development Research Programm* 3: 1-35.

Kakazu, H. 1994. *Sustainable Development of Small Island Economies*. Boulder: Westview Press.

Kakazu, H. *et al.* eds. 1994. *Growth Triangles in Asia: A New Approach to Regional Economic Cooperation.* Hong Kong: Oxford University Press.

Kakazu, H. 2012a. *Okinawa in the Asia Pacific*. Naha: The Okinawa Times.

Kakazu, H. 2012b. *Island Sustainability: Challenges and Opportunities for the Pacific Islands in a Globalized World*. U.S.A & Canada: Trafford Publishing.

Kakazu, H. 2018. Island Sustainability and Inclusive Development—The Case of Okinawa (Ryukyu) Islands. A Keynote Lecture at the International Conference on 'Island Sustainability'—Case Studies － (August 8). Mokpo, Republic of Korea. (Forthcoming from *Journal of Marine and Island Cultures*).

Kanter, R. M. 1995. Thriving Locally in the Global Economy." *Harvard Business Review.* September-October 151-160.

Malthus, T. R.1798. *An Essay on the Principle of Population, as it Affects the Future Improvement of Society, with Remarks on the Speculations of Mr. Godwin, M. Condorcet, and other Writers*. London: J. Johnson. (高野岩三郎・大内兵衛訳『初版 人口の原理』岩波文庫. 1962 年).

Mann, C. C. 2011. 1493: *Uncovering the New World Columbus Created.* Toronto: Random House of Canada.

Mark, S.M. 1983. *Agricultural Development of Small, Isolated Tropical Economies: The American-Affiliated Pacific Islands*. Hawaii Institute of Tropical Agricultural and Human Resources. Honolulu: University of Hawaii.

Meadows, D.H. *et al.* 1972. *The Limits to Growth*. Connecticut: Universe Books (D.H. メドウズ『成長の限界—ローマ・クラブ「人類の危機」レポート』ダイヤモンド社. 1972 年).

Myrdal, G. 1968. *Asian Drama: An Inquiry into the Poverty of Nations*. New York: Pantheon.

OECD 2015. Small Island Developing States (SIDS) and the Post-2015 Development Finance Agenda. (https://www.oecd.org/dac/financing-sustainable-development/Addis%20 Flyer%20SIDS%20FINAL. 最終閲覧日：2018 年 4 月 10 日).

Piketty, T. 2013. *Le Capital au XXIe siecle*. Paris: Seuil. (山形浩生・他訳『21 世紀の資本』みみず書房. 2014 年).

Ricardo, D. 1817. *Principles of Political Economy and Taxation*. (小泉信三訳『政治経済学および課税の原理』岩波文庫. 1928 年).

Sheahen, A. 2012. *Basic Income Guarantee: Your Right to Economic Security.* London: Palgrave Macmillan.

The Scottish Government 2013. *Scotland's Future 2013: Your Guide to an Independent Scotland*. (http://www.gov.scot/resource/0043/00439021, 最終閲覧日：2018 年 3 月 31 日)．

Tarte, S. August 2013. A New Regional Pacific Voice? *Pacific Island Brief*. Honolulu: East-West Center 1-6.

Wallis, J. August 30, 2012. China's South Pacific Diplomacy. *The Diplomat.*

Weber, M. 1905. *The Protestant Ethic and "The Spirit of Capitalism."* (中山元 訳『プロテスタンティズムの倫理と資本主義の精神』日経 BP 社. 2010 年).

Winch, D. 1987. *Malthus*. Oxford: Oxford University Press. (久保芳和・橋本比登志訳『マルサス』日本経済評論社. 1992 年).

World Bank 2013. *Inclusion Matters: The Foundation for Shared Prosperity. New Frontiers of Social Policy*. Washington, DC. (https://openknowledge.worldbank.org/handle/10986/16195 License).

索　引

あ

アイスランド　28, 30
アウティ　84
アウトソーシング事業　154
赤嶺 守　182
悪石島　15
浅瀬礁　28
アジア開発銀行　55, 210, 240,
アジア型経済統合　167
アジアのドラマ　237
アジアパシフィックイニシアティブ　144
アジェンダ21　64, 87
アゾレス諸島　37, 44
安達浩昭　218
アダム＝スミス　52
アドリア海　298
アブー・ムーサ島　210
アプローチ　21, 24
奄美・沖縄の島々連携軸　159
アマミキヨ　40, 108
奄美群島　28, 160, 165
アメラジアン　189
アメリカ航空宇宙局　144
新川明　50
新崎盛暉　222
荒俣宏　179
アメリカ海洋大気庁　144
アロアエ島　34
アンザスの湖　243
暗礁　28, 222
アンティグア・バーブーダ　17

い

イースター島　36
硫黄鳥島　84
離於島　215
域内循環効果　60
池内敏　213
池澤夏樹　50
池間栄三　268
池間島　40, 41, 43
池間民族　40
石垣島　18, 43, 152, 198, 267, 275
石川友紀　260
石塚道子　177
石渡利康　45
イスパニョーラ島　27, 248
イスロマニア　14, 50
一国二制度　170
一帯一路　225, 316

一島一品　144
一般特恵関税制度　67
伊藤公一郎　23
伊藤嘉昭　102
稲村賢敷　197
井上清　218
イノベーション　24, 101, 289
伊波普猷　186, 189
今井圭子　247
今福龍太　39
イミア島　209
移民　57, 149, 150, 240
移輸出偏向型　90
移輸入品置替型アプローチ　6
伊良波盛男　40
岩下明裕　68, 231, 232
インターネット普及率　142, 143
インド洋　29, 224, 225

う

ヴァンダイク　19
ウェーク島　210
上勢頭亨　198, 202
ウエバー　294
上原直彦　181
ウベア島　49
海の旅人　50
梅田英春　311
梅村哲夫　195
ウリミバエ駆除事業　102
ウレタン樹脂　110, 114

え

永興島　226
英国ヴァージン諸島　44, 45
衛星回線　144, 145
エーゲ海　39, 114, 209
エコエナジー研究所　122, 308
エコツーリズム　109, 162
エタノール製造　110, 129
エモット　294
遠隔教育　100, 134
遠隔性　3, 15
遠隔島嶼地域　142
演出された「楽園」　193
遠藤泰生　179

お

オアフ島　35, 125
欧州連合（EU）167, 209

索　引　　*323*

奥武島　39, 43
応用技術衛星　144
大型装置技術　98
大神島　40, 42
大城立裕　190
大城肇　179
大田昌秀　190
オーランド諸島　44, 230
小笠原諸島　19, 119, 165
小柏葉子　244
岡谷公二　50
岡本恵徳　49
岡本太郎　177
沖縄21世紀ビジョン基本計画　131, 279
沖縄コーヒー　114
沖縄自由貿易地域　107
沖縄諸島　6, 28, 159
沖縄振興開発金融公庫　269
沖縄振興基本方針　270
沖縄振興特別措置法　270, 285, 288
沖縄伝統空手道世界大会　151
沖ノ鳥島　19, 224
奥野一生　163
奥野修司　170
尾立要子　256
オノゴロ島　40
オフショア・ビジネス　72, 248
オランダ病　84
オランダ領アンティル　44, 47

か

海上の道　25, 49
海底火山　15
海底資源　69, 104, 220
海底の「陸地化」69
海底油田開発　68
海洋温度差発電　117, 128
海洋管理　21
海洋基本計画　276, 319
海洋深層水　117, 134
海洋性　15, 22, 31
海洋政策研究財団　19, 207
海洋の自由　206
科学革命の構造　26
鏡味治也　193
加々美康彦　309
格差是正　12, 270
核実験の島　38
学術的　257
核の平和利用　102
格安航空機（LCC）159
可耕地面積拡大効果　80
鹿児島大学島嶼教育研究センター　146
火山島　34, 35
化石原燃料　124
価値システムの崩壊　82

嘉手川学　177
加藤庸二　21
金森修　26
貨幣経済化　77
カボタージュ規制　168
上勝町モデル　157
神島　39, 43
カミセラ・マラ　245
神の見えざる手　236
亀井秀一　196
ガラス瓶のリサイクル・製品化技術　119, 120
ガラパゴス諸島　36
カリコム　246, 247, 248
カリブ海　10, 30, 67, 68, 141, 211, 245, 255
カリブ自由貿易連盟　246
カリブ島　37
狩俣恵一　198
カリマンタン島　34
川喜田二郎　173
環海性　4, 15
環境経済学　86
環境財　87
環境資源論的アプローチ　86
観光サテライト勘定（TSA）282
観光産業　12, 60, 132, 281
観光資源　162, 194, 203
観光宿泊税（TAT）282
観光浸透度　61
環礁　19, 38, 222
岩礁　18, 211
環礁島　28
環太平洋戦略的経済連携協定　110, 167
岩盤規制　172

き

ギアツ　82
機会費用　78
季刊リトケイ　265
木崎甲子郎　159
基層文化　176
期待増大革命　53
北マリアナ諸島　44, 47
北村朋子　307
キプロス　29, 209
規模の経済性　55, 58
規模の不経済性　53
木村政昭　40
喜山壮一　278
旧宗主国　12, 140, 250
旧フランス植民地　248
漁業権　70, 146
境界のゆらぎ　67
協業（ワークコラバレーション）93
狭小性　15, 22, 51
共生＝共同体　279
裾礁　34

距離の暴虐 108, 142
キリバス 28, 47, 238
ギルピン 239
金銭外交 243
近代国際貿易論 237
キンドルバーガー 51
金融特区 285

く

グアノ 83, 213
グアム 30, 45, 136
クーパー 78, 250
クーン 26
久高島 40, 108
クック諸島 44, 141
久米島 101
クラスター分析 42
グラビティモデル 152
グラント・マコール 14
クリアランス・シッピング 168
グリーンテクノロジー 100
クリスマス島 34
グリッドパリティ 128
クリフォード 187, 204
栗間泰男 270
グレート・バリア・リーフ 35
クレオール文化 177
クレタ島 36, 68
グローバリゼーション 77, 204
グローバル・アイランド・ネットワーク（GIN）
　148
クロコーム 138
黒崎岳大 243
黒沼善博 123, 275
グロリオソ諸島 208
桑原秀雄 149

け

経験法則 54
経済協力開発機構（OECD）71
経済自立度 281, 317-318
KJ法 173
啓発的楽観主義 294
ケイマン諸島 29, 71
健康食品産業 104
健康長寿 100
言語島 38
原初的豊かさ 75, 76

こ

小泉文夫 192
交易条件 79
黄海 166, 298
公共事業 60, 122
合計特殊出生率 161

高昌勲 215
購買力平価（PPP）71
高良鉄夫 220
コーヒー関連産業 112
ゴーヤ＝にがうり 105
枯渇型開発 87
国際金融市場 236
国際公共財 86
国際小島嶼文化会議 177
国際条約（SOLAS）171
国際地理学連合島嶼学術委員会（IGUCI）148
国際島嶼学会 146
国際物流拠点産業集積地域（国際物流基地）
　285
国際貿易論的アプローチ 86
国際連合環境計画（UNEP）34
国富論 52, 224
国連海洋法条約 18, 207
国連訓練調査研究所 28
国連信託統治地域 43
国連大学 87, 144
国連貿易開発会議（UNCTAD）32
ココ島 37
ココナッツ製品 59
弧状列島 34
コスト・エスカレーション 114
小玉正任 39, 50
国境交流特区 170
国境線が横切る小島 68
国境措置 168
国境の島 43, 205
国境離島 276
ゴットランド島 98
孤島文化論 50
コトヌー協定 67
子供の貧困 292, 317
小浜島 39, 265
ゴフ島 37
小宮山宏 23
コモド島 36
コモンウェルス 44
固有種 32
雇用創出効果 60
孤立・孤島経済 252
コルシカ島 37, 147
コレール（colere）174
コロール島 36
コロコロ島 212
コンテンツ開発 145

さ

サービス貿易 55
蔡慧敏 299
財政依存度 162
再生可能エネルギー 118, 126
再生可能財 89

索　引　　325

最低安全性基準 78
斎藤潤 303
サイパン 34, 141
最貧国 27, 248
酒井啓子 210
崎原恒新 311
崎山毅 197
サステイナビリティ学 23
薩南諸島 35
サテライト・オフィス 142
砂糖キビのガス化 133
佐藤幸男 243
里山・黒海モデル 95
サムエルソン 79
産業廃棄物 121
サンゴ礁地形 39
サンゴ礁の保全技術 100
サンタ・マリーナ 39
サンドラ・タート 241
サンマリノ共和国 51

し

シークワーサー 105
塩田光喜 243, 318-319
自家消費 76
自家生産 76
自給自足的経済 51
資源の呪い 84
資源のパラドックス 84
資源輸出型経済 83
自助努力 254
自然実験 26
自然発生的な経済圏 166
持続可能型開発 87
持続可能観光 100, 148
持続可能な発展 35, 85
ジニ係数 292
篠遠喜彦 179
地場資源活用型技術 100
司馬遼太郎 10, 197
『島痛み―沖縄の離島に生きる』299
島尾敏雄 49
島ちゃび 50
島ちゃび＝離島苦 268
島の精神誌 50
島の定義 16
島の比較優位性 72
島の分類学 27
島の道 159
島の両義性 41
島フェッチ 49
島袋純 270
島留学 108
シマンチュ 50, 151
シマンチュの動態的ネットワーク 151
ジャージー島 67

従属理論 237
シューマッハ 91
自由連合盟約 43
朱建栄 218
循環・複合型 42
常温瞬間結晶製塩法 105
小孤島 31
常設仲裁裁判所 226
ショウテン 176
小島嶼経済 58
娼婦精神 189
情報特区 285
情報ネットワーク 141
ショウラインインデックス 31
小陸地 16, 17, 36
植民地 43, 137, 241
植民地化の遺産 66
植民地制度 44
食糧支援 254
所得格差 60, 132, 161
所有形態別分類 86
ジョン・ヴァンダイク 19
シラシー・ワンツラップ 86
自立経済構築 265
シルバーストン曲線 54
新古典派経済学 79
真正海洋島 31, 32
信託基金 83, 88
『新南島風土記』50
人類共通の未来 24

す

水平分業 241
スウェインズ島 210
スーパーソル 119
スカイ島 34
スカボロー礁 222
鈴木勇次 21
ステイブル理論 82
頭脳流出 58
スビ礁 18, 226
スプラトリー 226
スミス 52
須山聡 42
スルー海 298

せ

生活保険（リスクヘッジ）77
生活保護率 161
政策支援価格 109
生産可能曲線 99
生産波及効果 60
『政治経済学および課税の原理』237
政治同盟 140
脆弱性指数 64

西沙諸島 222
成長の三角地帯 166
制度論的アプローチ 86
政府開発援助 56, 240
生物多様性 15, 35
世界遺産コリドー 164
世界遺産の島 36
世界ウチナーンチュ・ビジネス 149
世界環境保全モニタリングセンター 34
世界システム理論 237
世代間の資源配分 86
瀬戸内海 42
ゼロエミッション 93
尖閣諸島 18, 216
全国方言辞典 39
セントクリストファー島 37
セントヘレナ 32, 37
セント・マーチン島 230

そ

ゾウガメの島 36
早期健全化団体 286
相互依存関係 234
相互補完性 78
造礁サンゴ 34
ソーシャル・インクルージョン 293
ソーラーパネル 127
曽島（チュンド） 166
ソフトイノベーション 129, 130
ソロモン諸島 33, 238
孫歌 233

た

ダーウィン 38
タークス・カイコス諸島 29
ダイアモンド 27
大アンティル諸島 248
第一列島線 223
大航海時代 205
大孤島 31
大西洋 29, 211
代替技術 98
大トンブ島 210
太平洋開発フォーラム 244
太平洋関与首脳会議 244
太平洋・島サミット（PALM） 7, 131
太平洋諸島フォーラム 69, 243
太平洋島嶼国間の学術ネット 144
太陽光発電 127
平恒次 236
大陸棚 18, 230
大陸島 31
第六次産業 59, 104
台湾・沖縄・上海・香港自由貿易圏 166
タウイ・タウイ 298

高橋明善 46
宝島 15, 37
滝本佳史 275
竹内和彦 95
竹内啓一 15
竹島 15, 213
竹田いさみ 243
竹富島憲章 201
竹富島の種子取祭 195
多言語圏 139
多国間植民地 243
多国籍経済地域 166
田里友哲 202
タスマニア 146
タスマン海 298
脱規模 55
脱原発 124
脱植民地化 45
多島圏教育センター 146
田中絵麻 309
田名真之 185
ダニエル・デフォー 49
谷川健一 50
谷沢明 198, 200
ダマンスキー島 231
ダヤラ 148, 299
多様性 15, 85, 194
多良間島 39, 123
タラワ 34
単位コスト 54

ち

地域経済圏 166
地域浸透度 60
地域に支えられた農業 95
小さいことはよいことだ 70
チェジュ島 34, 38
地下ダム技術 122
地球温暖化 19, 47, 165
地球環境サミット 64
千島列島 28, 222
父島 19, 265
地中海 29, 209
地方分権一括法 169
チャイナタウン 9, 185
チャオプラヤ川 16
チャルマーズ宣教師 75
チャンプルー 105, 177
チャンプルー文化 177, 204
中間技術 91
中心—周辺理論 237
チュオンサ諸島（ベトナム） 68
超学的アプローチ 21
長距離型ネットワーク 136
長寿ブランド 104, 273
長命草 105

珍宝島 68

つ

通信制高校（N校）108
ツーリズム経済 59
ツキジデスの罠 234
辻村太郎 35
ツバル 28, 65

て

ディエゴ・ガルシア島 208
低地島 34
テイラー 176
デイリー 24, 25
出稼ぎ 57, 237, 294
適地適作 130
デジタルデバイド 143
デジタル・ネットワーク技術 142
デビット・リカード 237
デフォー 49, 303
天国にいちばん近い島 49
天敵駆除 102
伝統的食料品 77
伝統的な技術の喪失 85
天日乾燥製塩法 105
テンペスト 49

と

等価交換 78
統合配電網 134
島産島消 42, 114, 162
島嶼1986ソサエティ 145
島嶼開発途上国 47
島嶼海洋（海底）資源 69
島嶼学 14, 145
島嶼型グリーンテクノロジー 100
島嶼型産業 9, 59
島嶼間学術交流 144
島嶼間貿易 139
島嶼群 28
島嶼経済自立 236
島嶼国 10, 131, 207, 262
島嶼社会の特質 145
島嶼シンドローム 50
島嶼性インシュラリティー 22
島嶼地域別発電コスト 53
島嶼文化 174
統治形態 27, 43
トーマス・モア 49
渡嘉敷島 119
トカラ列島 42
独立行政法人新エネルギー・産業技術総合研究
　　　機構 117
都市志向 92
土地節約・労働集約型技術 99

等々力秀美 273
渡名喜明 182
渡名喜島 43, 122
トニー・ヒューズ 254
富川盛武・百瀬恵夫 278
ドミニカ共和国 27, 242
戸室健作 291
トリニダード・トバゴ 29
取引形態による分類 86
トリム社 119
トルデシリャス条約 206
奴隷労働力 239
トロピカル・テクノ・センター 110
トンガ 30, 242

な

内閣府沖縄総合事務局 117
内政自治 44
ナヴァッサ島 213
ナウル 17, 89, 239
長嶋俊介 15, 143, 222
仲地宗俊 130
中西進 40
永野由紀子 193
中俣均 21, 74, 299
仲松弥秀 312
長峯晴夫 174
『ナツコ　沖縄貿易の女王』309
ナトゥナ諸島 223
ナリ地獄 263
南沙諸島 18, 222
南西諸島 28, 42
南西諸島防衛 268
南北大東島 43, 72
ナン・マドール遺跡 36

に

ニールセン北村朋子 98
ニウエ 30, 141
西川潤 237
西之島新島 15
西野照太郎 248
西原文雄 263
二重構造 67
日本創生会議 265
日本島嶼学会 14, 23, 97, 146
日本離島センター 21
ニューカレドニア 30, 79
ニューギニア 16, 241

ね

ネットワーク型ビジネス 100
ネットワーク集積度 137
ネットワークモデル 136
ネポテイズム 62

の

農業インヴォリューション 82
農林漁業関連産業 104

は

バーレーン島 211
バイオエタノール 127
バイオエネルギー技術 100
排出権取引 165
廃食油燃料化技術 122
排他的経済水域 18, 224
ハイチ共和国 213, 248
パシフィック・ガルフ社 217
端島（通称「軍艦島」）84
橋本和也 191
長谷川秀樹 45, 256
バックオフィス 154
波照間島 39, 126
バナバ島 83
パプアニューギニア 16, 241
ハマモト 189
バミューダ諸島 52, 57
パラオ 30, 242
原貴美恵 315
バラス島 19
パラダイム 13
原田禹雄 218
パラワン島 38
バリ島 173, 200
バルト海 36, 230
バルバドス 24, 142
バルバドス行動計画 64
ハロン湾 38
ハワイ型技術 134
ハワイ大学 19, 99, 133, 179
ハワイ大学自然保護研究及び教育センター 133
ハワイ島 36, 48, 133, 179
ハワイ東西文化センター 99, 131, 179
範囲の経済 58, 71
バンクーバー島会議 146
ハンター島 209

ひ

東恩納寛淳 178
東シナ海平和イニシャティブ 220
東レンネル島 38
比嘉政夫 178
比嘉正範 185
ビキニ環礁 38
ピコ島 37
ピトケアン 30
ヒューズ 226
開かれた地域主義 167
平田オリザ 192
平山輝男 39

ビル・エモット 294
貧困の共有化 82
貧困率 157, 291

ふ

フィールド 25, 173
フィジー 79, 80, 242, 319
フィスク 75
封鎖人口 266
ブータン王国 51
フードスタンプ 255
風力発電 125
フェアバーン 82
プエルトリコ 33, 44, 249
フェルナンド・デ・ノローニャ諸島 37
フォークランド島 68
フォークランド紛争 212
不開港 171
付加価値土地生産性 80
不可逆性 89
複合循環型生産・消費システム 95
複合連携型 93, 162
複数職場制度 93
部族社会 67, 82
復帰需要 272
物資の安定供給 63
物々交換制度 78
物流コスト 63, 286
物流ネットワーク 157
不妊虫放飼技術 102
負の世界遺産 37, 38
フランス領ポリネシア 24, 66
プランテーション農場 67
プリンスエドワード大学 146
ブルー・カーボン・イニシアティブ 165
ブルントラント委員会 85
プロテスタンティズム 49
文化遺産 35, 84
文化観光 173
分業論 93
紛争島嶼地域 148
分断性 15
粉末カヴァ 59

へ

米国の余剰農産物 254
ベースポート 63, 171
ヘーゼル 81, 306
ベッドフォード 77
ベトナムハロン湾 38
ペドラ・ブランカ島 215
辺境の逆転論 49

ほ

貿易赤字 55, 91, 278

索　引 329

貿易依存度 53, 139, 236
貿易収支 55, 94, 169
貿易は成長のエンジン 79
防空識別圏 217
ボーダー価格原則 114
外間守善 25, 178
補完関係 163
北米自由貿易協定 167
ホクレア号 51
北海道大学スラブ研究センター 147
北方四島 15, 214
ポパー 26
ホロ島 34
ホワイト・ベルト 154

ま

マーカス島 19
マーク 77
マーケット主導 237
マーシャル 53
マーシャル諸島 17, 122
埋蔵資源 88
前畑明美 268
マクロ経済の自立度 280
孫崎亨 218
マシュー島 209
マジュロ 34
マダガスカル 16
マックス・ウエーバー 49, 294
マッコーリー島 38
松島泰勝 169
マトリックス手法 239
マヨット島 208
マラフィジー元首相 245
マリエレガオイ首相 64
マルサス 256
マルサスの罠 256
マルタ島 34, 236
マルチメディアアイランド構想 155
マン島 29, 294

み

ミード 25, 26
三木健 50, 241
ミクロネシアポンペイ島 36
三島由紀夫 40
密貿易 170, 171
緑間栄 219
南シナ海 19, 222
南シナ海諸島 205
南太平洋大学 144
南太平洋フォーラム 242
皆村武一 278
ミニ国家 51
ミノア文明 36

ミバエ類防除技術 100
見果てぬ夢 162
宮内久光 263, 299
宮古島のバイオエタノールプロジェクト 128
宮古マイクロ・グリッドシステム 127
宮古マンゴー 108
宮古列島 28
宮里政玄ほか 278
宮地英敏 217
宮本常一 25, 50, 63, 200
宮良作 50
ミュルダール 22, 237
ミラブ経済 11
民俗学的分類 40
ミント 81

む

無人島 15, 18, 208
村井章介 205
村上陽一郎 26
村田良平 207
ムルロア 34

め

メタンハイドレート 69
メラネシア・スピアヘッド・グループ 140

も

モアイ像 36
モーリシャス 24, 208
模合 130
模合（相互金融）130
モズク 100
藻谷浩介 95
モナコ公国 51
モノカルチュア 63
森嶋道夫 258
森田桐郎 252
森田真也 198, 200
モルディブ 28, 250

や

矢内原忠雄 241
柳田国男 25, 49
山口貞夫 300
山口昌男 176
山下晋司 193
山田誠 278

ゆ

ユイマール 93
ユートピア 49
輸出資源の枯渇 83

輸入置換えアプローチ 78
ユネスコ 36, 146
ユビキタス時代 157

よ

吉田竹也 193, 195
吉成直樹・福寛美 160
余剰生産物 78, 79
余剰はけ口の理論 81
与那国島 17, 170, 265
延坪島（ヨンピョンド）68

ら

楽園的 49, 75
ラサ島 3, 83
ラパ・ヌイ国立公園 36
ラム酒 107

り

リーブラ 182
リカルド 79
立地の不利性 8, 142
離島市町村 72, 152, 264
離島振興法 20, 274
離島統計年鑑 21
離島フェア 108
略最高高潮面 18
隆起サンゴ礁 34
琉球王国 38, 108
琉球語 38, 106

琉球諸島 264
琉球石灰岩 123
琉球列島 33, 101, 222
両義性 15, 51
量産効果 55
領有権 172, 210, 233
燐鉱石 72, 239

れ

レスビアン 40
レスボス島 40
列島 18, 101, 222

ろ

労働集約型産業 60
ロードス島 36
ロード・ハウ島 38
ロックアイランド群 36
ロバート・ギルピン 239
ロバートソン 79
ロバート・ルイス・スティーヴンソン 49
『ロビンソン漂流記』 49
ロメ協定 67
ロラン島 98

わ

若井康彦 267
若林敬子 268
渡邊欣雄 182
ワントック 138

嘉数　啓　かかず　ひろし

　1942 年沖縄県に生まれる。ネブラスカ大学大学院より経済学博士号（Ph.D.）取得後、琉球大学法文学部助教授、アジア開発銀行エコノミスト、国際大学大学院教授・研究科長・アジア発展研究所所長、名古屋大学大学院国際開発研究科教授、沖縄振興開発金融公庫副理事長、日本大学教授、琉球大学理事・副学長、テンプル大学日本校副学長等を歴任。現在琉球大学名誉教授、日本島嶼学会名誉会長。その間、ロンドン大学政治経済大学院（LSE）客員研究員、ハワイ東西文化センターフルブライト上級研究員、ハワイ大学、グアム大学、チェジュ大学、マルタ大学、パラデニア大学、国立政治大学、国立澎湖科技大学、国立金門大学、フィリピン大学国際交流基金客員教授、国際島嶼学会創設理事、島嶼発展に関する国際科学評議会（UNESCO-INSULA）東アジア代表、内閣府沖縄振興審議会会長代理、沖縄県学術顧問等を歴任。

　主要英文著作として、*Okinawa: Japan's Front-Runner in the Asia Pacific* (Dog Ear Publishing), *Okinawa in the Asia Pacific*(The Okinawa Times), *Island Sustainability* (Trafford Publishing), *Sustainable Development of Small Island Economies* (Westview Press), *Growth Triangles in Asia: A New Approach to Regional Economic Cooperation* (編著、Oxford University Press)。主要和文著作として、『島嶼学への誘い』（岩波書店、第 45 回伊波普猷賞受賞）、『国境を越えるアジア成長の三角地帯』（東洋経済新報社）、『島嶼経済論』（ひるぎ社）、『アジア型開発の課題と展望』（編著、名古屋大学出版会、第 10 回アジア太平洋賞受賞）。

書　名	**島嶼学　Nissology**
コード	ISBN978-4-7722-5322-2　　C3033
発行日	2019（平成 31）年 2 月 10 日　初版第 1 刷発行
著　者	**嘉数　啓**
	Copyright ©2019　KAKAZU Hiroshi
発行者	株式会社古今書院　橋本寿資
印刷所	三美印刷株式会社
製本所	三美印刷株式会社
発行所	**古今書院**
	〒 101-0062　東京都千代田区神田駿河台 2-10
電　話	03-3291-2757
ＦＡＸ	03-3233-0303
振　替	00100-8-35340
ホームページ	http://www.kokon.co.jp/
	検印省略・Printed in Japan

古今書院の関連図書　ご案内

サンゴ礁の人文地理学
奄美・沖縄、生きられる海と描かれた自然

渡久地　健著
琉球大学准教授

46 判　並製　328 頁　本体 4000 円＋税　2017 年発行　ISBN978-4-7722-4199-1

渡名喜島 地割制と歴史的集落景観の保全

中俣　均著
法政大学教授

B6 判　並製　170 頁　本体 2800 円＋税　2014 年発行　ISBN978-4-7722-5275-1

九州・沖縄のジオパーク

目代邦康他編

A5 判　並製　156 頁　本体 2600 円＋税　2016 年発行　ISBN978-4-7722-5283-6

ルクリュの 19 世紀世界地理

エリゼ・ルクリュ著
柴田匡平 訳
信州大学大学院教授

★いまから 150 年前の世界はどんなだっただろうか？
古今書院創立 100 周年記念事業刊行開始！

1 東アジア—清帝国、朝鮮、日本—

A5 判　上製　836 頁　本体 20000 円＋税　2015 年発行　ISBN978-4-7722-9006-7

　フランスの地理学者エリゼ・ルクリュが調査旅行や文献を駆使して書き上げた 19 巻の世界地理。それをまずは「東アジアの巻」から日本語で読めるように刊行する。原著は『新世界地理—地球と人間』全 19 巻の第 7 巻 1882 年フランス語で刊行。この時代も地理は植民地経営の基礎教養だったのか。当時ベストセラーとなったという。
［主な目次］
第一章総説　第二章チベット　第三章中国トルキスタン　第四章モンゴル　第五章中国　第六章朝鮮　第七章日本（第一節総説、第二節山系、第三節気候と動植物、第四節住民、第五節都市と集落、第六節物産、第七節行政）

2 北アフリカ第二部
—トリポリタニア、チュニジア、アルジェリア、モロッコ、サハラ—

A5 判　上製　966 頁　本体 23000 円＋税　2016 年発行　ISBN978-4-7722-9007-4

3 アメリカ合衆国

A5 判　上製　912 頁　本体 23000 円＋税　2016 年発行　ISBN978-4-7722-9008-1

4 インドおよびインドシナ

A5 判　上製　1040 頁　本体 25000 円＋税　2017 年発行　ISBN978-4-7722-9010-4

5 南ヨーロッパ —バルカン半島、イタリア、コルシカ、スペイン、ポルトガル—

A5 判　上製　1140 頁　本体 28000 円＋税　2018 年発行　ISBN978-4-7722-9009-8